王小滕 著

莊子

讓你順逆皆逍遙

(上)

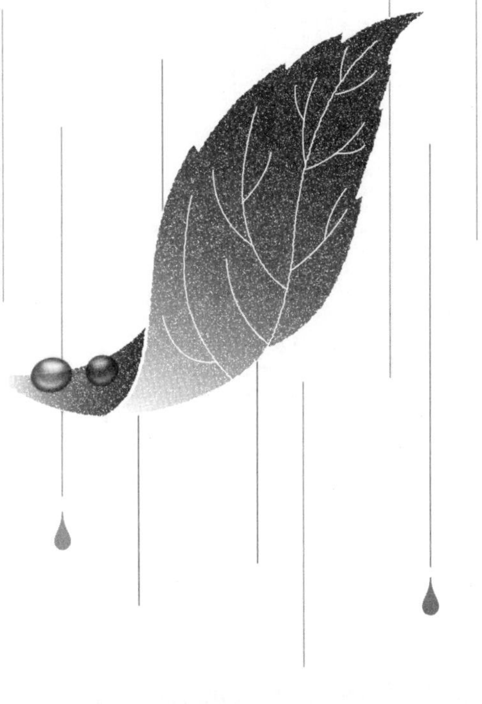

謹以本書獻予

先慈　滕紹瑾　女士

〈專文推薦〉

生命的智慧源於面對困境的抉擇——尋找面對困境的第三種可能

張家祥

在舊金山的一個冬春交接、山嵐夾雜著寒氣的早晨，我放下手邊的工作，翻開王小滕老師莊子文稿的首頁，凝視著字裡行間深深的生命力。突然，一個問題湧上心頭：我是否已達到生命中「安頓」的狀態？

如果說生命是在汪洋上飄搖的木舟，那麼，莊子哲理便是使我的木舟能夠穩定前行的船槳。我特別喜愛春山釉綠的稜線、夏日溫暖的海風、秋節繽紛的落葉和那冬夜蕭瑟的月光。自然的一切是如此恬靜美好，而莊子前輩「順應自然」的哲理更成為我生活處事的思路。小時候，曾經對莊子書中的「御風而行」產生憧憬：倘若身心靈都能無拘無束、毫無牽絆地與大自然混融，那是多麼美好的自由呀！於是，莊子陪我度過一段無憂無慮的童年時光，也在一次英文演說的課堂上成為我口中「質樸、卻不失真意」的智者。

然而，隨著年紀漸長，憂煩的人生課題接踵而至。原先純真的心田，似乎也染上了風塵。

二〇〇六年初秋，晨風吹拂上陽明大學的山丘，把教室前面一整排的台灣欒樹點上鮮黃色的花絮。那時，我是醫學系二年級的學生，跟隨小滕老師學習「古典散文中的自然觀」。小滕老師在為我們闡釋古文字義之餘更是著墨於超越文字表象的義理。這時，我才深刻地體會到莊子給我的教導不是僅止於「順應自然」的表面，而是達到「結廬在人境（分明有車馬喧），而無車馬喧」之心境安頓。於是，我開始思考：究竟該如何把心境順應在「人境」中呢？或許，我們不應只是追求馴服自己心境的方法，而是去發掘「人境」的本質——我們所處的人世，是恬靜與喧囂相依並存；快樂與憂愁亦是相依相存，正如人生境遇的高峰與低谷，我們無法只取其一。一旦我們認識了「人境」完整的本質，就能體會到「人境」不外於「自然」；「自我」亦不脫於「萬物」。細究本書，小滕老師藉由莊子的文字寓理對於「人境、自然、自我、萬物」做出許多精闢的闡釋。倘若我們在汲汲營營的忙碌生活中，能夠重新思考所處「人境」的完整本質，也就能把莊子「順應自然」的哲理應用在生活上，不失「心境」之安頓。

神經行為學有一個重要的理論——「戰鬥或逃跑反應（Fight or flight response）」。美國生理學者沃爾特．布拉德福德．坎農（Walter Bradford Cannon）指出：所有動物在面對生活中的困境與挑戰時，會透過激化交感神經系統來做出「戰鬥」或是「逃跑」的反應，藉此消弭眼前的威脅與困難。然而，試想：倘若面對生活中的種種難題，總是以激發交感神經系統來應對，導致心跳加速與血壓升高，我們是否仍然「逍遙」呢？答案顯然為否定的。小滕老師藉由本書替我們提供了「戰鬥」或「逃跑」之外的第三種選擇：通過了解順境與逆境的本質，觀察自混沌之初自然的全貌，重新為我們定義面對生活挑戰的心緒。莊子藉由寓言帶領我們認識一切事物皆是順逆相依，悲欣交集，卻也不是文字表面上呈現的「悲欣交集」，陰晴圓缺總為一體，萬事皆呈現混融的一體兩（多）面，我們何須排斥？何須孜孜矻矻地做蝸角之爭？在這偌大敻遠的時空當中，我有幸落腳於塵埃的一隅，藉由莊子來觀察這些自然運作的原理，我再次能用欣賞的眼光看著窗外的疾風冷雨，孤寂的黑夜逐漸掩蓋過一座大城市炫麗的燈光，而黎明，也就在不遠的下一刻。

「真理」，用文字述說總是容易的，但是將這些真理在生活中執行卻是迥然不同的層次。我何其有幸，在認識莊子三十多年的期間，無論是在醫院繁忙的臨床工作，抑或是在絞盡腦汁的科學研究之中，每當生活遇見挑戰、情緒產生起伏波動之時，莊子哲理與小滕老師的提點讓我可以逐一走過生命中的順逆，回首來時路，不知有多少風雨也有多少晴，而今卻塑造出心頭的恬靜。如今，小滕老師將這些寶貴的生活錦囊集結成文，讓普世讀者也能參悟莊子的智慧，找到讓生命「自適而逍遙」的途徑，隨時成為我們的提醒。但願讀者能夠將莊子的語言文字轉化成生命中的養分，以最佳的心境細嚐生命的高峰與低谷。

二〇二三年二月二十三日於舊金山

（本文作者為美國加州大學．舊金山分校．博士後研究學者）

〈專文推薦〉

無住

官芸菡

屏息於娑婆世界，生死來去、悲喜翻湧。濁浪滔滔下，芸芸皆是眾生。然便縱知曉己身當如塵埃，我卻時常自問：生命為何如此？

猶記當時年少，醉心莊子，曾想像自己如北冥之鯤。想若心有天地之開闊，則風雨何能逆？隨時隨月、隨性隨心，都當能扶搖直上九萬里，有翼若垂天之雲。

然時事變換，朝夕間悲歡驟至，年少天真褪盡，方覺明明身不負囚號，卻仍不能展翅。彼時哀戚逾恆，萬事萬物皆殤，苦樂間潛心而思：天地何等開闊，為何心有枷鎖？

那已是許多年以前，十八歲的我離開家、負笈北上，在大一國文的必修課裡，進入王小滕老師的老子課堂。取出自幼翻閱的道德經，雜念與字句紛飛，泛黃扉頁映照出心念澄澈不如從前。抗拒著、也質疑著，仍一字一字聽小滕老師重新講述老子。起初，仍時有詰問、疑惑，最後卻終於領悟天地大仁。其後，參與小滕老師《老子——為你排難解憂》一書之討論、校閱，對物我唯一之真實，更有切膚體認。

隨後歲月流轉，從在學、畢業、到進入醫院就職，期間亦參與本書〈逍遙遊〉、〈齊物論〉、〈養生主〉、〈寓言〉、〈天下〉……等多篇目之討論，將其映照於生命，更知曉生死無界，喜怒無疆。

「野馬也，塵埃也，生物之以息相吹也」，過去讀〈逍遙遊〉，我只見野馬為野馬，塵埃為塵埃，然野馬與塵埃何異？人與我、喜與怒、存與亡、生與死，物我唯一，而天地當偉岸如塵埃。蒼穹渺渺，歲月悠悠，樂土與荒原、逆境與坦途，何異之有？

莊子千年不衰，或許只因其書反覆向讀者揭示明暗並存、悲喜同在。現今社會再如何匆忙繁華，編織多少美夢想像，都無法改變生命如流，時有翻浪。

人們提起無常，總戒懼恐怖，然而身為必須天天經歷生老病死的醫療工作者，我卻深覺無常裡亦有慈悲。

畏生懼死，實乃常態。可若非無常，何來生死流轉、喜怒幻化？若無死，何往生？悲苦與悽愴縱為危崖，則危崖之上亦有雄鷹與奔馬，飛鳥與繁花。

在醫院裡，時常可見臥床多年的長者，無法言語、無法進食、無法表達。行經他們的身旁，我時常想：生也有涯，可苦痛呢？我們看他們，會以不能行動為苦、以不能言語為苦、以不能愛己愛人為苦。可當我們真的尚能行於天地之間時，又是否真能做到喜多於悲、樂多於殤？其實大多數時候，是不能的，而為什麼呢？

是不是因為，我們總期待世事盡如人意，但生命如歌，總有高低快慢。

是不是因為，我們總認為付出就當有報償，但人非草木，不是灌溉就會生長。

人生路上，如人飲水、冷暖自知。再多執著，亦無法以痛止傷。來去之間，只有當下是永恆，而當下無時不刻在發生。

年少的時候，總以為長大就能自由。可真的長大了才知道，只要心有牽掛，就做不到無欲而剛。而所謂成長，或許也只是在喜怒哀樂反覆的試鍊中，慢慢接近生命的真諦。懂得了喜怒不可恃、愛恨不可欺，才能認識並接納每一個自己。

我很幸運，在很年輕的時候就經歷許多生死。不管是至親的離去，或者是醫院裡那些年紀有老有少、走得有快有慢、身後有笑有淚的往生者。從他們身上，我一次次感受到了物我唯一的真義。因為反覆經歷了這個樂他們所樂、苦他們所苦的過程，反覆感受過生之狂喜和重負，才真正認識到了生命，是難以想像的開闊。

第一次讀莊子時，我尚未離開校園，不但沒體會過世事變換，更不曾感受過生老病死的重量。而後，每一次讀莊子，都是因為心無所託，必須借助莊子的語句安住自己、提醒自己：不管發生什麼事，生命的本質都該是恢弘壯麗。

「之人也，物莫之傷」（〈逍遙遊〉），即使現在的我仍做不到，但心中仍有期許，曉得自己永遠有機會成為年少時一心嚮往的北冥之鯤。縱有萬事、萬物、萬千困境，都將有萬事、萬物、萬千喜悅相應。莊子為風，願讀者與我均能為鵬，搏扶搖直上九萬里，其翼，若垂天之雲。

二〇二三年二月五日

（本文作者為醫生）

〈專文推薦〉

無好無不好的人生

蘇尹助

我於二〇二〇年九月進入陽明交通大學醫學系就讀，大一時曾選修王小滕老師開設的莊子導讀課程。因為一次偶然的機緣，接下教學助理的工作，協助老師校訂本書，至今已一年有餘。

校訂這本超過七十萬字的作品並不輕鬆。這不只是一份單純的校稿工作，除了挑出錯字、筆誤之外，更要與老師討論文章註解、敘述脈絡，再以讀者的角度提出建議。一年多來，我背包裡總是放著一疊《莊子》文稿，天天閱讀稿子，咀嚼義理，思考修改方向，幾乎成為日常生活中不可或缺的一部分。這段期間，面對新冠肺炎疫情的衝擊，多次延後開學、線上上課，乃至於課程提早結束，我與老師一週兩小時的討論卻未曾中斷，可說是風雨無阻，現在回想起來著實不易。

過去，我認為《莊子》書中看似虛無飄渺的理論對一個青少年來說幫助甚微，自己與書中文字的交集也僅止於課本、題庫，和大大小小的考試之中。隨著校訂工作的進行，我卻漸漸發現《莊子》涵藏的義理與這個世界並不脫節，反而字字句句都記載人們生命的「真實」，其中的智慧更與我們的日常息息相關，若是運用得當，生活中的大小事均能輕鬆應對，讓自己得以瀟灑化解各式困難。

當年，我是應屆學測榜首，以個人申請的方式進入醫學系就讀。醫學系藏龍臥虎，不乏各地明星高中的學子和優秀僑生，大家都是學測、指考，和各式入學管道層層篩選出的頂尖考將。一群頂著光環，誰也不服誰的天之驕子們聚在一起，從校園中的各式考試、醫師國考，到畢業後申請醫院、選擇科別，自醫師培養道路的起點開始便一路廝殺，努力爬上金字塔的更高處。自小就在眾人欽羨目光之下長大的孩子們，不但被繁重的醫學課程壓得喘不過氣，習以為常的優異成績、掌聲、喝采，也在無止盡的競爭中漸漸消失。在優秀的群體中，接受自己的「普通」、「不厲害」並非易事，許多醫學生承受著極大壓力卻又調適不當，精神異常、服用藥物，乃至於跳樓自殺的情況時有所聞。入學之後，我也受到極大的震撼，如何在自幼都是鶴立雞群的「鶴」之中調整好心態，便成為大學生活的第一難題。

然而，為何會有如此偏差的心態出現？巨大的壓力又是從何而來呢？《莊子．至樂篇》記載「夫天下之所尊者，富貴壽善也；所樂者，身安、厚味、美服、好色、音聲也。」所謂富、貴、壽、善都是社會所推崇的價值，亦為人們稱頌的「好」。從小到大有著好成績、好人緣，就讀好學校、好科系，無形中，這些好學生們也產生了對「好」的強烈執著。若是突然失去多年來習慣已久的掌聲與喝采，便會開始懷疑自己是否「不好」了，進而陷入優劣、好壞、得失兩兩對立的糾葛之中，以致心神攪擾，無所適從，給了自己極大的壓力。

那麼這樣的情況該要如何調整呢？《莊子．秋水篇》記載「無動而不變，無時而不移。」亦即世事本就遷流不息，萬事萬物均在不斷地變動。人們總是抓著自己喜好的價值不放，冀求能永遠停留在「好」，然而這樣的想法可謂不切實際。地球自轉，世界上的每個角落都會由明轉為暗，再轉為明；潮水受引力影響，有起有落，沒有永恆的滿潮亦沒有永恆的乾潮。人生際遇亦同，順逆、起落、好壞並存在生命之中，不斷循環變化，只想要抓執其中「好」的一方不放，並不符合生命的真實。反之，若能明瞭任何狀態都是生命的真實，無所執著也無所排斥，自己創造出的壓力即能消失地無影無蹤。

對我而言，校訂本書並不單單是一份工作，更是生活中的一部分。在閱讀稿子的過程中，總能感受到字句中的飽滿能量，引領我在忙碌的醫學院生活中找到平靜。隨著對《莊子》義理的了解更加深入，我漸漸能與變動同步，無所排斥地面對生活，課業、愛情、人際關係等大學生常見的煩惱都迎刃而解，不再困擾自己。如此一來，不論身處順境或逆境，運用莊子的智慧，穿越事物的表象，參透整體的完整樣貌，生活中的起起落落也就不再使人煩憂，幫助自己達到如《莊子．田子方篇》所記載「行小變而不失其大常，喜怒哀樂不入於胷次」的境界。

《莊子》一書絕非虛無縹緲的理論，更不是天馬行空的幻想，書中許多小故事其實都在書寫我們生命的「真實」。若能穿透文字表面，理解其中智慧，還能發現令人眼前一亮的趣味，幫助自己用更輕鬆的態度面對生活。小滕老師的解析利用淺顯易懂的語彙、生動的舉例，揭示「道」的意涵，可謂開啟莊子智慧寶庫的一把鑰匙。希望讀者們能穿透書中文字，了解蘊含其中的生命智慧，找到屬於自己的安定平穩。

（本文作者為陽明交通大學 醫學系四年級學生）

目次

〈專文推薦〉生命的智慧源於面對困境的抉擇——尋找面對困境的第三種可能／張家祥　004
〈專文推薦〉無住／官芸蕊　007
〈專文推薦〉無好無不好的人生／蘇尹助　010
自序　018
前言　026

上冊

逍遙遊　030
齊物論　070
養生主　174
人間世　196

德充符 241
大宗師 281
應帝王 356
駢拇 381
馬蹄 393
胠篋 403
在宥 422
天地 460
天道 514
天運 548
刻意 584
繕性 596

下冊

秋水 614
至樂 656
達生 677
山木 712
田子方 745
知北遊 779
庚桑楚 836
徐無鬼 881
則陽 935
外物 974

寓言 1001
讓王 1025
盜跖 1062
說劍 1092
漁父 1099
列御寇 1113
天下 1139

自序

一九八二年初夏，自法律系畢業後，我便從事法律工作。一九九〇年歲暮，受贈王叔岷先生《莊子校詮》一書，展書研讀，立即感受無以名之的強大吸引力。自此，決意追隨莊子。待一九九二年盛夏，眾緣和合，遂辭去法律工作，專心準備中文研究所之入學考試。一九九三年暮春通過考試，秋季入讀碩士班。二〇〇四年六月博士班畢業，開始擔任教職。

二〇〇七年九月，於陽明大學開設「莊子導讀」課程以來，常有醫學系的學生建議將上課內容記錄為書。當時皆回答：莊子書已極多，無庸我再多寫一本。然而，二〇一四年晚秋，動筆起草《老子——為你排難解憂》之後，每每有一念在胸中迴盪：「也應為莊子前輩留存一本可讓當代人們讀懂之書。」因此，二〇一六年仲夏，完成老子書後，立即撰寫本書。書寫的最高前提是對得起莊子前輩，深信也就因此而對得起每一位讀者。雖然這是一項至極艱鉅的工作，但卻也是我能為天地萬有所做的最好之事。

讀者如欲擁有與本書書名相同的「順逆皆逍遙」，那麼首先須留意的不是如何瀟灑走天涯的逍遙，而是人生際遇中的順逆。

大眾通常都認為生活諸事符合自己的意願，順遂無波瀾，就是順境；一旦遇到波折，不符合己意，無法輕鬆處理，便懊惱的稱之為逆境。大眾都喜愛順，希望生活中只有順、沒有逆，希望人生是不斷向上攀升的直線，沒有向下滑落的曲線。然而，如此之冀望是否符合生命的本質呢？

人人皆知心電圖的波形有高峰有低谷，有時曲折有時平順，正如心臟的搏動是由心房與心室間的收縮和舒張、心臟瓣膜的開與合，相互搭配，將血液輸往全身以及回收，方能維持正常的循環，保有生命。我們的心電圖與脈搏，從來不是持續上升和衝刺，也需要降落與沉靜。由此即可了解，冀求人生際遇是不斷向上攀升的直線，並不符合生命本質；反之，或起或落、或高或低、或順或逆的人生際遇，正是生命的真實。因此如欲擁有相同於莊子的逍遙，首先就應破除不切實際的「只要順、不要逆」的錯誤幻想。

然而，為何大眾通常都有如此不切實際的錯誤幻想呢？這是因為好逸惡勞的慣性喜愛輕鬆、方便、容易，以之為順；排斥不輕鬆、不方便、不容易，以之為逆。滿心只要順、不要逆；殊不知這就如同只要心電圖向上的線條、不要心電圖向下的線條；也就是《莊子．秋水篇》記載「師天而無地，師陰而無陽，其不可行明矣。」亦即生命的真實就是起起落落，順逆相隨。無人可能恆常抓執順，無人可能永遠不經歷逆。正如同地球受陽光照射，必然一半為「明」，另一半為「暗」，不可能只有「明」，不可能消滅「暗」。

悟道者觀察完整的全貌，不僅了解地球「明暗並存」，具有一體兩面的性質；並且了解人生亦然，亦具有一體兩面的性質，亦為明暗並存、悲喜同在、順逆不相離。由於明瞭人生際遇變動不居，或高或低、或起或落、或順或逆，就是生命的真實，「高與低」、「起與落」、「順與逆」共同組成生命的完整全貌，它們是無從切割的連續性整體，具有一體不可分的性質，所以悟道者不同於大眾，沒有「只要順、不要逆」的錯誤幻想。

對於人生際遇，大眾誤以為「順與逆」有好壞優劣的分別；未能了解「順與逆」一體不可分，都是生命的真實，並無好、壞可說；恰如地球明暗並存，無論明或暗，都是地球真實面貌的一部分，並無好、壞可說。因此如果一定要指稱「順」是好，那麼由於「順逆」一體不可分，所以「逆」也是好；同理，如果一定要指稱「逆」是壞，那麼由於「順逆」一體不可分，所以「順」也是壞。由此可知「順與逆」誠然沒有好壞之別。

大眾又誤以為「順與逆」是可以切割的兩種狀態；實則「順與逆」相連相通，組成生命的完整全貌，一如心電圖「向上與向下」的線條共存共在，相續相連，不可切割。

大眾甚至誤以為可僅只抓取「順」；殊不知「順逆」一體不可分，如果抓取「順」，那麼也就同時抓住「逆」，不可能僅僅抓取「順」。

大眾又誤以為拋棄「逆」是美好人生；然而「順逆」一體不可分，如果拋棄「逆」，也就同時拋棄「順」，那麼人生成為沒有任何起伏波動的死寂，宛若心電圖呈現一條平靜的直線。試問：哪一個健康的人類，心電圖是一條平靜的直線呢？

綜言之，「順與逆」並不是大眾誤認為的互斥對立，而是不可切割的連續性整體，是人生際遇在起起落落、不斷變化的歷程中，交替呈現的不同面向罷了。悟道者明瞭於此，所以沒有「只要順、不要逆」的錯誤幻想，而是順應人生際遇的變動，無所排斥，也無所執著。

然而，這是否意謂著：悟道者果真認為有「順逆」？在悟道者的生命中，「順逆」果真成立嗎？或許我們可以檢視大眾所說的「順逆」，從何而來。

人生際遇，如果是人們所喜愛的輕鬆、方便、容易之事態，大眾便拿著語言文字貼上「順」的標籤；反之，若是人們所排斥的不輕鬆、不方便、不容易之事態，大眾便貼上「逆」的語言文字標籤。換言之，本就是起起落落、變動不居的人生際遇，本無「順、逆」可說，但是大眾拿著語言文字對人生際遇貼標籤，強硬指稱之，宛若「順、逆」在生命中果真成立；抓住「順、逆」的標籤，但見「順、逆」語言文字的字面不同，便又產生更多錯覺，誤以為人生有順逆，誤以為「順與逆」有好壞之別，誤以為「順與逆」可斷然切割，誤以為可拋棄「逆」只選擇「順」。

由以上說明，不難了解「順逆」是大眾拿著語言文字對於不斷變動的人生際遇貼標籤，所貼出的稱謂，並非人生際遇果真有順、逆、好、壞可說。例如「成住壞空、生老病死」的人生際遇，在本質上並無順、逆可說。簡言之，大眾之所以產生「只要順、不要逆」的錯誤幻想，原因在於忘卻了「無常」就是生命的常態，忘卻了起起落落的人生際遇本無順逆可說，並且因為語言文字而產生許多誤會。

悟道者明瞭生命完整的全貌，就是人生際遇起起落落、高低互見、變化無常，所以不強硬地拿著語言文字對人生際遇貼標籤，也就不被「順、逆」的語言文字標籤所干擾。遇見「高、起、順」的事態，了解這是人生際遇的眾多面向之一，是生命完整全貌的一部分，欣喜之餘，也了解「無動而不變，無時而不移」（《莊子．秋水篇》）萬事萬物都是不斷地變動，當下「高、起、順」的事態，必將有所流轉，所以不得意忘形，而是不失謹慎地持平以對。當「高、起、順」的事態發生變化，轉變為「低、落、逆」，悟道者依然明瞭這是人生際遇的眾多面向之一，是生命完整全貌的一部分，心緒雖然不免沉重，但依舊持平，審慎處理，不沮喪灰心，因為了解「無動而不變，無時而不移」，當下「低、落、逆」的事態，也必將有所變動。

亦即不論大眾所稱的「順」或「逆」，悟道者都是相同地持平以對，雖然情緒有所波動，但在波動中，不失篤定平穩。以此，對他而言，並沒有大眾所說的「順、好」或「逆、壞」的分別，而是無順無逆、無好無壞。他一肩擔起的是完整的人生際遇，不是僅僅抓取人生際遇的某些角落；他擁有的是生命完整的全貌，不是僅僅截取生命的局部片段。不被語言文字所貼的「順逆」標籤框限，懷藏「無順無逆」的胸襟，因此而能沉著處理大眾所稱的「順與逆」，也就是「能順能逆」。無論「順逆」，生命都是坦然自在，開闊明朗，沒有糾葛，沒有扭曲，無往而不逍遙，無所往亦逍遙，堪稱同步於《莊子．讓王篇》「逍遙於天地之間，而心意自得。」簡言之，悟道者並不認為生命有「順逆」可說，「順逆」在悟道者的生命中並不成立。由於「無順無逆」，所以「能順能逆」，他因此而擁有千金不換的「順逆皆逍遙」。

此外，也可由另一面向來了解無順無逆的「順逆皆逍遙」。《莊子．至樂篇》記載「至樂無樂」，不過「無樂」的意涵不在字面，不是消滅樂，而是不認定什麼是樂。試想，人們通常對於「樂」都有自己的認定，符合這些標準就是「樂」，不符合這些標準就是「不樂」。然而，如果不認定某一狀態是「樂」，那麼無論何時、身處何地、所遇何人、發生任何事件，雖無「樂」可言，但也無「不樂」可言。亦即「無樂」的同時，也是「無不樂」，這不正是無時無地皆安適的「至樂」。亦即不認為有樂，也就不認為有不樂，無所執著，也無所排斥，則無所不樂，因此可進一步描述為「至樂無樂無不樂」。簡言之，不執著於樂，則無所不樂，就是「至樂」。

那麼我們也可仿效「至樂無樂」，進一步地敘述「至順無順」。不認定什麼是「順」，不被好逸惡勞的慣性牽著鼻子走；雖然人們喜愛輕鬆、方便、容易之事態，大眾也將這些事態貼上「順」的語言文字標籤，但是如果不被慣性框限，不被語言文字的標籤干擾，沒有先入為主的「順」之認定，那麼無論人生際遇為何，對於任何人、地、時、事，雖無「順」可言，但也無「不順」可言。亦即「無順無不順」，也就是「無順無逆」，這不正是一切皆順的「至順」。故可描述為「至順無順無不順」或「至順無順無逆」，擁有如此之懷抱，則不同於大眾每每感歎「人生不如意事，十之八九」，而是順應人生際遇的流動變化，與變同步，無所排斥，因此沒有「不如意」的歎息，這也是如假包換的「順逆皆逍遙」。

以上的了解，都是二〇〇八年二月母親辭世之後，方才逐漸明悉。雖然母親在世時，我業已追隨莊子多年，但是由於駑鈍至極，遲遲未能了悟書中義理。直至母親辭世，死亡的強大衝擊令我悲慟逾恆的同時，卻也一把就將我推進了莊子門內。自此，終於穿過文字，明瞭字裡行間蘊藏的意涵。近十餘年來，常時流淚讀莊子、寫莊子，感念母親不惜捨去肉身，以「死亡」引領我跟上莊子的腳步，乃至完成本書。雖然這是此生我能做的最好之事，然而此功不在我而在於母親，一位無順無逆、能順能逆的不可思議女性。母親一九二六年出生於江蘇徐州的富裕家族，二十歲之前的生活恰如《紅樓夢》所描述的「榮國府」那般，一九四九年因戰火而來臺。母親曾自述戰亂後的赤貧是「什麼都沒有了，只有一條命。」進入婚姻，飽受磨難，無止盡的忍耐換得三名子女長大成人。「沒有遺憾」是母親臨終前的話語，回顧母親的生命歷程，不正是無順無逆、順逆皆逍遙的人間演繹。至於我完成本書，或亦差可借用「沒有遺憾」來表述此生，以追隨母親。並願每位讀者皆因本書而悟道，自我安頓而沒有遺憾，無順無逆、能順能逆、順逆皆逍遙。

謹以本書感謝母親引領我明瞭無所不在的大道，以此而安身立命，渡過無數人生險灘，心平氣和，無疑無惑。

本書蒙張家祥博士、鄭孝勇醫師、官芸菡醫師、醫學系蘇尹助同學之卓絕指正，謹此誌之，並申謝忱。

王小滕

二〇二三年元月三十日

前言

一、莊子其人其書

西漢・司馬遷（約公元前一四五—八六年）所著《史記・老莊申韓列傳》，歷來是學術界了解莊子生平的主要依據文獻，本書亦以之為基準，綜合整理如後。

莊子，姓莊，名周。東周的戰國時期，宋國蒙（今河南省商丘縣）人，生卒年約為公元前三六〇—二八〇年。曾擔任蒙之漆園吏，不過無從確知任職之久暫。家境清貧，曾向人借米以維生。楚國國君欲聘請他為官，但是莊子辭謝不往。

莊子身處於戰國中期，時代的大背景是「爭地以戰，殺人盈野；爭城以戰，殺人盈城。」（《孟子・離婁篇》）那是「王者之不作，未有疏於此時者也；民之憔悴於虐政，未有甚於此時者也」（《孟子・公孫丑篇》）的時代，也是「今世殊死者相枕也，桁楊者相推也，刑戮者相望也」（《莊子・在宥篇》）的時代。處身於這樣一個強凌弱，眾暴寡，戰禍綿延，嚴刑峻罰，令人苦痛不堪的離亂之世，莊子卻像是開天的巨擘，運用非凡的敘述方式著書，滾動日常平凡的語言文字，呈顯開闊明朗，坦然自在，沒有糾葛，沒有扭曲的生命氣質。南宋・林希逸（公元一一九三年生，卒年不詳）以為「天下不可以無此人，亦不可以無此書。」

《莊子》原為若干篇，多少字，皆無從確知。西漢・司馬遷所見為十餘萬字（但未指出是多少篇），東漢・班固（公元三二—九二年）所見為五十二篇（但未指出是多少字）。現今通行的西晉・郭象（約公元二五二—三一二年）注本，是三十三篇，約六萬七千多字。郭象自言所見之《莊子》有些敘述或似《山海經》、或似《占夢書》，辭氣鄙背，無深奧意旨，故皆刪而不存。郭象並將三十三篇的第一至第七篇訂為「內篇」，第八至第二十二篇訂為「外篇」，第二十三至第三十三篇訂為「雜篇」。歷代學者通常認為「內篇」為莊子自著，「外、雜篇」不盡然是莊子所著，可能參雜後人作品；不過當代學者王叔岷先生指出，研讀今本《莊子》首須破除「內、外、雜篇」之分，因為這是郭象所訂，並非莊子原意。所以本書介紹莊子義理，不因「內、外、雜篇」之名，遂有所偏廢，而且在縝密說明中，讀者不難了解「外、雜篇」的主旨未離大道，深邃精絕之論述並不亞於「內篇」，可證王叔岷先生所言不虛。

二、本書簡介

本書介紹《莊子》，首先以「前言」，介紹「莊子其人其書」以及本書的大概內容。

接著是依序介紹《莊子》三十三篇。每篇之原文均以明代「正統道藏」的《南華真經》（晉．郭象注，唐．成玄英疏）為底本，並參酌其它之版本。（《南華真經》即《莊子》，由於唐玄宗詔封莊子為南華真人，遂稱其書為《南華真經》）

每篇介紹的方式，都是先在篇名之下，嘗試提出莊子之所以書寫此篇的緣由，也就是莊子察見了什麼問題，或欲解決什麼問題；其次，列出此篇原文中的第一段敘述；其次，針對這段敘述，若有字義須加以解釋，則解說之；其次，說明這段敘述的文字字面之意；其次，詮釋這段敘述涵藏的義理。爾後，再列出此篇原文中的第二段敘述，再依序說明字義、這段敘述的字面之意、義理。依此類推。

關於《莊子》書中的思想，有學者認為其中包涵「無待（逍遙）、齊物、養生、處世、全德、內聖、外王」等系統。不過，或許也可了解為：書中論及精神自由、人生修養、政治理想的敘述，都是莊子藉之舉例以說明「道」。換言之，「道」是全書的主旨，由於「道」不遠人，它無所不在，處處皆在，是人們生命的真實，也是人們存活之環境的真實，所以莊子藉由生活中的所有面向，隨時舉例，以揭示「道」。

本書詮釋莊子義理，並不僅只停留在文字之字面，因此與學者們通常依從文字之字意所進行的解釋，不盡相同。然而本書並未標新立異，而是跟隨大道變動不居的本質以及渾全不割裂的整體性，說明莊子埋藏在字裡行間的洞見與智慧。試想《莊子．外物篇》「言者所以在意，得意而忘言。」揭示語言文字雖然指向「意」，但卻不等於「意」，亦即「言」與「意」不能劃上等號，因此欲明瞭「意」則不可執著「言」。所以本書不僅只停留在文字字面，而是跟隨大道的特質進行說明，這是否悖離抑或相應於莊子，即留予讀者思考。

本書以淺白文字進行說明，深信可協助讀者突破常識的片面知見，了解莊子記錄的「真實」，也就是「悟道」；進而明瞭莊子並非發明一套哲學，也不是大眾所誤會的消極避世、偏激放任、憤世嫉俗、虛妄空談，而是不僅僅以一己的血肉身軀做為準則，他立足天地萬物之整體，以整體做為觀察與思考的基準，所以不被常識侷限，不僅只停滯在局部片段的隅落，時時和盤托出「真實」——不可切割的整體。

逍遙遊

如何獲得絕對的精神自由，無往而不逍遙，無所往亦逍遙？排斥遠離天地萬物，抑或與天地萬物和諧、混融、沒有對立、沒有對待、無待？

北冥有魚，其名為鯤。鯤之大，不知其幾千里也。化而為鳥，其名為鵬。鵬之背，不知其幾千里也。怒而飛，其翼若垂天之雲。是鳥也，海運則將徙於南冥。南冥者，天池也。

「北冥」有二意：（一）北海，（二）北極。「鯤」有二意：（一）大魚，（二）魚卵。「怒」：努，指鼓動翅翼。「垂天」指天邊，「垂」：邊。「運」：動。「南冥」有二意：（一）南海，（二）南極。「天池」：自然的水域。

北海（或北極）有魚，它的名字是鯤。鯤的身軀龐大，不知有幾千里那麼大。鯤變化為鳥，它的名字是鵬。鵬的背脊，不知有幾千里那麼大。鵬起飛時，它的雙翼展開如同天邊的雲朵。這隻巨鳥，隨著海水流動所掀起的海風，將遷徙至南海（或南極）。南海（或南極）是一片遼闊的天然水域。

人人皆知「魚」和「鳥」是不同的物種，魚不可能變化為鳥，那麼本篇「魚化為鳥」的記載是否悖離真實呢？試想：空中的飛鳥向海面俯衝，將海面的魚叼入嘴中，吞入腹內，那麼魚成為鳥的食物，進入鳥的身軀，也就成為鳥的一部分，因此即可描述「魚化為鳥」。換言之，「魚化為鳥」的記載並不悖離真實。這也就是〈寓言篇〉「萬物皆種也，以不同形相禪」，萬物即為千千萬萬不同的物種，然而不同的物種之間，也就是萬物之間，並無永恆不可跨越的界線，萬物如同食物鏈一般地相互流通，混融為「一」而不是二。

本篇總計三次記載大鵬飛往南冥，以上是三次中的首次。有鑑於莊子藉著「魚化為鳥」流動而不呆滯一隅的書寫筆法，彰顯萬物並無不可跨越的界線而是互通互往，故可了解即為運用「和以天倪」的「卮言」記載大鵬之高飛。（關於「卮言」，請參見〈寓言篇〉的說明）

齊諧者，志怪者也。諧之言曰：「鵬之徙於南冥也，水擊三千里，摶扶搖而上者九萬里，去以六月息者也。」野馬也，塵埃也，生物之以息相吹也。天之蒼蒼，其正色邪？其遠而無所至極邪？其視下也，亦若是則已矣。且夫水之積也不厚，則其負大舟也無力，覆杯水於坳堂之上，則芥為之舟，置杯焉則膠，水淺而舟大也。風之積也不厚，則其負大翼也無力。故九萬里，則風斯在下矣，而後乃今培風，背負青天而莫之夭閼者，而後乃今將圖南。蜩與學鳩笑之曰：「我決起而飛，槍榆枋，時則不至，而控於地而已矣。奚以之九萬里而南為！」適莽蒼者，三餐而反，腹猶果然；適百里者，宿舂糧；適千里者，三月聚糧。之二蟲又何知！小知不及大知，小年不及大年。奚以知其然也？朝菌不知晦朔，蟪蛄不知春秋，此小年也。楚

之南有冥靈者，以五百歲為春，五百歲為秋；上古有大椿者，以八千歲為春，八千歲為秋，此大年也。而彭祖乃今以久特聞，眾人匹之，不亦悲乎！

「齊諧」：或為人名，或為書名。「志」：記。「擊」：激盪。「摶」：摶，拍。「扶搖」：旋風由下而上。「野馬」有二意：（一）原野中的馬，（二）指天地間的氣流。「吹」：吐氣。「蒼蒼」有二意：（一）蒼蒼茫茫，（二）青藍色。「邪」：疑問詞。「覆」：倒。「坳堂」：堂上凹處。「芥」：小草。「置」：放。「膠」：膠著，指不流動。「而後乃今」的「乃」：而。「培風」：乘風。「夭閼」：遏阻。「圖」：計劃。「蜩」：蟬。「學鳩」：小鳥。「決起」：奮起。「槍」有二意：（一）停留，（二）碰、撞。「榆、枋」：兩種小樹名。「控」：落。「奚」：何。「南為」的「為」：乎，語助詞。「適」：往。「莽蒼」指近郊之原野。「反」：返。「果然」指飽。「宿舂糧」：舂宿糧，指舂搗隔宿（過夜）的糧食。「之二蟲」：此二蟲，指蜩、學鳩。「不及」：不相及、不相干，指無從比較。「年」：壽。「朝菌」：朝生暮死的菌蟲。「晦」：月終。「朔」：月初。「蟪蛄」：蟬，春生夏死或夏生秋死。「楚」：現今之湖北省。「冥靈」：樹名。「大椿」：樹名。「此大年也」：此句為宋．陳碧虛《莊子闕誤》引成玄英本，至於其它通行本則無此句。「彭祖」：傳說中八百歲或七百歲的長壽者。「彭祖乃今」的「乃」：至。「匹」：比。

齊諧這個人（或這本書）記得（或記載）奇怪的事情，齊諧說：「當大鵬遷往南海（或南極）時，水面激盪達三千里之遙，翅翼拍著由下而上的旋風，飛上九萬里的高空，這一飛去，六個月之後才降落休息。」大鵬在高空看見野馬（或如同野馬一般奔馳的氣流），飛揚的塵埃，因此感知所有的生物都是以氣息互相吹送。天空的蒼蒼茫茫（或青藍色），就是它的本色嗎？它是否遼遠而沒有極至呢？大鵬往下俯瞰地表，也是如此的景象。如果水的積聚不深厚，那麼它就無力承載一條大船。倒一杯水在堂上凹陷之處，形成一個小水窪，那麼一片小草在其中將如同船一般的漂浮；但是放入一個杯子，就將膠著不動，這是水淺而做為船的杯子太大的緣故。如果風的積聚不強，那麼它就無力承載巨大的翅翼。所以大鵬飛到九萬里的空中，那麼風就在大鵬的身軀之下，而後才可乘著風力，如同背負著青天，沒有任何阻礙，然後計劃向南方飛去。蟬與小鳥取笑大鵬說：「我們奮起而飛，飛到榆樹、枋樹上（或碰到榆樹、枋樹就停下來），有的時候飛不上去，就落在地面上罷了。何必飛到九萬里的高空，再往南飛去呢？」前往近郊之人，只須帶著三餐的食物，回來時肚子仍是飽飽的。前往百里之遠的人，則需要準備過夜的糧食。前往千里之遙的人，則需要準備三個月的糧食。這兩隻小蟲又知道什麼呢！小知與大知，不相及（無從比較）。壽命短的與壽命長的，也不相及（無從比較）。何以知曉是如此呢？朝生暮死的菌蟲不明白什麼是一個月的時光，春生夏死或夏生秋死的蟬，不明白什麼是一年的時光，這就是小年。楚國的南方有一株冥靈樹，以五百年為一個春季，以五百年為一個秋季；上古時代有一棵大椿樹，以八千年為一個春季，以八千年為一個秋季，這就是大年。彭祖活了八百歲，到現今仍然以長壽特別知名，一般人們與他相比，不覺得可悲嗎！

關於「生物之以息相吹也」，可由下例來了解：人類與鳥類皆存活於空氣中，人類吐氣，散入大氣中，鳥類吸氣，則將人類吐出的氣息吸入鳥肺中；至於鳥類呼氣，亦散入大氣中，人類吸氣，則將鳥類吐出的氣息吸入人肺中。由此則知，人類與鳥類相互交換氣息。實則，不僅人類與鳥類如此，天地之間所有的生物皆是如此相互地交換氣息，故記載「生物之以息相吹也」。這也就是〈知北遊篇〉「通天下一氣」，亦即以「空氣、氣息」做為觀察的基準，便知天下萬物通而為一，並無不可跨越的區隔；也就是萬物相連相通，是不可切割的混融整體。由此則知「野馬也，塵埃也，生物之以息相吹也」，彰顯大氣之中的存在物，例如：野馬（或氣流）、塵埃、所有的生物（包括大鵬），雖然看似並不相關，然而它們全都是組成天地萬物無從切割的連續性整體之一環。換言之，任何一項存在之於萬物，都是「萬物與我為一」（〈齊物論篇〉），而不是萬物與我對立。

大鵬在空中飛翔，見天空遼遠且蒼茫：然而由空中俯瞰地面，亦是蒼茫且遼遠，故知這是指出「天與地」具有相同的性質。此外，若更進一層觀之，「天」未嘗獨立於「地」之外，「地」亦未曾獨立於「天」之外，亦即「天地」相依而不離。由此則可了解莊子藉著「天與地」具有相同的性質，暗示「天地」是不可切割的整體，並不因為人類賦予不同的名稱遂可切割。質言之，「天地」是「一」而不是二，不是常識所認為的對立狀態。

「且夫水之積也不厚」至「而後乃今將圖南」，延續前文之整體意涵，仍然彰顯「水與舟」、「風與鳥」相依而不離，一如「天與地」是無從切割的整體。

「適莽蒼、適百里、適千里者」，舉例說明不同的生命有不同的需求，因此無從以一個固定的標準評定不同的生命孰優孰劣。

接著繼續舉「朝菌、蟪蛄、冥靈、大椿、彭祖、眾人」為例，指出不同的生命有不同的自然天性，無須比較，也無從比較，這就是「小知不及大知，小年不及大年」，亦即「小大不相及（無從比較）」。有些學者誤會「不及」為比不上，實則莊子全書均無比較孰高孰低之記載，在此則是指出不同的生命形態，它們的自然天性不相及（無從比較），也無須比較，只須順應自然天性，平穩妥當地安頓自我，即為生命的理想狀態。

關於「自然天性」，只須環顧周身之存在物，即可明瞭萬物各自呈現不同的生命形態，就是萬物的「自然」，也就是萬物與生俱有的天性本質。換言之，萬物之所以如此呈顯，是其性質使然，也就是萬物的自然。例如：寒帶植物與熱帶植物，之所以分別生長於寒地與熱帶，是其性質使然，也就是它們的自然。如果不顧它們的性質，執意互換二者，將寒地植物種植於熱帶，將熱帶植物種植於寒地，則二者都無法存活；這也就是唐．杜甫〈秋野〉：「易識浮生理，難教一物違。」

由此則知，對蜩、學鳩而言，在接近地表的樹林間飛翔，即為順應自然天性，故為恰當之舉；但是不可飛升至九萬里的高空，因為牠們的身軀無法承受高空的強大氣流。至於大鵬的翅翼「若垂天之雲」，所以不可在接近地表的樹林間飛翔，否則山林、土丘將刮傷甚或折斷大鵬的翅翼，牠必須上達九萬里的高空，才可不受阻擋的展開雙翼，全速飛翔。換言之，飛升至九萬里的高空，對大鵬而言，也是順應自然天性的恰當之舉。這就是不同的生命形態有不同的自然天性，亦即「小大不相及（無從比較）」。不過，更進一層而言，蜩、學鳩、大鵬都是天地萬物無從切割的連續性整體之一環，所以雖然「小大不相及（無從比較）」，但是相通為「一」，並不是常識認為的對立狀態。因此明瞭「大與小」無庸比較、沒有對立的大鵬，保持沉默，並不與蜩、學鳩論辯，而是泰然地順應自然天性，自我安頓恰如其分，達到生命的理想狀態。

以上是本篇第二次記載大鵬飛往南冥，有鑑於莊子假借他人（齊諧）來進行論述，故可了解即為運用「借外論之」的「寓言」記載大鵬之高飛。（關於「寓言」，請參見〈寓言篇〉的說明）

湯之問棘也是已：「窮髮之北，有冥海者，天池也。有魚焉，其廣數千里，未有知其脩者，其名為鯤。有鳥焉，其名為鵬，背若太山，翼若垂天之雲，摶扶搖羊角而上者九萬里，絕雲氣，負青天，然後圖南，且適南冥也。斥鴳笑之曰：『彼且奚適也？我騰躍而上，不過數仞而下，翱翔蓬蒿之間，此亦飛之至也，而彼且奚適也？』」此小大之辯也。

「湯」：商湯，商朝的開國始祖，約公元前十八世紀擔任天子之職。「棘」：商湯時的賢人。「窮髮」：不毛之地，「髮」指草木。「冥海」指廣漠無涯的大海。「脩」：長。「太山」：泰山。「羊角」：旋風由下而上如羊角。「絕」：穿越。「圖」：計劃。「斥鴳」：池澤中的小雀。「奚適」：何往。「仞」：周代的長度單位，有些古籍記載七尺、有些記載八尺是一仞。「蓬蒿」：茼蒿，草本植物，高約七、八公寸。「辯」：辨，別。

商湯詢問棘，亦是如此：「草木不生、不毛之地的北方，有廣漠無涯的大海，那是一片遼闊的天然水域。那兒有一條魚，魚的寬度為數千里，沒有人知道牠有多長，牠的名字是鯤。有一隻鳥，牠的名字是鵬，背脊像泰山那麼高，雙翼如同天邊的雲朵。翅翼拍著由下而上的旋風，飛上九萬里的高空，穿越雲氣，如同背負著青天，然後計劃向南飛，將往南海（或南極）。池澤中的小雀取笑大鵬說：『牠將去哪裡呢？我騰飛向上，達到數仞的高度再飛下來，在蓬蒿叢中飛翔，這也算是飛行的極至了，而牠將去哪裡呢？』」這就是小和大的分別。

大鵬對於斥鴳、蜩、學鳩的取笑，均保持緘默，並未反唇相譏。這是因為牠明瞭飛升至九萬里的高空，對牠而言，是順應自然天性的恰當之舉，至於斥鴳、蜩、學鳩在接近地表的樹叢間飛翔，也是順應自然天性的恰當之舉；亦即了解牠們都是順應自然天性，至於自然天性則是「小大不相及（無從比較）」，也就無庸比較。更且「生物之以息相吹也」的感受，使牠了解所有生物本是無從切割的混融整體，亦即牠與斥鴳、蜩、學鳩並非對立之存在，而是「萬物與我為一」的和諧整體，所以無庸相互批評。簡言之，大鵬明瞭牠與斥鴳、蜩、學鳩都是順應自然天性，將自我安頓恰如其分的理想生命狀態，因此沉默無語。

然而斥鴳一如前文之蜩、學鳩，未能了解牠們與大鵬都是順應自然天性，不了解自然天性是「小大不相及（無從比較）」，而且斥鴳也不明瞭「萬物與我為一」，誤以為自己與大鵬對立，遂以自我為中心，對大鵬提出批評。這就是了解或不了解「自然天性、小大不相及、萬物與我為一」，以致在言談舉止上所出現的分別，莊子稱之為「小大之辯（別）」。

關於「小大之辯（別）」，也可由另一面向來了解：若僅觀斥鴳、蜩、學鳩、大鵬之形貌與知見，誠然是有小有大；但是，若不僅僅觀看牠們的形貌與知見，而是穿過表象，明瞭牠們都是組成天地萬物無從切割的連續性整體之一環，存在的本質相同，而且是齊同平等，並無大小之別。換言之，「無分別與有分別」同存並在，未曾相離。因此可進一步描述為「小大之辯（別），別而無別」，以彰顯牠們的形貌雖有分別，但是本質為「一」，並無分別。不過，這並不意謂著可以忽略形貌各異的表象，也不意謂著只須留意齊同平等的本質。試想「本質與表象」不可切割，它們都是生命真實的一部分，亦即表象各自不同，是真實的一部分；本質齊同平等，也是真實的一部分。所以，併觀「表象與本質」，察見完整的全貌，也就是立足「真實」，則不至於發生以偏概全的錯誤。

以上是本篇第三次記載大鵬飛往南冥，有鑑於莊子假借重量級古人商湯來進行論述，故可了解即為運用「是為耆艾」的「重言」記載大鵬之高飛。（關於「重言」，請參見〈寓言篇〉的說明）

故夫知效一官，行比一鄉，德合一君，而徵一國者，其自視也亦若此矣。而宋榮子猶然笑之。且舉世而譽之而不加勸，舉世而非之而不加沮，定乎內外之分，辯乎榮辱之境，斯已矣，彼其於世未數數然也。雖然，猶有未樹也。夫列子御風而行，泠然善也，旬有五日而後反。彼於致福者，未數數然也。此雖免乎行，猶有所待者也。若夫乘天地之正，而御六氣之辯，以遊無窮者，彼且惡乎待哉！故曰：至人無己，神人無功，聖人無名。

「效」：任。「比」：合。「徵」：信。「宋榮子」：宋鈃，戰國初期的宋國人。「猶然」：笑。「且舉世」的「且」：若，「舉」：全。「勸」：進，指振奮。「沮」：止。「辯乎」：分辨。「境」指界域。「數數」指汲汲。「列子」：列御寇，戰國初期的鄭國人。「御」：順。「泠」：輕妙。「旬有五日」：十五天，「旬」：十天，「有」：又。「反」：返。「致福」：求備，指無所不順。「致」：求。「福」指備。「待」有二意：（一）等待、依憑；（二）對待、對立。「乘」：順。「天地之正」指天地運行的法則。「六氣之辯」的「六氣」：陰陽風雨晦明，「辯」：變。「無窮」有二意：（一）指天地無窮，（二）指道。「惡乎」：疑問詞。

知識足以擔任一個官職，行為合於一個鄉里的要求，德性符合一位國君的標準，獲得一國民眾的信任，這樣的人看自己也就如同斥鴳看自己的飛翔一般，自認為到達極至。然而宋榮子卻嗤笑他們，對宋榮子而言，假如全世界都稱譽他，他卻不因此而特別振奮；全世界都責備他，他也不因此而特別沮喪。他劃定內在自我與外在事物的分際，分辨榮耀與屈辱的界線，如此之情況，使他不汲汲營營追求世間的肯定，雖然如此，他仍有尚未樹立的理想。列子乘風而行，輕妙靈巧，十五天之後被風送回來。他對於無所不順，並未汲汲追求，卻可乘風，這樣雖然免於步行，但是仍然有待。如果有人可以順隨天地運行的法則，順應陰陽風雨晦明的六氣變化，悠遊於天地無窮（或道），他尚且有待嗎？所以說：至人無己，神人無功，聖人無名。

首先看「彼且惡乎待哉」，莊子以疑問語反詰「乘天地之正，而御六氣之辯，以遊無窮者」是否有待，也就是暗示「無待」。關於「待」，學者通常認為是等待、依憑之意，「無待」是不等待、無所依憑，也就是指獨立於天地萬物之外，無所等待、無所依憑，獲得絕對的精神自由。然而回到「乘天地之正，而御六氣之辯，以遊無窮者，彼且惡乎待哉」的敘述，僅觀文字表面即知「無待」並未遠離天地萬物，而是與天地萬物同存並在。以此，欲獲得絕對的精神自由，或許並非遠離天地萬物。

反觀「待」也有彼此對待、對立之意；那麼「無待」就是指彼此沒有對待、沒有對立。有鑑於「不進行比較、沒有對立、無所區隔」的混融義理，是莊子哲思的核心，因此本書以「沒有對立、沒有對待」來說明無待。以此「乘天地之正，而御六氣之辯，以遊無窮者，彼且惡乎待哉」，就是順隨天地之運行、六氣之變化，亦即與天地萬物和諧並存，因此獲得沒有對立、沒有對待、無待、絕對的精神自由。至於學者通常認為的不等待、無所依憑，只須以混融義理進行檢視，便知仍然與「沒有對立、對待」的意涵相通。因為「通天下一氣」（〈知北遊篇〉），以「氣」為觀察基準，則知萬物相連相通，也就是「萬物與我為一」，是不可切割的混融整體，以此豈須再等待或依憑任何存在物？換言之，之所以不等待、無所依憑，就是因為「混融、沒有對立、沒有對待」。因此本書以「沒有對立、對待」來說明無待，而不認為是遠離天地萬物之外。

再看「乘天地之正」，就是順隨天地運作的法則。然而，什麼是天地運作的法則？天地運作是否依循某項固定不變的準則？環顧天地之間，氣候由溫暖變化為炎熱，再變化為涼爽、寒冷、溫暖，亦即春夏秋冬四季循環反覆，變動不已；萬物由「無生」變化為「生」，再變化為「無生」（死），亦即「有與無」、「生與死」不斷流動變化。這就是〈秋水篇〉「無動而不變，無時而不移」，天地之中一切都在改變，然而「變」卻不曾改變。由此則知，天地運作依循的不變準則，即為「變」。簡言之，「天地之正」就是變。

然後併觀「乘天地之正，而御六氣之辯」，在此須先了解：「六氣」在「天地」中，「天地」之中有「六氣」之運行，亦即「天地與六氣」是不可切割的連續性整體，並不因為人類賦予不同的名稱遂可切割。由此則知，這二句敘述指出：「乘天地之正」順隨天地運作的任何變動，也就自然而然地「御六氣之辯（變）」順應陰陽風雨晦明等六氣之各種變化。

有以上的了解，則知「乘天地之正，而御六氣之辯，以遊無窮者」，指出依隨天地不斷變動的運作（例如：六氣運行之各種變化），因為與「變」同步，所以與任何狀態都沒有對立、沒有對待、無待，則可悠遊於無窮的天地之間。此外，也可由另一面向來思考，有鑑於大道以不執著的流動特質，順應萬物的變化，遷流不已，無所終窮；那麼此處記載的「無窮」也可能指向變動不居的大道。換言之，「以遊無窮」就是與道同遊，與變同步，與天地萬物同在，故而無有窮盡。至於「遊」也彰顯無待義理，因為與任何存在都沒有對立、沒有對待、無待，故而無所不至，沒有被阻擋之虞。

繼續看列子，學者通常認為「有所待」是列子等待風、仍須憑藉著風。不過本書仍以「待」為對待、對立之意，進行說明。亦即列子御風而行，就是與風混融，但他未能如同「乘天地之正，而御六氣之辯，以遊無窮者」，未能與陰陽風雨晦明等六氣運行之各種變化混融，他只能「御風」而未能「御六氣」。換言之，列子無須等待風、無須憑藉風，因為他業已與風混融、沒有對立、沒有對待，但是他與六氣運行之「陰陽雨晦明」等各種變化，仍有對立、對待而未能混融，所以莊子稱他「猶有所待」。

綜觀本段敘述揭示四種生命狀態，類似人們一生中，自我意念的變化歷程：（一）「知效一官，行比一鄉，德合一君，而徵一國者」：獲得他人肯定，與他人的標準「無待（沒有對立、對待）」，但是尚未自覺，未能建立自我的思考，故為「無自覺、無我、無待（沒有對立、對待）」的生命狀態。

這一狀態，類似人們在幼兒時期，沒有自我的主張，完全聽從父母師長的指導，行為舉止務求符合尊長指示的標準。

（二）宋榮子：屬於「我」的自覺出現，不過極度執著自我，遂與他人形成對立，也就因此未能樹立「無待（沒有對立、對待）」。這是「有我、有自覺、有待（有對立、對待）」的生命狀態。

這一狀態，類似人們由青少年時期開始，對於自我提出不同於他人的主張，而且極為堅持，遂與他人形成對立。

（三）列子：雖然部分地開放自我，與風混融、無待（沒有對立、對待），但是未能與「風」之外的眾多元素或變化混融、無待。這是以自覺，偶或開放自我成為「無我、無待（沒有對立、對待）」之生命狀態，但是多數時刻為「有待（有對立、對待）」。

這一狀態，類似人們在青少年時期之後，在年歲逐漸增長的過程中，雖與他人常有對立，但若偶遇生命氣質相近的對象，則為之開放自我，與之和諧相處，只不過這樣的對象並不多見。

（四）「乘天地之正，而御六氣之辯，以遊無窮者」：開放自我，對於天地運作的各種變動，例如：陰陽風雨晦明等六氣之變化，都順應、沒有對立、沒有對待、無待、混融。這是「自覺」地開放自我，不再執著於自我，也就是「無我」，不與任何存在作對，而是和諧的「無待（沒有對立、對待）」，以此遂獲得絕對的精神自由。不過「無我」的意涵不在字面，不是消滅自我，而是與萬物混融，在混融整體中所有存在相連相通，因此說不出什麼是與「物」相對的「我」，也說不出什麼是與「我」相對的「物」，亦即「物我」混融、沒有對立、沒有對待、無待，回返「萬物與我為一」（〈齊物論篇〉）的整體，而且明瞭所有存在的自然天性各自不同，所以與萬物相處，不是以自我的好惡為前提，也不是以自我為中心對萬物進行「高、低、優、劣」的比較與分別，而是順應萬物的自然天性，與萬物恰如其分的互動。以此，宛若自我消失了，故可描述為「無我」。由於「無我」，所以也就解消與其它存在作對的「物、我」對立之緊繃或劍拔弩張，遂獲得沒有對立、沒有對待、無待、絕對的精神自由。這是「有自覺、無我、無待（沒有對立、對待）」的生命狀態。

這一狀態，類似人們經過許多波折的歷練，更為年長之後，了解與任何存在作對，於己並無助益；反而是放下自我的好惡、執著，與所有存在和諧相處，可使生命開闊明朗，寬和自在。

莊子揭示「有自覺、無我、無待」之生命狀態後，繼續記載「至人無己，神人無功，聖人無名」，藉著「功、名、自我」為例，再對「無待」進行深入說明。之所以舉「功、名、自我」為例，或許因為它們是人生中最難以放下的執著，人人都執著之，莊子卻反向指出不執著，以下即一一敘述之。至於「至人、神人、聖人」均為具備無待胸懷的智者，三人並無高低位階之別。

堯讓天下於許由，曰：「日月出矣，而爝火不息，其於光也，不亦難乎！時雨降矣，而猶浸灌，其於澤也，不亦勞乎！夫子立而天下治，而我猶尸之，吾自視缺然，請致天下。」許由曰：「子治天下，天下既已治也，而我猶代子，吾將為名乎？名者，實之賓也。吾將為賓乎？鷦鷯巢於深林，不過一枝；偃鼠飲河，不過滿腹。歸休乎君，予無所用天下為！庖人雖不治庖，尸祝不越樽俎而代之矣。」

「堯」：約公元前二十四世紀，擔任天子之職。「許由」：與堯同時代的賢人。「爝火」：炬火，指火把。「光」：照。「浸灌」：灌溉。「澤」：滋潤。「夫子」指許由。「尸之」指掌管天下。「缺然」：不足。「致」：讓。「賓」指外在、客體。「庖、尸、祝」：舉行祭祀時的三位工作人員。「庖」：做祭品的廚師。「尸」有二意：（一）主祭者，（二）祭祀時沉默不語，象徵神降臨於此人。「祝」：向神祈福祝禱之人。「不治庖」：不做廚師的工作，指不做祭品。「樽」：酒器。「俎」：祭祀時，盛肉的器皿。

堯希望將天下讓給許由，對許由說：「日月已經出現在空中，而火把仍不熄滅，它要散放光亮，不是很難嗎！及時雨從天而降，而仍然澆水灌溉，對於潤澤農作物，不是徒勞嗎！先生一旦即位擔任天子，天下立刻大治，而我卻掌管天下的事物，我自覺能力不足，請容我將天下讓給你。」許由說：「你治理天下，天下已經被你治理好了，而我還來代替你，我是為了名嗎？名是實的客體，我是為了客體嗎？鷦鷯小鳥在濃密的樹林裏築巢，所需要的不過就是一根樹枝；小偃鼠到河邊喝水，所需要的不過就是滿腹之水。先生，你請回吧，我要天下有什麼用呢？舉行祭祀時，廚師雖然不做祭品，尸、祝也不會越過酒樽俎器去代替廚師呀。」

本則寓言為「聖人無名」。之所以欲將天下讓給許由，是因為堯自認是「爝火、浸灌」，而許由是「日月、時雨」；亦即堯是「小」，許由是「大」；堯並且認為「大與小」即為「優與劣」之別，他不如許由。然而許由卻自認為是小鳥、小鼠，所需則為「一枝、滿腹之水」的「小」，並不羡慕「深林、河」的「大」。換言之，堯、許由都自認為「小」，但堯自以為不如許由；至於許由卻是心神平穩、不卑不亢，不羨慕「大」。在莊子的敘述中，許由之所以安穩自在，就是因為不僅只見「名」之大小，而是穿過表象，同時察見「實」。亦即許由了解「名」只是人類賦予「實」的指稱，「名」是客體，「實」是主體。如果觀察「實」，則知「一枝與深林」的「實」相同，均為樹木；「滿腹之水與河」的「實」也相同，均為水。因此，既然立足於相同的「實」，那麼也就不同於常識，不追逐「大」之名，也不排斥「小」之名。

反觀堯指出的「日月、爝火」，雖然「名」是一大一小，但是「實」相同，均為光；「時雨、浸灌」，雖然「名」也是一大一小，但是「實」也相同，均為水。所以堯如果不僅只見「名」之大小，而是穿過表象，併觀「實」，則了解無庸羨慕許由。另外，常識認為唯有方圓萬里，才可稱為「天下」，至於方圓數尺，則不可稱為天下；也就是必須如同「日月」光照萬里、「時雨」滋潤萬里，才是「治天下」，但若只是如同「爝火」光照數尺、「浸灌」滋潤數尺，常識則認為不是治天下。然而，在此應思考：「爝火、浸灌」光照、滋潤數尺，是否在天下之外？深信人人皆知「爝火、浸灌」雖然僅只光照、滋潤數尺，但仍在天下之內，未離天下。由此則可了解：方圓萬里，固然是「天下」，但是方圓數尺，也是「天下」；亦即它們的「名」雖然有大有小，但是「實」相同，都是人們存活的環境。那麼也可同時了解：掌管方圓萬里、民眾千萬，固然是「治天下」；但僅掌管方圓數尺、民眾稀少，甚至只是管理自我，也是「治天下」。只不過前者「有」治天下之「名」，後者「無」治天下之「名」，但是二者的「實」相同，都是安頓生命以達到理想狀態。

以此，縱然堯自認是「爝火、浸灌」，只不過光照、滋潤數尺，依然是治理天下。至於許由雖然僅只治理自我，但也是治理天下。亦即許由雖「無」治天下之「名」，但「有」治天下之「實」，既然立足於治天下之「實」，那麼也就無意取代堯治天下之「名」。許由並且舉「庖、尸、祝」為例，指出「庖、尸、祝」的「名」雖然不同，但是「實」相同，都是祭祀工作，縱然庖未做祭品，祭祀仍可進行，所以尸、祝不必代替庖；恰如堯、許由均有治天下之「實」，所以許由不必代替堯。

本則寓言揭示：觀察與思考，不宜僅只停留於「名」，而應穿過表象，併觀「實」。立足「實」，則了解名相雖然有大、小的不同，但是「實」相同；亦即立足「實」，則明瞭「大與小」沒有對立、對待，而是「無待」的和諧並存。以此，則將不同於常識，不執迷「大」之名，也不排斥「小」之名，成為不被「名」拘限的自由心靈，故可描述為「聖人無名」。簡言之，「無名」的意涵不在字面，並非消滅「名」，而是「名與實」併觀，則不被「名」拘限。

此外，也可由另一面向來了解本則寓言：大眾認為「有名與無名」互斥對立，也都喜愛名，竭力追求之，並且以沒沒無名為恥。但是莊子舉治天下為例，許由雖「無」治天下之「名」，堯則是「有」治天下之「名」，但是他們治天下之「實」卻是相同。因此立足「實」，則知「有名與無名」並非大眾認為的互斥對立，而是沒有對立、沒有對待、無待。有以上的了解，則將不同於常識，不執著於追求「名」，也不以「無名」為恥。

肩吾問於連叔曰：「吾聞言於接輿，大而無當，往而不反。吾驚怖其言，猶河漢而無極也。大有逕庭，不近人情焉。」連叔曰：「其言謂何哉？」曰：「藐姑射之山，有神人居焉，肌膚若冰雪，綽約若處子，不食五穀，吸風飲露。乘雲氣，御飛龍，而遊乎四海之外。其神凝，使物不疵癘而年穀熟。吾以是狂而不信也。」連叔曰：「然。『瞽者無以與乎文章之觀，聾者無以與乎鐘鼓之聲。豈唯形骸有聾盲哉？夫知亦有之。』是其言也，

猶時女也。之人也，之德也，將旁礴萬物以為一，世蘄乎亂，孰弊弊焉以天下為事！之人也，物莫之傷，大浸稽天而不溺，大旱金石流、土山焦而不熱。是其塵垢粃糠將猶陶鑄堯、舜者也，孰肯以物為事！」

「肩吾」：或是山神、或是賢者，不可考。「連叔」：或為悟道者，亦不可考。「接輿」：楚狂接輿。「當」：止，底。「反」：返。「河漢」：銀河。「逕庭」：激越之言，遠離常識。「藐」：邈，遠。「姑射之山」：神話中的山名。「綽約」指柔美。「處子」：未出嫁的女子，指安靜。「疵癘」：病、災害。「年」：穀熟。「狂」：誑，欺。「瞽」：眼盲。「文章」：紋彩。「猶時女」：即是汝（你）。「德」：可藉〈天地篇〉「物得以生謂之德」、《淮南子．齊俗篇》「得其天性謂之德」來了解，指與生俱有的自然天性本質，例如自覺、思考能力。「旁礴」：混同。「一」指不可切割的整體。「蘄」：祈。「亂」有二意：（一）治；（二）不整齊，指萬物各式各樣繽紛的樣態。「孰」：疑問詞。「弊弊」指勞苦經營。「大浸」：大水。「稽」：至。「流」指熔化。「粃糠」指無用之物，「粃」：穀不熟，「糠」：穀皮。「舜」：約公元前二十三世紀，接受堯之禪讓，擔任天子之職。

肩吾詢問連叔：「我聽楚狂接輿談話，內容廣大而沒有止盡，一去就不回頭，我對他的言論感到驚訝，就如同銀河一般遼遠無窮，太過激越，遠離常識，不合人之常情。」連叔說：「他說些什麼呢？」肩吾回答：「他說『遙遠的姑射山上，住著一位神人，肌膚如同冰雪之潔白，容態柔美有如處女，他不吃五穀，只吸清風喝露水；他乘著雲氣，駕御飛龍，遠遊至四海之外；他的心神凝定，可使萬物不遭受災害，而且五穀豐收。』我認為是欺人之論，所以不相信。」連叔說：「是啊！『對於瞎子，無法給他看紋彩之美；對於聾子，無法讓他聽鐘鼓的樂音。哪裡只是血肉之軀有聾有瞎呢？人的心智也有聾有瞎啊！』這個話，說的就是你呀！這位神人，他的自然天性就是與萬物混融為不可切割的整體。世人祈求天下大治（或祈求萬物繽紛多彩），哪裡需要勞勞碌碌把治理天下當做事業呢！這位神人啊，萬物都不能傷害他，洪水滔天時，他不溺水；嚴重的旱災，地表高溫使得金石熔化、土壤山林枯焦，他卻不覺得熱。他身上的塵垢粃糠無用之物，可以陶鑄成為堯、舜，哪裡肯把世間的事物當做一回事呢！」

本則寓言為「神人無功」。「功」即為「用」，所以「神人無功」就是神人無用。

在此先看接輿敘述神人「若處子」之安靜，然而神人顯然並不僅只呆滯在「靜」之一隅，而有「乘雲氣，御飛龍，而遊乎四海之外」的動態，亦即神人由「靜」生「動」，混融「動靜」於一身。神人之「靜」並不排斥「動」。

「不食五穀」看似不具備飲食之功能，然而「吸風飲露」隨即指出神人具有飲食的功能。亦即神人並非恆常固定在「無飲食功能」，而適時調整為「有飲食功能」。

「其神凝」指出神人的精神凝聚在自己，也就是不採取任何干預、改變萬物的舉動，而使穀物豐收。亦即萬物在不受干擾的狀況下，各依自然天性發展，遂呈現理想之生長狀態，人類也因此而有理想的收穫。試想，大眾通常都認為採取某些改變萬物的舉動，才可彰顯人類「有用」，也才可能獲得對人類「有功（用）」的結果；大眾也都認為若不採取某些改變萬物的舉動，則是「無用」，也將得到對人類「無功（用）」的結果。然而神人順應萬物而非改變萬物，也就是大眾認為的「無用」，但是卻獲得穀物豐收的「有功（用）」。亦即神人順應萬物，雖然看似「無功（用）」但卻獲得「有功（用）」的結果。

以上接輿指出神人由「靜」轉變為「動」，由「無飲食功能」調整為「有飲食功能」，由順應萬物的「無功（用）」產生穀物豐收的「有功（用）」。亦即神人並非呆滯在「無功（用）」，而是融「無功（用）與有功（用）」於一身，立足「無功（用）與有功（用）」混融、沒有對立、沒有對待、無待的整體。簡言之，接輿指出神人為「無功（用）而有功（用）」，涵藏無待的生命特質。

肩吾認為接輿的談話「不近人情、狂而不信」，也就是認為接輿的談話不合理。關於「合理」與否，人們通常都以自我為中心，將不同於自我定見的狀態，稱之為不合理。然而，在天地之間，人類的所知所見甚少，也必定難以廣知廣見萬事萬物。亦即不同於人類自我定見的狀態，誠然極其之多，因此不宜僅僅以自我為中心，遂指稱某些狀態為不合理。所以肩吾認為接輿的談話不合理，便遭連叔指出是：不知自我反省的「心知有聾盲」。

接著，連叔指出神人的天性之德「旁礴萬物以為一」，立足與萬物混融、沒有對立、沒有對待、無待的整體，亦即神人的天性就是與萬物混融為一。不過「一」的意涵不在字面，並非使萬物都成為某一固定樣貌，而是不干擾萬物，順任萬物各依自然天性發展，各有不同之呈現，只是呈現的樣貌雖有不同，但由不割裂的整全大道觀之，任一存在物都是組成天地萬物連續性整體之一環，都是齊同平等的存在，並無優劣之別。正如前文記載的大鵬、蜩、學鳩、斥鴳，雖然形貌有大有小，但是存在的本質則是齊同平等。由此則知，「旁礡萬物以為一」不僅指出神人與萬物混融，也同時揭示神人沒有對立、沒有對待、無待的生命特質。

關於「世蘄乎亂，孰弊弊焉以天下為事」，多數學者認為「亂」是「治」。那麼這二句敘述則是指出世人祈求天下大治，誰會勞勞碌碌治理天下。然而讀者或許認為如此的說明有矛盾，矛盾的癥結是：人們既然祈求天下大治，卻又無人勞苦經營天下，那麼如何達成天下大治呢？回顧「聖人無名」之寓言揭示：並非方圓千萬里始可稱為「天下」，而是處處皆不離天下，亦即人人所在之處，均為天下；至於「治理天下」亦非僅指管理眾多人民、遼闊領土，既然人人所在之處均為天下，那麼僅只是治理自我，也是治天下。試想，如果人人均自我安頓恰如其分，如同許由一般，也就是人人都治理自己、治理天下，那麼天下大治的理想，也就水到渠成。換言之，天下大治並不來自某一特定人物之經營，而是人人以自覺安頓生命。例如：對民眾自幼便教之以「天地與我並生，而萬物與我為一」（〈齊物論篇〉）的大道整體性，以教育喚醒每一個人的自覺，引領民眾回返大道，明瞭生命在天地萬物的整體中，順隨整體的運作，與所有存在恰如其分的互動，則可享有整體和諧均衡運作的所有好處；亦即以自覺節制本能欲求及行為，尊重他人，愛護自己，以此來安頓自我、發展生命。如果人人自覺、自我安頓，則人際相處和睦，社會安祥。那麼，距離「天下大治」也就不遠。

簡言之，天下大治並不來自某一特定人物之經營，而是人人以自覺安頓生命達到理想狀態。以此，誠然無庸任何人勞苦經營天下，故記載「孰弊弊焉以天下為事」。此外，也可由另一面向來了解：「亂」有不整齊之意，也就是指萬物不固定為某一態樣，而是不整齊的各式各樣、繽紛多彩。那麼「世蘄乎亂，孰弊弊焉以天下為事」，則是人們希望萬物繽紛多彩，也就是萬物各依自然天性發展，不必整齊劃一，以此誠然無須任何人勞苦經營，只須人人皆如同神人一般的「其神凝」，不干擾萬物，萬物也就自然依天性本質發展，呈現理想並且繽紛多彩之態樣。由此亦可明瞭「孰弊弊焉以天下為事」的意涵不在字面，不是人人都不處理天下事物，而是指向順應自然；至於「天下大治」的意涵也不在字面，不是固定在某種狀態，而是並不固定的繽紛多樣。

至於「物莫之傷」，是因為神人不干擾萬物，順隨萬物的自然天性，那麼萬物也不傷害神人。這就是《老子．六十章》「兩不相傷」。連叔舉二例，說明「物莫之傷」，一是「大浸（大水）」、一是「大旱」。「水」之所以不傷神人，是因神人「旁礴萬物以為一」，不排斥任何存在物，而是與萬物混融、沒有對立、沒有對待、無待。亦即洪水滔天，神人便與「水」混融為一。試想：「水」沒有溺水的危險，反而是不與「水」混融、堅持自我形態之存在，則將溺水，故記載「大浸稽天而不溺」。至於「大旱」不傷神人，也是因為神人「旁礴萬物以為一」，當天下大旱高溫，神人便與「大旱高溫」混融為一，而無所排斥，因此也就不覺得「熱」，故記載「大旱金石流、土山焦而不熱」。換言之，由於神人的天性就是「旁礴萬物以為一」，與萬物混融，故獲得「物莫之傷」的有用。

另外，更進一層而言，「不溺、不熱」的意涵不在字面，不是絕無溺、熱，而是神人雖有溺、熱之感，但依隨變動不居的大道，適時調整至「不溺、不熱」的處境，以恰當地自我安頓。故可進一步描述為「溺而不溺，熱而不熱」，以彰顯神人不離於道，順應自然的變化。

亦即神人順隨自己的天性本質，同時順隨萬物的自然性質，遂獲得「不溺、不熱」之用。由此則知，「不溺、不熱」並非怪力亂神，亦非方術巫教，而是舉例說明神人沒有對立、沒有對待、無待的生命特質。

但是讀者或許將以為，神人與大水、大旱混融，而不受傷害，只是對神人有用，但是對天下則是無用。因為面臨洪水，神人不曾如同禹一般治理水患；面臨大旱，神人也不曾如同后羿一般射下天空的九個太陽，以使地表回復適合人類居住的溫度。亦即神人只是與洪水、大旱混融，而不採取改變洪水、大旱的舉動，則是無用於天下。

然而，在此必須思考：人類是否可能改變洪水、大旱？試想，面臨「大浸（大水）稽天」、「大旱金石流」之氣候，任何人皆無從採取任何舉動以改變之，只有如同「乘天地之正，而御六氣之辯，以遊無窮者」一般，無論天地運作、六氣運行如何變化，都採取順應、混融、沒有對立、沒有對待、無待的態度。所以神人不與「大水、大旱」作對而是混融，並非「無用」，反而就是人類唯一可以採取的因應之策。況且禹以疏導方式治洪水，也不是與水作對，不是改變水，而是順應水的自然性質；至於旱災，人類也必須順應。以此可知莊子繼「其神凝，使物不疵癘而年穀熟」之後，藉「大水、大旱」之例，再次指出順隨萬物的天性本質，也就是順應自然，不是「無用」而是「有用」。

但是，如果讀者仍然認為神人無用於天下，那麼後文隨即記載神人身上無用的「塵垢粃糠」可成就人們最為推崇的治理天下之堯、舜，亦即神人大大有用於人間。換言之，連叔與接輿相同，也指出神人並非呆滯在「無功（用）」而將流動為「有功（用）」，也就是融「無功（用）與有功（用）」於一身，立足「無功（用）與有功（用）」混融、沒有對立、沒有對待、無待的整體。亦即繼接輿之後，連叔也指出神人為「無功（用）而有功（用）」，懷藏無待的生命特質。

試想，堯、舜既然源自於神人，那麼他們治理天下也就具有類同於神人「其神凝，使物不疵癘而年穀熟」的特質，亦即不干擾而是順應民眾的自然天性，使人人各得其位，發展良好，以至於天下平治。也就是前述曾說明，天下大治並不來自某一特定人物之經營，而是人人以自覺安頓生命達到理想狀態。以此，誠然無庸神人或任何一位特定人物的努力操持。換言之，「孰肯以物為事」的意涵不在字面，不是不處理事物，而是指向順應自然。

回看寓言之初，記載神人「肌膚若冰雪」之潔淨，然而寓言之末，卻記載神人有「塵垢」。前後併觀，即知「潔與垢」同存並在神人之一身。亦即以神人為觀察基準，則知「潔與垢」沒有對立、沒有對待、無待。由此再次彰顯神人具備「無待」的生命特質。此外，觀察人們生活的自然環境，「冰雪與塵垢」本就是同存並在，由此亦可印證「冰雪與塵垢」、「潔與垢」無待，是「一」而不是二。

本則寓言的神人順應而非改變萬物的自然天性，莊子指之為「神人無功」。但是順應萬物並非大眾所認為的「無功（用）」，而具有「有功（用）」的另一面。亦即莊子不同於常識，指出並非唯有改變萬物，才可獲得對人類有用的結果。神人就是順隨自己以及萬物的自然天性，遂由「無功（用）」流動為「有功（用）」，融「無功（用）與有功（用）」於一身，揭示「無功（用）與有功（用）」沒有對立、沒有對待、無待、混融為一的整體性。簡言之，「無功」的意涵不在字面，而是涵藏「有功」——順應自然即可達至「有功」。

此外，也可由另一面向來了解本則寓言：大眾認為「有用與無用」互斥對立，也都喜愛「有用」，排斥「無用」。然而，人間世事無不具有一體兩面的性質，例如：地球受陽光照射，必然是一半為「明」，另一半為「暗」。那麼常識認為的「無用」，是否也具有一體兩面的性質，抑或始終固定在「無用」呢？本則寓言以「順應自然」為例，指出大眾認為「無用」的順應自然，並非恆常固定於「無用」，而具有「有用」的另一面。亦即大眾認為「無用」的順應自然，涵藏「有用」，具有一體兩面的性質。換言之，「有用與無用」並非大眾認為的互斥對立，而是沒有對立、沒有對待、無待的整體。有以上的了解，則將不同於常識，不排斥「無用」，而是觀察它是否具有一體兩面的性質，是否尚有「有用」的另一面。

宋人資章甫而適諸越，越人斷髮文身，無所用之。堯治天下之民，平海內之政，往見四子藐姑射之山，汾水之陽，窅然喪其天下焉。

「宋」：宋國，在現今河南省東部和山東、江蘇、安徽之間地。「資」：貨，指販賣。「章甫」：殷冠，指禮冠。「適」：往。「諸」：於。「越」：今浙江省紹興一帶。「斷髮」：剪髮，指不留長髮。「文身」：紋身。「四子」指許由、齧缺、王倪、被衣。「藐」：邈，遠。「姑射之山」：神話中的山名。「汾水之陽」指山西省臨汾一帶，堯的國都所在地，水北為「陽」。「窅然」指深遠。「喪」：忘。

宋人帶著禮冠到越國去販賣，發現越國人不留長髮，身上刺青，根本用不到禮冠。堯治理天下的民眾，安定海內的政事，前往遙遠的姑射之山，拜見四位先生，又回到汾水之陽的國都，深深地忘了天下。

本則寓言是「至人無己」。不過莊子先揭示「宋人有己」，以做為「至人無己」的對照。宋人以自我為中心，認為宋國人使用的禮冠，其它地區的人們也相同的需要。殊不知越人對於軀體的安排，使他們並不需要禮冠，所以「章甫」禮冠對越人無用。這是「宋人有己」，以自我為標準，欲將自己的意念加在他人的頭上，與前文的蜩、學鳩、斥鴳相似，未能明瞭不同的生命有不同的自然天性，不可強迫所有的生命適用同一個固定的標準。

此外，也可由另一面向來了解：環顧萬物萬象都以與生俱有的自然天性，存在於天地之間，本無「有用、無用」可言。只不過人類以自我為中心，強硬指稱符合所需的狀態為「有用」，反之則為「無用」。亦即人們一旦強硬界定「有用」，那麼沒有任何時間上的誤差，「無用」便立即被凸顯。換言之，若不標舉「有用」，則無「有用、無用」可言，一旦標舉，則「有用、無用」必然同時凸顯，如影隨形，任一方皆不獨自成立，必定與另一方相依相倚。簡言之，天地之間本無「有用、無用」可說，然而人們強硬指稱之，卻不知一旦指稱，那麼所指稱之「有用、無用」就具有不可切割的整體性。

所以章甫對宋人有必要，對越人無必要，但是並非章甫有用或無用，而是人們一旦指稱有用與否，那麼「有用與無用」就並存於章甫。亦即某物對張三有必要，對李四無必要，並非此物有用或無用，而是一旦指稱有用與否，那麼「有用與無用」就並存於此物；也就是「有用與無用」不可切割，是一不是二。

接著看堯「喪其天下」，試想：堯並不在天下之「外」，而是在天下之「內」。因此「喪其天下」的意涵不僅止於字面，不只是忘天下，而是將天下與自己都忘了，也就是「物我兩忘」。不過「物我兩忘」的意涵也不在字面，並不是「天下萬物與我」都消失了，而是與天地萬物混融，在混融整體中所有存在相連相通，因此說不出什麼是與「物」相對的「我」，也說不出什麼是與「我」相對的「物」。亦即「天下萬物與我」混融、沒有對立、沒有對待、無待，是一不是二。簡言之，堯與天下萬物混融為「一」，這就是「忘我、無我」，因此是「至人無己」。亦即堯由「治天下」而「喪天下」，回返「萬物與我為一」（〈齊物論篇〉）的混融整體，由「有己」而「無己」。

立足「萬物與我為一」的整體，明瞭所有存在都是組成天地萬物無從切割的連續性整體之一環，雖然各有不同的自然天性，但都是齊同平等，所以與萬物相處，不是以自我的意念為前提，而是順應萬物的自然天性。以此，也就解消與其它存在作對的「物、我」對立之緊張，遂獲得沒有對立、沒有對待、無待、絕對的精神自由。故知在莊子筆下，堯即為無待、絕對的精神自由之表徵。

另外，關於「順應萬物」的意涵也不在字面，不是被萬物牽著鼻子走，而是如同神人「之人也，之德也，將旁礡（混同）萬物以為一」，與萬物混融為一，是沒有對立、沒有對待、無待的整體，在整體中依隨自己的天性之德，也就是順隨萬物的自然天性，故與萬物互動恰如其分。

再回看莊子所書寫的堯，「治天下之民，平海內之政」是治理天下；「往見四子藐姑射之山」則是前往遙遠的姑射山，由於遠離國都，所以也就不治天下；「汾水之陽」是堯的國都所在地，那麼堯就是在此治理天下；「窅然喪其天下」物我兩忘，與天下混融，則是順應天下萬物與民眾的自然天性，並非以自我的意念進行管理，如同並未治理天下。

總言之，以「治天下」為觀察基準，則知堯融「治天下與不治天下」於一身，立足「治天下與不治天下」混融、沒有對立、沒有對待、無待的整體。換言之，常識認為「治天下與不治天下」互斥對立，然而堯不同於常識，不切割「治與不治」，而是融「治與不治」於一懷。亦即懷抱「治與不治」混融的整體智慧，以整體待命，視時機需要，適時由「治」調整為「不治」，或由「不治」調整為「治」，往來自如，無所拘泥，不呆滯任一隅落，以此堪稱獲得無待、絕對的精神自由。回顧「聖人無名」的寓言中，堯未能明瞭「大與小」無待的義理；然而，本則「至人無己」的寓言中，堯不割裂「治天下與不治天下」，獲得無待、絕對的精神自由。以此則知這是莊子運用「卮言」流動而不呆滯一隅的筆法，對堯進行書寫。

本則寓言指出：執著自我意念的「宋人有己」，使章甫禮冠由「有用」轉變為「無用」。反之，不執著自我意念而是順應萬物自然天性的「至人無己」，不僅獲得天下平治的大用，同時也與「乘天地之正，而御六氣之辯，以遊無窮者」相仿，獲得無待、絕對的精神自由。

此外，也可由另一面向來了解本則寓言：人們通常都是堅持自我的意念，並且認為順應萬物、不堅持自我意念，如同取消自我、宛若無我，不能自我彰顯，故不樂意如此；亦即大眾認為「有我與無我」互斥對立，「無我」不如「有我」，因此人們選擇停滯在「有我」之一隅，遂與萬物形成「物、我」之對立。然而，莊子藉本則寓言指出：「無我」不堅持自我而是順應萬物，則回返「萬物與我為一」的整體性；以此，則將無往而非我，無物不是我。亦即自我獲得更為寬廣的延展，不再侷限於一己的身軀，也就是由「無我」流動為處處皆是「我」，正因為不執著自我，反而得到無有窮極的我。以此則知「無我」涵藏「我」，具有一體兩面的性質。亦即「無我與有我」不是大眾認為的互斥對立，而是沒有對立、沒有對待、無待的整體，它們相互流通，是不可切割的一體之兩面。換言之，「無我」不是常識認為的取消自我，而是秉持沒有對立、沒有對待、無待的整體智慧，不同於常識，不執著自我的意念，並且順應萬物，以此不僅解消「物、我」的對立，也一併解消對於自我的執著，故可稱為「至人無己」。如果落實，反而將獲得無窮的我，也就是「無己而有己」。

以上「聖人無名，神人無功，至人無己」三則寓言，莊子舉出大眾最執著的「功、名、自我」為例，提示讀者培養具有穿透力的觀察與思考，超越常識，穿過表象，立足不割裂的渾全大道，洞見「無名與有名」、「無功與有功」、「無我與有我」是沒有對待的混融整體，進而依循大道不執著的流動特質，化解生命中包括「功、名、自我」在內的諸多執著，因此成為無所拘執的自由心靈，也就全面地樹立「無待」，這是「逍遙」的基礎。唯有秉持沒有對立、對待的「無待」，可通可轉，無所困限，生命開闊明朗，坦然自在，方才可能「無往而不逍遙，無所往亦逍遙」。

惠子謂莊子曰：「魏王貽我大瓠之種，我樹之成而實五石，以盛水漿，其堅不能自舉也。剖之以為瓢，則瓠落無所容。非不呺然大也，吾為其無用而掊之。」莊子曰：「夫子固拙於用大矣。宋人有善為不龜手之藥者，世世以洴澼絖為事。客聞之，請買其方百金。聚族而謀曰：『我世世為洴澼絖，不過數金；今一朝而鬻技百金，請與之。』客得之，以說吳王。越有難，吳王使之將，冬與越人水戰，大敗越人，裂地而封之。能不龜手，一也。或以封，或不免於洴澼絖，則所用之異也！今子有五石之瓠，何不慮以為大樽而浮乎江湖？而憂其瓠落無所容，則夫子猶有蓬之心也夫！」

「惠子」：惠施，與莊子同時代的宋國人，曾擔任梁惠王（即魏惠王）之宰相。「魏王」：即魏惠王，由於遷都至大梁（今河南省開封一帶），故又稱梁惠王。「貽」：贈。「瓠」：葫蘆。「石」：古代的容量單位，十升一斗，十斗一石。「漿」：液體。「不能自舉」指不能支撐。「瓠落」：平淺。「呺」：大。「掊」：擊破。「夫子」指惠施。「龜」：皸裂。「洴澼絖」：漂洗絲絮。「鬻」：賣。「說」：遊說。「有難」：舉兵犯難。「裂地」指分封領地。「或」：有的。「慮」：纏繫。「大樽」指腰舟，類似現代之救生圈。「蓬」：茅草。

惠子對莊子說：「魏王送我大葫蘆的種子，我將它種植成長，結出的果實有五石的容量，如果用來裝滿水，由於它不夠堅固，無法承受這樣的重量。將它剖開做成瓢，卻又平淺盛不了許多水。這葫蘆不是不大，但我認為它無用，就把它打碎了。」莊子說：「先生實在是不善於使用大啊（或不善於處理「用」，已經很嚴重了）。有個宋國人擅長製造使手不皸裂的藥品，他家世世代代都以漂洗絲絮為職業。有一位外地來的客人聽說這種藥品，願意出一百金購買他的藥方。他召集全家人來商量，說道：『我們世世代代漂洗絲絮，所得不過數金而已，現在一旦賣出這個藥方就可獲得一百金，就賣給他吧。』這位客人得到藥方，便去遊說吳王。這時越國舉兵犯難侵略吳國，吳王就派他擔任將領，冬天與越人水戰，就靠不龜手的藥品，大敗越人，他因此得到分封領地的獎賞。這個藥品使手不龜裂的功用是相同的，但是有人獲賞封地，有人仍然是繼續漂洗絲絮，這就是應用的不同啊！現在你有五石大的葫蘆，為什麼不綁在身上當做腰舟，浮游於江湖之上？反而憂慮它平淺盛不了許多水，可見先生的心思還是茅塞不通啊！」

惠施雖欲諷刺莊子之言大而無用，不過在此並未明言，而是含蓄地藉著大瓠的無用來暗示。至於莊子雖然了解惠施的譏諷之意，但是也與惠施相同，也採取含蓄的方式，藉著說故事來回應。

關於「夫子固拙於用大矣」可由兩個面向來了解：（一）學者通常都認為是指惠施不善於使用大。（二）「夫子固拙於用，大矣。」指出惠施不善於處理「用」，已經很嚴重了；「大」是極，指嚴重。

莊子先舉「不龜手之藥」為例，此藥可用於漂洗絲絮，也可用於冬季之水戰，前者的收益甚小，後者的獲益甚大；亦即在現實生活中，前者是小用，後者是大用。至於莊子雖然記載為「所用之異」，但是實為「觀察與思考之異」，也就是使用者的觀察與思考，如果停滯一隅，那麼應用也就侷限一隅。

再看惠施所指的大瓠，由於不能大量盛水，也不宜做水瓢，故遭惠施視為「無用」；亦即惠施以自我為中心，觀察大瓠有用與否，端看是否符合惠施的設想與定見。但是莊子不以自我為中心，與惠施形成鮮明的對照；而且莊子一如前述之神人，不切割「有用與無用」，而是觀察大瓠是否具有一體兩面的性質，是否尚有「有用」的另一面。果然，莊子指出大瓠尚可做為腰舟，如果用於渡河，則具有生活中的實用；如果用於漂浮水面，享受一段悠閒的水上遊戲時光，獲得閒適的心愫，則具有使精神逍遙自在的作用。換言之，使用者如果依隨大瓠的自然性質，觀察與思考不僅僅停滯於「盛水」，則明瞭大瓠尚有「漂浮」的作用，那麼就可以使大瓠不停滯在「無用」，並且即時流動至「有用」的另一面。以此，則可描述大瓠為「無用而有用」或「無用之用」，並非惠施所說的無用。

本則寓言，莊子先以「不龜手之藥」為例，指出「小用與大用」並存於此藥，可見「小用與大用」並不互斥對立，而是和諧共存。莊子再以大瓠雖無盛水之用，但有漂浮之用，揭示互為對照的「有用與無用」不是常識認為的互斥不並存，而是不可切割的一體之兩面。亦即「無用與有用」相依相倚，莊子就是將「無用」一體兩面的另一面——「有用」翻轉出來，使惠施看見「無用與有用」一體不可分的完整全貌。由此則知，莊子的觀察與思考具有穿透力，洞見「小用與大用」、「無用與有用」是沒有對立、沒有對待、無待的混融整體。以此，解消惠施認為的「無用」困擾，也一併化解常識誤認「有用與無用」對立的狹隘思考，並且與大瓠同享「獨與天地精神往來」（〈天下篇〉）的逍遙及開濶。

此外，也可由另一面向來了解本則寓言：前文曾說明，天地萬物本無「有用、無用」可說，只不過人們以自我為中心，強硬指稱有用與否。因此，如果撤除人類的自我中心，回歸存在物的自然本質，順應它的自然天性，則知並無「有用」或「無用」的分別。

惠子謂莊子曰：「吾有大樹，人謂之樗。其大本擁腫而不中繩墨，其小枝卷曲而不中規矩，立之塗，匠者不顧。今子之言，大而無用，眾所同去也。」莊子曰：「子獨不見狸狌乎？卑身而伏，以候敖者。東西跳梁，不避高下，中於機辟，死於罔罟。今夫斄牛，其大若垂天之雲。此能為大矣，而不能執鼠。今子有大樹，患其無用，何不樹之於無何有之鄉，廣莫之野，彷徨乎無為其側，逍遙乎寢臥其下，不夭斤斧，物無害者，無所可用，安所困苦哉！」

「樗」：落葉喬木，高十餘公尺，皮粗質鬆葉臭。「大本」指樹的主幹。「擁腫」指樹瘤盤結。「立」：植。「塗」：路。「去」：離。「獨」：何，疑問詞。「狸」：貓。「狌」：黃鼠狼。「卑」：屈。「敖者」指出遊的小動物，例如小雞、老鼠。「跳梁」：跳躍。「機辟」：捕獸器的機關。「罔罟」：網。「斄牛」：西南夷長髦牛。「能為」：可謂。「無何有之鄉」有二意：（一）指虛無之地，（二）指任何處所。「莫」：大。「徬徨」指盤桓。「無為」指不執著固定的行為，而是順應自然。「逍遙」：沒有糾葛，沒有扭曲，開闊明朗，坦然自在的生命狀態。「不夭」：不亡，指不被砍伐。「斤」：斧。「物」指人。「安」：何，疑問詞。

惠施對莊子說：「我有一棵大樹，人們都稱它為樗。它的主幹樹瘤盤結，不符合繩墨之直，它的細枝彎彎曲曲，也不合於規矩的尺度。種在路邊，砍樹的木匠都不看它。現在你的談論，也是如此的大而無用，大家都遠離你而不相信。」莊子說：「你難道沒有看見野貓和黃鼠狼嗎？彎屈身體而埋伏著，等候出遊的小雞、老鼠，在追逐這些小動物時，東跑西跳，竄高伏低，不免踏中捕獸器的機關，死於網羅之中。現在看犛牛，身軀龐大如同天邊的雲朵，牠雖可稱為大，但卻不能捉老鼠。現在你有這麼一棵大樹，卻憂慮它無用，為什麼不將它種在虛無之地（或任何地方），廣大的原野中，可以在樹旁盤桓，順隨它的自然天性，也可自在地躺在樹蔭下。這棵樹不受到斧頭的砍伐，也沒有人傷害它，它沒有可用之處，又會有什麼困苦禍害呢！」

在此先看「無何有之鄉」，通常學者認為指虛無之地，這是因為如果僅觀文字表面，不免認為似乎是指「無」，然而「無」是否可能獨立於「有」之外呢？

雖然常識認為「有」、「無」不並存，但是《老子．十一章》「三十輻共一轂，當其無，有車之用。埏埴以為器，當其無，有器之用。鑿戶牖以為室，當其無，有室之用。故有之以為利，無之以為用。」指出車輪的三十根木條（車輻），共同聚集於車輪的軸心（車轂），正因為車轂中央的空「無」，與車輻木條的「有」，相互配合，所以車輪可以平穩滾動，提供給我們車輛的作用。揉和陶土做成器皿，器皿中央的空「無」，與器皿的陶土部分的「有」，相互配合，所以使我們的器皿具有盛物的功能。開鑿門窗建造成房屋，由於室內的空「無」，與房屋牆壁的「有」，相互配合，所以造就我們的房屋居住的功用。由以上三項生活中的例證，可知「有」之所以給予我們便利，是因為「有與無」相互配合，方才可能完美發揮作用；而且由車輛、器皿、房屋三項例證，可明瞭「有無」是不可切割的整體，也就是「有無」混融為一，其作用方才完整無所缺欠。

「有無」混融為一的情況，隨處可見，不僅僅只是以上三項例證而已，例如人類的血肉之軀是「實有」，然而我們張開嘴，口腔內部卻是「空無」，正因為口腔是「空無」，所以食物可由此進入體內，供給人體存活所需之營養與能量。此例再次說明「有無」不可分離的必然性，「有無」並非楚河漢界之不相往來。「有無」是不可切割的整體，並不因為語言文字給予不同之「名」便可切割為「二」。它們互通互往，是「一」不是二。

簡言之，常識認為「有與無」互斥不並存，誠然是觀察未盡透澈。由於「有與無」必然相依相隨，故知「無何有之鄉」的意涵不在字面，並非僅僅指虛無，而是不離實有之地，這由莊子隨即記載「廣莫之野」便可證明。亦即「無何有之鄉」不曾遠離人們存活的天地之間，也就是包括「廣莫之野」在內的任何處所。

再看「無為」，指不執著固定的行為，而是順應萬物的自然本質，當為則為，不當為則不為。例如：將荷花種植於水塘中，櫻花種植於排水良好的土壤中；不可將櫻花種植於水塘中，也不可將荷花種植於排水良好的土壤中。亦即順應荷花、櫻花的自然性質為前提。故知「無為」的意涵不在字面，不是排斥為，不是什麼都不做。本則寓言就是指出順隨樗樹的自然天性，將它種植於土壤中。

至於「順應自然」何以稱做「無為」？可藉下例來說明：櫻花在春日綻放，常識認為是人們將櫻花樹種植於土壤中，且給予養分並有空氣、陽光、水的滋潤使然。但是人們也可將不鏽鋼材質的水瓶埋入土中，相同的給予養分且有空氣、陽光、水的滋潤。試問不鏽鋼的水瓶是否也將成長呢？無疑地，水瓶並不成長開花。由此則知，在人為的種植舉動之上，另有決定性的關鍵要素，就是人類所種植深埋者，必須有生長開花的本質。這項本質並非由外界給予附加於櫻花之上，而是植物與生俱有的「自然」性質。人們順應植物的自然性質，將櫻花樹種植土壤中，故而於春季可欣賞櫻花盛開之美景。所以種植櫻花樹，雖有人為的舉動，但是如果觀察不偈限一隅而是察見完整的全貌，便知這項人為舉動，實則是順應自然而為。否則，縱有人為的種植舉動，但所種植深埋者，若不具有成長開花的自然性質，例如不鏽鋼的水瓶，即使深埋土中，相同地給予養分，也仍然不成長開花。由此則知種植櫻花的行為，就是順應自然的性質而為；自然的性質是前提要件，人們的舉止則是順隨自然，並未超越自然性質之外，所以可稱做「無為」。

接著回到寓言之首，惠施毫不含蓄地當面諷刺莊子之言大而無用，但是莊子仍與上一則寓言相同，仍然採取含蓄的方式，藉著說故事來回應。

莊子先舉狸狌為例，牠們的動作敏捷，可捉住小雞、老鼠做為食物。但在追逐這些小動物的同時，卻也不免因為碰觸獵人所設下的機關而死亡。莊子再舉犛牛為例，由於身軀龐大，動作並不敏捷，所以無法捕捉老鼠為食物，但卻也因此不至於誤觸獵人設下的陷阱，遂無被獵殺之虞。亦即如果以捉老鼠為觀察的基準，那麼狸狌有用，斄牛無用；但是如果以保全性命為觀察的基準，那麼狸狌無用，斄牛有用。也就是以生命而言，狸狌捕鼠為「小用」，但不能全生，是「無用」；斄牛不能執鼠，「無」小用，但可全生，是「大用」。

至於惠施所說的樗樹，因為木質鬆而不密實，若砍下，做成器物，並不符合人類的要求，所以「匠者不顧」，也遭惠施視為無用；亦即惠施仍然以自我為中心，觀察大樹有用與否，端視是否符合惠施的設想與定見。但是莊子仍然與上一則寓言相同，並不以自我為中心，也仍然觀察樗樹是否具有一體兩面的性質，是否尚有「有用」的另一面。果然，莊子指出順隨樗樹的自然天性，將它種於任何地方皆無遭受砍伐之虞，皆可生長良好，人類可在樹旁盤桓，從容地享受一段悠閒時光，而且由於不必防備大眾的砍伐，所以無庸設置柵欄、鐵絲網等等的防盜設備，人與樹都不被對立緊繃的壓迫感所擠壓，而是和諧安祥，心神閒適。亦即樗樹具有使人精神逍遙自在的作用。

換言之，如果依隨樗樹的自然性質，觀察與思考不僅僅停滯在砍樹、做成器物使用，則明瞭樗樹尚有休憩、並且使人精神逍遙自在的作用，那麼就可以使樗樹不停滯在「無用」，而是即時流動至「有用」的另一面。更且在此同時，如果以樗樹的生存為觀察基準，那麼由於不符合人類的器物之用，也就不至於引來人類的砍伐，遂可全生，這就是對樗樹自身的「有用」。換言之，樗樹不僅對人類「有用」，對其自身也「有用」。總上說明，樗樹並非惠施所說的無用，而可進一步描述為「無用而有用」或「無用之用」。

簡言之，狸狌、斄牛、樗樹都是融「有用與無用」於一身，亦即「有用與無用」同存共在於狸狌、斄牛、櫟樹的生命中。這再次證明「有用與無用」並非大眾認為的互斥不並存，而是不可切割的混融整體。莊子仍然與上一則寓言相同，將「無用」一體兩面的另一面——「有用」翻轉出來，使惠施看見「無用與有用」一體不可分的完整全貌；再次彰顯莊子的觀察與思考都具有穿透力，洞見「無用與有用」是沒有對立、沒有對待、無待的混融整體。以此，揭示惠施認為的「無用」是未能觀察完整的全貌，也一併化解常識誤認「有用與無用」對立的狹隘思考，並且與櫟樹同享「不言而飲人以和」（〈則陽篇〉）的和諧以及心靈之逍遙。

另外，本則寓言與前一則寓言相同，也揭示萬物本無「有用、無用」可說，只不過人們以自我為中心，強硬指稱眼前的存在物是否有用；但是撤除人類的自我中心，回歸存在物的自然本質，順應它的自然天性，則知並無「有用」或「無用」的分別。

至於本則寓言雖然記載斄牛、櫟樹「無用」得以全生，狸狌「有用」反而喪生；但是讀者不可誤以為「無用」必然可以保全性命，也不可誤以為「有用」必然喪生。讀者只須併觀〈山木篇〉「莊子行於山中」的寓言，便知「無用」或許全生、或許喪生，相同地，「有用」也是或許全生、或許喪生。亦即「無用」並非必然全生，「有用」亦非必然喪生。這是由於人生的處境「無動而不變，無時而不移」（〈秋水篇〉），因此不宜以一種行為模式處理各種不同情況，而應依循大道不執著的流動特質，不僵化，不拘泥，隨機因應，適時調整，方可自我安頓恰到好處。以此則知「不夭斤斧，物無害者，無所可用，安所困苦哉」的意涵不在字面，不是「無用」必然可以全生遠害，而是莊子藉以舉例說明「無用」未曾遠離「有用」，「無用與有用」是不可切割的一體之兩面。

以上莊子與惠施對談的兩則寓言，均揭示順應自然，亦即順應萬物的天性，便知萬物皆「有用」，呼應前述「神人無功」寓言指出順應自然並非「無功（用）」而是「有功（用）」。

另外，這兩則莊子與惠施對談的寓言也都揭示：懷藏沒有對立、對待的「無待」智慧，並且順應萬物的自然天性，即可擁有精神之逍遙。或許讀者在此可以思考：大眾於生活中遇到困頓，感到苦惱之際，旁人通常勸說「勿鑽牛角尖，看開一些」，然而如何可能看開？此時，如果與莊子相同，以「無待」為基石，秉持具有穿透力的觀察與思考，超越常識，穿過表象，立足不割裂的渾全大道，洞見完整的全貌而非眼前局部的一隅，這就是「看開」了。以此，則可進一步依循大道不執著的流動特質，恰如其分地處理困頓，化解苦惱，心靈不再受到拘泥，生命豁然開朗。那麼，堪稱與莊子同步，「無往而不逍遙，無所往亦逍遙」。

齊物論

萬物皆以自然天性存在天地之間？因此齊同平等？沒有高下、主從之分？具有不可切割的整體性？果真是「天地與我並生，而萬物與我為一」？

南郭子綦隱几而坐，仰天而噓，嗒焉似喪其耦。顏成子游立侍乎前，曰：「何居乎？形固可使如槁木，而心固可使如死灰乎？今之隱几者，非昔之隱几者也。」子綦曰：「偃，不亦善乎，而問之也！今者吾喪我，汝知之乎？汝聞人籟而未聞地籟，汝聞地籟而未聞天籟夫！」子游曰：「敢問其方。」子綦曰：「夫大塊噫氣，其名為風，是唯無作，作則萬竅怒呺，而獨不聞之翏翏乎？山林之畏佳，大木百圍之竅穴：似鼻，似口，似耳，似枅，似圈，似臼，似洼者，似污者。激者，謞者，叱者，吸者，叫者，譹者，宎者，咬者，前者唱于而隨者唱喁，泠風則小和，飄風則大和，厲風濟則眾竅為虛。而獨不見之調調、之刁刁乎？」子游曰：「地籟則眾竅是已，人籟則比竹是已。敢問天籟。」子綦曰：「夫吹萬不同，而使其自己也，咸其自取，怒者其誰邪？」

「南郭子綦」：悟道者。「隱」：靠。「噓」：吐氣。「嗒焉」有二意：（一）解體，

（二）忘。「喪」：忘。「耦」有二意：（一）指形體；（二）偶，指相對、對待。「顏成子游」：南郭子綦的弟子，姓顏成，名偃，字子游。「居」：故。「固」：何，疑問詞。「而問、而獨」的「而」：你。「喪我」：忘我。「汝」：你。「汝聞」有二意：（一）你聽，（二）你知。「籟」：簫，指聲音。「方」：道理。「大塊」指天地之間。「噫氣」：吐氣出聲。「是唯」的「是」：指風，「唯」：假使。「呺」：號，叫喊。「獨」：何，疑問詞。「翏翏」：長風聲。「山林」指山陵。「畏佳」指山陵或高或低的地勢。「圍」：成年男子雙臂環繞是一圍。「枅」：瓶、壺。「洼」：深池。「污」：淺池。「激」：水流湍急聲。「謞」：箭矢飛去之聲。「譹」：號哭聲。「宎」：門戶開關時所發出的聲音。「咬」有二意：（一）哀切聲，（二）鳥鳴聲。「喁」：相和之聲。「泠風」：微風。「飄風」：大風。「厲風」有二意：（一）烈風；（二）列風，指或強或弱的各種風。「濟」：止。「之調調、之刁刁」的「之」：都指樹枝，「調調」指動搖，「刁刁」指動搖漸微。「比竹」：並列眾竹管而吹，即排簫。「使其自己也，咸其自取」指有此竅則有此聲，此聲是竅之自然天性。「咸」：都。「自取」指自然天性。「怒」：努。「邪」：疑問詞。

南郭子綦倚靠几案坐著，仰頭向天，緩緩呼吸，好像解體一般地忘了形體，或像是遺忘了任何對立。顏成子游侍立在他面前，問道：「這是什麼緣故呢？為什麼形體如同乾枯的槁木，而心神如同熄滅的灰燼呢？今天先生憑案而坐的神情，與以往不同啊！」子綦回說：「偃，你問得真好！今天我忘了自己，你了解嗎？你聽過（或知曉）人籟而不曾聽過（或不知曉）地籟，即使你聽過（或知曉）地籟，也未曾聽過（或不知曉）天籟呀！」子游說：「請問三籟的道理？」」子綦道：「天地之間發出的氣息，叫做風。這風如果不發作則已，一旦發作，那麼萬種形狀不同的竅穴都叫喊起來。你難道不曾聽過長風吹過的翏翏聲嗎？山陵或高或低的地勢，百圍大樹上的竅穴，它們的形狀有的像人的鼻子、嘴吧、耳朵，有的像瓶壺，有的圓似圈，有的凹似臼，有的像深池，有的像淺池。風吹過這些竅穴發出的聲音，有的像水流湍激聲，有的像箭矢飛去之聲，有的像斥喝聲，有的像呼吸聲，有的像叫喊聲，有的像號哭聲，有的像門戶開闔時發出的聲響，有的像哀切感嘆聲或鳥鳴聲。前面的風聲唱著于，後面的風聲唱著喁。微風則相和的聲音小，大風則相和的聲音大。強風（或各種風）吹過去了，所有的竅孔都歸於虛靜。你難道沒有看見樹枝的搖動，而且搖動得更慢了嗎？」子游說：「地籟是眾竅孔發出的的聲音，人籟是用竹管吹出的聲音，請問天籟是什麼呢？」子綦說：「風吹萬種孔竅產生各種不同的聲音，使這些聲音之所以各自不同，就是孔竅自身的狀態所致，使它們努力發聲的是誰呢？」

在此先看「喪其耦」，有學者認為「耦」指身，那麼「喪其耦」就是忘卻形體。但是也有學者認為「耦」是「偶」，指「相對、對待」，那麼「喪其耦」就是遺忘所有常識認為的對立，例如忘卻「天與人」、「物與我」的兩兩相對；亦即「喪其耦」是渾化相對，回返沒有對立、沒有對待、無待、混融、無從切割的整體，也就是「萬物與我為一」。由於後一解釋吻合莊子「無待、混融」之哲理核心，所以本書依循「相對」之意，說明「耦」。

子綦「喪其耦」渾化相對，回返大道不割裂的整體性；所以雖然「隱几而坐，仰天而噓」，但是他與「几、天」並不是常識認為的「物與我」、「天與人」對立，而是「物我」

為一，「天人」不二、無待、混融、不可切割。

弟子顏成子游顯然對子綦的神態頗為驚歎，所以詢問「形固可使如槁木，而心固可使如死灰乎？」這兩句敘述指出的「槁木死灰」，意涵不在字面，不是枯槁死寂，而是「身心俱遺」（唐．成玄英疏）。不過「身心俱遺」的意涵也不在字面，不是身心都消失了，而是止息「身（感官）」與「心（心識）」對於天地萬物進行切割、分別性認知的運作，亦即回返天地萬物沒有對立、沒有對待、無待、混融、不可切割的整體性，也就是立足渾全不割裂的大道，「身（感官）」與「心（心識）」都依隨大道的混融、無待、整體性之運作。由此則知「槁木死灰」蘊藏無待意涵，子綦自述這就是「吾喪我」，亦即在混融、無待的整體中，所有存在相連相通，因此說不出一個獨立的「我」，故稱「吾喪我」。

那麼，試問：「吾喪我」是否只是字面的忘我之意？回顧「喪其耦」業已渾化相對，回返「萬物與我為一」的混融、無從切割之整體；在混融整體中「吾喪我」，也就是說不出什麼是與「物」相對的「我」，那麼豈有可能說得出什麼是與「我」相對的「物」？由此則知「吾喪我」的意涵不在字面，不僅只是忘我，而是物我兩忘。這也就是〈逍遙遊篇〉說明：物我兩忘並不是「物與我」都消失了，而是說不出什麼是「物」，也說不出什麼是「我」，亦即物我混融為一。簡言之，「槁木死灰」、「吾喪我」均指向物我混融。

此外，也可由另一面向來了解「吾喪我」，就是由「有我」流動為「無我」。回顧〈逍遙遊篇〉曾說明「無我」就是與萬物混融為一，所以無往而非我，無物不是我。亦即「吾喪我」雖然由「有我」流動為「無我」，但是並不呆滯在「無我」，而又流動為處處皆是「我」。

由此則知，「無我與有我」不是常識認為的互斥對立，而是沒有對立、沒有對待、無待的整體。以此，亦可明瞭「吾喪我」涵藏無待、整體之義理。

由「嗒焉似喪其耦」、「形固可使如槁木，而心固可使如死灰乎」至「吾喪我」的文脈，可了解子綦是物我混融、天人無別、無所對立的「無待」智者。這無疑給予讀者一項提示：稍後子綦提出的「天、地、人」三籟，皆不可能違逆沒有對立、沒有對待的無待宗旨，否則即背離「吾喪我」的義理。

子綦提出三籟，子游不解而再次發問。子綦指出風吹過各種竅穴，例如「似鼻，似口……」等八種不同的竅穴，便發出「激者，謞者……」等八種不同聲響。由於後文子游說「地籟則眾竅是已」，故知風吹過山林大地的竅穴所發出的聲音，即為地籟。不過，地籟當然不僅子綦所舉的八種，而是風吹過萬竅則有萬聲。

另外，在此必須了解，竅穴的「虛無」與風的「實有」混融，因而產生了聲音。亦即風吹竅穴，就是「風與竅穴」、「有與無」混融，因而發出聲響。至於風若止息，則是「厲風濟則眾竅為虛」，沒有風的吹拂，空虛的竅穴也就不發出聲音，只見「之調調，之刁刁」的樹葉枝條搖晃。由此則知，雖然常識認為「風與竅」、「有與無」對立；但是地籟揭示「風與竅穴」、「有與無」混融，則有聲音的產生。亦即地籟蘊涵渾化相對之義理，呼應「吾喪我」渾化相對，立足無待、混融的整體性。

再看「人籟則比竹是已」，就是將竹管並列而為簫。由於竹節中空，所以竹管如同天然的孔竅，也就是「虛無」；人們的吹氣如同「風」，也就是「有」。當人們向中空的竹管吹氣，即為「風與孔竅」、「有與無」混融，因而發出聲響，這就是「人籟」。由此則知，人籟的義理與地籟有異曲同工之妙，也是「風與竅」、「有與無」混融，渾化常識認為的「風與竅」、「有與無」之對立，因而發出樂音。換言之，人籟與地籟相仿，也涵藏渾化相對之義理，呼應「吾喪我」渾化相對，立足無待、混融的整體性。

子游在了解地籟、人籟之後，對天籟仍有疑惑，子綦的回答則是「夫吹萬不同」至「怒者其誰邪」，細細思考這四句敘述，不免令讀者以為是指向「聲音如何產生」。試問：這是否意謂著了解聲音如何產生，便可明瞭天籟之聲？那麼聲音究竟是如何產生的呢？

先看「夫吹萬不同，而使其自己也，咸其自取」指出：風吹萬竅發出不同的聲音，是由於眾竅自身的作用，有此竅則有此聲，這完全是由於「自取」，是各個孔竅的自然狀態所致。亦即莊子指出：自己使然，也就是「自然」。

關於「自然」，可藉櫻花為例，常識認為人們將櫻花樹種植於土壤中，且給予養分並有空氣、陽光、水的滋潤，遂使櫻花在春日綻放。但是人們也可將不鏽鋼材質的水瓶埋入土中，相同的給予養分且有空氣、陽光、水的滋潤，然而不鏽鋼的水瓶並不成長開花。以此則知，在人為的種植舉動之上，另有決定性的關鍵要素，就是人類所種植深埋者，必須有生長開花的性質。這性質不是由外附加，而是植物與生俱有的「自然」本質。人們順應植物的自然性質，將櫻花樹種植土壤中，故而於春季可欣賞櫻花盛開之美景。

植物的生長與聲音的產生，誠然同理可推。常識認為「風」吹過孔竅，所以發出聲響，遂認為聲音是外力使然，是「它然」。但是藉著上述關於自然性質的說明，則知孔竅如果不具有發出聲響的性質，那麼縱有風吹，也仍然不發出聲響。所以莊子藉「使其自己也，咸其自取」提醒讀者：風吹過孔竅，之所以發出聲響，在「風」之外，另有一項決定性的關鍵要素，就是孔竅具有發出聲音的本質。簡言之，莊子不同於常識，觀察不僅只侷限在「風」，而是觀察完整的全貌，指出由於孔竅具有發出聲音的自然性質，所以當風吹過，便發出聲響。以此，聚焦於「聲音」，則知不僅「風」具有發出聲音的自然性質，「孔竅」也具有發出聲音的自然性質。換言之，風、孔竅都具有發出聲音的自然性質，所以當風吹過孔竅，它們的自然性質相混相融，遂產生聲音。由此則知，聲音不是外力使然，不是它然，而是「自然」。

了解風、孔竅都具有發出聲音的自然性質後，則應繼續思考：是否只須具備此項性質，便將發出聲音？回看地籟、人籟，均是「孔竅與風」混融，故發出聲響；至於天籟「使其自己也，咸其自取」雖然強調「竅」的性質，但是「夫吹萬不同」則指出風的吹拂，故知天籟相同於地籟、人籟，也指出「孔竅與風」混融，故發出聲響。由此則知，並非風、孔竅各自具有發出聲音的性質，便將發出聲響；孔竅尚須受到風的吹拂或人的吹氣，始有聲響之產生。換言之，孔竅是「虛無」，風是「有」；聲音的產生，源於風之「有」、吹拂孔竅之「無」。也就是竅「外」的「風」，融入「竅」之「內」，二者不再是常識所認為的「風與竅」、「有與無」、「外與內」的相對與分別，而是相混相融，遂有聲音的產生。所以，既不能說聲音是由竅「外」的「風」產生，也不能說是由「竅」之「己身」產生。

以此則知「使其自己也，咸其自取」之後，記載「怒者其誰邪」的疑問語而不再強調聲音源於「竅」的性質，就是提醒讀者不可誤以為具有發出聲音的性質就必定持續地發出聲響。

亦即不可僅僅停滯在「竅」、「無」、「內」的一隅，也不可僅僅停留在「風」、「有」、「外」的一隅，唯有「風與竅」、「有與無」、「外與內」相混相融，是一而不是二，則有聲音的產生。這也就是宋・蘇軾〈琴詩〉：「若言琴上有琴聲，放在匣中何不鳴？若言聲在指頭上，何不於君指上聽？」琴聲既不在琴絃上，也不在彈琴者的手指上，唯有彈琴者的手指撥動琴絃，手與琴絃混融為一，則有琴音的產生。

了解聲音的產生，源自「風與竅」、「有與無」、「外與內」混融之後，則可完整說明天籟。「風、孔竅」以它們本身具有的發出聲音的自然性質，相混相融，因此而產生的聲響，即為「天籟」。故知天籟與地籟、人籟相仿，也是渾化常識認為的「風與竅」、「有與無」、「外與內」的對立。亦即天籟與地籟、人籟，一致呼應「吾喪我」渾化相對，立足無待、混融的整體性。

此外，三籟併觀，地籟是風吹眾竅，人籟是人吹奏比竹，至於天籟則是「風、孔竅」以它們本身具有的發出聲音的自然性質，相混相融。有鑑於風吹眾竅而發出地籟，正是因為「風、眾竅」都具有發出聲音的自然性質，所以地籟誠然即為天籟。至於人吹奏比竹而發出人籟，則是因為「人的吹氣、竹管」都具有發出聲音的自然性質，所以人籟也是天籟。簡言之，地籟、人籟均為天籟，三籟都是「自然」，也都齊同平等，並無高下之別。至於產生聲音的「風」、「孔竅」則是相依相伴，亦無主從之分，缺一不可，也都是齊同平等。

大知閑閑，小知閒閒；大言炎炎，小言詹詹。其寐也魂交，其覺也形開，

與接為構，日以心鬭。縵者、窖者、密者。小恐惴惴，大恐縵縵。其發若機栝，其司是非之謂也；其留如詛盟，其守勝之謂也；其殺若秋冬，以言其日消也；其溺之所為，之不可使復之也；其厭也如緘，以言其老洫也；近死之心，莫使復陽也。喜、怒、哀、樂，慮、歎、變、慹，姚、佚、啟、態，樂出虛，蒸成菌。日夜相代乎前，而莫知其所萌。已乎已乎！旦暮得此，其所由以生乎！

「閑閑」：廣博。「閒閒」有二意：（一）指分別，（二）指窺視他人。「炎炎」有二意：（一）猛烈，（二）淡淡。「詹詹」：多言。「寐」：睡。「魂交」：精神交錯。「與接、為構」均指與外物交接。「日以心鬭」的「以」：用，「鬭」：鬥。「縵者」指寬心。「窖」：深。「惴惴」：懼。「縵縵」：沮喪。「機栝」指突然發言，速度之快有如飛箭。「司」：伺察。「謂」：是。「留」指沉默不言。「詛盟」：盟誓。「守勝」：執守已有的勝算。「殺」：衰。「之不可」的「之」：則。「復之、復陽」：都指回復生命力。「厭」：閉。「緘」：封。「老洫」：枯寂。「變」：反復。「慹」有二意：（一）恐怖，（二）固執。「姚」：輕浮。「佚」：放縱。「啟」：張狂。「態」：矜誇。「蒸」指溫暖潮濕。「相代乎前」：即「相代乎前後」，指前後相互代換。「已乎」指不必強求，「已」：止。「旦暮」指忽然。

大知廣博，小知分別（或窺視他人）。大言氣燄逼人（或大言平淡），小言則喋喋不休。

他們睡覺時魂魄交錯而作夢；醒來後，形體的作用開啟，與外物交接，日日都是勾心鬥角。他們的用心，有的寬，有的深，有的嚴密。遇見小的恐慌，則惴惴不安；大的恐慌，則是沮喪失魂。他們發言如同射出利箭，總是窺伺人們的是非。他們沉默不言時，就像立過盟誓，執守已有的勝算或既得利益。他們衰頹如同秋冬的景物凋零，這是說他們一日日地消沉，他們沉溺在當下的行止，無法使他們恢復活潑生機。他們的生命閉塞如同緘封的信函，這是說他們老而枯寂。心緒近乎死亡，無法使他們回復生命力。他們有時歡喜、有時憤怒、有時悲哀、有時快樂，有時憂慮未來、有時感歎過往、有時反復不定、有時恐怖（或固執），有時輕浮、有時放縱、有時張狂、有時矜誇。音樂出自虛空的孔竅，溫暖潮濕之地長出菌類。日與夜前後相互代換，沒有人知曉它們自何時產生。算了吧！算了吧！一旦能夠了解這些情態，就可以明瞭這些情態發生的根由了吧！

由「大知閑閑」至「姚佚啟態」，莊子列舉日常生活中，人們在「知、情、意」的各個面向，表現出不同的言行舉止。不過，對於各種舉止，例如「大知、小知、大言、小言」均無褒貶之意，並非「大」優「小」劣，而是如實記錄人們的情態。

「樂出虛」引導讀者回顧天籟——聲音如何產生。併觀「天籟」以及人們的各種舉止，則可明瞭莊子指出：人們各種舉止的產生，一如聲音之產生。亦即萬事萬物如同「風」，人心如同「孔竅」，當風吹孔竅，也就是人們與萬事萬物交接，受到激盪，遂產生各種不同的舉止。換言之，人們與生俱有的自然天性本質，受事物的激盪，故產生各種行為舉止。以此，聚焦於人們的各種舉止，則知一方面是人們具有做出各種舉止的自然天性，另一方面是事物具有激盪人心的自然性質，也就是「人與萬物」都以本身具有的自然性質，相互交接，遂有人們各種舉止的產生。

「日夜相代乎前」也就是「日夜相代乎前後」，揭示「日與夜」一前一後地相互代換。「不知其所萌」指出：不知「日」由何時產生，也不知「夜」由何時產生；亦即不知何時是「日」的開始、「夜」的結束，也不知何時是「夜」的開始、「日」的結束。這是因為「日與夜」是不可切割的連續性整體，並不因為人類賦予不同的名稱遂可截然劃分。故知莊子藉此指出：人類與萬物，一如「日與夜」，也是不可切割和諧並存的整體。

然而讀者在此或許將提出疑問：既然「人類與萬物」是和諧並存的整體，那麼為何莊子記載人們與萬物交接而產生的舉止，並非和諧而是對立以及自我的嚴重僵化？

無疑地，這些記載如實呈現人們與萬物接觸，通常總是對立，鮮少如同〈逍遙遊篇〉「乘天地之正，而御六氣之辯，以遊無窮者」適時調整自我，順隨萬物而沒有對立、沒有對待、無待。或許莊子藉此指出：人們遺忘了人類是萬種物類之一，齊同平等於萬物；人們又遺忘了「物與我」和諧並存於天地之間的整體性；反而誤以為自我獨立於天地萬物的整體之外，誤以為自我與萬種物類相對立，又誤以為自我優越於其它物類，以致總是執著自我的意念與利益，遂有許多過度扭曲損害其它物類的不當舉動，破壞天地萬物和諧並存的整體性，嚴重流失整體和諧均衡運作的本質。換言之，傷害其它存在物即為傷害整體，減損整體的和諧本質，由於自我也在整體之中，所以傷害整體所造成的對立、擠壓、扭曲、不和諧的壞處，也都回到自己身上，遂有沉重的壓迫感與不安。然而人類仍然未能適時調整，未能回返天地萬物和諧並存的整體性，未能順隨整體均衡和諧的運作，仍然停滯在整體性遭受遮蔽的錯誤之中。反之，如果明瞭「物與我」一如「日與夜」，是和諧並存的整體，並且如同南郭子綦「吾喪我」，渾化相對，以「無待」為立足點，與萬物恰如其分地互動，則將呈現人們與生俱有的和諧安祥之自然天性，同時享有整體和諧均衡運作的所有好處；亦即不執著自我的利益，反而擁有完整無缺的整體利益。

簡言之，和諧安祥或對立僵化，都是人們與生俱有的自然天性，但看人類與萬物互動是否以「無待」為基石，那麼也就有和諧安祥或是對立僵化的情態，相應而生。

由以上說明可知，人們表現的各種舉止，都是與生俱有的自然天性本質，受外物激盪，遂產生各種情態。亦即「物與我」交接，外物激盪人心，遂有種種情態；因此不能說是「外」、「物」使然，也不能說是「內」、「我」使然，而是「物與我」都以本身具有的自然性質，相互激盪。所以人們的各種舉止情態都是「自然」，不是它然，這就是各種情態之所以產生的根由。故記載「旦暮得此，其所由以生乎！」

非彼無我，非我無所取。是亦近矣，而不知其所為使。若有真宰，而特不得其眹。可行已信，而不見其形。有情而無形。百骸、九竅、六藏，賅而存焉，吾誰與為親？汝皆悅之乎？其有私焉？如是皆有為臣妾乎？其臣妾不足以相治乎？其遞相為君臣乎？其有真君存焉？如求得其情與不得，無益損乎其真。一受其成形，不亡以待盡。與物相刃相靡，其行盡如馳，而

莫之能止，不亦悲乎？終身役役而不見其成功，薾然疲役而不知其所歸，可不哀邪？人謂之不死，奚益！其形化，其心與之然，可不謂大哀乎？人之生也，固若是芒乎？其我獨芒，而人亦有不芒者乎？

「彼」指物。「所取」：物，即為彼。「是亦近」的「是」：指物與我。「特」：獨，只是。「眹」：跡象。「可行」：所行，指作用。「信」：真實。「情」：真實。「百骸」：人體的百餘個骨節。「九竅」：人體的眼、耳、鼻、口、以及排泄尿液與糞便的二竅，共計九竅。「六藏」：六臟，指人體的心、肝、脾、肺、腎，由於腎有二，故共計六臟。「賅」：完備。「汝」：你。「其有、其臣、其遞、其我」的「其」：抑或。「私」：偏愛。「遞」：交替。「真君」指真宰。「求」：尋找。「益損」：增減。「不亡」：不失，指性質不改變。「待盡」：至死。「刃」：殺。「靡」：磨。「行盡」：行進。「莫之能止」：不能止於所當止。「役役」：勞苦。「不見」有二意：（一）未看見，（二）未呈現。「薾然」：疲困。「疲役」：疲憊勞苦。「可不哀、可不謂」的「可」：豈。「邪」：疑問詞。「奚益」：何益。「固」：本。「芒」：茫，指昏昧。

沒有「物」就沒有「我」；「我」若不存在，也就不再取用「物」。「物與我」總是靠得很近，然而卻不知曉是誰使得「物與我」如此接近。彷彿有真宰，只是看不見它的跡象，它的作用則是真實可信，而看不見它的形體。它是真實，然而無形。百骸、九竅、六臟，完備地存在血肉之軀，我和哪一個部位最親近，我主宰它們嗎？你都一樣地喜愛它們，主宰它們嗎？或是有所偏愛地主宰嗎？如此看來，它們都是臣妾，都是被主宰嗎？或者都是臣妾，那麼誰也不能主宰誰嗎？或是它們輪流作君（主宰者）、作臣（被主宰者）嗎？或是有真君存在嗎？無論尋得真君與否，都不能使真君的真實性有任何增減。一旦從真君那兒稟受人的形體，至死都不亡失這樣的自然性質。與萬物互相衝撞磨擦，行進的速度如快馬奔馳，而不能止於所當止，這不是很可悲嗎？終生勞勞碌碌卻看不見（或未能呈現）成功，疲憊困苦卻不知生命的歸向，豈不是很悲哀嗎？旁人說他還活著、沒死，這對誰有好處呢？形體衰頹老化，心智也同樣地頹喪，豈不是莫大悲哀嗎？人的一生，本來就是這麼昏昧嗎？或是只有我昏昧，而世人也有不昏昧的嗎？

人們的存活，需要萬物的供養。例如：在存活期間，需要空氣、陽光、水，也需要植物與動物提供日常生活所需，並做為食物來源。這些需求，終身存在，一旦缺少，人們的生命便無可延續；然而當生命結束，上述需求皆止息，也就不再取用萬物，故記載「非彼無我，非我無所取。」換言之，只要存活，便不可離開「物」；亦即「物與我」緊密相繫，終身不可須臾相離。然而是誰使「我與物」如此接近呢？雖然莊子記載「不知其所為使」，但卻立即指出似乎有「真宰」使生命如此存在著。莊子強調由真宰的運作，便知它真實存在，只是它無形不可見罷了。然而，究竟誰是真宰呢？

「百骸」至「其有真君存焉」，舉例說明真宰「有情（實）而無形」，莊子藉著諸多疑問語暗示：任何有形的存在物都不是主宰者。試想，人人的生命都以形體為具象之存在，大眾通常都認為可以主宰自己的形體，但是莊子指出：不僅他無法主宰形體的任何一個部位，所有人們亦然，也都無法主宰形體；而且形體中的任何一個部位，也都不是主宰者。雖然無從尋得主宰者，但是莊子仍以肯定敘述指出：無論尋得「真君」與否，都不能使它的真實性有任何增減。也就是再次肯定真宰、真君的存在。

在此緊緊跟隨「天籟」以來的敘述文脈，便知真宰、真君就是指自然。回顧「天籟」指出風、孔竅以它們本身具有的發出聲音的自然性質，相混相融，遂產生聲響，以此而揭示聲音是「自然」。接著莊子指出萬事萬物如同「風」，人心如同「孔竅」，當風吹孔竅，也就是人們與萬物交接，由於人們具有做出各種舉止的自然天性，萬事萬物則具有激盪人心的自然性質，所以一旦交接，就是「人與萬物」都以本身具有的自然性質，相互激盪，遂產生各種舉止情態，以此而揭示人們的種種情態也是「自然」。

那麼，讀者在此或許將提出疑問：人們可否遠離「物」，可否不受「物」的影響？回顧「非彼無我，非我無所取」，指出只要存活，便不可離開「物」。亦即我需要「物」的供養，而且我本就是「物」，所以「物與我」終身相依而不離，這是人們與生俱有的自然天性。由於人類本就是「物」，與各類存在物並存於天地之間，不可切割分立，所以不僅人類具有與「物」相依不離的性質，各類存在物也具有與人類相依不離的自然性質。因此人們的生命之所以不可離開「物」，不是它然而是「自然」，也就是與生俱有的自然天性使然，這即為生命的真實。換言之，人們的生命之所以如此運作與存在，就是因為與生俱有的自然性質。亦即使我終身不可離開萬物的「真宰」，即為與生俱有的自然天性。簡言之，真宰、真君就是指「自然」。

以上說明人類不離於物，是自然天性——「真宰」使然；至於各類存在物不離於人，也是各類存在物的自然天性使然。亦即任何存在物之所以如此存在，均是自然天性，也都可稱為「真宰」使然。換言之，不僅可稱人類的自然天性為「真宰」，也可稱各類存在物的自然天性為「真宰」。也就是萬物的「真宰」，即為「自然」。

有鑑於「物與我」相依不相離，同存共在，無從切割，這是生命的真實；因此即可了解「物與我」並無主從之分，亦無高下之別，而是齊同平等的存在。至於人類以自我為中心，自認為優越於其它存在，則是觀察未盡透澈的錯誤偏見。

由於只要存活，便不可離開「物」；那麼，也就必然受「物」之激盪，故有前述知、情、意的各種舉止與情態。至於之所以不可離開「物」、之所以必然受「物」之激盪，則是人們的自然天性，這是生命的真實，也是自然。人們一旦稟受這項「真實」而有了形體，也就終身不失去這樣的自然性質——只要存活，便不可離開「物」。故記載「一受其成形，不亡以待盡。」

既然只要存活，便不可離開「物」，也必然受「物」的激盪，那麼應如何與萬物相處呢？在此可援引〈逍遙遊篇〉的神人為例：「之人也，之德也，將旁礴萬物以為一」，立足與萬物混融、沒有對立、沒有對待、無待的整體，在整體中依隨自己的天性之德，也就是順隨萬物的自然天性，故與萬物互動恰如其分。

但是大眾是否如同神人，與萬物和諧相處呢？「與物相刃相靡」至「人之生也，固若是芒乎」，記載人們與萬物對立，以及嚴重的自我僵化。顯然人們並未覺察「物與我」本是和諧並存於天地之間，以致有種種與萬物作對的舉動，並且僵化於對立狀態而未能適時調整。在這段敘述之末，莊子反問「其我獨芒，而人亦有不芒者乎？」這二句疑問語，雖然表面看似莊子也昏昧地與萬物對立，但是只須進一步思考，便知莊子提出這一疑問，即已彰顯他不同於大眾，他業已覺察與萬物作對、以及僵化於對立狀態，是一項錯誤。換言之，莊子以高度自覺，指出應以「無待」為基石，與萬物沒有對立、沒有對待，恰到好處的互動，對生命而言，方屬合宜恰當。

雖然有學者認為上述「與物相刃相靡」至「人亦有不芒者乎」，是莊子最具存在悲感的敘述。不過，跟隨天籟、真宰的「自然」義理，也可將上述記載了解為：莊子指出人們未能明瞭終身與萬物相依不離的自然性質，也未能順應這項自然天性，未採取「無待」的方式與萬物互動；反而誤以為人類與萬物對立，陷溺在諸多違逆自然的對立性錯誤中，因此生命的悲感也就相應而生。

夫隨其成心而師之，誰獨且無師乎？奚必知代？而心自取者有之，愚者與有焉。

「成心」：成見。「獨且」：疑問詞。「奚」：何，誰。「必」指明確、清晰。「代」：化，指變化。「自取」：自執，指執著自己的意念。「與有」：有。

如果跟隨自己的成見，以它為老師，那麼誰沒有老師呢？誰清晰了解萬物變動的本質？

執著自己意念之人有老師；愚者亦有老師。

人們通常都有成心，也就是以自我為中心，不隨著時移事易而進行調整的固定成見。唯有了解〈秋水篇〉「無動而不變，無時而不移」，明瞭一切都在改變，也就不以自我為中心，而是與「變」同步，以「變」為師，觀察完整的全貌而不呆滯任一隅落，他的老師不是成見而是「變」。然而大眾都跟隨自己的成見，以成見為師，何曾了解萬物變動的本質？那些總是執著一己心念以及愚昧之人，也都有老師，都是以成見為師。故記載「夫隨其成心而師之」至「愚者與有焉」。

未成乎心而有是非，是今日適越而昔至也。是以無有為有，無有為有，雖有神禹且不能知，吾獨且奈何哉！

「適」：往。「越」：現今浙江。「昔」：昨日。「雖有」：雖為。「禹」：約公元前二十三世紀，接受舜之禪讓，擔任天子之職，為夏朝的開國始祖。「獨且」：疑問詞。

本段記載，可由二個面向來說明：

（一）如果自認沒有成心，但卻認定何者為是、何者為非。這就如同今天前往越國，而昨天就已到達的虛妄。大眾將「無有」混融的整體，只看做「有」，也是虛妄的成心。將「無有」混融的整體，只看做「有」，雖然是聰明的大禹也不能了解這般的成心，我又能奈何呢？

（二）沒有成心之人，才可看見「是非」不可切割的整體性。這就如同今天前往越國，而昨天就已到達，因為他明瞭「今與昔」的整體性。大眾將「無有」混融的整體，只看做「有」，這就是成心。將「無有」混融的整體，只看做「有」，雖然是聰明的大禹也不能了解這般的成心，我又能奈何呢？

關於「未成乎心而有是非」，首先看「是非」。雖然大眾通常認為「是與非」對立，但是〈寓言篇〉記載「有自也而可，有自也而不可；有自也而然，有自也而不然。惡乎然？然於然。惡乎不然？不然於不然。惡乎可？可於可。惡乎不可？不可於不可。物固有所然，物固有所可，無物不然，無物不可。」以上記載的「自」：或指自見，或指由。「然」：是。「不然」：非。「惡乎」：何，疑問詞。「固」：本。

這段記載指出：有自己的意見（或由一個特定出發點）而說它「可」，有自己的意見（或由一個特定出發點）而說它「不可」；有自己的意見（或由一個特定出發點）而說它「是」，有自己的意見（或由一個特定出發點）而說它「非」。為何「是」？由「是」看它，它就「是」。為何「非」？由「非」看它，它就「非」。為何「可」？由「可」看它，它就「可」。為何「不可」？由「不可」看它，它就「不可」。萬物本有「是」的道理，萬物本有「可」的道理。沒有一物為「非」，沒有一物「不可」。

〈寓言篇〉這段記載揭示：常識認為的「是與非」對立，源於人們以自我為中心的成見；而且指出「無物不然，無物不可」，亦即一切存在皆為「然（是）、可」，那麼也就沒有「是、非」之可言，當然也就沒有常識所說的「是與非」之對立。

然而，天地之間是否果真沒有「是非」可說呢？在此，可藉「天地運作之法則」（例如：

地球自轉）來進行思考。試問：不符合地球自轉運作法則的存在或狀態，是否可能出現於天地之間，並且被人們所感知？深信人人都將回答：任何出現於天地之間的存在或狀態，必定都符合地球自轉之運作；至於不符合地球自轉法則的存在與狀態，並不出現於天地之間，也不可能被人們所感知。換言之，人們所感知的萬事萬物、森羅萬象，無一不符合天地之運作，亦即「無物不然，無物不可」。由此則知，萬有並存於天地之間，本無「是、非」可言，而是沒有對立、沒有對待、無待、和諧的整體。

亦即以「天地運作的法則」為觀察基準，則知一切存在並不互斥對立，而是和諧並存的整體。也就是上述〈寓言篇〉的記載不虛：天地之間並無「是、非」可說。只不過人人都以自我為中心，強硬指稱喜愛的狀態為「是、可」，又指稱不喜愛的狀態為「非、不可」，因此遂衍生數之不盡的「是、非」對立。故莊子藉上述〈寓言篇〉的記載指出：「是、非、可、不可」只是人們以自我意念所假設的區隔，實則一切存在並無「是、非」之分，而是無待、和諧並存的整體。

簡言之，萬有本是和諧並存之整體，本為「無是無非」。然而，這並不意謂著可以恣意損害他人；反之，正因為了解在天地之間所做的任何舉動，並不違逆天地運作的法則，並無「是、非」可說，因此更是需要以自覺節制行為。也就是〈逍遙遊篇〉曾說明，對民眾自幼便教之以「天地與我並生，而萬物與我為一」的大道整體性，以教育喚醒每一個人的自覺，引領民眾回返大道，明瞭生命在天地萬物的整體中，應該順隨整體的運作，與所有存在恰如其分的互動；亦即引導民眾以自覺適時節制不當的舉動，以免損及旁人，愛護自己的同時也尊重他人，以此來安頓自我。如果人人自覺、自我安頓，人際相處和睦，社會安祥，也就沒有「是、非」的爭論，達到沒有對立、沒有對待、無待的理想。

再看「今日適越而昔至」，學者通常認為這是虛妄之言。至於「無有為有」，通常學者認為「無有」是指無，雖然僅觀「無有」的字面，不免認為這是指「無」，然而「無」是否排斥「有」？「有」與「無」果真是常識所說的互斥不並存嗎？

回顧〈逍遙遊篇〉曾援引《老子．十一章》「三十輻共一轂，當其無，有車之用。埏埴以為器，當其無，有器之用。鑿戶牖以為室，當其無，有室之用。故有之以為利，無之以為用。」藉由車輛、器皿、房屋三項例證，說明「有無」是無從切割的整體，也就是「有無」混融為一，而且人體也是「有無」並存。至於萬物並存於大氣之內，萬物是「有」，大氣是「無」，也是「有無」同存同在；如果認為大氣是「有」不是「無」，那麼仍可再針對大氣進行分析，試想：大氣由原子組成，原子是「有」，然而原子與原子之間，仍有空隙——「無」，並非密實絕無間隙，故知大氣也是「有無」共存共在。以上例證一致指出「有無」具有不可切割的整體性，並非楚河漢界之不相往來。亦即「有無」是不可切割的整體，並不因為語言文字給予不同之「名」便可切割為「二」。它們互通互往，是「一」不是二。

由此則知，常識認為「有與無」互斥不並存，誠然是觀察未盡透澈。故知莊子記載之「無有」，不是常識認為與「有」互斥對立之意，而是指「有無」必然相依相隨的混融整體；然而大眾基於成心，只見「有」，忽視「無」，強硬指稱「無」不存在，僅僅「有」存在，陷入「有」之單一隅落，失落了整體性。這就是「無有為有」。

那麼「未成乎心而有是非」至「吾獨且奈何哉」，就是自認沒有成心，但卻陷入是、非的爭論，就如同今天前往越國，而昨天就已到達一般的虛妄。恰如大眾將「無有」混融的整體，只看做「有」，也是虛妄的成心。即使是大禹也不能了解這般的成心，莊子亦感到無可奈何。以上是面向（一）涵藏的義理。

繼續說明面向（二）涵藏的義理。回顧前述指出，萬有本是和諧並存之整體，本無是、非可言，只不過人們強硬指稱之。亦即人們界定「此」為「是」，則在「此」之外者，立即被判定為「非」。換言之，若不標舉「是」，則無是、非可言，一旦標舉，則是、非必然同時凸顯，如影隨形，任一方皆不獨自成立，必定與另一方相依相倚。簡言之，天地之間本為「無是無非」，然而人們強硬指稱之，卻不知一旦指稱，那麼所指稱之「是、非」就具有不可切割的整體性。

「未成乎心」的無成心之人，不呆滯任一隅落而是觀察完整的全貌。以此，面對任何「是、非」的爭論，都不僅只停留在局部、片段的一隅，而是回返「是非」不可切割的整體。亦即無成心之人，明瞭人類雖然以語言文字對萬有貼上「是」或「非」的標籤，然而互為對照的「是、非」本為無從切割的整體，更且本為和諧並存不可切割的萬有之整體，也並不因為人類黏貼標籤遂割裂為是、非對峙之兩邊，而依然為不可切割的整體。換言之，「未成乎心而有是非」指出心中沒有成見，才可看見「是非」不可切割的整體性。

莊子隨即舉例「今日適（往）越而昔至」，這句敘述與〈天下篇〉附錄惠施之言「今日適越而昔來」，甚為近似。那麼，莊子舉例的這句敘述，果真只是學者認為的虛妄之言嗎？

試想：常識認為「今、昔」有別，也就是時間有「過去、現在」的分別。但是人類雖然運用語言文字創設「過去、現在」兩項不同的名稱，然而立足渾全不割裂的大道，則知「時間」是不可切割的連續性整體，並不因為語言文字創設了不同的名稱遂可切割。簡言之，時間的「今與昔」、「過去與現在」一體不可分。所以如果指出「今日適越」，則如同「昔日適越」，故可說「今日適越而昔至」。此外，人們通常認為唯有有形之物，例如人類的血肉之軀，才有「適」與「至」可說；如此則是將「適」與「至」侷限在有形可見之狀態。然而「適」與「至」並不僅止於有形，也可以是無形之「適」與「至」，例如：意念的「適」與「至」。所以如果指意念的「適」與「至」，即可描述為「今日適越而昔至」。由此則知，「今日適越而昔至」的意涵不在字面，不是虛妄，而是揭示「今與昔」一體不可分的整體性。

簡言之，「未成乎心而有是非，是今日適越而昔至也。」指出心中無成見之人，則可看見「是非」不可切割的整體性，如同今天往越國去而昨天就已到達，因為他明瞭「今與昔」的整體性。亦即「是非」二字的意涵不在字面，不是常識所說的互斥對立之意，而是指向整體性。至於「今日適越而昔至」，則是莊子為「未成乎心而有是非」所舉之例，也彰顯整體性。

「是以無有為有」，指出大眾基於成心，將「無有」混融的整體，只看做「有」，強硬指稱「無」不存在，陷入「有」之單一隅落，失落了整體性。

由此則可了解：失落了整體性的「是以無有為有」，不是對前文「今日適越而昔至也」的註解，而是對後文「無有為有」的發語詞。「是以」為古文中常見的發語詞，至於再一次重複「無有為有」則是莊子對大眾總是基於成心偏頗看待整體，以及成心總是執著「有」的慨歎。大眾「無有為有」的成心，將「無與有」同存並在的整體，只看做「有」，莊子指出大禹也不能了解這樣的成心，至於莊子亦感到難以導正此項成心，故記載「吾獨且奈何哉」。亦即因為成心所引發的偏執，唯有人們以自覺回返不可切割的整體，才可化除。

夫言非吹也，言者有言，其所言者特未定也。果有言邪？其未嘗有言邪？其以為異於鷇音，亦有辯乎？其無辯乎？道惡乎隱而有真偽？言惡乎隱而有是非？道惡乎往而不存？言惡乎存而不可？道隱於小成，言隱於榮華。故有儒墨之是非，以是其所非而非其所是。欲是其所非而非其所是，則莫若以明。

「特」：只是。「未定」有二意：（一）不確定；（二）指不定著、不貼合真實。「邪」：疑問詞。「其未、其無」的「其」：抑或。「鷇音」：雛鳥欲出卵，以喙扣卵殼之聲。「辯」：辨，指分別。「惡乎」：疑問詞。「隱」：遮蔽。「往」：去，指離去。「小成」：片面、局部的一家之言。「以是其所非而非其所是」的「其」為代名詞，指對方。「欲是其所非而非其所是」的「其」為反身代名詞，指自己。「以明」：運用明的智慧，「以」：用。

人們的談話，不同於風的吹拂，發言之人有所談論，只是他的談論不確定，或不定著、不貼合真實。他果真說了什麼？抑或未曾言說呢？他自認為發言不同於鷇音，那麼二者有分別，抑或並無分別呢？道為什麼被遮蔽了，而出現真偽的爭論？言說為什麼有所遮蔽，而出現是非的爭辯？道為什麼似乎離去而不存在呢？言說為什麼存在卻不被認可呢？道被片面的一家之言所遮蔽，言說被浮華之詞所遮蔽。因此而有儒家、墨家的是非爭辯，他們互相肯定對方所否定的，而否定對方所肯定的。如果要肯定自己所否定的，而否定自己所肯定的，也就是不再堅持己見，沒有比運用明的智慧，更好的了。

關於「其所言者特未定也」，學者通常認為是指發言不確定。但是如果將焦點聚集在「語言文字」以及語言文字所指向的「真實」，則可了解為：語言文字不定著、不貼合「真實」，亦即語言文字不等於「真實」。例如人們發出「火」的讀音，或在紙張寫下「火」的文字符號，但是並沒有「真實」的火，由人們的口中或由紙張中冒了出來。故知語言文字不定著、不等於「真實」，語言文字僅僅指向「真實」。但是，人類雖然創設語言文字以指向「真實」，然而「真實」從未停止改變，至於語言文字卻只是一項固定而且不隨著「真實」同步改變的媒介而已。例如「粉紅玫瑰」的敘述，雖使人們了解這朵玫瑰花的色澤，但是「真實」的粉紅玫瑰，並非永遠停駐在此色澤，它必將變化為凋萎枯敗，不再具有此一色澤。故知從未停止改變的「真實」，與語言文字並不密合；也就是語言文字不定著、不等於「真實」。故記載「其所言者特未定也」。

簡言之，語言文字不等於「真實」，僅僅指向「真實」，有其侷限性。所以讀者一旦見聞語言文字，必須離開語言文字，自行跳躍至「真實」；否則，如果只是停留在語言文字，那麼將無法了解發言者所揭示的「真實」。因此發言者必須有上述的了解，運用足以激盪讀者在見聞語言文字時，由語言文字跳躍至「真實」的敘述方式，例如〈寓言篇〉「言無言」

的敘述方式（請參看〈寓言篇〉），那麼即可超越語言文字的侷限性。否則，如果發言者沒有上述的了解，也未採用足以激盪讀者由語言文字跳躍至「真實」的敘述方式，那麼將無法使讀者到達「真實」。以此，發言者究竟說了抑或未說，他的談論是否不同於鷇音呢？故記載「果有言邪」至「其無辯乎」。

大道通貫天地萬物，是不割裂的渾全整體，至於天地萬物依隨大道，也相同的具有不可切割之整體性。然而人類以語言文字創設許多不同的「名」來稱呼萬有，遂使大眾產生錯覺，誤以為不同的名稱也就表示「萬有」可以切割分別獨立。實則，人類賦予萬有不同的名稱，只是方便指稱，並不表示萬有可以切割分立，萬有都是天地整體中不可切割的一環。例如〈逍遙遊篇〉曾說明，「天地」相依不離，是不可切割的整體，並不因為人類創設「天」與「地」兩個不同的名稱、遂可切割分立。又例如：植物、動物都必須存活在空氣中，「植物、動物與空氣」是無從切割的整體，並不因為人類創設「植物」、「動物」、「空氣」這三項不同之「名」，便使「植物、動物與空氣」可以切割分立。

以此，如果未能了解語言文字有其侷限性，又未能了解使用語言文字創設的「名稱」不免產生萬有可以切割的誤會，反而是毫無警覺的停留在語言文字，未能由語言文字跳躍至真實，未能由各自不同的「名稱」回返不可切割的整體，那麼道的整體性也就遭受遮蔽，甚至出現真偽的論辯。故記載「道惡乎隱而有真偽？」由於道的整體性遭受遮蔽，宛若離人們而去，宛若不存在一般，故記載「道惡乎往而不存？」

至於語言文字雖可彰顯它所指向的真實，但在彰顯的同時，也必然有所遮蔽。例如「粉紅玫瑰」的敘述，雖然彰顯這朵玫瑰花的色澤，但卻也使人們只留意玫瑰具有此一色澤的階段，而未注意玫瑰之「整體」——尚未具有此色澤、具有此色澤、以及失去此色澤的完整全貌。換言之，玫瑰尚未具有此色澤以及失去此色澤的階段，便遭到遮蔽。以此，遂不免產生是非好壞的爭論，故記載「言惡乎隱而有是非？」亦即語言文字在本質上就具有遮蔽性，而且語言文字不等於「真實」，僅僅指向「真實」，有其侷限性，因此語言文字雖然存在人們的生活中，但卻也經常不被人們認可，故記載「言惡乎存而不可？」

「小成」是一家之言，也就是片面而非完整全貌的知見。亦即「小成」並不虛妄，而是真實的一部分。但是因為不具有整體性，因此人們如果以之為完整的全貌，反而將使大道不割裂的整體性遭受遮蔽。故記載「道隱於小成」。

語言文字在本質上就具有侷限性、遮蔽性；如果發言者清晰了解語言文字的本質，而且採用足以激盪讀者在見聞語言文字時，由語言文字跳躍至「真實」的敘述方式，那麼仍可避免落入語言文字的侷限性、遮蔽性，語言文字仍可發揮指向真實的功能。但是發言者如果並不了解語言文字的侷限性、遮蔽性，只是以華美文辭吸引讀者，卻未能帶領讀者跳躍至「真實」，那麼語言文字的侷限性、遮蔽性，也就掩蓋了語言文字指向真實的功能，因此記載「言隱於榮華」。

由於道的整體性遭受遮蔽，而且語言文字指向真實的功能也遭到遮蔽，因此產生儒家、墨家各執己見的是非爭論，他們互相肯定對方所否定的，並且否定對方所肯定的；也就是各執一端，相互對立。莊子指出「欲是其所非而非其所是」也就是使他們肯定自己所否定的，並且否定自己所肯定的；亦即不再堅持己見，不再與對方唱反調。換言之，放下一己的成心，雙方成為沒有對立、沒有對待、無待，則「莫若以明」。

關於「以明」，本篇稍後記載「不用而寓諸庸，此之謂以明。」「寓」是寄託；「庸」即「用」；所以「不用而寓諸庸」即為「不用寄託於用」，也就是「用與不用」不是常識所說的互斥對立，而是混融不可切割的整體。例如《淮南子．說山篇》「走不以手，縛手走不能疾（急）。飛不以尾，屈尾飛不能遠。物之用者，必待不用者。」「走」是跑，人人皆知跑步是用腳跑，不是用手跑；以此，聚焦於跑步，則腳有用，手則看似無用；然而若將跑步者的手綁住，那麼將跑不快。至於鳥類飛翔是用翅翼飛，不是用尾巴飛；以此，聚焦於飛翔，則翅翼有用，尾巴則看似無用；然而若將鳥尾彎曲，那麼鳥僅能飛一小段距離便落下，無法飛遠。由此則知，有用的部位必須搭配看似無用的部位，亦即「用與無用」一體不可分，是「一」不是二，才可使作用發揮至理想狀態。另外，回顧〈逍遙遊篇〉「神人無功」、「大瓠」、「樗樹」的寓言，也都清晰揭示「用與無用」相通為一體。

以此，再回到「不用而寓諸庸，此之謂以明」，可知莊子指出：了解「用與無用」為不可切割的整體，就是以明。換言之，「以明」就是運用整體的智慧，「明」即為觀照整體，也就是觀察完整的全貌，不僅只停滯在局部、片段的一隅。

關於「是非」，前述曾說明萬有本為和諧並存之整體，本無「是、非、好、壞」可言；至於人們以一己的好惡，切割本無「是、非」可言的整體，強硬指稱整體中有「是與非」、「可與不可」的對立，則是觀察未盡透澈的錯誤。至於儒家與墨家的論述，雖然不同但都是整體的一部分，只是觀察的角度不同。例如盲人摸象，眾多盲人各自碰觸象體的不同部位，遂有不同的陳述。換言之，儒家與墨家的論述雖然不同，但是並非兩家互斥對立。亦即一旦察見完整的全貌，爭論將自然消弭，且明瞭各有可取之處，故將成為「欲是其（己）所非而非其（己）所是」，也就是不再堅持己見，認可對方，雙方成為沒有對立、沒有對待、無待。這就是運用「以明」整體的智慧，化解由於成心所引起的是非爭論，回返「無待」之和諧。由此則知，「欲是其（己）所非而非其（己）所是」的意涵不在字面，不僅只是「肯定自己所否定的，否定自己所肯定的」，而是指向無待。

另外，尚有一項課題必須思考，以上說明：天地之間的任何存在與狀態，都不違逆天地運作的法則（例如：地球自轉）。那麼，若將焦點聚集在人類的言行舉止，則同理可推，亦即人類所表現的任何舉動，都不違逆天地之運作；至於違逆天地運作的舉止，則不可能表現於行為中。例如：人類不可能做出違逆地球自轉、不可能做出違逆地球繞行太陽公轉的舉動。簡言之，以「天地運作的法則」為觀察基準，則知人們所做出的任何舉動，都不違逆天地之運作，都無「是、非」可言。然而，「無是無非」並不意謂著可以恣意橫行損害他人；反之，正是因為了解「無是無非」，因此更是需要以自覺節制行為。也就是前述曾說明，對民眾自幼便教之以「天地與我並生，而萬物與我為一」的大道整體性，以教育喚醒每一個人的自覺，引領民眾回返大道，明瞭生命在天地萬物的整體中，應該順隨整體的運作，與所有存在恰如其分的互動；亦即引導民眾以自覺適時節制不當的舉動，以免損及旁人，愛護自己的同時也尊重他人，以此來安頓自我。如果人人自覺、自我安頓，人際相處和睦，社會安祥，也就沒有「是、非」的爭論，達到沒有對立、沒有對待、無待的理想。

在此，回看本段初始記載的「言非吹也」；如果緊緊跟隨「天、地、人」三籟所揭示的風吹孔竅之無待與整體意涵，則知「吹」涵藏無待、整體之旨。所以「言非吹也」或許是指出：在本質上就具有侷限性、遮蔽性的語言文字，難以如同風之「吹」孔竅，呈顯無待與整體之意涵。不過，發言者若是如同莊子，採用足以激盪讀者，由語言文字跳躍至「真實」的敘述方式，那麼仍可揭示真實的整體性，也就與「吹」相同，也涵藏無待、整體之義理。

物無非彼，物無非是。自彼則不見，自知則知之。故曰彼出於是，是亦因彼，彼是方生之說也。雖然，方生方死，方死方生；方可方不可，方不可方可；因是因非，因非因是。是以聖人不由，而照之於天，亦因是也。是亦彼也，彼亦是也。彼亦一是非，此亦一是非。果且有彼是乎哉？果且無彼是乎哉？彼是莫得其偶，謂之道樞。樞始得其環中，以應無窮。是亦一無窮，非亦一無窮也。故曰：莫若以明。

「物」指人。「彼」兼指『彼』、『非』。本段敘述中的「是」，除了「亦因是也」，其餘之「是」均為兼指『是』、『此』。「自知」有二意：（一）自覺；（二）指明的智慧，亦即《老子．三十三章》「自知者明」。「是亦因彼」的「因」：依。「彼是方生」：互為對照的『彼（非）與是（此）』同生共死，「方」：並。「因是因非」：依靠著是，即為依靠著非。「不由」：不由『彼與此』、『非與是』對立的角度來進行觀察。「照」：明。「天」：自然。「亦因是也」：依循『彼與此』、『非與是』不可切割的整體性，「是」指整體性。「偶」指相對、對待。「樞」：要。

人們都是「彼（非）」，人們也都是「此（是）」。只由「彼（非）」觀察，則看不見「此（是）」；有自覺或具有「明」的智慧，則了解完整的全貌。因此說「彼（非）」的成立來自於「是（此）」，「是（此）」也依靠著「彼（非）」，「彼（非）與是（此）」相依相隨，同生共死。雖然，它們同時生成也同時滅失，同時滅失也同時生成。同時可以成立也同時不可成立，同時不可成立也同時可以成立。依靠著「是（此）」，即為依靠著「非（彼）」，依靠著「非（彼）」，即為依靠著「是（此）」。所以聖人不走「彼與此」、「非與是」對立的路途，而是以自然之理照明這一切，也就是依循「彼出於是，是亦因彼」的整體。聖人明瞭「是（此）」即為「彼（非）」，「彼（非）」即為「是（此）」。「彼（非）」即為「是（此）與非（彼）」的整體；「此（是）」即為「是（此）與非（彼）」的整體。果真有「彼（非）與是（此）」的分別嗎？果真沒有「彼（非）與是（此）」的分別嗎？使「彼（非）與是（此）」沒有對立、分別，稱為道的樞要。了解樞要則得環中，可因應無窮的變化。「是（此）」就在「是（此）與非（彼）」的整體中，無窮地流動變化；或立足「是（此）」，也可以因應無窮的變化。「非（彼）」就在「非（彼）與是（此）」的整體中，無窮地流動變化；或立足「非（彼）」，也可以因應無窮的變化。所以說沒有比運用明的智慧，更好的了。

由於人人都執著己見，都認為他人秉持的「彼」即為「非」，也都認為自我秉持的「此」

即為「是」，故記載「物無非彼，物無非是。」

大眾如果僅由「彼」之一隅進行觀察，則看不見「此」，也就是未能察見「彼與此」的完整全貌，故記載「自彼則不見」。同理，僅由「此」進行觀察，則不見「彼」，不見「彼與此」的整體，故亦可記載為「自此則不見」。

然而自知之人，也就是有自覺或具有《老子．三十三章》「自知者明」的智慧，運用「以明」的整體智慧，觀察完整的全貌而非停滯任一隅落，以天地運作的法則而不以一己之好惡為觀察基準，了解萬有都不違逆天地之運作（例如：地球自轉），本無「是、非、彼、此」可言，而是和諧並存的整體。故記載「自知則知之」。

既然沒有「彼、此、是、非」可言，那麼應如何正確觀察常識所說的「彼、此、是、非」呢？試想，人人都以自我為中心，認為自我的「此」即為「是」，他人的「彼」即為「非」，遂形成「彼與此」、「是與非」的相對。換言之，若不標舉「此（是）」，則無「彼（非）」、此（是）」可說，一旦標舉，則「彼（非）」、此（是）」必然同時凸顯，如影隨形，任一方皆不獨自成立，必定與另一方相依相倚。簡言之，天地之間本為「無彼無此、無是無非」，然而人們強硬指稱之，卻不知一旦指稱，那麼所指稱之「彼此」、「是非」就具有不可切割的整體性。所以對於「彼、此、是、非」的正確觀察，即為莊子記載的「彼出於是，是亦因彼。」

有鑑於互為對照的「彼（非）、是（此）」相依相隨，同時出現，故記載「彼是方生之說」。然而如果止息「此（是）」的主張，那麼也就沒有「彼（非）」可說，亦即「彼（非）

與此（是）」的相對，也就同時滅失。換言之，「彼（非）與此（是）」同生共死，故記載「方生方死，方死方生。」

再者，如果主張我的「此」為「是」，他人的「彼」為「非」；他人也可主張他為「是」，並主張我為「非」。那麼宛若「此（是）」與「彼（非）」皆可成立。然而，回返天地之運作，本於天地之間並無「是、非、彼、此」的本質性，則知「此（是）」與「彼（非）」的主張，都不可成立。故記載「方可方不可，方不可方可。」

由於「彼（非）與此（是）」相依不離，所以依靠著「是（此）」，即為依靠著「非（彼）」；同理，依靠著「非（彼）」，即為依靠著「是（此）」，故記載「因是因非，因非因是。」

聖人胸懷大道渾全不割裂的整體智慧，不由「彼（非）與是（此）」對立的角度來進行觀察，而是以「天」的自然來進行觀察，也就是以「天地之運作」為觀察基準，本於天地之間並無「是、非、彼、此」的本質性。亦即聖人不呆滯在「彼（非）」或「是（此）」的任一隅落，而是依循「彼出於是，是亦因彼」的整體性。故記載「聖人不由，而照之以天，亦因是也。」在此必須留意「因是也」的義理不在字面，不是依循常識認為對立於「彼（非）」的「是（此）」一隅，而是依循「彼出於是，是亦因彼」不可切割的整體性。

由於聖人明瞭「彼出於是，是亦因彼」，亦即「彼（非）與是（此）」為不可切割的整體。因此雖然僅見「是（此）」，仍然了解這就是「彼（非）與是（此）」無從切割的整體，所以也可稱之為「彼（非）」，故記載「是亦彼也」。同理，雖然僅見「彼（非）」，也明瞭這就是「彼（非）與是（此）」無從切割的整體，所以也可稱之為「是（此）」，故記載

「彼亦是也」。

聖人既然立足「是亦彼也，彼亦是也」的整體，那麼雖然僅見「彼（非）」，也仍然了解這就是「彼（非）與是（此）」無從切割的整體，所以也可稱之為「彼亦一是非」。亦即莊子在此記載的「是非」二字的意涵，不在文字表面，不是常識所說的互斥對立之意，而是指向「彼（非）與是（此）」無從切割的整體。所以也可敘述為「彼亦一此彼」，以彰顯「彼與此」、「非與是」無從切割的整體性，而且其義理與「彼亦一是非」並無不同。

同理，聖人雖然僅見「此（是）」，也仍然了解這就是「此（是）與彼（非）」無從切割的整體，所以也可稱之為「此亦一是非」。不過，莊子在此記載的「是非」，其意涵也不在字面，不是常識所說的互斥對立之意，而是指向「此（是）與彼（非）」無從切割的整體。所以也可敘述為「此亦一此彼」，以彰顯「此與彼」、「是與非」不可切割的整體性，而且其義理與「此亦一是非」並無不同。

既然「彼（非）與是（此）」是不可切割的整體，那麼果真有「彼（非）與是（此）」的分別？抑或沒有「彼（非）與是（此）」的分別呢？因此記載「果且有彼是乎哉？果且無彼是乎哉？」

莊子自問自答：「彼是莫得其偶，謂之道樞」。使「彼（非）與是（此）」沒有對立，就是道的樞要。也就是立足渾全不割裂的大道，以「天地之運作」為觀察基準，本於天地之間並無「是、非、彼、此」的對立與分別，明瞭一切存在並不互斥，而是無待、和諧並存的整體。

明瞭道的樞要，胸懷道的整體性，則如同立足空虛的環中，也就是不抓持任一隅落的「實」，而是無所執著地依隨整體的遷流，反而可以靈活應變，隨機因應。故記載「樞始得其環中，以應無窮。」

接著「是亦一無窮，非亦一無窮也。」指出「是（此）」與「非（彼）」就是在「是（此）與非（彼）」的整體中，相互流通，無有窮極。

此外，也可由另一面向來了解。由於立足道樞，可因應無窮的變化；那麼立足「是（此）」，即是立足「道樞」，立足「是（此）與非（彼）」無從切割的整體，也可以整體待命，因應無窮的變化。故記載「是亦一無窮」。不過，莊子在此記載的「是」的意涵不在字面，不是常識所說的與「非」互斥對立之意，而是指向「是（此）與非（彼）」無從切割的整體。所以也可敘述為「此亦一無窮」，以彰顯「此與彼」、「是與非」無從切割的整體性，而且其義理與「是亦一無窮」並無不同。

同理，立足「非（彼）」，即是立足「道樞」，立足「非（彼）與是（此）」無從切割的整體，也可以整體待命，因應無窮的變化。故記載「非亦一無窮」。不過，莊子在此記載的「非」的意涵也不在字面，不是常識所說的與「是」互斥對立之意，而是指向「非（彼）與是（此）」無從切割的整體。所以也可敘述為「彼亦一無窮」，以彰顯「彼與此」、「非與是」無從切割的整體性，而且其義理與「非亦一無窮」並無不同。

接著「莫若以明」指出：之所以可能化解各類對立紛爭，就是因為運用「明」的整體智慧，觀察完整的全貌，不僅只停滯在局部、片段的一隅。亦即立足渾全不割裂的大道，以「天地之運作」為觀察基準，了解一切存在並不互斥，亦無「是、非、彼、此」的對立，而是和諧並存的整體；由此而化解是非爭論，回返「無待」之和諧。

以指喻指之非指，不若以非指喻指之非指也；以馬喻馬之非馬，不若以非馬喻馬之非馬也。天地一指也，萬物一馬也。

「喻」：說明。「之非指、之非馬」的「之」有二意：（一）往，（二）是。

在此先依循「之」的第一項意涵，進行介紹。以「指」說明：「指」通往「非指」，不如以「非指」說明：「指」通往「非指」。以「馬」說明：「馬」通往「非馬」，不如以「非馬」說明：「馬」通往「非馬」。天地就是一根手指，萬物就是一匹馬。

關於「指、非指、馬、非馬」的義理，為了介紹的方便，先以「甲」代稱「指、馬」；另以「非甲」代稱「非指、非馬」。

試想：如果向大眾介紹「甲」，並介紹「甲」通往「非甲」，大眾通常無法理解；但是如果首先向大眾介紹「非甲」，那麼大眾必然立即詢問，什麼是「甲」？以此也就彰顯「甲」通往「非甲」，「甲與非甲」不可切割。亦即莊子和盤托出，先介紹大眾通常不留意的「反面」，大眾則將立即詢問什麼是「正面」，由此則彰顯「正」通往「反」，「正與反」一體不可分，是「一」不是二。換言之，互為對照的「正與反」，並非各自分立的兩端；反之，它們自始未曾相離，終始相隨。恰如前述的「此（是）與彼（非）」相依相隨，是不可切割的整體。

了解「之」的第一項意涵後，便可明瞭「之」的第二項意涵：「之」即為「是」。換言之，「正、甲、指、馬」既然通往「反、非甲、非指、非馬」，也就彰顯「正與反」、「甲與非甲」、「指與非指」、「馬與非馬」一體不可分，是一不是二。那麼，也就明瞭「正」即為「反」，「甲」即為「非甲」，「指」即為「非指」，「馬」即為「非馬」。故記載「以指喻指之非指」至「不若以非馬喻馬之非馬也」。

再看「天地一指也」，如果僅觀文字字面，天地即為「非指」；然而莊子業已揭示「指」通往「非指」，「指」即為「非指」。所以天地的字面雖然為「非指」，但必定與「指」相通而不可切割，故記載「天地一指也」。此外，也可由另一面向來了解：「指」存在於天地之中，不離於天地，亦即「指與天地」是無從切割的整體。換言之，胸懷道的整體性，雖僅見「一指」，就如同見到「指與天地」的整體，故記載「天地一指也」。實則，不僅可記載「一指」，也可記載天地之間的任何一項存在，例如「天地一粒砂也」，因為天地間的任何一項存在也都不在天地之外，都與「天地」是無從切割的整體。

至於「萬物一馬也」，則是同理可推。萬物的文字表面雖然為「非馬」，但是莊子業已揭示「馬」通往「非馬」，「馬」即為「非馬」。所以萬物的字面雖然為「非馬」，但必定與「馬」相通而不可切割，故記載「萬物一馬也」。此外，也可了解為：「馬」存在於萬物之中，不離於萬物，亦即「馬與萬物」是無從切割的整體。因此立足道的整體性，雖僅見「一馬」，就如同見到「馬與萬物」的整體，故記載「萬物一馬也」。而且不僅可記載「一馬」，也可記載萬物中的任何一物，例如「萬物一草也」，因為萬物中的任何一物也都不離萬物，都與「萬物」是無從切割的整體。

總言之，天地萬物本是無從切割的整體，並不因為人類賦予不同的名稱遂可切割。莊子提醒讀者不應被語言文字框限，而應由語言文字跳躍至「真實」——不可切割的整體。由此即可明瞭「天地萬物」相通為一體，不是常識所認為的無所關聯、各自分立的存在。

可乎可，不可乎不可。道行之而成，物謂之而然。惡乎然？然於然。惡乎不然？不然於不然。物固有所然，物固有所可。無物不然，無物不可。故為是舉莛與楹，厲與西施，恢恑憰怪，道通為一。其分也，成也。其成也，毀也。凡物無成與毀，復通為一。唯達者知通為一，為是不用而寓諸庸。庸也者，用也；用也者，通也；通也者，得也；適得而幾矣。因是已。已而不知其然，謂之道。勞神明為一，而不知其同也，謂之朝三。何謂朝三？狙公賦芧，曰：「朝三而暮四。」眾狙皆怒。曰：「然則朝四而暮三。」眾狙皆悅。名實未虧，而喜怒為用，亦因是也。是以聖人和之以是非，而休乎天均，是之謂兩行。

「可乎、不可乎」的「乎」：於。「惡乎」：疑問詞。「然」：是。「不然」：非。「固」：本。「為是舉莛與楹、為是不用而寓諸庸」的「為是」有二意：（一）因此，（二）指前文『聖人不由，而照之以天，亦因是也』的『因是』，亦即依循『彼出於是，是亦因彼』的整體性。「莛」：草莖或小折竹。「楹」：屋柱。「厲」：癩病，痲瘋病。「恢」：大。「恑」：奇變。「憰」：矯詐。「怪」：妖異。「寓」：寄託。「諸」：之於。「庸」：用。「適」：至，到。「幾」：近，指接近道。「因是已」：依循『彼出於是，是亦因彼』的整體性；「已」：也，語助詞，不具特殊意涵。「已而不知其然」的「已」：此，指『因是已』，亦即依循整體性。「狙公」：養猴之人。「狙」：猴。「賦」：給予。「芧」：橡子，似栗而小。「虧」：減損，指改變。「喜怒為用」的「用」有二意：（一）運用，（二）通。「亦因是也」：也是依循『彼出於是，是亦因彼』的整體性。「和」有二意：（一）調和，（二）順。「休」：止。「天均」指自然的均平。

由「可」看它，它就「可」。由「不可」看它，它就「不可」。道路是人走出來的，萬物的名稱是人叫出來的。為何「是」？由「是」看它，它就「是」。為何「非」？由「非」看它，它就「非」。萬物本有「是」的道理，萬物本有「可」的道理。沒有一物為「非」，沒有一物「不可」。因此，或依循整體性；草莖（或小折竹）與屋柱，病醜與西施，各種奇特怪異的巨大、奇變、矯詐、妖異，以道觀之，都是相通為一。事物有所分，則有所成；有所成，必有所毀。萬事萬物由整體觀之，並無成毀可說，都將再相通為一。只有通達之人明瞭相通為一，因此，或依循整體性；將不用寄託於用。庸就是用；用就是通；了解都是相通的，那麼就獲得莊子傳達的主旨；來到獲得主旨之處，就接近道了。這是依循「彼出於是，是亦因彼」的整體性。依循整體性即可相通，但卻不知其中的緣由，稱之為道。勞動精神做出一，卻不明白萬物本來就是相同，稱之為朝三。什麼是朝三？養猴的人拿橡子餵猴，說：「早上三升，晚上四升。」猴子們聽了都很生氣。養猴的人便說：「早上四升，晚上三升。」猴子們聽了都很高興。名與實都沒有減損改變，而因猴子的喜怒有所運用，或使猴子的喜怒相通，也是依循「彼出於是，是亦因彼」的整體性。所以聖人調和或順應是非，使它們止息於自然的均平，這稱為兩行。

「可乎可，不可乎不可」至「無物不然，無物不可」，與前述曾介紹〈寓言篇〉的記載極為近似，揭示常識所認為的「是與非」對立，源於人們以自我為中心的成見；殊不知天地之間，在本質上並無「是、非」可言，而為「無物不然，無物不可」。亦即一切存在皆為「然、可」，沒有常識所說的「是與非」對立，而是和諧並存的整體。

至於「道行之而成」，學者通常認為道路是人走出來的。不過，或許可由另一面向來了解：〈秋水篇〉「無動而不變，無時而不移」，揭示萬物無不具有流動變化的性質，例如萬物都由「無」變化為「有」，再變化為「無」，遷流不已，因此而有通路的呈顯，這就是「道行之而成」。

隨後莊子舉出許多例證說明「無物不然，無物不可」，一再揭示：萬有並存於天地之間，是沒有對立、沒有對待、無待、和諧混融的整體，是一不是二。例如：常識認為「莛與楹」是「小、大」對立，「厲與西施」是「醜、美」相對，「恢恑憰怪」是各種奇特怪異的不同狀態；但是立足不割裂的渾全大道，則知它們全都是組成天地萬物無從切割的連續性整體之一環，全都相通為一，並不是常識認為的互斥對立。此外，也可由另一面向來了解：它們的形貌雖然各自不同，但是穿過表象，明瞭它們都是組成天地萬物不可切割的連續性整體之一環，存在的本質皆相同。亦即形貌雖然不同，但是存在的本質齊同平等。因此記載「故為是舉莛與楹」至「道通為一」。

再舉成毀為例，例如：人們砍下一棵樹，分割樹身，做成一張書桌。雖然做成一張書桌，但卻毀了一棵樹。所以這張書桌就是集「成與毀」於一身，既不能只說它是「成」，也不能只說它是「毀」，而是「成與毀」同存並在於這張書桌。此外，也可由另一面向來了解：分割樹身，做成書桌，雖然現在是「成」，但這張書桌必定將在成、住、壞、空的變化中，毀壞而不再存在；因此也不能只說它是「成」或「毀」，而是「成與毀」相互流通。故記載「其分也」至「復通為一」。

「唯達者知通為一，為是不用而寓諸庸（用）」，則是再舉「無用與有用」為例，指出通達者不僅了解「小與大」、「美與醜」、「恢恑憰怪」、「成與毀」通而為一，而且明瞭「無用與有用」也是相通為一，並非楚河漢界的不相往來。所以將「不用」寄託於「用」，也就是「無用與有用」不可切割，前述引錄《淮南子‧說山篇》的敘述，即為明證：「走不以手，縛手走不能疾。飛不以尾，屈尾飛不能遠。物之用者，必待不用者。」

關於「為是舉莛與楹、為是不用而寓諸庸」的「為是」，通常學者認為是「因此」之意；但也可能是指前文「聖人不由，而照之以天，亦因是也」的「因是」，亦即依循「彼出於是，是亦因彼」的整體性。換言之，莊子記載「莛與楹、厲與西施、恢恑憰怪、不用而寓諸庸」的舉例之前，便已揭示無從切割的整體性，可藉「小與大、醜與美、各種奇特怪異、無用與有用」來了解。

再看「庸、用、通」，「庸」本有「用」之意；而且由字形觀之，「庸」、「通」二字均涵藏「用」。因此，以「用」的字形為觀察基準，「庸、用、通」三字具有相同的質素，並非絕不相干，故記載「庸也者，用也；用也者，通也。」

亦即莊子的觀察不同於常識，不僅只停留在「異」，而是併觀「同」。所以不被「異」阻擋，而是藉著「同」，暢達無阻的由「庸」到「用」，由「用」到「通」。然而，讀者或許仍將疑惑：為何不同之文字，竟可相通為一？在此可參看「花」與「人」二字，「花」字指向真實的花朵，試問：真實的花朵可否獨立於空氣、陽光、水之外？深信人人都將回答：真實的花朵不可獨立於空氣、陽光、水之外。亦即真實的花朵與空氣、陽光、水，不可切割。由此則知，真實的花朵與大氣之內的一切存有同在同存，是不可切割的連續性整體，是「一」不是二。同理可推，「人」字指向真實的人類，然而真實的人類也與空氣、陽光、水，不可切割，也與大氣之內的一切存有同在同存，是無從切割的整體。以此則可明瞭「花」與「人」雖然是不同的二字，但是它們所指向的真實，都是天地萬有之整體；亦即不同的「花」與「人」二字，誠然相通為一，並非絕不相干。那麼，看似不同的「庸、用、通」三字，當然也就相通而為一。

此外，也可由另一面向來了解：莊子由「庸」到「用」，由「用」到「通」，如此的相通，即為「無物不然，無物不可」：一切存在皆為「然、可」，並不互斥對立，而是無待、和諧並存的整體，是一不是二。因此而獲得莊子傳達的主旨，也就接近渾全不割裂的大道。

故記載「通也者」至「適得而幾矣」。

以上的相通、獲得主旨、接近「道」，是由於「因是已」：依循「彼出於是，是亦因彼」的整體性，如同「聖人不由，而照之以天，亦因是也」，不割裂整體，不停滯在「相異」的單一隅落，而是「同異」併觀，以自然的整體性為立足點。

關於「已而不知其然，謂之道」的義理，可藉莊子所舉之例「小與大」、「美與醜」、「恢恑憰怪」、「成與毀」、「無用與有用」進行說明。

先看「美與醜」。環顧萬物萬象都以與生俱有的自然天性，存在於天地之間，本無美醜之可言。只不過人們以是否樂意接近為判定基準，強硬指稱樂意接近者為「美」；反之，則是「醜」。亦即人們界定「此」為「美」，則在「此」之外者，立即被判定為「醜」。換言之，若不標舉「美」，則無美、醜之可言，一旦標舉，則美、醜必然同時凸顯，如影隨形，任一方皆不獨自成立，必定與另一方相依相倚。簡言之，天地之間本無「美醜」可說，然而人們強硬指稱之，卻不知一旦指稱，那麼所指稱之「美醜」就具有不可切割的整體性。

「大與小」的關連性，相同於「美與醜」。環顧森羅萬象呈顯其本然之形貌，任一物象皆恰如其分地存在，本無大小之可言；然而人們比較各類物象，強硬指稱此為「大」，遂以彼為「小」。亦即「小與大」是因為比較而同時呈顯，並不獨自成立，它們緊密相繫，無從切割。

「恢恑憰怪」的相關性，一如「美與醜」、「大與小」。環顧萬物萬象皆呈現其本來面目，本無奇特怪異之可言；然而人們以自我為中心，針對各類物象進行比較，強硬指稱此為

「恢」（巨大），遂以彼為「恑」（奇變）；強硬指稱此為「憰」（矯詐），遂以彼為「怪」（妖異）。故知「恢恑憰怪」的概念，因為比較而同時生成，它們相依而不離，不可切割。

「成與毀」的相關性，相同於「美與醜」、「大與小」、「恢恑憰怪」。前述舉例：毀樹以做成書桌，書桌就是「成與毀」同存並在的明證。故知「成與毀」也是相依相隨，一體不可分。

「有用與無用」的相關性，一如「美與醜」、「大與小」、「恢恑憰怪」、「成與毀」。〈逍遙遊篇〉「神人無功」、「大瓠」、「樗樹」的寓言，都揭示「用與無用」一體不可分，無從切割。

以上莊子記載的「小與大」、「美與醜」、「恢恑憰怪」、「成與毀」、「無用與有用」等五組互為對照的狀態，都是同存並在，不可切割的整體。由此即可了解：所有互為對照的狀態，都是相通為一體，都具有不可切割的整體性；至於常識認為互相對照的狀態互斥不並存，則是觀察未盡透澈的錯誤。

互為對照的狀態「相通為一體」的性質，隨處可見，不僅只是以上莊子舉出的五組例證而已，例如：地球受陽光照射，必然一半為明，另一半為暗，亦即地球「明暗」並存，因此以地球為觀察基準，便知互為對照的「明暗」相通為一體。又例如：一張紙有正、反兩面，亦即「正、反」同存共在，因此以紙張為觀察基準，便知互為對照的「正反」相通為一體。

雖然不知互為對照的狀態，為何具有通而為一的整體性，但卻明瞭互為對照的狀態必定相依而不離。莊子稱如此相通的整體性，就是「道」。故記載「已而不知其然，謂之道。」

此外，也可由另一線索來了解，〈知北遊篇〉「通天下一氣」揭示：以「空氣」做為觀察的基準，便知天下萬物相通為一，是無從切割的整體；雖然人們不知萬物為何是不可切割的整體，為何相互連通，然而萬物就是如此相通的整體，這即為「道」。故可記載「已而不知其然，謂之道。」

萬有並存於天地之間，形貌雖然各自不同，但是穿過表象，併觀一切存在的本質，則是齊同平等。然而如果僅只停留在各自不同的表象，未能併觀本質，不知萬有本是齊同平等，反而勞動精神去做出表象上的相同，莊子稱之為「朝三」，並且舉餵食猴子為例。

「朝三暮四」與「朝四暮三」的「名」不同，但是「實」相同。猴子只見「不同」，不見「同」；只見部分，不見整體，故一怒一喜。不過，讀者在此或許將提出疑問：既然「朝三暮四」與「朝四暮三」的「名」不同，為何莊子仍記載為「名實未虧」呢？這是因為不僅只看「不同」而是併觀「同」，亦即不呆滯在「不同」之隅落，而是和盤托出尚有「實」相同。換言之，「名實未虧」的意涵不在字面，不是「名、實」都相同，而是指向「名」雖不同，但是「實」相同。

關於「喜怒為用」，學者通常認為「用」是運用之意。不過，回顧莊子前文「用也者，通也」，則知「喜怒為用」即「喜怒為通」，也就是喜怒相通。之所以可使喜怒相通，則是由於「因是已」：依循「彼出於是，是亦因彼」的整體性，如同「聖人不由，而照之以天，亦因是也」，不停滯在「相異」的單一隅落，而是「同異」併觀，以相通的整體性為立足點。

亦即立足整體，則知互為對照的「朝三暮四」與「朝四暮三」並非互斥對立，而是相通；恰如互為對照的「小與大」、「美與醜」、「恢恑憰怪」、「成與毀」、「無用與有用」都是通而為一。因此將「朝三暮四」轉變為「朝四暮三」，即可轉怒為喜。由此亦可印證互為對照的「喜與怒」也是相通而非互斥。換言之，立足相通的整體性，無須勞動精神去做出「一」，而是明瞭各種不同的狀態本就是「一」、「同」，所以因應情勢，適當變通，即可平順應事。

至於「聖人和之以是非」，並不是沒有原則的胡亂調和與順應，而是回返天地之運作，基於天地之間並無「是、非」的本質性，明瞭人人皆以自然天性存活於天地之間，本無是、非可言；然而天性中的本能欲求，若不適度節制，必將產生損及他人的行為。所以聖人對民眾自幼便教之以「天地與我並生，而萬物與我為一」的大道整體性，以教育喚醒每一個人的自覺，引領民眾回返大道，明瞭生命在天地萬物的整體中，應該順隨整體的運作，與所有存在恰如其分的互動；亦即引導民眾以自覺適時節制不當的舉動，以免損及旁人，愛護自己的同時也尊重他人，以此來安頓自我。如果人人自覺、自我安頓，人際相處和睦，社會安祥，也就沒有「是非」的爭論，達到沒有對立、沒有對待、無待的理想。

關於「天均」，可參看〈寓言篇〉「萬物皆種也，以不同形相禪，始卒若環，莫得其倫，是謂天均。」以上記載中，「種」：物種。「禪」：代。「卒」：終。「倫」：端，指端倪、分際。

這段記載指出：萬物即為千千萬萬不同的物種，但卻是以不同的形貌相互代換，起點與終點如同圓，找不到其中的分際，這稱為自然的均平。

亦即萬物的物種雖然不同，但是不同的物種之間，並無永恆不可跨越的界線。例如：牛與羊是不同的物種，然而任何一隻牛皆非恆常固定為牛，當牛死去，軀體腐朽，融入土壤中，土壤吸收其骨血，長出青草；當羊吃下青草，那麼「牛」的軀體也就進入「羊」的身軀內。相同的，當羊死去，軀體腐朽，融入土壤中，土壤吸收其骨血，長出青草；當牛吃下青草，那麼「羊」的軀體也就進入「牛」的身軀內。由此觀之，「牛、土、草、羊」之間並無不可跨越的區隔，而是相互代換。亦即「牛、土、草、羊」、「生與死」、「此與彼」循環往復，不知孰先、孰為起點，亦不知孰後、孰為終點。這就是萬物相互流通而不固定，如同「圓」一般的自然均衡並且相通相融的狀態，莊子稱之為「天均」。

由此則知「天均」指出無所互斥而自然相通的整體性。因此「聖人和之以是非，而休乎天均」揭示：聖人了解「無物不然，無物不可」，基於天地之間並無「是、非」的本質性，雖然人們各自提出「是、非」的主張，但是引領人們回返無所互斥而自然相通的整體性，止息「是、非」的爭執。莊子稱這是「兩行」。

另外，關於「兩行」的意涵，也可藉莊子所舉出互為對照的「大與小」、「美與醜」、「成與毀」、「有用與無用」、「喜與怒」來說明。有鑑於互為對照的狀態都是相依相伴，相通為一體，所以無論行走在互為對照的雙方中之任一方，都是走在整體中，都不離整體。例如：大眾通常執著「大、美、成、有用、喜」的一方，以之為「是」；並且排斥「小、醜、毀、無用、怒」的一方，以之為「非」。但是聖人立足相通的整體性，明瞭當前的人生機緣無論走在任何一方，都不曾遠離整體，因此不同於大眾，不以任何一方為「是」，也不以任何一方為「非」；無所執著也無所排斥，而是持平地因應處理，故為「兩行」。

古之人，其知有所至矣。惡乎至？有以為未始有物者，至矣，盡矣，不可以加矣；其次以為有物矣，而未始有封也；其次以為有封焉，而未始有是非也。是非之彰也，道之所以虧也。道之所以虧，愛之所以成。果且有成與虧乎哉？果且無成與虧乎哉？有成與虧，故昭氏之鼓琴也；無成與虧，故昭氏之不鼓琴也。昭文之鼓琴也，師曠之枝策也，惠子之據梧也，三子之知幾乎，皆其盛者也，故載之末年。唯其好之也，以異於彼，其好之也，欲以明之，彼非所明而明之，故以堅白之昧終。而其子又以文之綸終，終身無成。若是而可謂成乎？雖我亦成也。若是而不可謂成乎？物與我無成也。是故滑疑之耀，聖人之所圖也。為是不用而寓諸庸，此之謂以明。

「惡乎」：疑問詞。「未始」：未曾。「封」：界。「虧」：損，指遮蔽。「成」指彰顯。「故昭氏」的「故」：是。「昭氏」：姓昭，名文，古代善於彈琴者。「鼓」：彈。「師曠」：春秋時，晉平公的樂師，精通音律。「枝策」指敲擊樂器。「惠子」：惠施。「據」：倚。「幾乎」指幾近頂尖。「其盛」：有成。「載」指記載於史冊。「末年」指流傳後世。「以異於彼、彼非所」的「彼」：都指眾人，「非所」：不可。「欲以明之，彼非所明而明之」：想要說明之，即使大眾不可能明瞭卻仍然說明之。「堅白」指名家的堅白論。「昧」：

遮蔽。「綸」：絲線（絃），指昭文之子繼承父親昭文的技藝。「我」：兼指莊子與一般人。「滑疑」：亂。「圖」：啚、鄙，指不取。「為是」有二意：（一）因此，（二）指前文『聖人不由，而照之以天，亦因是也』的『因是』，亦即依循『彼出於是，是亦因彼』的整體性。「寓」：寄託。「庸」：用。「以明」：運用明的智慧，「以」：用。

古代的人，認知達到極至。什麼極至呢？有些人認為未曾有物，這就是極至，到達盡頭，不可以再增加任何敘述了。其次，有些人認為有物的存在，但是未曾有封界區隔。其次，有些人認為萬物的存在，有封界區隔，但是未曾有是非的對立。是非的對立一旦彰顯，道的整體性就遭受遮蔽。道遭受遮蔽，偏愛也就彰顯了。真的有成與虧嗎？還是沒有成與虧呢？有成與虧，就是昭文彈琴；沒有成與虧，就是昭文不彈琴。昭文彈琴，師曠敲擊樂器，惠施倚靠梧桐樹論辯，這三人的技藝才智幾近頂尖，都是各自領域中的傑出者，所以被記載於史冊，流傳後世。他們愛好的技藝，異於大眾，又想將他們愛好的技藝向大眾說明，即使大眾不可能明瞭卻仍然要說明，因此就像名家的學者終身被堅白論所遮蔽。昭文之子承襲昭文的技藝，終身沒有成就。像他們這樣可以說是有成就嗎？那麼即使我也可以說是有成就。像他們這樣不可以說是有成就嗎？那麼萬物與我也都沒有成就。所以迷亂世人的炫耀行為，是聖人所不取的。因此，或依循整體性，就是將不用寄託於用，稱為以明。

本段首先揭示三類古人的認知。第一類「以為未始有物」，不過其意涵不在字面，並非天地之間頑空無一物，而是由於萬物相連相通，是混融不可切割的整體，因此在整體中說不出任一獨立之物。第二類「以為有物矣，而未始有封也」，仍是指出萬物相通為一，並無不可跨越的封界區隔。第三類「以為有封焉，而未始有是非也」，指出萬物的形貌各自不同，看似有所區隔，但是這些區隔都只是暫時的，而且穿過表象，明瞭任何存在都是組成天地萬物無從切割的連續性整體之一環，存在的本質皆相同，亦即齊同平等，並無常識所說的「是、非」之對立；也就是「無物不然，無物不可」，一切存在皆為「然、可」，並不互斥對立，而是沒有對立、沒有對待、無待、和諧並存的整體。

上述三類認知，均傳達不可切割的整體意涵。因此在莊子的記載中，這三類認知雖然看似有層級之分，但是以「整體」做為觀察基準，那麼三類認知仍然通而為一，並不互斥對立。至於莊子之所以記載這三類認知，或許有下列二項原因：（一）三類認知即為三條通路，它們都通往整體，因此無論讀者自認為現在置身哪一條道路，都通往整體。（二）以看似不同，但是本質相同的三種狀態，提醒讀者不可僅只停滯在不同的表象，而應穿過表象，察見本質。

然而如果未能胸懷整體，誤以為天地萬物之間有「是、非」之對立，遂使道的整體性遭受遮蔽，人們遺忘萬物齊同平等的本質，僅只停留在看似各自不同的表象上，誤以為萬物有「是、非、好、壞」的分別，遂形成「愛、惡」的對立。故記載「是非之彰也」至「愛之所以成」。

雖然人們落入「是與非」、「愛與惡」、「成與虧」的對立之中，但是莊子隨即記載「果且有成與虧乎哉？果且無成與虧乎哉？」提出反問：果真有「是與非」、「愛與惡」、「成與虧」的對立？抑或沒有這些對立？

莊子自問自答：「有成與虧，故昭氏之鼓琴也」，亦即昭文彈琴雖彰顯某一聲響，但卻使其它更多的聲音受到遮蔽。換言之，聲音與語言文字相同，在彰顯的同時也必然有所遮蔽。所以，如果不特別彰顯某一聲響，那麼也就並不遮蔽任何聲音，故記載「無成與虧，故昭氏之不鼓琴也。」亦即晉．郭象注：「彰聲而聲遺，不彰聲而聲全。」

接著莊子記載昭文、師曠、惠施的技藝，都有傑出的表現。關於「唯其好之也，以異於彼，其好之也，欲以明之，彼非所明而明之」，這段敘述中的「彼」指眾人，記載兩次的「明之」是說明，「非所明」是不可明瞭。亦即昭文等三人欲將所愛好的技藝向眾人說明，然而莊子卻指出眾人不可能明瞭。試想：既然他們有出色的技藝，也樂意向眾人說明，那麼眾人理當可以了解，何以卻是不可能明瞭？其原因何在？答案就在前文「有成與虧，故昭氏之鼓琴也。」亦即昭文彈琴雖彰顯某一樂音，但卻使其它更多的聲音受到遮蔽，也就是昭文並未呈現聲音完整的全貌。所以縱然技藝傑出，而且也樂意向眾人說明，但是因為他所呈現的只是局部、片段，而非完整的全貌，所以眾人終究不可能明瞭整體。那麼師曠則是同理可推，亦即師曠呈現的樂音，也是「有成與虧」而非完整的全貌，所以也不可能使眾人明瞭整體。至於惠施雖然不是使用樂音，而是以語言文字向眾人介紹道理，但是語言文字與樂音相同，在彰顯的同時也必然有所遮蔽，所以他的論述與昭文彈琴相仿，雖然彰顯某一面相，但卻使其它的面相受到遮蔽；亦即惠施所敘述的道理，也是「有成與虧」並非完整的全貌，所以也不可能使眾人明瞭整體。

關於「堅白」，是指名家的堅白論，也就是「離堅白」，將白色石頭的堅硬與顏色兩種不同的性質，予以分離。試想：「白石」兼具堅硬與白色雙重性質，前者由觸覺得知，後者由視覺得知，兩項性質雖然不同，但卻同存於白石，具有一體不可分的整體性。亦即兩項不同的性質同存同在，因此觀察完整的全貌，即應「同與不同」併見。然而「離堅白」分離堅硬與白色，則是只見「不同」而不見「同」，未能觀察完整的全貌，失落了整體性。

綜上所述，昭文、師曠所運用的樂音，以及惠施所運用的語言文字，在本質上均為「有成與虧」，無法呈現整體，然而他們卻未能警覺。亦即他們都如同名家的堅白論，失落了整體性。因此記載「故以堅白之昧終」。

由於昭文等三人都是「有成與虧」，並未呈現「整體」的完整全貌。所以昭文之子承襲昭文的技藝，也仍然是「有成與虧」，亦未呈現整體，故記載「終身無成」。不過，這並不意謂著昭文之子一無可取，而是他所呈現者與所遮蔽者，參半而並存，故指出他是「終身無成」。

雖然記載昭文之子「終身無成」，但是莊子的筆法流動變化，並不停滯在「無成」，隨即反問：如果昭文他們三人「有成與虧」，即為「成」，那麼任何人都可以說是「成」。如果他們三人「有成與虧」，不可稱為「成」，那麼萬物與我也都沒有呈現整體，也都是「無成」。故記載「若是而可謂成乎」至「物與我無成也」。不過，莊子雖然敘述「成、無成」，但是主旨或許並不在此二者，而是提醒讀者必須回返整體，不偏執整體中的任何部分。

由莊子的敘述可知，一旦發出聲響或使用語言文字，則必定有所彰顯也有所遮蔽，亦即「成與虧」同存並在，無從切割。換言之，莊子深知一旦以語言文字著書，則將與他筆下的昭文等三人相似，也是「有成與虧」。雖然莊子也可採取「無成與虧，故昭氏之不鼓琴」的方式，不使用語言文字，也就無所遮蔽遺漏，但這將使旁人無從明瞭莊子欲傳達的大道，因此莊子仍然選擇使用語言文字做為媒介向讀者說明。所以在這段敘述中，莊子反問「若是而可謂成乎？雖我亦成也。若是而不可謂成乎？物與我無成也」，雖然表面看似莊子如同昭文等三人，也是「有成與虧」；但是只須進一步思考，便知莊子提出上述反問，即已彰顯他不同於昭文等三人，他業已覺察運用語言文字進行書寫，必定是「有成與虧」。亦即莊子以高度自覺，指出語言文字在本質上就具有遮蔽性，但仍以語言文字為媒介，向讀者說明「整體」之義理。希望讀者了解萬有是和諧並存的整體，並無「是、非」可言，因此而解消「愛、惡」的對立，回返道的整體性，也就無庸再以語言文字進行「有成與虧」的說明了。故記載「滑疑之耀，聖人之所圖（鄙）也」，指出具有整體智慧的聖人，不做出迷亂世人的炫耀行為。這是由於聖人明瞭無論使用任何媒材（例如：樂音、語言文字）向世人表達，都是「有成與虧」，都未能呈現整體，所以豈可自鳴得意，遑論炫耀。

「為是不用而寓諸庸，此之謂以明」，是本段記載的結語。先看「不用而寓諸庸」，前述曾說明即為「不用寄託於用」，亦即「用與不用」不是常識所說的互斥對立，而是不可切割的整體。至於「為是」，前述亦曾說明，通常學者認為是「因此」之意；但也可能是指「聖人不由，而照之以天，亦因是也」的「因是」，亦即依循「彼出於是，是亦因彼」的整體性。換言之，莊子記載「不用而寓諸庸」之前，便先揭示：整體性可藉「無用與有用」來了解。

有以上的了解，就是「以明」，運用整體的智慧，「明」即為觀照整體，而不僅只停滯在局部、片段的一隅。綜言之，莊子運用「明」的整體智慧，指出萬物通而為一，所有存在皆為「然、可」，本於天地之間並無「是、非」的本質性，化解「是與非」的對立；那麼「愛與惡」的對立也就隨之消弭，以此則無須使用語言文字再做說明，也就沒有「成與虧」可言。亦即藉著「以明」的整體智慧，化除「有成與虧」的遮蔽性，進而回返莊子記載「至矣，盡矣，不可以加矣」的整體性，不必再增加任何敘述了。但是讀者在此不可誤會，不是絕不使用語言文字、樂音等媒材來進行彰顯，而是了解「成與虧」同存同在，所以依隨大道順應自然的無為準則，當為則為，不當為則不為；亦即以「為與不為」的整體待命，視時機需要，當言則言，不當言則不言，這就是運用整體智慧的「以明」而不同於昭文等三人「以堅白之昧終」。

今且有言於此，不知其與是類乎？其與是不類乎？類與不類，相與為類，則與彼無以異矣。雖然，請嘗言之，有始也者，有未始有始也者，有未始有夫未始有始也者。有有也者，有無也者，有未始有無也者，有未始有夫未始有無也者。俄而有、無矣，而未知有、無之果孰有孰無也。今我則已有謂矣，而未知吾所謂之其果有謂乎？其果無謂乎？天下莫大於秋豪之末，而太山為小；莫壽乎殤子，而彭祖為夭。天地與我並生，而萬物與我為一。既已為一矣，且得有言乎？既已謂之一矣，且得無言乎？一與言為二，二與一為三。自此以往，巧歷不能得，而況其凡乎？故自無適有以至於三，而況自有適有乎？無適焉，因是已。

「其與是類乎，其與是不類乎」的「是」：指前文『聖人不由，而照之以天，亦因是也』的『是』，亦即整體性；「類」：同。「相與為類」：互相成為類比，指對立。「彼」兼指大眾以及前文『自彼則不見』的『彼』，亦即局部性。「嘗」：試。「未始有」：無。「夫」：語詞，不具特殊意涵。「俄而」：忽然。「秋豪之末」：秋天獸類所生出的毫毛末端。「太山」：泰山。「殤子」：夭折的嬰兒。「彭祖」：傳說中八百歲或七百歲的長壽者。「巧歷」：善於計算之人。「凡」：凡夫，指普通人。「適」：往。「因是已」：亦即前文『聖人不由，而照之以天，亦因是也』，也就是依循『彼出於是，是亦因彼』的整體性；「因」：依；「已」：也，語助詞，不具特殊意涵。

現今在此發言，不知所說的與「整體」相同嗎？抑或與「整體」不相同嗎？同與不同，相互為類比，形成對立，那麼與大眾只見局部、片段，未能觀照整體，以致有所對立，並無不同。雖然如此，還是容我嘗試說說看。有「始」，則有「無始」，則有「無無始」。有「有」，則有「無」，則有「無無」，則有「無無無」。眼光回到當下，忽然發現「有無」同存並在，但不知這「有無」同存並在，果真是有、果真是無？現在我已經說了，但不知我所說的，果真是說了？果真是沒有說呢？天下沒有比秋天獸類毫毛末端更大的東西，而泰山則是小。天下沒有比夭折的嬰兒更長壽的人，而彭祖則是短命。天地與我一同存在，萬物與我本是一體。既然本是「一」，還需要言說嗎？既然已經說了「一」，豈能說是「無言」？真實的「一」與語言的「一」，加起來就是「二」（兩項存在）。「二」（兩項存在）與「一」（前述的「一與言為二」），加起來就是「三」（三項存在）。由此推演下去，即使最善於計算之人也算不清楚，更何況是普通人呢？所以，從無言到有言，已經衍生出三了，何況從有言到有言呢？不可再往下衍生了，回返整體就對了。

本段延續上一段敘述，持續針對語言文字傳達整體之義理，進行檢視。由於語言文字在本質上就具有遮蔽性，所以莊子雖然前文記載運用「以明」可回返整體，但卻並不因此放鬆對於語言文字的反省，而是繼續保持高度警覺，對筆下的語言文字是否傳達了整體義理，自我提出質疑。故記載「今且有言於此，其與是類乎，其與是不類乎」。這三句敘述中的「是」，相同於「聖人不由，而照之以天，亦因是也」的「是」，亦即「彼出於是，是亦因彼」的整體性。

環顧天地萬有不僅是無從切割的整體，而且並不使用任何語言文字，也就是「無言」。只不過人類「有言」，使用語言文字彰顯整體中的某部分，也就遮蔽了其它部分，遂使此部分與其它部分形成一明一暗的相對與分別。換言之，一旦使用語言文字，反而切割了整體，衍生出相對。莊子深知於此，明瞭以語言文字著書，將使他看似如同大眾的切割整體、製造對立，故記載「類與不類，相與為類，則與彼無以異矣。」這三句敘述雖然表面看似莊子一如大眾，也是「自彼則不見」的不見整體，也製造對立、切割了整體；但是只須進一步思考，便知莊子寫下這三句敘述，即已彰顯他不同於大眾，他業已覺察語言文字「有成與虧」的本質，使人們誤以為天地萬有的整體可以切割，所以一再藉著自我質疑，不斷提醒自己與讀者，對語言文字保持高度警覺，必須時時不忘回返語言文字所指向的「真實」——不可切割的整體。

「有始也者」至「有未始有夫未始有無也者」，通常學者認為是敘述宇宙的起始，由「有始」向前追溯至「無始」，再追溯至「無無始」；由「有」向前追溯至「無」，再追溯至「無無」，再至「無無無」。不過，或許也可了解為：莊子揭示一旦使用語言文字，便衍生出相對。例如：若言「有」，那麼就衍生「無」；同理，若言「有始」，則衍生「無始」。這是因為「有無」是無從切割的整體，前述曾舉多項例證說明「有無」不可分離的必然性，例如人類的血肉之軀是「實有」，然而我們張開嘴，口腔內部卻是「空無」，正因為口腔是「空無」，所以食物可由此進入體內，供給人體存活所需之營養與能量。亦即「有無」是不可切割的一體之兩面，必然相依相隨，相應而生，也就是《老子．二章》「有無相生」。

因此，若言「有始」，由於「有無相生」，則衍生「無始」。這就如同說：「有」一個「無始」，然而因為「有無相生」，所以又將衍生「無」這一個「無始」，也就是「無無始」。故記載「有始也者，有未始有始也者，有未始有夫未始有始也者。」

另外，若言「有」，由於「有無相生」，則衍生「無」。這就如同說：「有」一個「無」，然而因為「有無相生」，則又將衍生「無」這一個「無」，也就是「無無」。這就如同說：「有」一個「無無」，那麼仍因為「有無相生」，將衍生「無」這一個「無無」，也就是「無無無」。故記載「有有也者，有無也者，有未始有無也者，有未始有夫未始有無也者。」

簡言之，「有始也者」至「有未始有夫未始有無也者」，這一連串看似為疊羅漢的敘述，即為莊子舉例說明：使用語言文字如果毫無警覺，未能由語言文字回返不可切割的整體，則將無止盡地衍生對立與分別，因此必須及時自覺，回返語言文字所指向的「真實」——不可切割的整體。例如：由「有、無」的語言文字，回返真實的「有無」同存同在的人類身軀，因此而了解真實的「有無」相依而不離。亦即真實的「有無」不可切割，既不能只說是「有」，也不能只說是「無」，而是混融的整體。故記載「俄而有無矣，而未知有無之果孰有孰無也。」

莊子運用語言文字記載許多論述，因此人們當然可以指稱莊子「有言」；然而莊子的論述卻是不斷地反省語言文字，提醒自己與讀者必須對語言文字保持高度警覺，回返語言文字所指向的「真實」——並不使用語言文字的天地萬有之整體。亦即莊子的敘述均以「無言」的整體為依歸，所以莊子究竟是「有言」抑或「無言」呢？故記載「今我則已有謂矣，而未知吾所謂之其果有謂乎？其果無謂乎？」接著，莊子繼續以大、小、壽、夭為例，進行說明。

常識認為「秋豪之末」是「小」，「太山」是「大」，「殤子」夭折，「彭祖」長壽。然而莊子卻翻轉常識，指「秋豪之末」為「大」，「太山」為「小」，「殤子」長壽，「彭祖」夭折。試問：莊子為何如此記載？

環顧萬物萬象都以與生俱有的自然天性，存在天地之間，任一物象皆恰如其分地存在，本無大、小、壽、夭可言；亦即〈秋水篇〉「以道觀之，物無貴賤」。然而人們比較種種物象，強硬指稱此為「大」，遂以彼為「小」；強硬指稱此為「壽」，遂以彼為「夭」。故知「大與小」、「壽與夭」的概念，因為比較而同時生成，它們緊密相繫，無從切割。

雖然常識指稱「秋豪之末」為「小」，但是它並非恆常固定為「小」。例如：併觀「秋豪之末」與「微塵」，則將認為「秋豪之末」為大。亦即秋豪之末不僅是「小」，也同時是「大」。莊子翻轉常識認為秋豪之末固定在「小」的觀念，指出常識的定見未能觀看完整的全貌，未能察見「大、小」並存於秋豪之末。換言之，秋豪之末融「大與小」於一身，既不能只稱它是小，也不能只稱它是大，它是「大與小」混融的整體。因此，以「秋豪之末」為觀察基準，則知「大、小」不是常識認為的互斥對立，而是沒有對立、沒有對待、無待的混融整體，印證前述說明「大、小」緊密相繫，無從切割。

同理可證。常識雖然指稱「太山」為「大」，但是它並非恆常固定為「大」。例如：併觀「太山」與「天地」，則將認為「太山」為小。亦即太山不僅是「大」，也同時是「小」，莊子翻轉常識認為太山固定在「大」的觀念，指出常識的定見未能觀看完整的全貌，未能察見「大、小」並存於太山。換言之，太山融「大與小」於一身，既不能只稱它是大，也不能只稱它是小，它是「大與小」混融的整體。因此，以「太山」為觀察基準，則知「大、小」不是常識認為的互斥對立，而是沒有對立、沒有對待、無待的整體，也印證前述說明「大、小」緊密相繫，無從切割。

至於「殤子、彭祖」亦同。雖然常識指稱「殤子」夭折，「彭祖」長壽。但是殤子並非恆常固定為夭折短命，彭祖亦非恆常固定為長壽。例如：併觀「殤子」與〈逍遙遊篇〉朝生暮死的「朝菌」，併觀「彭祖」與久遠存在的「天地」，則將認為殤子長壽，彭祖夭折。亦即「殤子、彭祖」既是夭折，但也同時是長壽，莊子翻轉常識認為「殤子」固定在夭折、「彭祖」固定在長壽的觀念，指出常識的定見未能觀看完整的全貌，未能察見「壽、夭」並存於殤子與彭祖。換言之，殤子、彭祖都是融「壽與夭」於一身，既不能只稱他們是長壽，也不能只稱他們是夭折，他們是「壽與夭」混融的整體。因此，以「殤子、彭祖」為觀察基準，則知「壽、夭」不是常識認為的互斥對立，而是沒有對立、沒有對待、無待的整體，印證前述說明「壽、夭」緊密相繫，無從切割。

簡言之，以上莊子舉「秋豪之末、太山、殤子、彭祖」為例，翻轉常識固定的想法，並非與常識作對，而是和盤托出，指出常識未留意的另一面，提醒讀者不可呆滯在局部、片段的隅落，不可被語言文字框限，必須觀察完整的全貌，回返語言文字所指向的「真實」——不可切割的整體。有以上的了解，那麼再將觀察聚焦於「天地、萬物、我」。

科學家指出人們存活的地球，在四十六億年前形成。試想：四十六億年前地球（天地）形成，逐漸演變至今，是不可切割的連續性過程，也是不可切割的連續性整體。那麼，試問：今日存活的「我」，與四十六億年前地球（天地）形成之時，可否切割？「我」可否獨立於地球（天地）形成的四十六億年前之外？深信人人都將回答：任何一個「我」都不可能與四十六億年前地球（天地）形成之時切割。四十六億年以來，直至今日，曾經存在的任何一個「我」都在這不可切割的連續性整體之內。由此可知「天地與我」不是常識所認為的「古、今」對立，而是同生同存，也就是〈大宗師篇〉記載「無古今」。亦即「天地與我」沒有對立、沒有對待、無待，是齊同平等的「一」而不是二，故記載「天地與我並生」。

再看「萬物與我」的關連性。莊子於前文曾記載「非彼無我，非我無所取」，指出我終身不可離開「物」，這是與生俱有的自然天性。〈知北遊篇〉「通天下一氣」，揭示以「空氣」做為觀察的基準，便知天下萬物相通為一，是無從切割的整體。〈寓言篇〉「萬物皆種也，以不同形相禪，始卒若環，莫得其倫」，指出萬物如同食物鏈一般地自然流通，並無永恆不可跨越的界線。亦即莊子一再說明「物與我」相依不離，同存共在，通而為一，無從切割。那麼，由此即可了解：「物與我」並無主從之分，亦無高下之別，而是齊同平等的存在。亦即「物與我」沒有對立、沒有對待、無待，故記載「萬物與我為一」。

由此即可明瞭，雖然人類運用語言文字創設「天地」、「萬物」、「我」三項不同的名稱，但是「我與天地萬物」是不可切割的整體，並不因為語言文字所創設的名稱不同遂可切割。這就是不被語言文字框限，不僅僅停留在語言文字，而是觀察完整的全貌，回返語言文字所指向的「真實」——不可切割的整體。

雖然記載「一」，揭示回返語言文字所指向的「真實」——不可切割的整體。但是莊子並不因此失去對於語言文字的警覺，隨即以靈動流轉的筆法，自我質疑：既然天地萬物本是無從切割的「一」，那麼焉須任何言說？但是以上既已記載了，則不可自稱「無言」。所以莊子寫下「既已為一矣，且得有言乎？既已謂之一矣，且得無言乎？」這四句敘述，一方面彰顯莊子對語言文字的高度自覺；另一方面也透顯莊子對於使用語言文字著書，不免背離天地萬物「無言」本質的深沉感慨。

由於語言文字不等於「真實」，僅僅指向「真實」。因此，真實的「一」（天地萬物不可切割的整體），並不與語言文字的「一」密合。所以真實的「一」與「言」（語言文字的「一」），就是兩項存在，故記載「一與言為二」。但是在上述的兩項存在之外，現在又寫出了「一與言為二」。所以前述的兩項存在再加上這句「一與言為二」，則成為三項存在。莊子在此僅記載至「三」即暫停敘述，設若不停止敘述，繼續衍生下去，則是「三與一為四，四與一為五……」。由此則知，語言文字使用愈多，反而可能愈加遠離真實，如此以往，則將無人可能獲得清晰的了解。故記載「一與言為二」至「而況其凡乎」。

以上莊子的論述是由「無言」的天地萬物之整體出發，藉著「有言」來說明，卻衍生出「三」，莊子遂不免感歎：若是未能由「無言」的天地萬物之整體出發，而只是以語言文字的「有言」為出發點，那麼將衍生出什麼難以想像的狀態呢？所以莊子指出：不可如此地衍生下去，必須以整體性為依歸。故記載「故自無適有以至於三，而況自有適有乎？無適焉，因是已。」此處記載「因是已」的「是」，相同於「聖人不由，而照之以天，亦因是也」的「是」，亦即「彼出於是，是亦因彼」的整體性。

回返整體，也就是回返語言文字所指向的「真實」——天地萬物不可切割的整體，以天地萬物的「無言」本質為依歸。換言之，作者恰到好處地使用語言文字，提醒讀者回返語言文字所指向的「真實」；讀者也善於了解作者揭示的義理，與作者一同回返語言文字所指向的「真實」，也就是「至矣，盡矣，不可以加矣」，不必再增加任何敘述。以此，作者與讀者共處「天地與我並生，而萬物與我為一」的無待理想，與渾全不割裂的大道同在，無古今、主從、高下之別，與天地、萬物、大道均為齊同平等的「一」。

夫道未始有封，言未始有常，為是而有畛也，請言其畛：「有左、有右，有倫、有義，有分、有辯，有競、有爭，此之謂八德。」六合之外，聖人存而不論；六合之內，聖人論而不議；春秋經世，先王之志，聖人議而不

辯。故分也者，有不分也。辯也者，有不辯也。曰：「何也？」「聖人懷之，眾人辯之以相示也。故曰辯也者，有不見也。」夫大道不稱，大辯不言，大仁不仁，大廉不嗛，大勇不忮。道昭而不道，言辯而不及，仁常而不成，廉清而不信，勇忮而不成，五者园而幾向方矣。故知止其所不知，至矣。孰知不言之辯，不道之道？若有能知，此之謂天府。注焉而不滿，酌焉而不竭，而不知其所由來，此之謂葆光。

「未始有封」的「未始有」：無，「封」：界。「未始有常」：不定，指不定著、不貼合真實；「常」：定。「畛」：界。「有倫有義」：有論有議。「有辯」的「辯」：辨、別。「競」：強語。「爭」：對辯。「德」：得，指各得一端。「六合」：天、地、四方。「存」：察。「議」：評。「經世」：治理天下。「志」：誌，記。「議而不辯」：評議但不爭辯。「辯也者，有不辯也」的「辯」指爭辯。「懷」：懷抱整體性。「辯之以相示、故曰辯也者」的「辯」：兼指言說、爭辯、分別。「示」：炫示。「大辯不言」：大言不言。「仁」：愛。「嗛」：謙。「忮」：狠，指剛猛。「昭」：明。「言辯而不及」的「辯」：言說。「仁常而不成」的「常」：固定，「成」：周。「不信」：不真實，指不近人情。「五者」指道、辯（言）、仁、廉、勇。「园」：圓。「幾」：近。「方」：道理，指真實，亦即整體性。「不言之辯」：不言之言。「不道之道」的「不道」：不能以日常語言敘述。「注」：灌注。「酌」：取。

道沒有封疆界域，語言文字不定著、不貼合真實，因此而衍生出了界線，請讓我說說其中的界域：「有左，就衍生出右。有論述，就衍生出評議。有區分，就衍生出辨別。有強語，就衍生出對辯。這是八種各得一端的狀態。」對於天地四方以外，聖人觀察而不論說；對於天地四方之內的事理，聖人論說而不評議；對於春秋史書記載先王治理天下，聖人評議而不爭辯。因為如果引發分別，就回到不分別的整體性；引發爭辯，就回到不爭辯的整體性。請問：「為何如此？」「聖人懷抱整體性，眾人則是以言說、爭辯或分別，互相誇示。所以不斷言說、爭辯或分別之人，總有所不見。」大道無從以日常語言指稱，大言不執著言說，大仁無所偏愛，大廉不刻意謙讓，大勇柔而不剛。道，固定在明，就不是道。言，固定在言說，就不及於完整的全貌。仁，固定在特定的對象，就不周遍於全體。廉，固定在極度清高，就不真實、不近人情。勇，固定在剛猛，就不能成為真正的勇。對這五者的了解，都如同圓一般的全面，就接近真實，也就是不可切割的整體性。人們的知，停在不知，就是知的極至了。誰知曉不執著言說之言，不能以日常語言稱說的道？若有人知曉，這就稱之為天府（自然的府庫）。灌注而不滿溢，酌取而不枯竭，不知曉它從何而來，這就稱之為葆光（光而不耀）。

大道通貫天地萬物，是不割裂的渾全整體，並無封疆界域；至於天地萬物依隨大道，也相同的具有不可切割之整體性，也沒有封疆界域可說，故記載「夫道未始有封」。

身為萬種物類之一的人類，使用語言文字指稱天地萬物，但是語言文字不定著、不等於「真實」，僅僅指向「真實」，有其侷限性，故記載「言未始有常」。

人類以語言文字創設許多不同的「名」來稱呼萬有，卻使大眾產生錯覺，誤以為不同的名稱也就表示「萬有」可以切割；另外，語言文字雖可彰顯它所指向的目標，但在彰顯的同時，也必然有所遮蔽，亦即彰顯整體中的某部分，卻同時遮蔽了其它部分，遂使此部分與其它部分形成一明一暗的相對與分別。換言之，一旦使用語言文字，反而切割了整體，衍生出相對，形成界域分別。故記載「為是而有畛也」。

「請言其畛」至「此之謂八德」，舉例說明：八種各得一端的相對狀態，未能回返「未始有封」的大道，都是因為使用「言」而形成分別與界域。

然而，這並不意謂著使用「言」必將形成對立與分別，因為「六合之外」至「聖人議而不辯」，指出聖人對於六合之外，雖然不以「言」進行論述，但是對於六合之內以及春秋史書，仍然以「言」論述之，但卻並不引發爭辯，不製造分別與對立。這是因為聖人了解一旦形成了分別，就立即回返「言」所指向的「真實」——不可切割的整體，也就是「未始有封」的大道。一旦造成爭辯，就回返無言的大道，本於天地萬物並無「是、非」的本質性，止息爭辯。故記載「故分也者」至「有不辯也」。換言之，聖人當言則言，不當言則不言，立足「言與不言」的整體，以整體待命，所言恰到好處，並且適時回返大道「未始有封」的整體性，故不形成分別、對立與爭辯。

聖人依隨大道，懷抱「未始有封」的整體性，當言則言，不當言則不言；但是大眾未能立足整體性，只知使用「言」，不知適時使用「不言」，遂不免製造分別、對立與爭辯，而且以此為能事，互相誇示，未能明瞭僅停滯「言」之單一隅落，失落「言與不言」的整體，未能回返「言」所指向的「真實」——未始有封的大道。故記載「聖人懷之」至「有不見也」。

「大道不稱」指出：無從以語言文字對大道進行指稱。這是因為語言文字在本質上就具有侷限性、遮蔽性。不過「不稱」的意涵不在字面，並非必然不可使用語言文字進行指稱，試想：莊子著書就是以語言文字說明大道；所以不可因「大道不稱」的文字字面，便誤以為必然不可使用語言文字進行指稱，而是應當如同莊子一般，恰如其分的說明。例如：莊子運用獨特的敘述筆法，激盪讀者離開語言文字，自行跳躍至「真實」，那麼仍可避免落入語言文字的侷限性、遮蔽性，仍可發揮語言文字指向「真實」的功能，亦即指向大道未始有封、不可切割的整體性。因此語言文字並非必然不可指稱道，所以可進一步描述為「大道不稱而稱」。以此，則可彰顯大道並不呆滯在「不稱」之一隅，而是兼具「稱與不稱」的整體性。那麼，如果以大道為觀察基準，則可一併明瞭「稱與不稱」並不是常識認為的互斥對立，而是沒有對立、沒有對待、無待。至於大道既然融「稱與不稱」於一懷，無疑地也蘊藏「無待」特質。

再看「大辯（言）不言」，「大辯」即「大言」，那麼必然有所言說，但是「大辯不言」指出大辯並不固定在「言」，而是適時調整為「不言」。回顧前文「六合之外，聖人存而不論；六合之內，聖人論而不議；春秋經世，先王之志，聖人議而不辯。」亦即聖人對於「六合（天地四方）」以外，因為不盡然明確知悉，所以「存（觀察）」而不論說；對於「六合（天地四方）」之內的事理，聖人雖然論說，但是基於天地萬物並無「是、非」的本質性，所以並不評議是非；對於春秋史書記載先王治理天下，聖人雖然給予恰當與否的評議，但是旁人若有不同意見，則不做爭辯。簡言之，聖人當言則言，不當言則不言，無所拘執，恰如其分。

故知「大辯不言」的意涵不在字面，並非絕不言說，而是以「言與不言」的整體待命，並非呆滯「不言」之一隅，所以可進一步描述為「大辯不言非不言」。以此，則可彰顯大辯兼具「言與不言」的整體性。那麼，如果以大辯為觀察基準，則可一併明瞭「言與不言」並不是常識認為的互斥對立，而是沒有對立、沒有對待、無待。至於大辯既然融「言與不言」於一懷，無疑地也蘊涵「無待」特質。

「大仁不仁」即「大愛不愛」。但是，常識必定認為如此的敘述過於離奇，也必定不同意，那麼莊子為何如此記載？試想：「仁」是愛，然而有愛便不免有偏私，所以對全體沒有偏私的「不仁」不愛，恰如對全體完全平等的一視同仁，也就是全體皆愛的大仁大愛。因此「不仁」即為「大仁」，是沒有任何偏私的大愛。由此則知「不仁」的意涵不在字面，不是苛薄殘忍，而是立足「仁與不仁」、「愛與不愛」的整體，一視同仁，無所偏愛。因此也可進一步描述為「大仁不仁而仁」；由此則可彰顯大仁兼具「仁與不仁」、「愛與不愛」的整體性。那麼，如果以大仁為觀察基準，則可一併明瞭「仁與不仁」、「愛與不愛」並不是常識認為的互斥對立，而是沒有對立、沒有對待、無待。至於大仁既然融「仁與不仁」、「愛與不愛」於一懷，無疑地也涵藏「無待」特質。

關於「大廉不嗛（謙）」，即「大廉不謙」。試想：「大廉」必然是謙讓，但是「大廉不嗛（謙）」指出大廉並不固定在「謙」，而是適時調整為「不謙」。換言之，「不嗛」的意涵不在字面，並非始終呆滯「不謙」之一隅，而是當謙則謙，不當謙則不謙，立足「謙與不謙」的整體，所以可進一步描述為「大廉不謙非不謙」。以此，則可彰顯大廉無所偏執，兼具「謙與不謙」的整體性。那麼，如果以大廉為觀察基準，則可一併明瞭「謙與不謙」並不是常識認為的互斥對立，而是沒有對立、沒有對待、無待。至於大廉既然融「謙與不謙」於一懷，無疑地也蘊藏「無待」特質。

再看「大勇不忮」，「忮」是狠，也就是剛猛；因此「大勇不忮」即「大勇柔而不剛」。試想：「大勇」必然是剛猛，但是「大勇不忮」指出大勇並不固定在「剛」，而是適時調整為「柔而不剛」。換言之，「不忮」的意涵不在字面，並非始終呆滯「不剛、柔」之一隅，而是當剛則剛，當柔則柔，融「剛與柔」於一懷。因此可進一步描述為「不剛而剛」、「柔而不柔」、「不忮而忮」。以此，則可彰顯大勇兼具「忮與不忮」、「剛與柔」的整體性。那麼，如果以大勇為觀察基準，則可一併明瞭「忮與不忮」、「剛與柔」並不是常識認為的互斥對立，而是沒有對立、沒有對待、無待。至於大勇既然融「忮與不忮」、「剛與柔」於一懷，無疑地也蘊涵「無待」特質。

此外，也可由另一面向來了解，前述介紹「莛與楹，厲與西施，恢恑憰怪，道通為一」之義理，曾說明：以不割裂的渾全大道觀之，互為對照的狀態相依而不離，是無從切割的整體。由此則知，互為對照的「剛與柔」沒有對立、沒有對待，而是無待、混融的整體，亦即「剛與柔」無從切割，是「一」不是二。故記載「大勇不忮」，雖剛而柔。

至於「道昭而不道」，則是因為大道具有不執著的流動特質，並不呆滯任一隅落；因此如果僵化在昭著明亮之一隅，則悖離道的不執著特質，故記載為「道昭而不道」。同理，如果拘泥在暗昧之一隅，也悖離道的不執著特質，所以也可進一步描述為「道昧（暗）而不道」。另外，也可援引《老子·四十一章》「明道若昧（暗）」來了解：道以變動不居的特質，由「明」流動至「昧」，又由「昧」流動至「明」，在「明與昧」的整體中往來無已，融「明與昧」於一懷。

前述說明「大辯」（大言）是當言則言，不當言則不言，恰如其分；但是如果未能「言與不言」皆恰到好處，反而無止盡地使用語言文字，不免落入語言文字的侷限性與遮蔽性，未能回返語言文字所指向的「真實」——不可切割的整體。那麼所言愈多，愈加遠離整體，恰如「一與言為二，二與一為三，自此以往，巧歷不能得」，故記載「言辯而不及」。

前述說明「大仁」是一視同仁，無所偏愛的「不仁」；然而「仁」（愛）若固定於特定對象，有所偏愛，則不是一視同仁的大公無私，也不能周全照顧全體。故記載「仁常（定）而不成」。

前述說明「大廉」是當謙則謙，不當謙則不謙；但是如果極度偏滯在「謙」之一隅，失落「謙與不謙」的整體性，雖然自顯清高，但卻不近人情，令人難以相信為真實。故記載「廉清而不信」。

前述說明「大勇」是當剛則剛，當柔則柔，融「剛與柔」於一懷；但是如果始終固定在剛猛，失落「剛與柔」、「忮與不忮」的整體性，則不能成為剛柔並濟的大勇。故記載「勇忮而不成」。

以上「大道不稱，大辯不言，大仁不仁，大廉不嗛，大勇不忮」是由正面描述涵藏整體性的「大道、大辯（言）、大仁、大廉、大勇」；至於「道昭而不道，言辯而不及，仁常而不成，廉清而不信，勇忮而不成」，則是由反面描述失去整體性，呆滯在單一隅落的「不道、不辯（言）、不仁、不廉、不勇」。併觀以上正反兩面的記載，那麼對於「道、辯（言）、仁、廉、勇」的了解，則將如同圓一般的全面，察見它們完整的全貌，明瞭它們的意涵並不僅止於字面，並非僅只固定在單一隅落的局部性，也就因此貼近「真實」——整體性。故記載「五者园而幾向方」。

人們存活在天地之間，雖有所「知」，但也有所「不知」，不可能消滅「不知」，例如：不知地震何時發生，因此人們必須誠懇面對有所不知的事實。換言之，以人們的生活為觀察基準，即可明瞭「知與不知」同存共在，不是常識認為的互斥對立。明瞭於此，就是「知」的理想狀態，故記載「知止其所不知，至矣」。亦即常識認為消滅不知，才是完美的「知之至」；但是莊子指出謙卑地了解「知與不知」共存共在，就是完美的「知之至」。

繼續看「孰知不言之辯，不道（說）之道？若有能知，此之謂天府。」關於「不言之辯，不道（說）之道」就是前文記載的「大辯不言、大道不稱」，回顧前述曾說明「大辯不言、大道不稱」的意涵均指向無待、整體之義理，故可了解「天府」自然的府庫，也蘊藏無待、整體之意涵。在此可藉人們存活的天地之間為例，來說明天府。試想：天地萬物具有不可切割的整體性，萬有並存於天地之間，本無「是、非、好、壞」可言，而是沒有對立、沒有對待、無待、和諧的整體，恰可做為「天府」的例證。

關於「注焉而不滿，酌焉而不竭」，可先思考：如果持續灌注，那麼任何府庫都將滿溢；持續酌取，任何府庫都將枯竭，然而莊子卻記載天府「不滿、不竭」。試問：為何如此？答案就是它們互為解答，亦即天府不僅被持續灌注，也被持續酌取。換言之，雖然不斷被灌注而似乎傾向「滿」，但因不斷被酌取而變化為「不滿」；雖然不斷被酌取而似乎傾向「竭」，但因不斷被灌注而變化為「不竭」。也就是由「滿、竭」變化為「不滿、不竭」，並且再次變化為「滿、竭」，遷流不已，不固定在「滿、不滿、竭、不竭」之任一隅落。

亦即莊子舉例揭示：互為對照的「滿與不滿」、「竭與不竭」通而為一，是無從切割的整體。故知「不滿、不竭」的意涵都不在字面，不是固定不變，而是「滿與不滿」、「竭與不竭」相通為一體。故可進一步描述為「不滿而滿、竭而不竭」，以彰顯「滿與不滿」、「竭與不竭」沒有對立、沒有對待、無待；也同時彰顯天府並非始終固定，而是變動不居，蘊藏無待以及整體的義理。

至於「不知其所由來」，「其」兼指天府以及天府的無待、整體性質。莊子雖然記載：不知天府以及天府的「無待、整體性」從何而來，但是卻知曉「天府」本具有如此的性質，本就是如此的存在著。因此可進一步描述為「不知其所由來，而知其自然」，以彰顯任何狀態均為自然性質之呈現；這同時也是「知止其所不知」，亦即人類存活在天地之間，雖有所「不知」，但也有所「知」。

關於「葆光」的意涵，學者通常認為是「光而不耀」，亦即「光與不光」、「明與暗」不是常識認為的互斥對立，而是沒有對立、沒有對待、無待，具有不可切割的整體性。換言之，「葆光」與「天府」均指向無待、整體之義理。

故昔者堯問於舜曰：「我欲伐宗、膾、胥敖，南面而不釋然，其故何也？」舜曰：「夫三子者，猶存乎蓬艾之間，若不釋然，何哉？昔者十日並出，萬物皆照，而況德之進乎日者乎！」

「舜」：約公元前二十三世紀，接受堯之禪讓，擔任天子之職。「宗、膾、胥敖」：堯擔任天子職位時的三個小蕃國。「南面」指君王之位。「釋然」：怡悅。「三子者」指三小國的國君。「存」：在。「蓬艾」：蓬蒿、艾草，均為草本植物，前者高約七、八公寸，後者高約五公寸。「若」有二意：（一）卻，（二）你。「德」：可藉〈天地篇〉「物得以生謂之德」、《淮南子．齊俗篇》「得其天性謂之德」來了解，指與生俱有的自然天性本質，例如自覺、思考能力。「進」：越。

從前，堯問舜說：「我想要攻打宗、膾、胥敖三小國，雖然我是君王，但卻總是覺得不愉快，這是什麼緣故呢？」舜回答：「這三小國的國君，如同存在蓬蒿、艾草之中，你又何必在意而覺得不愉快呢？以前十個太陽一起出現於空中，萬物都受到照耀，更何況自然本質超越太陽的您呢！」

如果僅觀「十日並出，萬物皆照」的文字表面，似乎是天地之間處處明亮。不過，唐．成玄英疏：「覆盆隱處，猶有不明。」指出在萬物皆照、處處明亮的同時，仍有不照、不明。亦即「照與不照」、「明與不明」同存並在，不是常識認為的互斥對立，而是沒有對立、沒有對待、無待的整體，無從切割，是「一」不是二。換言之，即使十日並出，也不可能消滅

「不照、不明」。故知「照與不照」、「明與暗」必然相依相隨，印證本書多次說明：立足不割裂的渾全大道，則知互為對照的狀態相依而不離，是無從切割的整體。

既然「照與不照」、「明與暗」通而為一，那麼「照、不照、明、暗」即無高下優劣之可言，而是齊同平等。但是堯未能明瞭上述意涵，自認為「明」，又認為三小國隱藏在蓬艾之間，未被照亮，故欲攻打之。殊不知未被堯的光芒所照射的三小國國君，以及許多被堯的光芒所照射的國君，雖然或暗或明，但是並無高下之分，而是齊同平等。至於堯雖是放射光芒的本體，是「明」，三小國國君是「暗」，但是仍無優劣之別，仍是齊同平等。

至於「德之進乎日者乎」，指出堯之德超越太陽。然而，若以常識觀之，太陽自遠古以來便是空中放射光芒的本體，堯擔任天子職位只不過是在人間放射光芒，而且時間不如太陽之久遠；亦即常識認為太陽之光「大」且「長」，堯之光「小」且「短」。那麼，莊子為何以「德之進乎日者乎」指出堯超越太陽呢？在此先看〈秋水篇〉「以道觀之，物無貴賤」，亦即以不割裂的大道為觀察基準，則知一切存在皆恰如其分的呈現其自然本質，並無貴、賤、優、劣之別。其次回顧「天地與我並生，而萬物與我為一」揭示：一切存在均無古今、主從、高下之別，而是齊同平等的「一」。由此則知，太陽與堯之光芒，雖然在形貌上，有「大與小」、「長與短」之別，但是併觀他們的自然本質之「德」，則是齊同平等。因此「德之進乎日者乎」翻轉常識，指出常識未留意的另一面，提醒讀者不可僅只停滯在表象，而應穿過表象，察見本質，則可明瞭太陽與堯的形貌，雖然或大或小，但是存在的本質則是齊同平等，並無大小之別。

太陽是空中放射光芒的「明」之本體，既然太陽都可以涵容「覆盆隱處，猶有不明」，包容未被其光芒所照射的「暗」，那麼自然本質與太陽齊同平等的堯，必定也可包容三小國國君，故記載「十日並出」至「而況德之進乎日者乎」。亦即莊子在此記載堯的自然天性之「德」，具有包容異己的寬廣度量。

有學者認為本則寓言與本篇的主旨不合，懷疑是偽作或它篇之錯簡。不過經由以上說明，則知本則寓言揭示「照與不照」、「明與暗」共存共在，齊同平等，不僅貼合本篇的主旨，而且也呼應葆光「光而不耀」（明與暗）沒有對立、沒有對待、無待的整體義理。因此本則寓言或許並非偽作，亦非錯簡。

齧缺問乎王倪曰：「子知物之所同，是乎？」曰：「吾惡乎知之！」「子知子之所不知邪？」曰：「吾惡乎知之！」「然則物無知邪？」曰：「吾惡乎知之！雖然，嘗試言之。庸詎知吾所謂知之非不知邪？庸詎知吾所謂不知之非知邪？且吾嘗試問乎汝：『民濕寢則腰疾偏死，鰌然乎哉？木處則惴、慄、恂、懼，猨猴然乎哉？三者孰知正處？民食芻豢，麋鹿食薦，蝍且甘帶，鴟鴉嗜鼠，四者孰知正味？猨猵狙以為雌，麋與鹿交，鰌與魚游。毛嬙、麗姬，人之所美也，魚見之深入，鳥見之高飛，麋鹿見之決驟，四者孰知天下之正色哉？』自我觀之，仁義之端，是非之塗，樊然殽亂，吾惡能知其辯！」齧缺曰：「子不知利害，則至人固不知利害乎？」王倪

曰：「至人神矣！大澤焚而不能熱，河漢沍而不能寒，疾雷破山、飄風振海而不能驚。若然者，乘雲氣，騎日月，而遊乎四海之外。死生無變於己，而況利害之端乎！」

「齧缺、王倪」：與堯同時代的賢人，〈天地篇〉記載堯之師許由，許由之師齧缺，齧缺之師王倪。「惡乎」：疑問詞。「邪」：疑問詞。「物無知」的「物」：人。「庸詎」：疑問詞。「汝」：你。「偏死」指半身不遂。「鰌」：鰍。「惴、慄、恂、懼」：均指恐懼。「正處、正味、正色」的「正」：都指理想。「芻」指牛、羊。「豢」指犬、豬。「薦」：草。「蝍且」：蜈蚣。「帶」：小蛇。「鴟」：貓頭鷹。「猨猵狙以為雌」：猵狙以猨為雌，「猵狙」：猨猴的一種。「毛嬙」：春秋時，越王的美人。「麗姬」：春秋時，晉獻公的夫人。「決驟」：快跑。「義」：宜。「端」：事物的一方面，指局部。「塗」：途。「樊然」：亂。「殽亂」：亂。「惡能」：何能。「辯」：別。「固」：本。「大澤」：草澤。「沍」：凍。「飄風」：大風；此「飄風」二字為宋．陳碧虛《莊子闕誤》引江南李氏本，至於其它通行本則為「風」。「振」：動。「乘」：順。「騎」指順應。

齧缺問王倪說：「先生知曉萬物相同的道理，是嗎？」王倪說：「我怎麼知曉呢！」齧缺又問：「先生知曉自己不知嗎？」王倪說：「我怎麼知曉呢！」齧缺又問：「人都是無知的嗎（或人無法知曉萬物嗎）？」王倪說：「我怎麼知曉呢！雖然如此，我試著說說看，怎麼知曉我所說的知不是不知呢？怎麼知曉我所說的不知不是知呢？且讓我來問問你：『人睡在潮濕的地方，就會腰痛，甚至半身不遂，泥鰍也會這樣嗎？人住在樹上，必定感到恐懼害怕，猨猴也會這樣嗎？這三種物類，誰知曉最安適的住處是哪裡呢？人吃牛羊豬肉，麋鹿吃草，蝍蛆喜歡吃小蛇，貓頭鷹與烏鴉喜歡吃老鼠；這四種物類，誰知曉最可口的滋味是什麼呢？猵狙與雌猨交配，麋與鹿作伴，泥鰍與魚共游，毛嬙、麗姬是人們欣賞的美女，但是魚見到她們就藏到深水中，鳥見到她們就飛到高空中，麋鹿見到她們就迅速逃跑；這四種物類，誰知曉天下最悅目的美色是什麼呢？』在我看來，仁義是整體的局部，衍生出是非，都是錯雜紛亂，我怎麼知曉其中的分別呢？」齧缺又問：「先生不知什麼是利害，那麼至人也不知什麼是利害嗎？」王倪說：「至人神妙，草澤焚燒，不能使他覺得燠熱；江河冰凍，不能使他覺得寒冷；迅雷劈裂高山，狂風掀動大海，不能使他驚恐。這樣的至人，乘著雲氣，騎著日月，遨遊於四海之外。死生的變化都不能影響他，何況是利害兩端怎能影響他呢！」

本則寓言列舉許多物種為例，說明不同的生命形態有不同的需求，無從使不同的生命適用同一個固定的標準。亦即萬物各自不同，那麼何以寓言之初，齧缺問王倪：「子知物之所同，是乎？」指出萬物是「同」呢？

關於「同」的意涵不在字面，並非萬物全都可以劃上等號。回顧〈逍遙遊篇〉曾說明，不同的生命有不同的需求，無從以固定的標準評定不同的生命孰優孰劣。亦即萬物的形貌雖然各自不同，但是不應僅僅觀看外貌，而應穿過表象，明瞭任何存在都是組成天地萬物無從切割的連續性整體之一環，存在的本質皆相同，也就是齊同平等，並無優劣可說。換言之，萬物之「同與不同」共存共在，因此可進一步描述為「不同而同」或「不同非不同」。

此外，也可由另一面向來了解「同」：本則寓言揭示任何物種都有自己的正處、正味、正色，這是萬物之「同」；然而每一物種的正處、正味、正色，卻也各自不同，這是萬物之「不同」。由此觀之，亦是「同與不同」並存共在，這就是萬物之「同」。

關於「仁義」，「仁」是愛，「義」是宜。有鑑於大道通貫天地萬物，是不割裂的渾全整體，至於天地萬物依隨大道，也相同的具有不可切割之整體性。因此立足大道，明瞭人類是萬種物類之一，齊同平等於萬物，依循這項與生俱有的自然天性之「德」，愛護自己，同時尊重所有存在，也就是順隨萬物的天性之「德」，則可與萬物合宜、恰如其分的互動。

但是何謂合宜、恰如其分的互動？在此可藉食物為例，進行說明。試想，動物都是以攝取其它動物或植物，來延續生命；亦即動物之所以可能延續生命，是因為攝取其它動物或植物的生命之故。例如：牛、羊吃青草，老虎吃牛、羊、人，人吃雞、鴨、魚、豬。這是各類物種並存於天地之間的自然運作方式，並無仁義或不仁義可說。有鑑於任何物種都不至於無止盡地摘取其它物種的生命，所以依循整體的運作，將自然達到均衡，也就是本篇前曾引述〈寓言篇〉「萬物皆種也，以不同形相禪，始卒若環，莫得其倫，是謂天均。」因此雖未言仁義，但仁義卻自然涵融在整體的運作中，這就是恰如其分的互動。亦即依歸大道整體性的運作，則無庸特別標舉仁義，卻自然涵藏仁義。

但是如果未能明瞭上述的整體性，人們的行為也未能依循順應萬物自然本質的準則，反而創設「仁（愛）、義（宜）」之詞，欲引導人們的行為固定於仁義。殊不知這對人們的行為雖有引導的功效，但是額外標舉的「仁（愛）、義（宜）」只是截取大道整體中的局部隅落，如果過度執著則將偏離整體性的均衡運作，亦即行為固定在額外標舉的仁義，也就停滯在整體中的局部隅落，以致更加遮蔽大道的整體性。而且行為固定在額外標舉的「仁（愛）」卻產生有愛便不免有偏私的流弊；又因為整體性被遮蔽，人們並非以整體的運作來判斷合宜與否，而是以自我為中心進行判斷，遂演變為符合一己的利益就視之為「義（宜）」，亦即產生將利益視為合宜的流弊。理想狀態則是：立足大道的整體性，與天地萬物沒有對立、沒有對待、無待、和諧，以整體為念，行仁義之實，而不存行仁義之念。

遺憾的是，當整體性受到遮蔽，人類仗著自身的優勢，非但不以整體性為前提，反而對整體大肆掠奪，遂失落整體自然均衡的運作。例如，人類無止盡地摘取其它物種的生命，並非為了延續生命，而是為了滿足無窮的口腹之慾；而且人們的互動，也因為整體性受到遮蔽，遂失去恰如其分的和諧。此時，即使特別標舉仁義，也狹隘地僅限於人類之間，並未廣及於天地萬有。例如：無止盡地摘取其它物種的生命，以滿足口腹之慾；又例如毫無節制的污染空氣、土壤、水源，卻未能自省這些行為對天地萬有的整體，是否仁義？

綜言之，額外標舉的「仁（愛）、義（宜）」對人們的行為雖有引導的功能，但卻使大道的整體性更加被遮蔽，而且未能立足整體性，僅僅追求以人類為考量的狹隘「仁（愛）、義（宜）」，卻產生有愛便有偏私的流弊，也產生將利益視為合宜的流弊。由此即可了解，額外標舉的仁義雖然有「明」的一面，但也有「暗」的另一面。回顧〈逍遙遊篇〉曾說明，人間世事無不具有一體兩面的性質。例如：地球受陽光照射，必然一半為「明」，另一半為「暗」；同理，人們的生活中，沒有任何一事只具光明面而無晦暗面，額外標舉的仁義也是如此。換言之，額外標舉的「仁義」具有明暗並存、一體兩面的性質，不足以使人們的相處回返整體性的和諧，也不足以使人類與天地萬有的整體回返均衡狀態，人類仍然停滯在整體性遭受遮蔽的錯誤、混亂之中，因此隨後記載「樊然殽亂」。亦即莊子在此和盤托出，指出「仁義」明暗並存，具有一體兩面的性質，也就是揭示人們未留意的一體兩面之另一面。

至於「是非」，本篇及〈寓言篇〉均記載「無物不然，無物不可」，指出萬有並存於天地之間，本無「是、非」可言，而是沒有對立、沒有對待、無待的整體。只不過人們都以自我為中心，強硬指稱喜愛的狀態為「是」，反之則為「非」，因此遂衍生數之不盡的「是、非」對立。

由此則知，若未能立足「萬物與我為一」的整體性，又強硬指稱人類的正處、正味、正色為「宜」，指稱其它物種為「不宜」，衍生「仁與不仁」、「義（宜）與不義（不宜）」、「是與非」的爭執，遂有更多的紛亂攪擾，故記載「自我觀之」至「吾惡能知其辯」。亦即無從指出各類是非的分別何在，因為在「萬物與我為一」的整體中，「無物不然，無物不可」，本無是、非可言。

另外，「至人神矣，大澤焚而不能熱，河漢沍而不能寒，疾雷破山、飄風振海而不能驚」的義理，與〈逍遙遊篇〉的神人「旁礴萬物以為一，……大浸稽天而不溺，大旱金石流、土山焦而不熱」相近。亦即舉例：至人也是秉持道的整體性，與天地萬物混融為「一」而無所排斥，當草澤焚燒，產生高溫；江河冰凍；疾雷破山，飄風振海；至人便與「高溫，冰凍，疾雷破山，飄風振海」的變動同步，所以也就「不熱、不寒、不驚」。但是讀者須留意「不熱、不寒、不驚」的意涵都不在字面，不是絕無熱、寒、驚動，而是舉例說明：雖有熱、寒、驚動之感，但依隨變動不居的大道，適時調整至「不熱、不寒、不驚」的處境，以恰當地自我安頓。故可進一步描述為「熱而不熱，寒而不寒，驚而不驚」，以彰顯至人不離於道，順應自然的變化。

由此亦知，至人「不熱、不寒、不驚」與〈逍遙遊篇〉的神人「不溺、不熱」相同，均非怪力亂神，亦非方術巫教，而是舉例說明至人懷抱沒有對立、沒有對待、無待的智慧。

由於至人與天地萬物無所對立，混融為「一」，故可順隨雲氣、日、月的變化，恰若〈逍遙遊篇〉「乘天地之正，而御六氣之辯，以遊無窮者」，在天地之間往來自如，無所阻滯，故記載「乘雲氣，騎日月，而遊乎四海之外。」由此亦可呼應〈逍遙遊篇〉的說明：「遊」彰顯無待義理，因為唯有與任何存在都沒有對立、沒有對待、無待，才可與天地萬物同遊同在，無所阻隔，無所不至。

至人順應自然的變化，與變同步；當死亡的變化來到時，隨著死亡的變化而同步變化，也就宛若未曾發生任何變化，故記載「死生無變於己」。此外，也可由另一面向來了解：由於「天地與我並生，而萬物與我為一」，亦即生命與天地萬物一體不可分，縱然血肉之軀的呼吸、心跳停止，但是並未遠離整體，而且整體長存，所以生命仍然順隨整體的運作，流動變化無已。換言之，在整體中，死亡並不存在，生命與天地萬物並存，不曾滅失，故記載「死生無變於己」。

至於「利害」的性質與「是非」相同，也是人們以自我為中心，強硬指稱對自己有益的狀態為「利」，反之則為「害」。然而將眼光擴展至人們存活的天地之間，則知人們所感知的萬事萬物、森羅萬象，無一不符合天地運作的法則（例如：地球自轉），亦即「無物不然，無物不可」。換言之，天地之間本無「利、害、好、壞」可言，而是無利無害，無好無壞。那麼，與道同在，胸懷整體智慧的至人，也就不落入「利、害」的任一隅落，故記載「而況利害之端乎」。

本則寓言揭示：萬物各依自然本性發展，雖然有不同之呈現，但是均為齊同平等的存在天地之間，沒有是、非、利、害可說。至於四次詢問是否「知」，或許是暗示：即使有所知，但必然有所不知，也就是「知止其所不知，至矣。」不過，即使不知，也無庸慌張，只須依隨整體之運作，與變同步，即可安頓生命。

瞿鵲子問乎長梧子曰：「吾聞諸夫子：『聖人不從事於務，不就利，不違害，不喜求，不緣道，無謂有謂，有謂無謂，而遊乎塵垢之外。』夫子以為孟浪之言，而我以為妙道之行也。吾子以為奚若？」長梧子曰：「是黃帝之所聽熒也，而丘也何足以知之！且汝亦大早計，見卵而求時夜，見彈而求鴞炙。予嘗為汝妄言之，汝以妄聽之，奚？旁日月，挾宇宙，為其脗合，置其滑涽，以隸相尊。眾人役役，聖人愚芚，參萬歲而一成純，萬物盡然，而以是相蘊。予惡乎知悅生之非惑邪？予惡乎知惡死之非弱喪而不知歸者邪？麗之姬，艾封人之子也。晉國之始得之也，涕泣沾襟；及其至

於王所，與王同匡牀，食芻豢，而後悔其泣也。予惡乎知夫死者不悔其始之蘄生乎？夢飲酒者，旦而哭泣；夢哭泣者，旦而田獵。方其夢也，不知其夢也。夢之中又占其夢焉，覺而後知其夢也。且有大覺，而後知此其大夢也，而愚者自以為覺，竊竊然知之。君乎，牧乎，固哉！丘也與汝，皆夢也；予謂汝夢，亦夢也。是其言也，其名為弔詭。萬世之後，而一遇大聖知其解者，是旦暮遇之也！」

「瞿鵲子、長梧子」：均為假託之人名。「諸」：之於。「夫子」指孔子，姓孔，名丘，字仲尼，存活於公元前五五一至四七九年，是東周之春秋晚期的魯國人。「務」有二意：（一）勉強，（二）事。「就利」：近利。「違害」：避害。「喜」指執著。「緣」：攀緣。「塵垢」指世俗。「孟浪」：不精要，不踏實。「行」：實踐。「奚若」：何如，即如何。「聽熒」指疑惑。「丘」：孔丘。「汝」：你。「大早計」：太早計，指操之過急。「時夜」：司夜，指公雞於清晨報曉。「鴞」：體型近似斑鳩之小鳥。「炙」：烤肉。「予」：我。「嘗」：試。「妄」：姑且，指不執著。「奚」：何，疑問詞。「旁」：依傍，指順應。「挾」：懷藏。「宇」：天地四方，指空間。「宙」：古往今來，指時間。「脗合」：吻合，指沒有對立的無待整體。「置」：放下。「滑涽」：紛亂。「以隸相尊」：以隸為尊。「隸」：僕人，指卑賤。「役役」：忙碌，指仔細分別。「愚芚」：愚，指不善於、不執著於分別。「參」：等同。「純」：一，指無分別。「相蘊」：相互蘊涵。「惡乎」：疑問詞。「邪」：疑問詞。

「弱喪」：自幼離家，流落在外。「艾封人」：在艾地駐守邊境之人。「涕泣」：流淚。「匡牀」指大牀。「芻」指牛、羊。「豢」指犬、豬。「蘄」：祈。「旦」：清晨。「田獵」：打獵。「方」：正在。「占」：卜。「竊竊」：察察，指精明細察。「牧」：臣，指卑賤。「固哉」：固陋。「弔詭」：怪異。「萬世」：三十萬年，「世」：三十年。「解」指義理。「旦暮」指極短的時間。

瞿鵲子問長梧子說：「我聽孔夫子說：『聖人不做勉強之事，或不從事於事；不近利，不避害；不執著於追求，不攀緣執著道。無言如同有言，有言如同無言，悠遊於塵俗之外。』孔夫子認為這些都是不踏實的敘述，但我認為是實踐大道的神妙內涵。您以為如何呢？」長梧子說：「這些敘述連黃帝都會感到疑惑，而孔丘怎麼能了解！你也太操之過急，才見到雞蛋就想要有報曉的公雞，才見到彈弓就想要有烤熟的鳥肉。我姑且為你說一說，你也姑且聽一聽，如何？依傍日月，懷抱宇宙，因為一切都如同雙唇吻合為一體，放下表象的紛亂，視卑賤為尊貴。眾人忙碌於仔細分別，聖人看似愚蠢並不善於分別，他等同千載萬歲古今的各種不同，而為不雜的純一。萬物都是沒有分別的純一，都是以純一的整體性，相互蘊涵。我怎麼知曉喜愛存活不是迷惑呢？我怎麼知曉厭惡死亡不是少小離家流落在外而不知返鄉呢？麗姬是在艾地駐守邊境之人的女兒，當晉國剛剛迎娶她的時候，哭泣的淚水沾濕了衣襟，等她進了王宮，與晉王同睡在舒適的大床上，同吃美味的牛羊豬肉，這才後悔當初不該哭泣。我怎麼知曉死去的人不後悔當初努力求生呢？夜間睡覺，在夢中飲酒作樂的人，清晨醒來或許遇到不如意之事而哭泣；在夢中哭泣的人，清晨醒來或許將有一場歡樂的打獵活動。人在夢中，不知自己正在作夢。在夢中，還去占卜詢問夢的吉凶，醒了之後才知曉是在作夢。必須有大清醒，才知曉這是一場大夢，而愚昧的人自以為清醒，精明細察什麼都知曉。說這是尊貴的君，那是卑賤的臣，淺陋固執啊。孔丘與你，都是在作夢；我說你在作夢，這也是在作夢（在夢中，所說的夢話）。這些敘述，稱為弔詭。三十萬年之後，如果能遇到一位大聖知悉這個義理，就如同由清晨至夜晚這麼短的時間就遇到了一樣啊！」

關於「不從事於務」，學者通常認為是不做勉強之事，也就是順應萬物的自然性質，例如〈逍遙遊篇〉曾舉例：將荷花種植於水塘中，櫻花種植於排水良好的土壤中；並不勉強將櫻花種植於水塘中，也不勉強將荷花種植於排水良好的土壤中。亦即順應荷花、櫻花的自然性質，當為則為，不當為則不為。

另外，「務」尚有「事」之意，那麼「不從事於務」即為「不從事於事」。不過「不從事於事」的意涵不在字面，並非什麼都不做。前述曾說明，由不割裂的整全大道觀之，互為對照的狀態相依而不離，相通為一體；故知互為對照的「從事與不從事」相伴相隨，是無從切割的整體。聖人具有與大道相同的整體特質，明瞭「從事於務」與「不從事於務」一體不可分，因此兼融「從事於務」與「不從事於務」於一懷，並且視時機需要，當從事則從事，不當從事則不從事。故可進一步描述為「從事而不從事於務」，以彰顯聖人混融「從事於務」與「不從事於務」，明瞭它們是沒有對立、沒有對待、無待的整體；也同時彰顯聖人當為則為，不當為則不為的特質。

對於「利害」，大眾都是趨近「利」、遠離「害」，也就是近利避害。但是本則寓言卻指出「不就利，不違（不避）害」：不近「利」也不避「害」，恰與大眾相反。試問：莊子為何如此記載？回顧上一則寓言曾說明，萬有並存於天地之間，本是無利無害，沒有「利害」可言的和諧整體，只不過人們以自我為中心，強硬指稱對自己有益的狀態為「利」，反之則為「害」。至於聖人則是了解「天地萬物與我」是無待、和諧、混融的整體，所以行為順應萬物的自然性質，與萬物互動恰如其分，並不發生利害與否的問題，故記載「不就利，不違害」。

此外，也可由另一面向來了解：以不割裂的渾全大道觀之，互為對照的狀態相依而不離，相通為一體；故知互為對照的「就利與不就利」、「違（避）害與不違（不避）害」相伴相隨，是無從切割的整體。亦即胸懷整體智慧的聖人，明瞭「就利與不就利」、「違（避）害與不違（不避）害」一體不可分，所以兼容並蓄「就利與不就利」、「違（避）害與不違（不避）害」於一身，因應情勢，適時由「不就利、不違害」調整為「就利、違（避）害」。故可進一步描述為「不就利而就利」、「不違（不避）害而違（避）害」，以彰顯聖人不呆滯任一隅落，具有變動不居，適時調整，無所拘泥的特質。

對於「追求」，也就是使用加法，大眾都喜愛之，亦即「喜求」。然而本則寓言卻記載與大眾相反的「不喜求」，揭示聖人並不執著於追求，並非執著於一逕使用加法，而是適時使用減法。亦即當加則加，當求則求；當減則減，不當求則不求。行止恰到好處，故記載「不喜求」。由此則知「不喜求」的意涵不在字面，不是絕無所求。故可進一步描述為「不喜求非不喜求」，以彰顯聖人融「喜求與不喜求」於一懷，視「喜求與不喜求」沒有對立、沒有對待、無待、混融，是不可切割的整體；也同時彰顯聖人不同於大眾，不拘泥呆滯在「喜求」之一隅。

關於「不緣道」，亦即不攀緣道，或許讀者將提出質疑：莊子哲理既然以道為宗旨，那麼為何卻記載「不緣道」？回顧本書自〈逍遙遊篇〉以來，多次說明大道變動不居，不呆滯任一隅落。換言之，任何人皆無從攀緣、執著道，無從將道牢牢握在手中；唯有與變同步，順隨道之遷流，方可不離於道。聖人明瞭於此，所以並不試圖攀緣、執著道，而是順隨道，與道同步流動，故記載「不緣道」。由此則知聖人「不緣道」的意涵不在字面，不是拋棄、遠離道。另外，由於聖人不試圖攀緣、執著道，而是與道同步流動，那麼也就不離於道。因此聖人顯然仍是貼合道，未曾遠離道。所以可進一步描述為「不緣道非不緣道」，以彰顯聖人雖「不緣道」但卻不離道，也就是「緣道」。故知以聖人為觀察基準，則可明瞭「緣道與不緣道」沒有對立、沒有對待、無待、混融，是不可切割的整體。

「無謂有謂，有謂無謂」，就是莊子前文記載之「不言之辯（言）」、「大辯（言）不言」，亦即立足「言與不言」之整體，以整體待命，視時機需要，當言則言，不當言則不言。換言之，聖人融「言與不言」於一懷，了解「言與不言」沒有對立、沒有對待、無待、混融，是不可切割的整體。

關於「遊於塵垢之外」的意涵，只須回顧前文「不從事於務」至「有謂無謂」所揭示的無待、整體義理，即知「遊於塵垢之外」的意涵不僅止於字面，不是遠離人間或塵埃，而是不離天地之間，胸懷整體性，以沒有對立、沒有對待的無待智慧，立身存世。

瞿鵲子認為上述義理是「妙道之行」，但是長梧子指出瞿鵲子聽聞這些敘述，便自以為察見道的全貌，是太過早計，操之過急。接著長梧子繼續講述道的意涵。

前述曾援引〈秋水篇〉「以道觀之，物無貴賤」，說明以大道為觀察基準，則知一切存在皆恰如其分的呈現其自然本質，並無貴、賤、優、劣之別。另外，回顧「天地與我並生，而萬物與我為一」揭示：一切存在均無古今、主從、高下之別，而是齊同平等的「一」。由此則知，人們所感知的日、月、天地四方的空間、古往今來的時間、萬事萬物、森羅萬象，雖然形貌不同，看似紛亂雜多，但由不割裂的整全大道觀之，任何存在都是組成萬有不可切割的連續性整體之一環，都如同雙唇相互吻合為不可切割的整體，也就是一體不可分；因此萬有的形貌雖然各自不同，但是不應僅僅觀看外貌，而應穿過表象，併觀存在的本質，則可明瞭萬有的形貌，雖然互有別異，但是存在的本質則是齊同平等，是「一」，並無尊卑、貴賤、優劣之別。故記載「旁日月」至「以隸相尊」。

眾人忙碌於分別各種表象上的不同，聖人看似蠢笨並不善於分別。這是因為大眾只見「不同」，不見「同」，近似「朝三暮四」寓言中的猴子。聖人則是「同與不同」併觀，所以不進行切割與分別，也就不被「不同」阻隔，而是明瞭任何存在都是組成天地萬物無從切割的連續性整體之一環，存在的本質皆相同，所以藉著「同」，等同千載萬歲古今的各種不同，而為不雜的純一。亦即聖人以「天地與我並生，而萬物與我為一」的基準，觀看萬物都是沒有分別的「純、一」，也都以「純、一」的整體性，相互蘊涵。故記載「眾人役役」至「而以是相蘊」。

接著，長梧子講述「生死」。人們的存活都是從沒有呼吸、心跳，變化而為有呼吸、心跳；但是有呼吸、心跳的存活狀態，並非恆常不變，而將再次變化為沒有呼吸、心跳。亦即有生就有死，有來就有去，是人們生命的真實。「生與死」一體不可分，具有不可切割的整體性。不過，人們都悅生惡死，因此莊子以諸多疑問語指出，人們不願接受「生死」是不可切割的一體之兩面，強烈排斥死亡，是否如同「弱喪」、「麗姬」呢？

「夢飲酒者」至「旦而田獵」，揭示一切都在流動變化，也就是〈秋水篇〉「無動而不變，無時而不移。」換言之，沒有恆常不變的「悲」或「喜」，人們也不可能永遠停留在夢境中，「夢」必然有「醒」來之時，由此則知「夢與覺」不是常識認為的互斥對立，而是相連相通，沒有對立、沒有對待的無待整體。

「方其夢也」至「覺而後知其夢也」，指出人們在夢中占卜，分別吉凶、利害，執著無已，醒來後，方知根本無庸分別與執著。那麼，有鑑於人們的存活必將流動變化為死亡，恰如「夢」必定有「醒」來之時，因此，死後是否也將如同夢醒，明白根本無庸分別吉凶、利害，無須執著呢？

至於「且有大覺而後知此其大夢也」，指出唯有大覺方知經歷了一場大夢。但是何謂「大覺」？是否將「夢」消滅呢？試想：人人的血肉之軀都必須藉由睡眠休養生息，方可使生命延續並且正常運作。睡眠時，人人都將作夢。設若喚醒作夢者，使其於睡眠中不得作夢，那麼此人的睡眠一再被打斷，長期以往，則將無法存活。由此則知「夢」在人們的生活中，有其必要性，不可消滅。換言之，「夢」的重要性並不亞於「覺」。在人們的生活中，「夢與覺」同等重要，並無優劣、高下之別，而是齊同平等，並且同存共在人們的生命中，不可切割，也不可各自分立。

然而大眾通常都認為清醒的「覺」，相較於不清醒的「夢」，似乎更勝一籌；並且以為牢牢抓住「覺」，便可遠離「夢」。殊不知「夢覺」一體不可分，抓住「覺」，也同時抓住「夢」；如此也就彰顯其未悟「夢覺」一體，故為「未覺」之人。反之，如果承認在「夢」中，並不牢牢抓住「覺」，反而彰顯其業已明瞭「夢覺」一體不可切割，雖然立於「夢」，但卻是立於「夢與覺」沒有對立、沒有對待的無待整體，亦即未曾遠離「覺」，這就是「大覺」。換言之，「大覺」不是消滅「夢」，不是對立於「夢」，而是了解「夢覺」是無從切割的無待整體。至於「大夢」則是未能明瞭「夢與覺」無待、整體之性質，不免對「夢、覺」仍有所執著或排斥。

大覺之人，立足整體，恰如「聖人愚芚，參萬歲而一成純」，對於眼前事態，穿過表象之不同，察見本質均為不雜之「純、一」，明瞭互為對照的「夢與覺」、「生與死」、「吉與凶」、「利與害」都不是常識認為的互斥對立，而是混融為「一」的整體，根本無從進行切割與分別，也就了解未能回返整體之前，如同「眾人役役」一般的忙碌於分別各種表象上的不同，誠然是一場大夢。故記載「且有大覺，而後知此其大夢也。」

「而愚者自以為覺」至「固哉」，舉例說明：愚者以為分別「君、臣、貴、賤」，可自我彰顯為清醒的「覺」者；殊不知卻是暴露其仍然停滯在分別表象上的不同，未能穿過表象，未能併觀存在的本質，未能立足整體，仍然身陷大夢之中。

對於「夢、覺」，大眾都自認為「覺」，並總是指他人為「夢」。那麼「丘也與汝，皆夢也。」看似長梧子與大眾相同，自認為「覺」，並指孔子以為孟浪之言、瞿鵲子以為妙道之行，都是「夢」。然而，長梧子隨即說「予謂汝夢，亦夢也。」承認自己亦在夢中，由此則知長梧子並不與大眾相同，並不自認為「覺」。也就是承認在「夢」中，並不牢牢抓住「覺」，由於「夢覺」一體，所以雖然立於「夢」，但卻並未遠離「覺」，彰顯其業已明瞭「夢覺」一體不可切割，這就是「大覺」。簡言之，長梧子即為大覺。

再看「是其言也，其名為弔詭。」關於「是其言也」，兼指在此有關「夢覺」的談話以及寓言之初被孔子認為是孟浪之言的「聖人不從事於務……而遊乎塵垢之外」的敘述。回顧「聖人不從事於務」至「而遊乎塵垢之外」的主旨，指向無待、整體之義理；在此關於「夢覺」之談話，主旨亦為無待、整體。故知「弔詭」就是指無待、整體之義理，因為不同於常識，不被大眾了解，而且被視為怪異，所以稱為「弔詭」。

「萬世之後而一遇大聖，知其解者，是旦暮遇之也。」指出這些被大眾認為怪異的無待、整體之義理，三十萬年之後，若遇一位知音明瞭，則如同一日之間便遇見了知音。試想：以常識觀之，「萬世」久長，「一日」短暫；然而莊子卻指出「萬世」即「一日」。換言之，「長即短」、「久即暫」。亦即這三句敘述揭示：互為對照的「長與短」、「久與暫」，並不是常識認為的互斥對立，而是沒有對立、沒有對待的無待整體。另外，或許有讀者認為莊子極度驕傲，自以為敘述的義理，三十萬年皆無人可能理解；但是，這段敘述也可了解為：莊子並非傲慢而是心情沉重，感慨所記載的義理，難以一遇知音。

再者，有學者認為莊子在此以「夢」譬喻存活，以「覺」譬喻死亡。不過，或許也可了解為：夢境無論多麼地令人流連，但是「夢」必定將醒來；恰如存活無論多麼地令人眷戀，但是存活必定將變化為死亡。亦即「夢與覺」、「生與死」都具有相連相通以及一體不可分的性質。因此莊子舉「夢覺」為例，來說明性質相同的「生死」。換言之，莊子或許並非認為存活是一場夢，亦非認為死亡是覺醒，而是舉例說明整體的義理。

本則寓言最初記載，瞿鵲子以為「聖人不從事於務」至「遊乎塵垢之外」的敘述是妙道之行；但是長梧子卻指出聽聞這些敘述，便自以為察見道的全貌，是太過早計，然後講述「脗合、參萬歲而一成純、大覺、弔詭」，不斷揭示大道無待、整體的義理，協助瞿鵲子持續深入純熟於道，進而與「妙道之行」同步。

既使我與若辯矣，若勝我，我不若勝，若果是也？我果非也邪？我勝若，若不吾勝，我果是也？而果非也邪？其或是也？其或非也邪？其俱是也？其俱非也邪？我與若不能相知也。則人固受其黮闇，吾誰使正之？使同乎若者正之？既與若同矣，惡能正之？使同乎我者正之？既同乎我矣，惡能正之？使異乎我與若者正之？既異乎我與若矣，惡能正之？使同乎我與若者正之？既同乎我與若矣，惡能正之？然則我與若與人俱不能相知也，而待彼也邪？何謂和之以天倪？曰：「是不是，然不然。是若果是也，則是之異乎不是也亦無辯。然若果然也，則然之異乎不然也亦無辯。化聲之相

待，若其不相待，和之以天倪，因之以曼衍，所以窮年也。忘年忘義，振於無竟，故寓諸無竟。」

「既使」：假使。「我與若辯矣」至「我與若與人俱不能相知」的「若」：你。「我不若勝」：我不勝若（你）。「邪」：疑問詞。「若不吾勝」：若（你）不勝吾（我）。「而果」的「而」：你。「其或、其俱」的「其」：抑或。「或」：有的。「不能相知」指不知答案。「固」：常常。「黮闇」：不明，指遮蔽。「正」指裁定。「惡能」：何能。「與人」的「人」：指第三人。「彼」指第四人。「和」有二意：（一）順應、應和，（二）合。「天倪」：自然的分際。「無辯」的「辯」兼指言說、分別、爭辯。「化聲」有二意：（一）是非然否的談論；（二）渾化各種談論，「化」：渾化。「相待」：互相對立、對待。「因」：順。「曼衍」有二意：（一）無窮，（二）推衍。「所以」：可以。「窮年」有二意：（一）終身無窮；（二）與時間同在，到達時間的盡頭。「忘年」指忘生死。「忘義」指忘是非。「振」有二意：（一）暢達，（二）止。「無竟」：無窮。「寓」：寄託。「諸」：之於。

假使我與你辯論，你勝過我，我無法勝過你，那麼你真的對嗎？我真的錯嗎？我勝過你，你無法勝過我，那麼我真的對嗎？你真的錯嗎？抑或有人對嗎？抑或有人錯嗎？抑或兩人都對嗎？兩人都錯嗎？我和你無法知曉答案。但是人們也常常受偏見遮蔽，那麼我請誰來裁判呢？請與你意見相同的人來裁判嗎？既然與你意見相同，怎麼能夠裁判呢？請與我意見相同的人來裁判嗎？既然與我意見相同，怎麼能夠裁判呢？請與你我意見都不同的人來裁判嗎？

既然與你我的意見都不同，怎麼能夠裁判呢？請與你我意見都相同的人來裁判嗎？既然與你我的意見都相同，怎麼能夠裁判呢？如此看來，我和你和第三人都不能知曉答案，那麼還要期待第四人嗎？什麼是順隨或合於自然的分際呢？就是將「不是」視為「是」，將「不然」視為「然」。「是」如果真為「是」，那麼「是」異於「不是」也就無須言說、分別、爭辯，因為根本沒有差異呀。「然」如果真為「然」，那麼「然」異於「不然」也就無須言說、分別、爭辯，因為根本沒有差異呀。是非然否的談論互相對立，如同並不對立；或渾化各種互相對立的談論，如同並不對立。順隨或合於自然的分際，依從自然無窮地推衍，可以終身無有窮極；或與時間同在，到達時間的盡頭。忘生死，忘是非，通暢於無窮，或止於無窮，因此寄託於無窮。

「既使我與若辯矣」至「而待彼也邪」，以諸多疑問語暗示：辯論的雙方以及旁人，都無法指出孰是孰非。這是因為：以「天地之運作」為觀察基準，則知萬有都不違逆天地運作的法則（例如：地球自轉），也就是「無物不然，無物不可」，亦即萬有並存於天地之間，本無「是、非」可言，而是沒有對立、沒有對待、無待、和諧的整體。以此，人們的辯論雖然看似有勝負，但並不表示天地之間有「是、非」可說。另外，有鑑於語言文字的侷限性與遮蔽性，不免造成語言文字使用愈多，反而愈加遠離真實的窘境，因此不宜無止盡的使用語言文字，而應恰到好處，以避免遮蔽天地萬物和諧並存的真實。

關於「天倪」自然的分際，可藉下例來說明：人類與楓香樹是不同的物種，各自擁有不同的形體，二者的形體沒有重疊密合的可能，因此若以形體做為觀察基準，則知人類與楓香樹「有分際」。但是，人類與楓香樹皆存活於空氣中，人類呼氣，將二氧化碳吐入大氣中，楓香樹吸收大氣中人類吐出的二氧化碳，進行光合作用，而後將光合作用所產生的氧氣送入大氣中；至於人類吸氣，則將楓香樹所散發的氧氣吸入人類的肺中。由此則知，人類與楓香樹相互交換氣息。實則，不僅人類與楓香樹如此，天地之間所有的植物與動物都是如此相互交換氣息，這也就是〈知北遊篇〉「通天下一氣」。亦即以「空氣、氣息」做為觀察的基準，便知人類與楓香樹、以及其它物類，相互流通並無不可跨越的區隔。由此則可了解，以形體做為觀察基準，萬物誠然是「有分際」；但是，以「氣」觀察，萬物則是「無分際」。亦即觀察天地萬有，便知「有分際與無分際」同存共在，這就是「天倪」自然的分際。

簡言之，「天倪」即為雖有分際，但是並非隔絕不通，而是互通互往。由此則知，「天倪」涵藏沒有對立、沒有對待、無待的義理，以「天倪」觀之，萬物就是相通為一的整體。

再看「是、非」，有鑑於「無物不然，無物不可」，萬有本是和諧並存之整體，本無是、非可言。只不過人們以自我為中心，強硬指稱「此」為「是」，又指稱在「此」之外者為「非」。換言之，若不標舉「是」，則無是、非可言，一旦標舉，則是、非必然同時凸顯，如影隨形，任一方皆不獨自成立，必定與另一方相依相倚。亦即天地之間本為「無是無非」，然而人們強硬指稱之，卻不知一旦指稱，那麼所指稱之「是、非」就具有不可切割的整體性。

故知「是不是，然不然」指出互為對照的「是與不是」、「然與不然」，不是常識認為的互斥對立，而是沒有對立、沒有對待、無待的整體。亦即「是與不是」、「然與不然」相依而不離，相通為一體，這就是「天倪」自然的分際。

「是若果是也」所指的「是」，不是常識認為對立於「不是」之意。有鑑於互為對照的「是與不是」通而為一，故知莊子記載的「是」指向「是與不是」無從切割的整體。試想：「是與不是」既然無從切割，那麼「是與不是」的差異，當然也就無庸言說、分別、爭辯。因為根本沒有差異呀。故記載「是若果是也，則是之異乎不是也亦無辯。」

接著，莊子將相同的義理再敘述一次。「然若果然也」所指的「然」，不是常識認為對立於「不然」之意。有鑑於互為對照的「然與不然」相通為一體，故知莊子記載的「然」指向「然與不然」無從切割的整體。試想：「然與不然」既是無從切割，那麼「然與不然」的差異，也就無庸言說、分別、爭辯。因為根本沒有差異呀。故記載「然若果然也，則然之異乎不然也亦無辯。」

簡言之，「是若果是也」至「則然之異乎不然也亦無辯」四句敘述，揭示「是與不是」無從切割而且無所差異的整體性，至於「然與不然」也具有不可切割而且無所差異的整體性。不過，有些學者未能立足大道的整體性，也未能明瞭這四句敘述的整體意涵，反而誤以為這四句敘述提出「是與不是」、「然與不然」有所差異。實則，莊子全書一再揭示天地之間並無「是非」的本質性，那麼焉有可能在此寫下自相矛盾的記載。所以讀者必須留意，不可被常識捆綁，不可被語言文字框限，必須時時不離大道的整體性，以正確了解這四句敘述。

關於「化聲之相待，若其不相待」，學者通常認為「化聲」指各種是非然否的談論，那麼「化聲之相待，若其不相待」，則是將各種互相對立的是非談論，視之為並不對立。但是「化」也有渾化之意，所以「化聲之相待，若其不相待」，也可了解為：渾化各種互相對立的談論，宛若沒有對立、沒有對待。然而，為何對立的談論，可以渾化為沒有對立呢？答案就在前文記載的「和之以天倪」以及「是不是，然不然」。由於「天倪」涵藏沒有對立、沒有對待、無待的義理，而且以「天倪」觀之，萬物是相通為一的整體，也就是萬有本為和諧並存之整體，「無物不然，無物不可」，本無是、非可言；因此，則可依循「是不是，然不然」，將「不是」視為「是」，將「不然」視為「然」。以此則知，各種看似不同、對立的談論，均可渾化為沒有對立、沒有對待。故記載「化聲之相待，若其不相待。」

莊子的言談「和之以天倪」，依從自然的分際，由於自然的存在永無止盡，因此即可隨著自然無止盡地推衍闡述，不僅終身無有窮極之時，而且推衍闡述的言談，也可與時間同在，長久流傳。故記載「和之以天倪」至「所以窮年也」。

雖然敘述「窮年」，但是莊子的筆法流動變化，並不停滯在「窮年」，隨即指出「忘年」。不過「忘年」的意涵不在字面，不是消滅年、時間、生死，而是不被年、時間、生死拘泥。這仍然是因為「和之以天倪」，總是與自然的分際同步，故可順隨時間、生死的變化。亦即與「變」同步，也就沒有時間、生死之變化可說，故記載「忘年」。

「義」是宜，然而人們並非以順應萬物的自然性質為合宜，而是以自己的意念判斷合宜與否，遂形成「宜與不宜」、「是與非」的對立。莊子在此敘述「忘義」即為忘是非。不過「忘義」的意涵也不在字面，不是消滅是非，而是不被人們指出的「是非」拘泥。因為萬有並存於天地之中，「無物不然，無物不可」，本是和諧無待之整體，本無是、非可言。只不過人們以一己的好惡為基準，強硬指稱喜愛的狀態為「是」，反之則為「非」。所以「忘義」就是明瞭「無物不然，無物不可」，因此不停滯在「是、非」的任一隅落，而是如同「聖人和之以是非，而休乎天均」，基於天地之間並無「是、非」的本質性，雖然人們各自提出「是、非」的主張，但是引領人們回返無所互斥而自然相通的整體性，止息「是、非」的爭執，即為「忘義」忘是非。

由於言談「和之以天倪」，以致「忘年、忘義」，不呆滯任一隅落，無所阻滯，通達無窮，故與無窮的天地同在。故記載「振於無竟（無窮），故寓諸無竟（無窮）。」此外，也可由另一面向來思考：大道具有變動不居的特質，遷流不已，無所終窮；亦即大道即為無有窮盡的「無竟」，因此莊子記載的「無竟」也可了解為變動不居的大道。那麼「振於無竟，故寓諸無竟」就是與道同遊，與變同步，與天地萬物同在，故而無有窮盡。

本段敘述揭示：明瞭「無物不然，無物不可」，基於天地之間並無「是、非」的本質性，言談依隨自然的分際，不離「真實」——天地萬物和諧並存的整體，不落入語言文字的侷限性與遮蔽性，與變同步，與道同在，故可長久流傳人間。

罔兩問景曰：「曩子行，今子止；曩子坐，今子起。何其無特操與？」景曰：「吾有待而然者邪？吾所待又有待而然者邪？吾待蛇蚹蜩翼邪？惡識所以然？惡識所以不然？」

「罔兩」：影外的微陰。「景」：影。「曩」：方才。「特操」：持操，指把持。「與」：

歟，疑問詞。「待」：依從，跟隨。「邪」：疑問詞。「吾所待」指形體。「蚹」：蛇腹部下方的鱗皮。「蜩」：蟬。「惡識」：何知。

影子外圍的暗影，詢問影子：「剛才你走動，現在你停下來；剛才你坐著，現在你站起來。怎麼這樣無法自我把持呢？」影子說：「我有所依從才會這樣嗎？我所依從的又有所依從，才會這樣嗎？我就像蛇依靠腹部下方的鱗皮爬行，蟬依靠翅翼飛翔嗎？我怎麼知曉何以如此？怎麼知曉何以不如此？」

人人皆知，在有光線的環境中，人們形體之旁必定出現影子。也就是「形影」相依而不離，無從切割。不過，以上敘述或許將受到質疑：當沒有任何光線時，形體之旁並不出現影子，因此不可認為「形與影」不可切割。然而，在此必須思考：人類的眼睛在有光線的環境中，才有視覺的功能，若無任何光線，則無視覺的功能，因此也就無從確知形體之旁是否有影子。換言之，若無光線，「形與影」是否即分離為二，誠然無從確認。不過，可以確認的是：只要在有光線的環境中，形體之旁就有影子。亦即在人們的生活中，「形與影」終始相隨，無從切割，雖然語言文字賦予不同的名稱，但是並不因此遂可切割為兩個存在物，而是沒有對立、沒有對待的無待整體，是「一」不是二。

試問：為何如此？為何在有光線的環境中，「形影」不離？科學家回答：因為形體遮住光線，遂產生影子。那麼如果繼續追問：為何形體會遮住光線呢？科學家回答：因為人類的形體是「實」不是「虛」。如果繼續追問：為何形體是「實」而不是「虛」呢？試想：人類顯然就是因為形體是「實」，所以存在，否則人類如何可能以「虛」的形式存在呢？所以，針對形體為何是「實」而不是「虛」的疑問，或許無人可能提出任何回答，也就是本篇前文記載「已而不知其然」。

不過，回顧自「天籟」以來，多次說明「自然」之義理，因此或許可以暫時回答：人類的形體之所以是「實」不是「虛」，以致遮住光線而產生影子，是與生俱有的自然天性本質；恰如孔竅與生俱有發出聲音的自然性質，因此當風吹過，便產生了聲音。換言之，人類的形體與生俱有「實」的自然本質，以致在有光線的環境中，形體遮住光線而產生影子。亦即「形影」不離，是人類與生俱有的自然天性本質。簡言之，即是自然。此外，有鑑於「形與影」一體不可分，故可明瞭「形與影」沒有對立、對待，而是無待，並無主從之別，而是齊同平等。

接著回到本則寓言，罔兩認為影子忽動忽靜，無法自我把持。影子則以諸多疑問語回應。「吾有待而然者邪？」看似與大眾的想法相同，亦即大眾認為影子的動靜跟從於形體，是「有待、它然」，所以影子亦疑惑是否果真為「有待、它然」，依從形體而有所動靜？上述曾說明，「形與影」無待，一體不可分，並無主從之別。試想：既然無待，亦無主從之分，當然也就不可說影子的動靜跟從於形體，而是「影與形」一體動靜，是「一」不是二。亦即影子的動靜不是「有待、它然」而是「無待、自然」。由此則知「吾有待而然者邪？」的疑問語，不以肯定敘述說出與大眾相同的想法，即為暗示大眾的觀察並不正確。

而後，影子再提出疑問語「吾所待又有待而然者邪？」疑惑形體是否依從它物而有動有靜？這也是通常大眾的想法，認為形體受它物的影響而有所動靜，亦即認為形體的動靜是

「有待、它然」。

回顧本篇「天地與我並生，而萬物與我為一」以及「非彼無我，非我無所取」，揭示「物與我」無待，相依不相離，並無主從之分，是不可切割的整體；而且人們只要存活，便不可離開「物」，這是人們的自然天性，也就是自然。試想：「物與我」既然無待，亦無主從之分，當然也就不可說形體動靜跟從於「物」、受「物」的影響，而是「物與我」在不可切割的整體中，一體動靜，是「一」不是二。由此則知，形體動靜不是「有待、它然」而是「無待、自然」。故知「吾所待又有待而然者邪？」的疑問語，不以肯定敘述說出與大眾相同的想法，仍然是暗示大眾的觀察並不正確。

常識認為蛇倚靠「蚹（蛇腹部下方的鱗皮）」而爬行；又認為「蜩（蟬）」倚靠翼而飛翔。殊不知「蛇與蚹」本就是一體不可分，人類雖然以語言文字賦予不同的名稱，但並不意謂著「蛇與蚹」可以切割，亦即「蛇與蚹」是不可切割的整體，沒有孰倚靠孰才可行動的問題。同理，「蜩與翼」一體不可分，並不因為人類賦予不同的名稱遂可切割，亦即「蜩與翼」是無從切割的整體，也沒有孰倚靠孰才可行動的問題。

由此則知「吾待蛇蚹蜩翼邪？」的疑問語，就是影子舉「蛇蚹、蜩翼」為例，再次暗示：影子並不是常識認為的依靠形體才可行動，而是「影與形」本就是無待的一體動作，是「一」不是二，並無主從之別。

至於「惡識所以然？惡識所以不然？」則是影子指出不知為何「影與形」一體不可分，而且也不知為何「影與形」不是可以切割為二的各自獨立存在。由於前述曾說明，「形影」

不離，是人類與生俱有的自然天性本質，也就是自然。因此，或許可以進一步描述為「不知所以然而知其自然」，以彰顯「形影」不離的自然本質。

綜言之，「形與影」無待，一體不可分；同理可推，「影與罔兩」也具有相同的性質。換言之，「形與影與罔兩」是無從切割的無待整體，並不因為人類賦予不同的名稱遂可切割。亦即「形與影與罔兩」不是二、也不是三，而是「一」，它們齊同平等，沒有主從之別，雖然有動有靜，但不是「有待、它然」，而是「無待、自然」的一體動靜，因此並無罔兩所說的「無特操」無法自我把持的問題。此外，罔兩指稱影子「無特操」，或許反映大眾意圖操控一切的執著；殊不知人人都必定依隨自然，而不是以己意操控一切，亦即「易識浮生理，難教一物違」（唐．杜甫〈秋野〉）。但是大眾未能明瞭於此，遂誤認依隨自然是「無特操」的不能把持。

本則寓言藉「形與影」為例，揭示：「無待、自然、整體、一、齊」之義理，彰顯本篇「齊物」之主旨。

昔者莊周夢為胡蝶，栩栩然胡蝶也。自喻適志與！不知周也。俄然覺，則蘧蘧然周也。不知周之夢為胡蝶與？胡蝶之夢為周與？周與胡蝶，則必有分矣。此之謂物化。

「昔」：夕，指夜晚。「栩栩」：歡欣。「自喻」：自快。「適志與」的「適志」：舒暢快意；「與」：歟，感嘆詞。「俄然」：忽然。「蘧蘧」：驚動的樣子。「胡蝶與、周與」的「與」：均為歟，疑問詞。「物化」：萬物相互流通變化。

夜間莊周作夢，夢見自己是一隻蝴蝶，歡欣飛翔的蝴蝶，十分舒暢喜悅，不知尚有莊周的存在。忽然醒來，驚訝地發現自己是莊周。不知是莊周夢見自己變成蝴蝶？還是蝴蝶夢見自己變成莊周？莊周與蝴蝶必然有所分別，這就稱為物化（萬物相互流通變化）。

通常大眾都認為人類與蝴蝶是不同的物種，有明顯的分際，可以明確切割為「二」個存在物。但是「不知周之夢為胡蝶與？胡蝶之夢為周與？」卻指出無從確知究竟是莊周夢蝴蝶，或是蝴蝶夢莊周。以此而暗示莊周與蝴蝶之間的分際，模糊而不再清晰。也就是夢境中無從明確切割的經驗，消弭了莊周與蝴蝶的分際，使得莊周與蝴蝶不再是往昔認為可以明確切割的「二」，而是「一」。

雖然已揭示「莊周與蝴蝶」為一，但是莊子的筆法流動變化，並不停滯在「一」。隨即敘述「周與胡蝶，則必有分矣。」指出莊周與蝴蝶有所分別，是「二」。接著記載「物化」，指出萬物相互流通變化，通而為一。

綜觀本則寓言揭示：夢前，莊周與蝴蝶是「二」；夢中，莊周與蝴蝶是「一」；夢醒，了解「必有分」，則莊周與蝴蝶是「二」；進而明瞭「物化」的義理，則莊周與蝴蝶，復通為「一」。簡言之，莊周與蝴蝶，由「二」流動為「一」，又流動為「二」，這就是「物化」，萬物復通為「一」的義理。因此，既不可指稱莊周與蝴蝶是「二」，也不可稱為「一」，而是「非二非一」。不過，「非二非一」的意涵不在字面，並非不是「二」也不是「一」，並非什麼都不是、什麼都予以否定，而是既不固定於「二」也不固定於「一」。亦即不呆滯任一隅落，而是靈活流動，無所拘泥。

另外，也可描述莊周與蝴蝶是「二而一，一而二」。不過，「二而一，一而二」的意涵也不在字面，並非「二」與「一」重疊，而仍然是不固定於「二」也不固定於「一」。以此而彰顯莊周與蝴蝶，相互流通變化的特質，也就是「物化」。亦即萬物的物種雖然不同，但是不同的物種之間，並無不可跨越的區隔，而是互通互往，通而為一。這也就是本篇前文記載的「天倪」自然的分際，因此亦可進一步描述本則寓言為「有分際而無分際，無分際非無分際」，以呈現莊周與蝴蝶，由「二」流動為「一」，又流動為「二」的不固定之變化特質。

由此則知，上述「一」的意涵不在字面，不是常識認為對立於「二」之意。在此可進一步描述為：一不離二，二即是一，一即非一，以彰顯「一」並不固定呆滯，而具有流動的特質。總言之，莊周與蝴蝶通而為一，沒有對立、對待，而是「無待」，並無主從高下之分，而是齊同平等。實則，不僅莊周與蝴蝶「無待」；所有並存於天地之間的森羅萬象、萬事萬物，也都是沒有對立、對待的「無待」和諧狀態，均無尊卑、貴賤之分，而是齊同平等。故知本則寓言，鮮明地揭示本篇「萬物與我為一」的齊同平等之主旨。

另外，回顧前述曾說明「夢與覺」同等重要，並無優劣之別，而是齊同平等。因此而知，只要不執著不呆滯任一隅落，無論在「覺」或是「夢」，都值得欣賞，都無高下之分，也都齊同平等。

再者，有學者認為本則寓言以「夢覺」譬喻生死。不過，或許也可了解為：夢必將醒來，恰如生必將變化為死；亦即「夢與覺」、「生與死」都具有一體不可分的性質。因此莊子舉「夢覺」為例，來說明性質相同的「生死」，也具有整體、無待以及齊同平等的本質。

養生主

養生是以養形抑或養神為主？「緣督以為經」順中以為常的中庸準則，是否固定在二分之一的中央？養生是否排斥死亡？死亡是自然抑或不自然？

吾生也有涯，而知也無涯，以有涯隨無涯，殆已。已而為知者，殆而已矣。為善無近名，為惡無近刑，緣督以為經。可以保身，可以全生，可以養親，可以盡年。

「涯」：限。「知」指分別性的認知。「殆」：危，指困境。「殆已」的「已」：語詞，無特殊意涵。「已而為知」的「已」：此。「而已矣」：歎詞。「為善無近名，為惡無近刑」有二意：（一）行為不可停滯在固定狀態，以免落入名或刑的偏頗極端，「善、惡」是舉例，指固定狀態；「名、刑」是舉例，指偏頗的極端；「刑」指損傷。（二）喜好或不喜好分別性的認知，都不可停滯固定，以免落入名或刑的偏頗極端；「善」：喜好；「惡」：不喜好；「名、刑」指偏頗的極端。「緣督以為經」：順中以為常，指順隨中庸以為常法。「全生」：全性。「養親」有二意：（一）奉養雙親，（二）養新。

我的生命有限，而知卻是無限的，以有限去追隨無限，必將造成困境。既然如此，還要汲汲於追求知，那就只有更為深陷困境了。行為不可停滯在固定狀態（喜好或不喜好分別性的認知，都不可停滯固定），以免落入名或刑的偏頗極端，應該順隨中庸以為常法。這就可以保護生命，可以保全天性，可以奉養雙親，或養護生命去陳出新；可以安享天年。

〈知北遊篇〉唐．成玄英疏：「知，分別也。」指出因為分別才可進行認知，亦即「知」建立在分別的基礎上。例如：天地之間的生物，本是不可切割的連續性整體，然而人類對各類生物進行「界、門、綱、目、科、屬、種」的分別，以此而建立了生物學的知識。

基於分別所建立的知識，使人們脫離盲昧無知，對人們的生活具有輔助的功能，例如：人類分別各種植物，了解某些植物可以食用，對健康有益；某些植物則是對健康有害，不可食用，人類便可藉這些知識維護健康。亦即「知」對人類具有助益。那麼莊子為何記載「吾生也有涯」至「殆已」，指出「知」將造成困境呢？

這是因為增加知識的同時，也增長文飾造作，甚至是智巧詐偽，而且不免誘發情欲，所知愈多，欲求愈多，遂因多知多欲而增加更多攪擾。另外，天地萬物本就是不可切割的連續性整體，萬物和諧並存於天地之間，無不符合天地之運作（例如：地球自轉），亦即「無物不然，無物不可」（〈齊物論篇〉），本無「是、非、好、壞」可言。然而人類以自我的利益為基準，對萬物進行分別性的認知，例如：分別各種植物對人類的利害與否，必然執著「利」而排斥「害」。亦即「知」造成好、壞、是、非的對立，引發執著與排斥，致使人們遺忘萬有本是不可切割的連續性整體，也遺忘本無「是、非、好、壞」的和諧整體性。

簡言之，「知」切割整體，使人們產生偏執，如果已經出現上述的偏執舉動，仍未能適時調整，未能回返天地萬物和諧並存的整體性，勢必更為加深「執著與排斥」的尖銳對立，造成更多偏頗的錯誤。例如：由於極度排斥某些物類，以致嚴重失落萬種物類和平共存的本質，也使情緒深陷劍拔弩張的焦躁不安中，難以回返持平安適，堪稱與養生背道而馳。故記載「已而為知者，殆而已矣。」

由此即可了解，「知」雖然有「明」的一面，但也有「暗」的另一面。回顧〈逍遙遊篇〉曾說明，人間世事無不具有一體兩面的性質。例如：地球受陽光照射，必然是一半為「明」，另一半為「暗」；同理，人們的生活中，沒有任何一事只具光明面而無晦暗面。莊子在此和盤托出，指出「知」明暗並存，具有一體兩面的性質，亦即揭示人們未留意的一體兩面之另一面。

再看「為善無近名，為惡無近刑」，如果僅觀文字表面，不免以為這是勸勉人們做善事但不可聲名大噪，又暗暗鼓勵人們做一些不至於觸犯刑罰的小奸小惡。因此，宋．朱熹曾指出「為惡無近刑」是「賊德之尤」。然而莊子的意涵果真如此嗎？

或許可以由二個面向來說明：（一）通常學者認為「為善、為惡」就是字面的做善事、做惡事之意。但是回顧上述曾援引〈齊物論篇〉「無物不然，無物不可」，揭示萬有並存於天地之間，無不符合天地之運作，本無「然、不然、可、不可、善、惡」可言。只不過人們以自己的利益為基準，強硬指稱有益者是「善」；反之則為「惡」。也就是人們一旦強硬界定「善」，那麼沒有任何時間上的誤差，「惡」便立即被彰顯。換言之，若不標舉「善」，則無善、惡可說；一旦標舉，則善、惡必然同時凸顯，如影隨形，任一方皆不獨自成立，必定與另一方相依相倚。簡言之，天地之間本無「善、惡」可說，然而人們強硬指稱之，卻不知一旦指稱，那麼所指稱之「善、惡」就具有不可切割的整體性。

由此則知「為善無近名，為惡無近刑」的意涵不在字面，不是勸勉做善事但不可聲名大噪，也不是鼓勵做一些不至於觸犯刑罰的小奸小惡，而是藉著無從切割的「善、惡」為例，指出不可偏執任一隅落，而應「緣督以為經」順中以為常，去極端，取中庸，以免衍生更為偏頗的「名、刑」之後果。

（二）緊緊跟隨「吾生也有涯，而知也無涯，以有涯隨無涯，殆已；已而為知者，殆而已矣」的敘述文脈，便可了解「為善、為惡」是針對「知」而言，亦即指向喜好為知、不喜好為知，「善」是喜好，「惡」是不喜好。上述曾說明「吾生也有涯」至「殆而已矣」，揭示「知」明暗並存，具有一體兩面的性質；亦即「知」雖然使人們脫離盲昧無知，但卻割裂萬有和諧並存的整體性，使人們產生執著與排斥。因此「為善無近名」指出如果喜好分別之知，但不應過於執著，以免落入「名」的極端；「為惡無近刑」指出如果不喜好分別之知，也不應過於排斥，這是因為「知」使人們脫離盲昧，所以若過度排斥分別之知，則不免由於盲昧無知而使生活遭受「刑（傷）」。換言之，依循大道順應自然的本質，當為則為，不當為則不為，應該運用分別之知，則運用；不應使用，則不進行分別性的認知。也就是適時調整，隨機因應，故記載「緣督以為經」順中以為常，去極端，取中庸。

綜言之，「為善無近名，為惡無近刑，緣督以為經」的意涵，無論藉由上述（一）或（二）來了解，都揭示重點在於「緣督以為經」順中以為常，去極端，取中庸，不落入「名、刑」兩邊之極端，而秉持中庸準則；也就是「不落兩邊，得其中道」。這即為晉．郭象注：「忘善惡而居中，……故刑名遠己而全理在身也。」

接著，必須思考「緣督以為經」順中以為常，去極端，取中庸，「不落兩邊，得其中道」，是否意謂著應該固定在二分之一的中央呢？

關於此項疑問，可參看〈山木篇〉「莊子行於山中，見大木，枝葉盛茂，伐木者止其旁而不取也。問其故，曰：『無所可用。』莊子曰：『此木以不材得終其天年。』夫子出於山，舍於故人之家。故人喜，命豎子殺鴈而烹之。豎子請曰：『其一能鳴，其一不能鳴，請奚殺？』主人曰：『殺不能鳴者。』明日，弟子問於莊子曰：『昨日山中之木，以不材得終其天年；今主人之鴈，以不材死。先生將何處？』莊子笑曰：『周將處夫材與不材之間。材與不材之間，似之而非也，故未免乎累。若夫乘道德而浮遊則不然，無譽無訾，一龍一蛇，與時俱化，而無肯專為。一上一下，以和為量，浮遊乎萬物之祖，物物而不物於物，則胡可得而累邪！此神農、黃帝之法則也。』」

這則寓言記載：山中之木因無用而全生，有用之木則遭砍伐而死亡；主人之鴈（鵝）因無用、不能鳴叫而遭烹煮身亡，能鳴叫的有用之鴈（鵝）則全生。無論是「不材無用」或「材而有用」，均是一存一亡。面對如此情景，弟子請問應如何處世？莊子說「將處夫材（用）與不材（無用）之間」，看似為材與不材的「中央」。然而，莊子立即指此為「似之（是）而非也」，故仍有累，並且說「若夫乘道德而浮遊則不然」，唐・成玄英疏：「既遣二偏，又忘中一，則能虛通而浮遊於代爾。」指出悟道者無所執著，非但不固定在「材」與「不材」兩個極端，而且對「中」，也「忘」而不加以執著。成玄英疏提醒讀者：不僅「材」與「不材」不可執著，即使是「材與不材」的「中央」也不可執著。故知莊子的意旨在於：不可執著、固定在任何一個定點。所以，莊子稍前敘述「材與不材之間，似之而非也」，即為暗示不可固定。

接著，莊子指出悟道者不呆滯「譽」、「訾（毀）」兩個極端，並且如同龍之顯，又如蛇之隱，適時調整，與變同步，不專為一物一事，以順應自然為法則，與道同遊同在，這就是古代聖王的處世準則。由以上說明，可知莊子的處世法則是無所執著，「與時俱化，而無肯專為」，具有靈動的特質。（關於此寓言的詳細說明，請參見〈山木篇〉）

現在以〈山木篇〉「莊子行於山中」寓言之意涵為基準，再看「緣督以為經」順中以為常，則知其義理指向「與時俱化，而無肯專為」的靈活與不執著。簡言之，「緣督以為經」順中以為常，去極端，取中庸，「不落兩邊，得其中道」的意涵，都不在字面，都不是固定在二分之一的中央，而是無所執著。

以此則知，「為善無近名，為惡無近刑，緣督以為經」，揭示秉持大道不執著的流動特質，既不固定在「善（喜好為知）」，也不固定在「惡（不喜好為知）」，亦不固定在二分之一的中央，因應情勢，適時調整，就是「不落兩邊，得其中道」的靈活不執著的中庸。然而，這並非意謂著必定不可立於「中央」。例如：當情勢需要，必須立於「中央」才屬合宜時，則「中央」就是恰到好處的中庸；當情勢變化，必須立於「三分之二」才合宜時，則「三分之二」就是中庸；同理，如果情勢以「零」為合宜時，則「零」就是中庸。

由以上說明可知，「吾生也有涯」至「緣督以為經」，舉「知」為例，揭示人間世事都與「知」相同，都是明暗並存；例如權力富貴，也具有明暗並存、一體兩面的性質。因此，對於任何事物，如果喜好其光明面，但不可過度偏執，以免落入其晦暗面；如果不喜好其晦暗面，也不宜過於排斥，因為其尚有光明面。換言之，依循大道順應自然的本質，當為則為，不當為則不為，以靈活不執著的中庸準則，面對所有的人間世事。如此，則可周全養護生命，不扭曲自然天性，也可藉著不呆滯的流動特質，使生命不至於陳舊僵化而獲得更新，常有清新可喜的生命美感，因此而享盡天年，故記載「可以保身」至「可以盡年」。

本段敘述舉「知」為例，揭示人間世事無不具有一體兩面的性質，因此對任何事物都不宜過度執著或排斥，而是依循大道順應自然的本質，當為則為，不當為則不為，秉持靈活不執著的中庸準則，做為人生的立足點。如此立身存世，則可平順處理周身事物，養生而盡天年。

另外，前述說明：天地之間本無「善、惡」可言，也就是「無善無惡」的本質性。然而，這並不意謂著可以恣意損害他人；反之，正因為了解在天地之間所做的任何舉動，並不違逆天地運作的法則，並無「善、惡、好、壞」可說，因此更是需要以自覺節制行為。也就是〈齊物論篇〉曾說明，對民眾自幼便教之以「天地與我並生，而萬物與我為一」的大道整體性，以教育喚醒每一個人的自覺，引領民眾回返大道，明瞭生命在天地萬物的整體中，順隨整體的運作，與所有存在恰如其分的互動；亦即引導民眾以自覺適時節制不當的舉動，以免損及旁人，愛護自己的同時也尊重他人，以此來安頓自我。如果人人自覺、自我安頓，人際相處和睦，社會安祥，也就沒有「善、惡、好、壞」的爭論，達到沒有對立、沒有對待、無待的理想。

庖丁為文惠君解牛，手之所觸，肩之所倚，足之所履，膝之所踦，砉然嚮然，奏刀騞然，莫不中音。合於桑林之舞，乃中經首之會。文惠君曰：「譆，善哉！技蓋至此乎？」庖丁釋刀對曰：「臣之所好者道也，進乎技矣。始臣之解牛之時，所見無非牛者。三年之後，未嘗見全牛也。方今之時，臣以神遇而不以目視，官知止而神欲行。依乎天理，批大郤，導大窾，因其固然。技經肯綮之未嘗，而況大軱乎！良庖歲更刀，割也；族庖月更刀，折也。今臣之刀十九年矣，所解數千牛矣，而刀刃若新發於硎。彼節者有間，而刀刃者無厚。以無厚入有間，恢恢乎其於遊刃必有餘地矣。是以十九年而刀刃若新發於硎。雖然，每至於族，吾見其難為，怵然為戒：視為止，行為遲，動刀甚微，謋然已解，如土委地。提刀而立，為之四顧，為之躊躇滿志，善刀而藏之。」文惠君曰：「善哉！吾聞庖丁之言，得養生焉。」

「庖」：廚師。「丁」：廚師之名。「文惠君」：人名，但無法確知為何許人。「踦」：跪，屈一足而抵之。「砉然」：骨肉相離之聲。「騞然」：刀切物所發出的聲音。「中」指合。「桑林」：商湯樂名。「經首」：堯樂，咸池樂章名。「會」：節奏，韻律。「譆」：

歎詞。「蓋」：盍，何。「進乎」指超越。「官知」：感官的認知。「神欲行」指心神運行。「天理」：自然的理路。「批」：擊。「郤」：隙。「導」：導向，指引刀而入。「窾」：空，指骨節空處。「因」：順。「固然」指自然結構。「技經」指經脈、經絡。「肯」指著骨之肉。「綮」：盤結處。「軱」：大骨。「族庖」指一般的廚師。「折」：折骨，砍骨。「發」：磨。「硎」：磨刀石。「間」：間隙。「恢恢乎」：寬大之貌。「至於族」的「族」：交錯聚結。「怵然」：警惕，指謹慎。「止」：停留，指專注。「遲」：緩。「謋然」：解，裂。「委」：積。「躊躇滿志」指滿意。「善刀」：拭刀。

庖丁為文惠君宰牛，他的手所碰觸的，肩膀所倚靠的，腳所踩踏的，膝蓋所抵住的，都發出劃然聲響，刀插入牛身，霍霍有聲，沒有不合於音律的。合於桑林的舞曲，也合於經首樂章的韻律。文惠君說：「啊！好極了！技術怎麼能到達這樣的地步呢？」庖丁放下刀說：「我所愛好的是道，已經超越技術層次了。我最初支解牛時，所見到的就是一隻牛。三年之後，就不再見到完整的牛了。到了現在，我是以心神感受牛而不是以眼睛看，感官的作用停止而心神運作。刀依順牛身上的自然理路，劈開筋肉的間隙，導入骨節空隙，順著牛自然的結構用刀。即使經脈相連、骨肉相接之處都沒有碰到，何況是大骨頭呢！好的廚師一年換一把刀，他們是用刀切割牛的筋肉。普通的廚師一個月換一把刀，他們是用刀去砍牛的骨頭。現在我的這把刀已經用了十九年，支解過數千頭牛，而刀刃還像剛剛由磨刀石磨過一樣。牛的骨節有空隙，而刀刃沒有厚度，以沒有厚度的刀刃切入有空隙的骨節，當然是寬大而有遊刃之餘地。所以這把刀已經用了十九年，而刀刃還像剛剛磨過一樣。雖然如此，每遇到筋骨盤結的地方，我明白不容易處理，特別謹慎小心，眼神專注，動作放慢，刀子微微一動，牛的肢體就分解開來，如同泥土一般的堆積地面。這時我提刀站立，環顧四周，對工作的結果感到滿意，然後將刀擦拭乾淨收藏起來。」文惠君說：「真好！我聽了庖丁的這一番談話，懂得養生的道理了。」

庖丁解牛的動作以及發出的聲響，都切中音律，吻合古樂的節奏與韻律，獲得文惠君的讚歎。庖丁強調之所以有如此之呈現，不是技術而是「道」使然。由此則知，道不遠人，「無所不在」（〈知北遊篇〉），處處皆在，所以行為舉止不離於道，則將有卓絕的表現。

庖丁自言最初解牛時，「所見無非牛」也就是只見牛的外觀、表象。三年後，「未嘗見全牛」指出不僅僅觀看牛的形體外貌，而且穿透表象，察見牛軀體內的理路間隙。

現今則是「以神遇而不以目視，官知止而神欲行。」這二句敘述的意涵不在字面，並非不再使用眼睛之視覺功能；這是因為後文記載「每至於族，吾見其難為，怵然為戒，視為止，行為遲」，指出眼神專注觀察筋骨交錯盤結之處。故知庖丁並非拋棄視覺之功能，而是「心神」與「形體感官之功能」並用，無所偏廢地進行解牛工作。因此「不以目視、官知止」可進一步描述為「不以目視而以目視」、「官知止而不止」，以彰顯庖丁並用「心神」與「感官之功能」。

「依乎天理、因其固然」揭示庖丁依順牛軀體內的自然理路與結構，也就是依循「理路」，而不是殺出「血路」以解牛，所以十九年而刀刃如新發於硎。

另外，回顧本書自〈逍遙遊篇〉以來，曾多次說明「無與有」不是常識認為的互斥對立，而是沒有對立、沒有對待、無待。因此「無厚入有間」或許暗示：「無與有」混融、無待，也就是「無厚」之刀與「有間隙」的牛之軀體混融、無待。簡言之，「刀與牛」是一不是二，沒有常識認為的對立，也迥異於〈齊物論篇〉「與物相刃相靡」的嚴重對立。

庖丁依循「理路」，雖然可以流暢順利地進行解牛工作，但是「每至於族」，也就是交錯盤結、沒有理路之處，則是「怵然為戒，視為止，行為遲，動刀甚微」，仍須謹慎地殺出「血路」。「動刀甚微」或許暗示以最小而且溫和的力度，從事殺出血路的舉動，因為殺出「血路」，不是依循「理路」，必將有相應而生並且力道相等的反作用力，回到刀（也就是自己）身上。亦即殺出血路的施力愈小，反作用力也就微小，對刀（自己）的擠壓與折損亦小。反之，施力強，反作用力亦強，對刀（自己）亦造成強大的擠壓與折損。簡言之，庖丁解牛並非僅只依循「理路」，也不免有殺出「血路」之時，不過庖丁是以「怵然為戒，視為止，行為遲，動刀甚微」的謹慎，殺出血路，不同於「族庖」強力砍折。

「躊躇滿志」不是驕傲，而是庖丁並用「心神」與「感官之功能」，呈顯「刀與牛」混融為一，具有與大道相同的的無待、整體特質，完成解牛之後，對自己的工作感到滿意。換言之，道使庖丁圓滿完成解牛工作，可證「道」不是天馬行空、擺擺龍門陣的談論而已，人們確實可以在生活中的任一場合與事件，皆依道而行。

之所以「善刀而藏之」，或許是雖然在工作中展現「道」之流暢運行，但是並不誇示，恰如「道隱無名」（《老子．四十一章》）；另外，也可能是兼採「依循理路」與「殺出血路」，所以「刀」必定也承受某種程度的擠壓，因此需要休養生息，以回復平穩。故記載「善刀而藏之」。

至於文惠君之所以因為庖丁之言，遂明瞭養生之理，至少有以下二項原因：

（一）「死」之理，即「生」之理。這是因為「生死」一體不可分，所以平順進入死亡的方法，也可用於養護生命，使生命平順存活。換言之，解牛（使生命平順結束），與養護生命，其理不二。既然結束生命是「依乎天理、因其固然」，那麼養護生命也是「依乎天理、因其固然」，以順應自然為前提。簡言之，養生與送死，都不可違逆「天理」，不可扭曲「固然」。不過當代醫療院所，對於長期重病、器官功能衰竭而瀕臨死亡的病人，執行諸多急救措施，為病人製造極度的痛苦，恐非「依乎天理、因其固然」之順應自然。

（二）「牛」喻萬物萬事、森羅萬象，「刀」喻人之精神。人們與萬物萬事接觸，應培養穿過表象的觀察力，尋找事物的內在理路，以平順處理之；然而並非事事均可尋得理路，如果觀察再三仍未能察見理路，則須謹慎地以最溫和的力度殺出血路，如此則可避免過度耗損「神與形」，不失為養生之策。亦即養生的良方是依循大道順應自然的本質，明瞭「刀與牛」、「我與物」沒有對立、沒有對待、無待，以與萬物萬事恰如其分地互動。

公文軒見右師而驚，曰：「是何人也？惡乎介也？天與？其人與？」曰：「天也，非人也。天之生是使獨也，人之貌有與也。以是知其天也，非人也。」

「公文軒」：人名，姓公文，名軒，宋國人。「右師」：官名。「惡乎」：疑問詞。「介」有二意：（一）一足；（二）偏刖之名，指受刑罰砍去一足。「天與、人與」的「與」：歟，疑問詞。「獨」：一，指一足。「有與」指兩足共行。

公文軒看見右師，驚訝地說：「是什麼人呀？為什麼只有一隻腳呢？這是自然，還是人為的呢？」右師回答說：「這是自然，不是人為。自然使得生來就是一隻腳，人們的形貌則是兩隻腳。因此明白，這是自然，不是人為。」

公文軒詢問右師一足，是自然抑或人為使然？右師兩次強調是「天」之自然。學者通常認為本則寓言的意涵在於：人們都以為兩足是自然，但是如果生來就是一足，那麼也是自然，不必執著兩足才是自然。

不過，晉．郭象注：「介，偏刖之名。」指右師一足是遭刑罰砍去一足所致。試想：遭受刑罰砍去一足而僅存一足，大眾必定都認為這不是「天」，不是自然，而是「人」之所為使然。但是右師為何不同於大眾？為何兩次強調是「天」之自然？

在此，可將注意力聚集在人類的形體。試問：血肉之軀的足部，若遭受刀斧強力砍斲，是否將斷裂抑或並無損傷？深信人人都將回答：不是無所折損，而是必定斷裂。亦即足部與形軀連為一體，固然是形體的自然天性本質；但是足部若遭受刀斧強力砍斲，必將斷裂，也是血肉之軀與生俱有的自然天性。換言之，足部的自然天性如果是不斷裂，不與形體分離，那麼無論任何刀斧，以任何強力砍斲，都不能使足斷裂，不能使足與形體分離。既然人們看見刀斧強力砍斲，足部必定斷裂而與形體分離，這就彰顯足部兼具「與形軀連為一體」以及

「斷裂而與形軀分離」的自然天性。因此，遭偏刖之刑，砍去一足，即為自然之理的呈現。恰如心臟跳動固然是血肉之軀的自然天性，但是心臟並非永恆跳動，必定有不跳動之時。由此則知，心臟兼具「跳動」以及「不跳動」的自然天性，所以心臟不跳動，人類死亡也是自然之理的呈現。

右師了解足部遭強力砍斲，遂斷裂而與形體分離，是血肉之軀的自然天性，因此回答公文軒的詢問，兩次強調是「天」之自然。至於「天之生是使獨也，人之貌有與也。」指出兩足中的一足，遭強力砍斲，遂斷裂而僅存一足，以及未遭強力砍斲，保持兩足的大眾，都是自然之理的呈現，都是自然而且正常。

另外，人人都不樂意受到刑罰，若是砍去一足，則更是厭恨至極。不過，右師的談話，語氣平穩，沒有侷促不安，也沒有怨尤憤恨。他之所以心平氣和，不同於大眾的怨怒，就是因為明瞭這是「天」之自然，所以不怨天不尤人。試想：人人的生命都以形體為具象之存在，所以對於「養生」，大眾通常都只留意「養形」而未能同等重視「養神」，本則寓言指出：「養神」與「養形」同等重要，設若形體遭受折損，但精神不因此而晦暗萎靡，仍然是養生之「主」，養護精神之平和安穩，坦然自在。

總言之，大眾都認為兩足是自然、正常，但是本則寓言指出：被砍去一足而僅存一足，也是自然、正常。由此則可進一步了解：血肉之軀呈現的任何狀態都是自然、正常，這些狀態都彰顯形體與生俱有如此的自然天性，例如：健康或疾病、形體完整或殘缺、心臟跳動或不跳動、生或死。只不過大眾執著「健康、形體完整、心臟跳動、生」，排斥「疾病、形體殘缺、心臟不跳動、死」；但是只須思考：形體若不具有「疾病、殘缺、心臟不跳動、死」的自然天性，那麼這些狀態都不可能發生。反之，它們既然發生，也就表示人體與生俱有如此的自然天性。有以上的了解，則將持平面對「健康或疾病、形體完整或殘缺、心臟跳動或不跳動、生或死」，不同於大眾，無所排斥也無所執著，而是順應自然，恰到好處的養生，即使遭遇大眾厭恨的形體殘缺，亦可如同右師之心平氣和，不失為養生之「主」。

澤雉十步一啄，百步一飲，不蘄畜乎樊中，神雖王，不善也。

「蘄」：祈。「樊」：藩籠。「王」：盛。「不善」有二意：（一）不好，（二）不覺得這是善於養生。

草澤中的野雞走十步才啄到一口食物，走百步才飲到一口水，但是牠並不祈求被養在籠子裏，精神暢旺，並不好，或不覺得這是善於養生。

學者通常認為本則寓言指出：雖然覓食不易，但澤雉不希望被關在籠子中，即使飲食無缺，精神暢旺，但是失去自由，並不好。亦即學者們認為「神雖王，不善也」是指樊中。但是學者們的意見有一矛盾：既然被關在籠中，怎可能精神暢旺？

晉・郭象注：「雉心神長王，志氣盈豫，而自放於清曠之地，忽然不覺善之為善也。」指出雉「神雖王，不善也」是在原野中，不是在籠中。郭象素有「善會莊生之旨」的美譽，他指出雉「神雖王」是在原野中，誠然可解決上述學者們的矛盾；至於「不善也」郭象指出也是雉在原野中，而且是「忽然不覺善之為善也。」另外，唐．成玄英疏：「至適忘適，至善忘善。」併觀郭注、成疏，則可了解莊子記載的「不善」，不是常識認為對立於「善」之意，而是雖「善」而不自以為「善」，並不誇示。

有以上的了解，再回顧「澤雉十步一啄」至「神雖王」的記載，澤雉自食其力以「養形」，並不羨慕失去自由的安逸生活，在原野中精神暢旺以「養神」，誠然是「養形」與「養神」兼備的善於養生。然而莊子筆法流動變化，並不停滯在此，隨即指出「不善」，激盪讀者思考：雖然達到「養形」與「養神」兼備的善於養生，然而豈須誇示炫耀？這不就是將生命安置在本該如此的狀態嗎？這不就是人人本該做到的自我安頓嗎？因此，如果受到善於養生的稱讚，莊子將謙虛地回答「不善」。亦即「不善」的意涵不在字面，不是不好，而是超越常識認為的「善於養生」，將「善於養生」視為人人皆應實踐並且無庸誇示的自我安頓。試想：如果人人都實踐「養形」與「養神」兼備的善於養生，那麼也就無庸再指稱何謂「善於養生」，亦即善於養生的論述將止息，而成為「無」善於養生，也就是莊子記載的「不善也」。

另外，基於郭象注「忽然不覺善之為善」、成玄英疏「至善忘善」，因此可進一步描述為「不善非不善」或「不善而善，善而不善」，以彰顯「不善」無所誇示的意涵。亦即讀者不可被語言文字框限，而應穿過文字，了解字裡行間蘊藏的義理。

本則寓言指出「養神」與「養形」同等重要，不可因為「養形」而失落了「養神」；並且揭示「養形」與「養神」兼備的善於養生，是人人皆應實踐並且無庸誇示的自我安頓。

老聃死，秦失弔之，三號而出。弟子曰：「非夫子之友邪？」曰：「然。」「然則弔焉若此，可乎？」曰：「然。始也吾以為至人也，而今非也。向吾入而弔焉，有老者哭之，如哭其子；少者哭之，如哭其母。彼其所以會之，必有不蘄言而言，不蘄哭而哭者。是遁天倍情，忘其所受，古者謂之遁天之刑。適來，夫子時也；適去，夫子順也。安時而處順，哀樂不能入也，古者謂是帝之縣解。」

「老聃」：老子，姓李，名耳，字聃，約存活於公元前五八〇至五〇〇年，東周（春秋晚期）．楚國（河南）人。任周守藏室之史，著書五千餘言而出關。「秦失」：人名，但也可能是莊子假託之人名。「弔」：哀悼死者。「號」有二意：（一）沒有眼淚的乾號，（二）拉長聲音呼叫。「夫子」：老師，指老聃。「邪」：疑問詞。「至人」：此二字為宋．陳碧虛《莊子闕誤》引文如海本，至於其它通行本則為「其人」。「向」：曏，方才。「會」：皆，都。「不蘄言而言，不蘄哭而哭」有二意：（一）民眾情不自禁的稱頌老聃，情不自禁的哭泣，「不蘄」：不祈，指民眾情不自禁，「言」指稱頌；（二）老聃曾有不希望民眾稱頌、不希望民眾哭泣的教導，但是民眾情不自禁的稱頌與哭泣，「不蘄」：不祈，指老聃不希望。「遁天」：逃避自然。「倍情」：違背真實，「倍」：背，「情」：實。「適」有二意：（一）當，（二）偶然。「帝」：天，指自然。「縣解」：懸解，指解除倒懸之苦；為生死所繫是「縣」（懸），無生無死則「縣（懸）解」。

老聃死，秦失去弔喪，三號就離開了。老聃的弟子問：「你不是我們老師的朋友嗎？」秦失說：「是啊。」弟子又問：「可以這樣哀悼嗎？」秦失說：「可以。原先我以為他是至人，現在才了解不是。剛才我進去弔祭，有老年人在哭泣，如同哭自己的孩子一樣；有少年人在哭泣，如同哭自己的母親一樣。這些人之所以都如此，一定是情不自禁的稱頌老聃，情不自禁的哭泣，（或老聃曾有不希望他們稱頌、不希望他們哭泣的教導，但是他們情不自禁的稱頌與哭泣）。他們這樣是逃避自然、違背真實，忘記人所稟受的就是生死不可切割的整體，古人稱這是逃避自然的刑罰。你的老師偶然來到世間，是應時而生；又偶然離開世間，是順理而死。安於時機順應變化，哀樂的情緒就不能進入心中，古人稱這叫做解除了生死倒懸的痛苦。」

人們的存活都是從沒有呼吸、心跳，變化而為有呼吸、心跳；但是有呼吸、心跳的存活狀態，並非恆常不變，而將再次變化為沒有呼吸、心跳。亦即有生就有死，有來就有去，「生與死」一體不可分，具有不可切割的整體性，是人們生命的真實。然而儘管如此，人們面對死亡的撞擊，通常都是悲傷哀痛，流淚哭泣。不過莊子卻敘述「哀樂不能入」，讀者在此或許將提出疑問：「哀樂不能入」的意涵就是文字表面的全無哀樂之情，沒有任何情緒的起伏波動嗎？這豈不是如同木石，無感於人生之變化嗎？

回顧本書自〈逍遙遊篇〉以來多次說明，立足渾全不割裂的大道，則知互為對照的狀態相依而不離，相通為一體，是無從切割的整體。由此則知，互為對照的「入與不入」未曾相離。因此秉持大道不執著的流動特質，即可將「哀樂入」於胸中，適時調整為「哀樂不入」

於胸中，也就是「哀樂不能入」。故知「哀樂不能入」的意涵不在字面，並非如同木石無感於死亡的變化，亦非絕無情緒的波動，而是雖有哀樂之情，但是可藉由「生死」一體不可分的整體思考，出離情緒波動。故可進一步描述為「哀樂入而不能入」，以彰顯胸懷整體智慧者，不呆滯在「哀樂入」於胸中的一隅，而是適時出離，成為「哀樂不能入」的持平。

另外，漢．韓嬰《韓詩外傳》記載：「朝廷之士為祿，故入而不出。山林之士為名，故往而不返。入而亦能出，往而亦能返，通移有常，聖也。」這段記載指出一般士子，若為「祿」，則入於朝廷而不出；若為「名」，則往於山林而不返。然而唯有能入也能出，能往也能返，適時變通者，方可稱之為「聖」。雖然以上是《韓詩外傳》敘述士子之出處，與本則寓言討論哀樂之情緒波動，並不直接相關，但是上述記載卻揭示一項意涵：入而能出，不固執，不僵化，適時調整，以因應變化，將自我安置在恰如其分的處境，則是有智慧的聖人。

有鑑於「入而能出」是由「入」調整為「出」，也就是調整為「不能入」，它的意涵與上述「入而不能入」相應，因此即可用以輔助說明「哀樂不能入」就是入而能出。

此外，讀者或許仍有一項疑惑：「哀樂入而不能入」也就是由「哀樂入」於胸中，調整為入而能出的「哀樂不能入」，是否瞬間即可完成？關於此項疑問，可參看《老子．十五章》：「古之善為士者，微妙玄通，深不可識。夫唯不可識，故強為之容……混兮其若濁，孰能濁以靜之徐清？孰能安以久動之徐生？」以上記載指出：有道之士的生命內涵深不可測，不過老子仍然勉強予以描述，並且揭示悟道者有時也不免如同混濁之水，並不清澈安靜。這是因為悟道者也是有血有肉之人，在生活中受到周身事務的激盪，自然不免有混亂激動之時，但可逐漸安靜下來，遂由混濁而逐漸清澈。由「濁以靜之徐清」可知悟道者的智慧，並不在於瞬間便由「濁」至「清」，他也需要時間逐漸調整生命狀態。亦即悟道者不呆滯在固定的隅落，可適時調整，但是並非瞬間即完成調整。

由此則知，不斷哭泣的老少民眾，因為受到老聃死去的衝擊，落入憂傷之中，未能適時出離，也就是「哀樂入」於他們的胸中，尚未調整為「入而能出」。不過，這並非愚蠢，而是尚須時間以逐漸調整之。然而，也就因為尚未調整為「入而能出」，所以遭受背離自然的處罰，也就是受到「遁天之刑」。若欲解除「遁天之刑」，則應立足「生死」一體不可分的整體思考，觀照「適來，夫子時也；適去，夫子順也」，接受有生就有死、有來就有去的整體性，「安時而處順」安於人生的機緣並且順應死亡的變化。以此，則可適時出離哀傷的情緒，也就是由「哀樂入」於胸中，調整為入而能出的「哀樂不能入」。

莊子筆下的秦失與哭泣的民眾互為對照。不過，不可誤會秦失無感於老聃之死，否則他理當不必前往弔喪，更不至於「三號」。換言之，秦失既然前往弔喪，便已彰顯老聃之死，秦失也感到悲傷，因此他前往弔喪，並有「三號」之舉。只不過由於他了解生命有來必有去的整體性質，業已運用「生死」一體不可分的整體思考，適時出離哀傷的情緒，也就是業已由「哀樂入」於胸中，調整為入而能出的「哀樂不能入」，一旦出離情緒波動，即為哀樂不能入的「帝之縣（懸）解」，解除被死亡倒懸的痛苦，成為不被死亡以及哀樂情緒束縛的自由人。

至於哭泣的民眾，與老聃相處之時，想必老聃業已向他們傳達「生死」不可切割的整體性，但是老聃未能使他們面對死亡時，如同秦失一般的踐履「入而能出」，也就是未能實踐「哀樂不能入」。因此，寓言之初秦失敘述「始也吾以為至人也，而今非也。」

本則寓言揭示人人所稟受的生命，都是「生死」無從切割。面對親友死去，生者都感到悲傷，不免流淚哭泣，這是自然而且正常的情緒波動，並非愚蠢，也無庸強力壓抑。不過，長期停滯在這樣的情緒狀態，形銷骨毀，也不符合「養形」與「養神」必須兼顧的養生之「主」。因此，順隨大道不執著的流動特質，適時由哀傷調整為入而能出的「哀樂不能入」，回復平和，則不失為養生之「主」。

指窮於為薪，火傳也，不知其盡也。

「指」：油脂。「窮」：盡。「為」：做為。

以油脂做為薪柴，油脂燒完了，火卻傳續下去，沒有窮盡的時候。

「指窮於為薪」喻養形有時而盡；「火傳也，不知其盡也」喻心、神久存。人人的生命都以形體為具象之存在，形體必有死滅之時，但是心、神卻可以超越死亡而久存。不過，此「久存」不是以有呼吸、心跳的形式存在，例如：莊子著書，智慧深遠，二千三百年來始終被人們所記憶，受世人追隨，即為心、神久存人間。

此外，也可由另一面向來了解：心、神之所以可能超越死亡而久存，乃因立足大道的整體性，了解「天地與我並生，而萬物與我為一」（〈齊物論篇〉），生命與天地萬物一體不可分，縱然血肉之軀的呼吸、心跳停止，但是並未遠離整體，而且整體長存，所以生命仍然順隨整體的流動，變化無已。換言之，在整體中，死亡並不存在，生命與天地萬物並存，不曾滅失，所以久存。但是如果未能胸懷整體，眼光僅只停滯在一己之血肉身軀，則以為「有盡」；然而不離大道的整體性，依隨整體的自然運作，則為「不知其盡也」。

另外，也可由「生死」一體不可分來觀察，亦即縱然死亡，並非獨立於「生」之外，而是仍然與「生」無從切割，所以也可描述為「不知其盡也」。

本篇揭示養生之「主」，應兼顧「形、神」之整體，依循與生俱有的自然天性，並且順隨天地萬物整體的運作，順應「生死」一體不可分的整體性，恰如其分的行走生命歷程。簡言之，時時不離整體，恰到好處地安頓生命，則為養生之「主」。

人間世

處世是否以堅持己見為宜？如何因應人生的「不得已」？「有用」是處世的唯一良策？「無用之用」是苟且偷生，抑或與「道」同步處世？

顏回見仲尼，請行。曰：「奚之？」曰：「將之衛。」曰：「奚為焉？」曰：「回聞衛君，其年壯，其行獨，輕用其國，而不見其過；輕用民死，死者以國量乎澤若蕉，民其無如矣。回嘗聞之夫子曰：『治國去之，亂國就之。醫門多疾，願以所聞思其則，庶幾其國有瘳乎！』」仲尼曰：「譆！若殆往而刑耳。夫道不欲雜，雜則多，多則擾，擾則憂，憂而不救。古之至人，先存諸己而後存諸人。所存於己者未定，何暇至於暴人之所行！且若亦知夫德之所蕩而知之所為出乎哉？德蕩乎名，知出乎爭。名也者，相軋也；知也者，爭之器也。二者凶器，非所以盡行也。且德厚信矼，未達人氣；名聞不爭，未達人心。而彊以仁義繩墨之言術暴人之前者，是以人惡有其美也，命之曰菑人。菑人者，人必反菑之，若殆為人菑夫！且苟為悅賢而惡不肖，惡用而求有以異？若唯無詔，王公必將乘人而鬬其捷。而目將熒之，而色將平之，口將營之，容將形之，心且成之。是以火救火，以水救水，名之曰益多。順始無窮，若殆以不信厚言，必死於暴人之前矣！

且昔者桀殺關龍逢，紂殺王子比干，是皆修其身以下傴拊人之民，以下拂其上者也，故其君因其修以擠之，是好名者也。昔者堯攻叢、枝、胥敖，禹攻有扈，國為虛厲，身為刑戮，其用兵不止，其求實無已。是皆求名實者也，而獨不聞之乎？名實者，聖人之所不能勝也，而況若乎！雖然，若必有以也，嘗以語我來！」顏回曰：「端而虛，勉而一，則可乎？」曰：「惡！惡可！夫以陽為充，孔揚，采色不定，常人之所不違。因案人之所感，以求容與其心。名之曰日漸之德不成，而況大德乎！將執而不化，外合而內不訾，其庸詎可乎！」「然則我內直而外曲，成而上比。內直者，與天為徒。與天為徒者，知天子之與己皆天之所子，而獨以己言蘄乎而人善之，蘄乎而人不善之邪？若然者，人謂之童子，是之謂與天為徒。外曲者，與人之為徒也。擎跽曲拳，人臣之禮也，人皆為之，吾敢不為邪？為人之所為者，人亦無疵焉，是之謂與人為徒。成而上比者，與古為徒。其言雖教讁之實也，古之有也，非吾有也。若然者，雖直而不病，是之謂與古為徒。若是，則可乎？」仲尼曰：「惡！惡可！大多政，法而不諜。雖固，亦無罪。雖然，止是耳矣，夫胡可以及化！猶師心者也。」顏回曰：「吾無以進矣，敢問其方。」仲尼曰：「齋，吾將語若。有心而為之，其易邪？易之者，皞天不宜。」顏回曰：「回之家貧，唯不飲酒、不茹葷者數月矣。如此，則可以為齋乎？」曰：「是祭祀之齋，非心齋也。」回曰：

「敢問心齋。」仲尼曰：「若一志，無聽之以耳而聽之以心，無聽之以心而聽之以氣。聽止於耳，心止於符。氣也者，虛而待物者也。唯道集虛。虛者，心齋也。」顏回曰：「回之未始得使，實自回也；得使之也，未始有回也。可謂虛乎？」夫子曰：「盡矣。吾語若，若能入遊其樊而無感其名，入則鳴，不入則止。無門無毒，一宅而寓於不得已，則幾矣。絕迹易，無行地難。為人使，易以偽；為天使，難以偽。聞以有翼飛者矣，未聞以無翼飛者也；聞以有知知者矣，未聞以無知知者也。瞻彼闋者，虛室生白，吉祥止止；夫且不止，是之謂坐馳。夫徇耳目內通而外於心知，鬼神將來舍，而況人乎！是萬物之化也，禹、舜之所紐也，伏羲、几蘧之所行終，而況散焉者乎！」

「顏回」：孔子的弟子，姓顏，名回，字子淵，魯國人。「仲尼」：孔子，字仲尼。「奚」：疑問詞。「奚之」：何往。「衛」：衛國，現今河北省南部、河南省北部一帶。「行獨」：行為獨斷。「輕用」的「用」：治理、主宰。「死者以國」：為國事而死。「量乎澤」：滿山澤，「量」：滿。「若蕉」：如麻。「無如」：無往。「嘗」：曾。「夫子」：老師，指孔子。「就」：接近，指前往。「思其則」的「則」：指治國方法。「庶幾」：希望。「有瘳」：疾病可以痊癒，「有」：可，「瘳」：疾病痊癒。「譆」：歎詞。「若殆」：你將，本則寓言自此以下記載孔子談話中的「若」：都指你。「殆」：將。「不欲雜」指不雜。「存」：

立。「至於」：對質於。「德」：可藉〈天地篇〉「物得以生謂之德」、《淮南子．齊俗篇》「得其天性謂之德」來了解，指與生俱有的自然天性本質，例如自覺、思考能力。「蕩」：流失。「軋」：傾軋，指互相排擠。「非所以」：不可以。「盡行」指行為完全依循名與知。「矼」：堅，實。「彊」：強，指堅持。「術」有二意：（一）陳述；（二）銜，炫耀。「以人惡有其美」：以人之惡賣己之美，「有」：鬻、賣，「其」：自己。「命之曰」：稱之為，「命」：名。「菑」：災，害。「惡用」：何用。「惡用而、而目、而色」的「而」：都指你。「唯無」：如果不。「詔」：言。「乘」：凌駕。「鬬其捷」：競逞他的辯才。「熒」：惑。「營之」指忖度。「形之」指順從。「成之」指遷就。「無窮」指不改變。「不信厚言」指交淺言深。「桀」：夏桀，約公元前十八世紀，擔任夏朝的最後一位天子。「關龍逢」：夏桀之賢臣。「紂」：商紂，約公元前十二世紀，擔任商朝的最後一位天子。「王子比干」：商紂之叔父。「傴拊」：愛護。「拂」：違逆。「擠」：排斥。「叢、枝、胥敖」：即〈齊物論篇〉記載之「宗、膾、胥敖」三小國。「有扈」：禹擔任天子時的一個小國。「虛」：居宅無人。「厲」：死而無後。「身為刑戮」指四小國的國君被殺。「求實」：求利，「實」：利。「而獨不」：你難道不，「獨」：疑問詞。「勝」：克服，指導正。「有以」：有因，指緣由。「來」：語末助詞，無特殊意涵。「惡，惡可」：不，何可；第一次記載的「惡」：不，第二次記載的「惡」：疑問詞。「夫以陽」的「夫」：彼，指衛君。「陽」：亢陽、剛猛。「孔揚」：非常張揚，「孔」：甚。「采色不定」：喜怒無常。「案」：抑。「所感」的「感」：動，指勸諫。「容與」：暢快。「名之曰日漸之德」：每天告訴他小德，「名」：

敘述，「日漸之德」指小德。「訾」：度量，猜測。「庸詎」：疑問詞。「內直」：合自然之理。「外曲」：合人世之理。「成而上比」：合歷史之理。「徒」：類。「天之所子」：天之子，指自然而生。「而獨以」的「獨」：疑問詞。「蘄」：祈。「邪」：疑問詞。「擎」：拱手。「跽」：跪足。「曲」：鞠躬。「拳」：曲膝。「疵」：詆毀。「教讁」：訓導督責。「病」：怨。「大多政」的「大」：太，「政」指方法。「法而不諜」：正而不媟，指端正而不親和。「固」：拘執。「胡」：何，疑問詞。「師心」指執著自己的成心。「有心」指執著自己的意念；此二字為宋．陳碧虛《莊子闕誤》引張君房本，至於其它通行本則僅「有」字。「其易」：豈易。「皞天不宜」：不宜皞天，指不符自然。「皞天」指自然。「唯不飲酒」的「唯」：已。「茹」：食。「葷」：辛菜，例如蔥、蒜、韭菜。「聽止於耳」：耳止於聽。「符」：合，指相應。「待物」：與物相應相容。「唯道集虛」的「唯」：發語詞。「使」指運用心齋。「實自」：實有。「樊」：樊籠，指衛國國境。「無感其名」的「無感」指不被撼動；「名」有二意：（一）名祿，（二）衛君的名位。「入則、不入則」的「入」指意見被接納。「無門無毒」指通達無礙。「宅」：心。「寓」：寄託。「不得已」指順應自然。「幾」：近。「無行地」：走路但不留下行迹。「偽」：為。「闋」：空。「白」指光。「止止」：停留。「坐馳」指端坐室內而神行千里。「徇」：使。「徇耳目內通而外於心知」指止息感官以及心識對於天地萬物進行切割、分別性認知的運作。「舍」：依附。「化」：感化。「紐」：本。「伏羲」：即太皞，約公元前三十三世紀擔任天子職位。「几蘧」：傳說中的古代帝王。「行終」：詣極，指最高準則。「散」指大眾。

顏回拜見孔子，並且辭行。孔子問顏回：「將去哪裡？」顏回說：「將去衛國。」孔子問：「去做什麼呢？」顏回說：「我聽說衛國的國君正當壯年，行事獨斷專橫。輕率的治理國家，卻看不見自己的過錯。輕率的主宰民眾、讓民眾去送死，為國事而死的人滿山遍野有如亂麻，民眾不知該往何處去。我曾聽老師您說過：『治理良好的國家可以離開，混亂的國家可以前往。』醫生的門前就是有許多病人，我希望以自己所知，為衛國想出治國方法，那麼衛國或許還有救吧！」孔子說：「唉！你去將受到刑罰呀。道是純一不雜，雜則多，多則攪擾，攪擾則衍生憂患，引起憂患則無可救治。古時有智慧的至人，先使自己站得穩，才去扶持旁人。自己尚未站穩，哪有時間去質問暴君的行為！再說你也了解天性之德所以流失，以及智巧所以外露的原因吧？天性之德所以流失，是因為好名；智巧所以外露，是因為好爭。好名，就會互相傾軋；智巧，則是相爭的工具。這兩者都是凶器，不可以用來當做行為的準則。再說，天性之德深厚誠信，尚未被旁人了解，不爭奪名聲，也尚未被旁人了解，這時如果堅持在暴君面前陳述（或炫耀）仁義規範的言論，就是以旁人的缺點來彰顯自己的優點，這就叫做害人。害人者，旁人一定反過來害他。你將被旁人所害！再說，衛君如果喜愛賢能而厭惡不肖之徒，那麼衛國必有許多賢臣，哪裡用得到你去表現與旁人不一樣呢？你如果不說話就罷了，只要你開口說話，他也會以國君的聲勢凌駕在你之上，施展他的辯才。那時，你的目光將迷惑，面色將低平，說話則是猜測對方的意念，容貌恭順起來，思緒開始遷就對方。這樣就是以火救火，以水救水，稱為益多，更加助長對方的氣燄。一開始就順從而不能改變他，以後就一直如此了，你將因未獲得信任就進行勸諫，必定死在暴君之前啊！再說，從前夏桀殺關龍逢，商紂殺王子比干，被殺的二人勤於修身、愛護民眾，但因為居於下位而拂逆了上位的天子，所以天子就因為他們的修養而加害他們。這是因為夏桀、商紂好名所致。從前堯攻打叢、枝、胥敖三小國，禹攻打有扈國，這四個小國成為廢墟，民眾滅絕，四小國的國君也被殺害，這是因為四小國不斷用兵，貪求利益。這些都是貪求名利的往例。你難道沒有聽說過，貪求名利者，即使聖人都無法導正，何況是你呢！雖然如此，你一定有你的緣由，可以告訴我。」顏回說：「我外在端正而內心謙虛，努力使自己專一，這樣去見衛君，可以嗎？」孔子說：「不！哪裡可以！衛君的內心充滿陽剛猛暴之氣，而且張揚於外，喜怒無常，一般人都不敢違逆他。他也藉此壓抑旁人的規勸，只求自己心意暢快。這種人，即使每天告訴他小德，想要漸漸地感化他都不能成功，更何況立刻給予大德呢！他仍然固執不改變，即使外表與你相合，但是內心實在不可度量猜測，你的辦法怎麼可行呢！」顏回說：「我內直，外曲，成而上比。內直是與自然同類，與自然同類也就是了解天子與自己都是自然而生，本質相同，那麼我對自己所說的話，哪裡會在乎旁人稱讚為善，或指責為不善呢？像這樣，旁人都稱我為童子，這就是與自然同類。外曲是與眾人同類，拱手、跪足、鞠躬、曲膝，是人臣應有的禮節。眾人都這麼做，我敢不這麼做嗎？做眾人都做的舉止，也就沒有任何人會責怪我，這就是與眾人同類。成而上比是與古時候同類。這些言談雖然是教導督責，但是古人說的，不是我說的。像這樣，雖然直率但不會引起怨懟，這就是與古時候同類。運用這三種方式，去見衛君，可以嗎？」孔子說：「不！哪裡可以！你用的方法太多了，而且過於端正而不具親和力。雖然過於拘泥，然而還是可以免罪。但也僅止於此，怎麼可能感化衛君！你還是執著於自己的成心啊。」顏回說：「我沒有進一步的辦法了，請問老師還有更好的方法嗎？」孔子說：「你先齋戒，我即將告訴你。執著自己的意念去做事情，哪裡容易成功？如果執著己念卻容易成功，這就不符合自然之理！」顏回說：「我家境貧窮，已經幾個月不喝酒、不吃葷菜了，這可以算是齋戒嗎？」孔子說：「這是祭祀的齋戒，不是心齋。」顏回說：「請問什麼是心齋？」孔子說：「你心念專一，不要用耳去聽，要用心去聽；不要用心去聽，要用氣去聽。耳只能聆聽外物的聲音，心只能感知相應的存在物。至於氣，則是虛而與物相應相容。道凝聚於虛。虛即為心齋。」顏回說：「我不明白心齋時，實在是認為尚有我之存在；運用心齋之後，就不曾有我。這可稱為虛嗎？」孔子說：「非常透澈了！我告訴你：你以心齋的狀態進入衛國國境，不被名祿所動（或不被衛君的名位撼動），意見被接納，你就說；不被接納，你就沉默不言。保持通達無礙，一心就寄託在順應自然，感化衛君的工作也就幾近於成功了。不走路，不留下行迹，容易做到；走路但不留下行迹，很難做到。接受人們的指使，容易做到；接受自然的驅使，很難做到。只聽說有翅翼才能飛，沒聽說無翅翼也能飛；只聽說有知識才能領悟，沒聽說無知識也能領悟。看看眼前的空間，虛空的室內才會有光，吉祥也將聚集在此。不僅吉祥聚集在此，而且可以坐馳，形體端坐室內而神行千里。止息耳目感官以及心識對於天地萬物進行切割、分別性認知的運作，鬼神也會來依附，何況是人呢？這樣萬物都可以感化；禹、舜都以此為根本，伏羲、几蘧所奉行的最高準則都是如此，何況是一般人更應該遵循呀！」

孔子對顏回欲前往衛國提出評論，在此先看「菑（災）人者，人必反菑（災）之」，指出在人間處理事物，「行為與回應」是不可切割的一體之兩面，必然相應而生。亦即種瓜得瓜，種豆得豆，作用力等於反作用力，莊子和盤托出常識未留意的完整全貌，揭示「作用力與反作用力」一體不可分。

關於「名、利」，如果平心思考，則知它們誠然是大眾生活中的一部分，對大眾的生活也具有輔助的功能，並非萬惡的淵藪；只不過人們如果過度執著，則將使行為產生偏差與錯誤。換言之，錯誤並非源於名利，而是來自人們的執著。故知本則寓言關於名利的記載，並非排斥，而是提醒讀者不宜執著。

孔子說明「心齋」，首先須極為專注，但卻不是以耳聽而是以心聽，可是隨即又說不以心聽，而是以氣聽。亦即「無聽之以耳，無聽之以心，而聽之以氣」。「耳」指耳目鼻口之感官，也就是形體感官知覺的運作；「心」指意念、思考，也就是心識的運作；至於「氣」，存在天地之間，但是並不占有空間，它不是「實」而是「虛」，然而正因為「虛」，所以不排斥任何存在物，而是涵容萬物，故記載「氣也者，虛而待物者也」。換言之，「無聽之以耳，無聽之以心」指出止息形體（感官）與心（心識）對於天地萬物進行切割、分別性認知的運作，回返天地萬物沒有對立、沒有對待、無待、混融、不可切割的整體性，也就是立足渾全不割裂的大道，「形體（感官）」與「心（心識）」都依隨大道的混融、無待、整體性之運作；如同〈齊物論篇〉「吾喪我」，也就是「無我」。不過「無我」的意涵不在字面，不是「我」消失了，而是在混融整體中，所有存在相連相通，因此說不出什麼是與「物」相對的「我」，也說不出什麼是與「我」相對的「物」，亦即「物我兩忘」。不過「物我兩忘」

的意涵也不在字面，不是物、我都消失了，而是「物與我」混融，沒有對立、沒有對待、無待。也就是如同「氣」不排斥任何存在，而是與萬物混融、無待。簡言之，「無聽之以耳，無聽之以心，而聽之以氣」的意涵，指向「萬物與我為一」（〈齊物論篇〉）的混融、無待義理。

接著莊子敘述「唯道集虛」，揭示大道如同氣之虛，對萬物無不包容接納，例如〈齊物論篇〉「舉莛與楹，厲與西施，恢恑憰怪，道通為一。」指出無論小與大、醜與美、各種奇特怪異的不同狀態，道都包容接納，因為它們都是組成天地萬物無從切割的連續性整體之一環，它們沒有對立、沒有對待、無待，不是二而是一，這就是「道」的無待本質。

換言之，「無聽之以耳，無聽之以心，而聽之以氣」，止息形體與心識對於天地萬物進行切割、分別性認知的運作，回返「萬物與我為一」的混融、無待。由於莊子隨即記載「唯道集虛，虛者，心齋也。」故知心齋與「虛」、「道」、「氣」同一質性，如同氣之「虛」，如同大道，無不包容接納，無一排斥。亦即不離無待之大道，「萬物與我為一」，就是心齋之「虛」。由此則知，「虛」、「心齋」的意涵都不在字面，不是虛無，也不是將心加以齋戒，而是如同大道，無不包容接納，無一排斥。至於「祭祀之齋」則是有所隔離，例如：隔離酒與葷菜，不同於「心齋」無所隔離排斥的大度。

另外，科學家指出：人耳的聽覺，能感受到的振動頻率範圍約為二十至二萬赫茲。在這範圍之外，無論更大或更小的振動頻率，人耳的聽覺皆無從感知。至於人類的心識運作更是有選擇性，凡是與自我生命狀態不相應和者，人類的心識均忽略之，只感知某些與自我生命狀態相應和的存在。簡言之，「耳」以及「心」的運作都有選擇性，不同於「氣」無不接納。

由此則知，莊子記載「無聽之以耳，無聽之以心，而聽之以氣」，就是不揀擇、不隔離、不排斥任何存在，而是無不包容接納。

關於「一宅而寓於不得已」，必須先了解「不得已」的意涵，在此參看〈大宗師篇〉：「古之真人……崔乎其不得已乎！」晉．郭象注，以「必然」詮釋「不得已」，指出生活中不可改變的必然，就是「不得已」。當代學者王叔岷先生承繼郭象之詮釋，指出必然、不得不然、自然，即為「不得已」。併觀二位學者的說明，則知「不得已」即為不得不然、必然、自然。簡言之，生活中不可改變的情事，雖可稱為「不得已」，但也可稱為「不得不然、必然、自然」。既然明瞭「不得已」，即為不得不然，也就是必然，便將之視為自然，並且以順應自然的態度安頓之。

換言之，真人在生活中也有「不得已」的時刻，但是悟道者面對「不得已」，並無勉強不情願的無奈悲感，而是明瞭不可改變的「不得已」，即為不得不然、必然、自然，遂以大道一般的大度胸懷順應之。亦即「不得已」的意涵不在字面，不是無奈，而是指向自然以及順應之旨。不過，或許有讀者將質疑莊子所說的「不得已」僅僅是順應，是否過於消極、被動？那麼在此可以回答：順應「不得已」，乃因面對無可改變之情事，故而順應之。例如：面對無從改變的死亡，以及氣候（如〈逍遙遊篇〉「大浸稽天、大旱金石流」），人人都是順應，而不可能消滅死亡，也不可能改變氣候，故知莊子順應「不得已」，誠不可謂為消極或被動。

以上說明「不得已」即為不得不然、必然、自然，所以悟道的智者對於不可改易的「不得已」，都以順應自然的胸懷順應之。接著將注意力聚集在「心齋」與「不得已」。由於「不得已」是順應不可改易的情事，也就是包容接納而不排斥。然而，之所以可能包容接納，唯有放下個人意見，亦即如同心齋之「虛」，唯有忘我，才有可能大度順應，無所排斥；否則若未「忘我」，仍有個人之我見，則將無法大度順應。以此，則知「不得已」之順應，建立在心齋之「虛」的內在修養上，亦即心齋之「虛」是順應「不得已」的內在基礎。簡言之，莊子所說的「不得已」，涵藏心齋之「虛」的內在修養，「心齋」與「不得已」具有密切之內在關連性，它們的義理緊密相連，在本則寓言中相互呼應。

但是，讀者或許將提出疑問：為何實踐「心齋」與順應「不得已」，便可使感化工作近乎成功？關於此項疑問，可參看《老子．四十三章》：「天下之至柔馳騁天下之至堅，無有入無間。」試想：如果眼前的通路被天下之至堅阻擋，那麼如何才可能通過呢？若採取奮力抵抗的方式，必定鎩羽而歸，因為對方為天下之至堅。所以老子提醒讀者不妨反其道而行，不以硬碰硬的方式而是以「至柔」軟化「至堅」，此一方式遠遠較硬碰硬的對抗，更有可能軟化「至堅」，通過至堅的阻擋，也就是「至柔」馳騁於「至堅」。亦即「至堅」雖然密實無間隙，但是「至柔」如氣，則可軟化之，所以「無有」之至柔，可入於「無間」之至堅。

現在回到「心齋」之文脈，顏回實踐心齋，如同氣之虛，無不包容接納，就是以「至柔」接近握有生殺大權的「至堅」衛君，由於無不包容接納，所以必定不至於遭受衛君之排斥，也才有進一步親近並且感化衛君之可能。否則顏回若以一己之意見質問衛君，則顏回之我見與衛君之我見，必然互相對峙排斥，焉有感化之可能？

由此則知心齋之「虛」，不同於「端而虛，勉而一」。「端而虛，勉而一」，雖然力持謙虛、專一，但是尚未忘我，顏回仍執著我見；心齋則為忘我之「虛」，不執著顏回之我見。至於「內直外曲，成而上比」（與天為徒、與人為徒、與古為徒），也仍有顏回之我見，故孔子指為不可行。換言之，「端而虛，勉而一」、「內直外曲，成而上比」，都是孔子所說的「有心而為之」，也都不是「夫道不欲雜」，因為仍有顏回之我見，「顏回與衛君」形成相互對峙的「二」，而非「不雜」的純一，因此無法成功感化衛君。唯有「心齋」如同氣之虛，忘我且不執著顏回之我見，與衛君不是「二」而是「一」，也才貼合「夫道不欲雜」的前提。對衛君非但不排斥，而且無不包容接納，才有可能以「無有入無間」的至柔，馳騁天下之至堅，也才可能使感化衛君的工作順利進行。

另外，讀者或許又有一項疑問：心齋使顏回以「虛」包容衛君，若始終固定於此，則為「順人」，但是「順人」容易「失己」，也就不免與衛君同一思考，那麼將不進行任何感化工作；至於未實踐「心齋」前，顏回尚執著我見，若始終固定於此，則為「不失己」，由於「不失己」則難以「順人」，也就不免與衛君互斥對立，以此將無從進行任何感化工作。換言之，「順人」則「失己」，「不失己」則難以順人，這兩個極端都無法感化他人。那麼莊子為何卻指出心齋可使感化衛君的工作，幾近於成功呢？

回顧〈養生主篇〉曾援引〈山木篇〉「莊子行於山中」的寓言，莊子揭示：不可固定在「材（用）」與「不材（無用）」兩個極端，而且也不可固定在「材與不材」的「中央」，唯有「與時俱化，而無肯專為」，在「材與不材」之間靈活應變，才是合宜的處世之道。由此則知：恰當的處人與化人之道，也不可執著、固定於任何一個定點，而須隨機因應。換言之，如欲順利進行感化的工作，則不可滯留在「順人」則「失己」的極端，但也不可停滯在「不失己」難以順人的另一個極端，同時也不可固定在兩個極端的中央，唯有不執著的「與時俱化，而無肯專為」，才可使感化工作順利進行。

由此可知：顏回以心齋之「虛」接近衛君，不被衛君排斥，且獲得衛君信任，雖是「虛」而「順人」，但仍然「不失己」不忘感化衛君的初衷，也就是不離感化之「實」，這就是〈外物篇〉「順人而不失己」。換言之，心齋之「虛」，並非僅僅固定在「虛而順人」則「失己」的極端，而是因應情勢，在「虛而順人」以及「實而不失己」之間，靈活應變，則可使感化衛君的工作幾近成功。因此心齋之「虛」，可進一步描述為「虛而不虛，虛實併用」，以彰顯心齋立足「虛與實」的整體，以整體待命，並非呆滯在「虛」。

此外，也可由另一面向來了解：顏回實踐心齋之「虛」，雖然是「無我」，但卻不忘初衷，不忘感化衛君之「我見」。因此，可進一步描述為「無我而有我，有我非有我」，以彰顯顏回不停留在「無我」也不呆滯在「有我」。

再者，回顧前述曾說明，顏回以順應「不得已」（順應自然）的胸懷順應衛君，可能遭指責為消極、被動。不過一旦了解顏回雖是以「虛」順應，但卻不忘初衷之「實」，亦即「虛不離實」，以適時進行感化，則知顏回並非僅只固定在「消極、被動」之一隅，而是涵藏積極與主動。另外，前述曾說明顏回以「虛」包容衛君，與衛君是「一」不是二，現在則可進一步說明：顏回與衛君是「一而二，二而一，一即非一，非一非不一」，以彰顯顏回不呆滯，不拘泥，靈活因應的特質。

或許莊子明瞭提出心齋之「虛」將遭受大眾質疑，因此寫出「絕迹易」以下的敘述。「絕迹」是出世離群，不在人間行走，當然不留下行迹，也就是固定在「虛」，所以無行迹，這對大眾而言，雖然並不容易，但是對照於「無行地」，卻已經是容易的了。

至於「無行地」，學者通常認為是行走但不留下行迹。然而它的意涵是否僅止於此？如果僅止於此，則與「凡走過，必留下痕跡」的生活經驗不符，那麼莊子為何寫下與常情不符的敘述呢？

在此可參看《老子・二十七章》：「善行無轍跡」，「轍」是車輪輾地留下的痕跡。亦即這句敘述指出：擅長駕車行駛者，地面沒有車輪輾過的痕跡。這與莊子的「無行地」幾近完全相同，也不符合「凡走過，必留下痕跡」的生活經驗。那麼其中有何特殊義理嗎？

回顧本書自〈逍遙遊篇〉以來多次說明：常識認為「有、無」互斥對立，誠然是觀察未盡透澈的錯誤偏見。實則，互為對照的「有與無」同存並在，是不可切割的整體。因此，關於「善行無轍跡」，不宜僅只停留在文字表面，而應穿過文字，以「有即是無，無即為有」的整體性來了解。亦即車輪輾地雖有痕跡，但是通達整體智慧的善行者，視「有轍跡」即為「無轍跡」，將「有」翻轉為「無」；其思考靈活，不被常識認為的「有、無」對立所拘泥。此外，也可由另一面向來了解：車輪輾地雖有痕跡，但是地表則為「有轍跡與無轍跡」並存，所以胸懷整體者，既見「有轍跡」亦見「無轍跡」，故可言「有轍跡」，亦可言「無轍跡」；無論其如何敘述，均不離「有轍跡與無轍跡」之整體。

由此則知，莊子雖記載「無行地」，但是「有與無」既然同存同在，那麼「有行地與無行地」亦是並存並在。換言之，入世而在人間行走，雖然留下行迹，也就是「實」而有行迹；但是「實（有行迹）」的一體兩面之另一面，即為「虛（不留行迹）」。也就是雖然「實」而有行迹，但是並非始終固定於「實」，而將流動變化為「虛」而無行迹。簡言之，「無行地」的意涵不在字面，不是絕無行迹，而是由「有」流動為「無」，亦即雖「實」而「虛」，在「實與虛」的整體中流動自如。莊子指出：這難度極高。

再看「為人使，易以偽（為）」，受他人驅使，沒有一己之我見，也就是固定在「虛」以服從指使，莊子指出：易為。然而大眾必定認為放下我見，成為「虛」，並不容易，但是對照於後文的「為天使」，卻已經是容易的了。

「為天使，難以偽（為）」，服從自然，亦即順應自然，放下我見，成為「虛」；不過順應自然並非恆常固定於「虛」，而是因應情勢，當虛則虛，當實則實，也就是前述顏回以「虛」為手段，接近衛君，進行感化之「實」。以「虛與實」的整體待命，適時調整，無所執著。莊子指出：不易為。

「絕迹易，無行地難；為人使，易以偽（為）；為天使，難以偽（為）」兩組難易互為對照的舉例，指出在人間處世，難的不是固定在「虛」，不是完全放下我見；難的是當「虛」則「虛」，當「實」則「實」，以「實與虛」的整體待命，恰到好處的適時變通。換言之，大眾通常執著我見，認為放下我見之「虛」非常難。但是莊子卻進一步指出：放下我見，成為「虛」之後，因應情勢，恰如其分的適時調整，極其之難。

「有翼飛、有知知」是有所憑藉而飛、知，也就是以「實」而飛、知。「無翼飛、無知知」是無所憑藉而飛、知，也就是以「虛」而飛、知。然而大眾必定認為有所憑藉的「實」，才可能有所運作；無所憑藉的「虛」，不可能有任何運作。亦即大眾必然質疑心齋之「虛」可否運作並進行感化工作；因此莊子記載「聞以有翼飛者矣」至「未聞以無知知者也」，藉著「飛」、「知」二例，代大眾對「虛」提出質疑，也同時進行自我檢視。

不過莊子雖然未針對「無翼飛、無知知」再做舉例，但是它們在生活中並非絕不存在，例如：風中的微塵、花、葉，即是「無翼飛」。又例如：初生的嬰兒本是無知，受親人的照顧逐漸成長，經由學習進而知曉生活事務，即為「無知知」。故可明瞭「虛」仍然有其運作，況且心齋之「虛」並不僅只固定在「虛」而是適時調整為「實」，故知心齋之「虛」並非絕無任何運作與開展。

接下來「瞻彼闋者，虛室生白，吉祥止止」，仍然是舉例說明「虛」。任何一座建築物的室內，如果塞滿物品，亦即固定在「實」，日光也無法射入，那麼人類也不可能在此起居生活；反之，如果有相當程度的虛空，則日光可以射入，人類也可在此起居生活，這就是〈逍遙遊篇〉、〈齊物論篇〉均曾援引之《老子・十一章》「鑿戶牖以為室，當其無，有室之用。」

故知莊子舉居住的室內為例，指出唯有「虛」才可產生「白」（光明），亦即「虛」並非頑空，而將流動變化生出「白」（光），也就是生出「實」，遂有吉祥。反之，若塞滿物品，固定在「實」，則沒有生出「白」（光）之可能，亦無吉祥之可言。總言之，「虛與實」混融，沒有對立、沒有對待、無待，遂有吉祥，而且可以達到「坐馳」，形體端坐室內而神行千里；也就是「虛」並非一籌莫展，而自有其開創。這是因為互為對照的「虛與實」一體不可分，「虛」將向「實」發展變化。

繼續看「徇耳目內通，而外於心知」，這就是前文記載的「無聽之以耳，無聽之以心」，止息形體（感官）與心（心識）對於天地萬物進行切割、分別性認知的運作，回返天地萬物沒有對立、沒有對待、無待、混融、不可切割的整體性，也就是立足渾全不割裂的大道，「形體（感官）」與「心（心識）」都依隨大道的混融、無待、整體性之運作；如同〈齊物論篇〉「吾喪我」，也就是「無我」。莊子在此雖未記載「氣」，但可由前文「無聽之以耳，無聽之以心，而聽之以氣」推知，無我則如同氣之「虛」，如同大道，無不包容，無不接納，無一排斥。所以不僅鬼神「來舍」依附，而是萬物「來舍」依附，所以反問「而況人乎」。

心齋之虛，「虛實」併用，可使鬼神、萬物、眾人「來舍」依附，自然也就可以感化萬物，故記載「是萬物之化也」。莊子繼續舉例古代聖王與智者，如：禹、舜、伏羲、几蘧，都以心齋之「虛」做為處世、管理民眾、感化人心的準則，那麼社會大眾與他人相處，或欲感化他人，心齋之「虛」均不失為一良策。故記載「禹、舜之所紐也」至「而況散焉者乎」。

本則寓言揭示：心齋之虛，「虛實」併用。在我見之「實」，以及不執著我見之「虛」兩者間，恰到好處的適時變通，雖然不易做到，但卻是處世、處人、甚至化人的良策，可在人間達成「順人而不失己」的理想。

葉公子高將使於齊，問於仲尼曰：「王使諸梁也甚重，齊之待使者，蓋將

甚敬而不急。匹夫猶未可動，而況諸侯乎！吾甚慄之。子嘗語諸梁也曰：『凡事若小若大，寡不道以懽成。事若不成，則必有人道之患；事若成，則必有陰陽之患。若成若不成而後無患者，唯有德者能之。』吾食也，執粗而不臧。爨，無欲清之人。今吾朝受命而夕飲冰，我其內熱與？吾未至乎事之情，而既有陰陽之患矣；事若不成，必有人道之患。是兩也，為人臣者不足以任之，子其有以語我來！」仲尼曰：「天下有大戒二：其一，命也；其一，義也。子之愛親，命也，不可解於心；臣之事君，義也，無適而非君也，無所逃於天地之間。是之謂大戒。是以夫事其親者，不擇地而安之，孝之至也；夫事其君者，不擇事而安之，忠之盛也。自事其心者，哀樂不易施乎前，知其不可奈何而安之若命，德之至也。為人臣子者，固有所不得已。行事之情而忘其身，何暇至於悅生而惡死夫！子其行可矣。丘請復以所聞：『凡交近則必相靡以信，遠則必忠之以言。』言必或傳之。夫傳兩喜兩怒之言，天下之難者也。夫兩喜必多溢美之言，兩怒必多溢惡之言。凡溢之類妄，妄則其信之也莫，莫則傳言者殃。故法言曰：『傳其常情，無傳其溢言，則幾乎全。』且以巧鬬力者，始乎陽，常卒乎陰，泰至則多奇巧；以禮飲酒者，始乎治，常卒乎亂，泰至則多奇樂。凡事亦然，始乎諒，常卒乎鄙。其作始也簡，其將畢也必巨。言者，風波也；行者，實喪也。夫風波易以動，實喪易以危。故忿設無由，巧言偏辭。獸死不擇

音，氣息茀然，於是並生心厲。剋核太至，則必有不肖之心應之，而不知其然也。苟為不知其然也，孰知其所終！故法言曰：『無遷令，無勸成，過度，益也。』遷令、勸成，殆事。美成在久，惡成不及改，可不慎與！且夫乘物以遊心，託不得已以養中，至矣。何作為報也？莫若為致命。此其難者！」

「葉公子高」：春秋時期楚國的大夫，姓沈，名諸梁，字子高，擔任葉縣令，僭稱公。「齊」：春秋時期的齊國，在現今山東省。「王」：楚王，即楚國國君。「蓋」：大概。「匹夫」指普通人。「懽」：歡。「人道之患」指國君的懲罰。「陰陽之患」指心情之喜懼。「德」指自然天性本質。「執粗」指粗茶淡飯，不執著精緻飲食。「臧」：善，指精美飲食。「爨」：炊煮。「清」：涼爽。「內熱」指憂心如焚。「內熱與」的「與」：歟，疑問詞。「情」：實。「既」：已。「任」：承擔。「來」：語末助詞，不具特殊意涵。「戒」：法。「適」：往。「自事其心」：由此樹立己心，「自」：由，「事」：立。「哀樂不易施乎前」指不受哀樂情緒的影響。「易施」：易移，指變動。「無可奈何」指不可改變之事。「固」：本。「其身」：己身。「丘」：孔子，名丘。「復」：語。「靡」：維繫。「忠」指誠意。「或傳之」：有人傳遞信息，「或」：有人。「之類妄」：則似虛假，「類」：似。「法言」：格言。「常情」：平實。「全」有二意：（一）做好事情，（二）保全自己。「鬬力」：角力。「卒」：終。「泰至」：極至。「奇巧」：詭詐、詭計。「治」：不亂，指規矩。「奇樂」：

狂樂、放縱。「諒」指美。「鄙」指惡。「作始」：開始。「行者」指執行傳達言談的任務。「實喪」：得失。「危」有二意：（一）危險；（二）恑，指變。「忿設」：憤怒的發作，「設」：發作。「茀然」：急促。「並生」：同時生出。「心厲」：厲心，指惡心。「剋核太至」：逼迫太甚。「不肖之心」：惡念。「勸成」：強求成功。「益」：溢。「殆」：危。「美成在久，惡成不及改」指沉穩有耐心。「慎與」的「與」：歟，感歎詞。「乘」：順。「遊心」指心懷無待整體的智慧。「託不得已」的「不得已」：指順應自然。「養中」：涵養不執著的中庸。「為報」：乃當，才是恰當。「為致命」：能傳達君令。「其難」：豈難。

葉公子高將出使齊國，他請教孔子說：「國君命令我出使，責任重大。齊國對待使者，總是禮貌週到而辦事拖延。要感動一位普通人都不容易，何況是諸侯國的國君！我很惶恐。先生您曾對我說：『任何事情無論大或小，很少不合乎道而能夠有好成果的。事情如果不成功，一定有國君懲處的禍害；事情如果辦成了，一定有心情或喜或懼的災禍。無論成功或不成功而不遭到禍患的，只有依循天性之德的人才可做到。』我平常吃粗食不求精美，廚房的伙夫工作不多，所以不求清涼。可是現在我早上接到出使的命令，晚上就要喝冰水解熱，我是內心焦灼吧！我尚未接觸到事務的實質內容，就已經出現陰陽失調的禍患，事情如果辦不成功，必定有國君懲處的禍害。這兩者加起來，為人臣子者實在是承擔不了，先生可以指導我嗎？」孔子說：「天下有兩大戒律：一是命，一是義。子女愛父母，是自然之命，是不可解除的心念。臣子侍奉國君，是必然之義，無論任何國家都不會沒有君主，這在天地之間是無可逃避的。這就是足以為戒的大法。所以子女奉養父母，無論什麼處境都要使父母安適，這就是孝的極至。臣子侍奉國君，無論任何事情都要讓國君覺得妥當，這就是忠的極至。由此樹立一己的心念，不受哀樂情緒的影響，了解這些是無可改變之事，就接受、順應為自然之命，這是天性之德的最高表現。為人之臣、為人之子女，本就有所不得已。如實地處理事件而忘記自身的利害，哪裡還有時間去想貪生怕死呢！你這樣去做就可以了。我再把自己聽到的告訴你：『國與國相交，鄰近的國家一定是靠信用來維持關係，遠隔的國家一定是靠言詞來表現誠意。』言詞必須有人去傳達。傳達雙方喜怒的言詞，是天下的難事。雙方歡喜時，必定過度地添加許多好話；雙方憤怒時，必定過度地添加許多壞話。凡是過度的言詞，聽起來都像是虛假，虛假的言詞令人不相信，不相信則傳話的使者就遭殃了。因此古代的格言說：『傳達平實的內容，不要傳達多餘的言詞，大概就可以將事情做好，或保全自己。』再說，用技巧角力的人，開始的時候手法光明，最後往往使用陰謀，到極至時就詭計百出了。依循禮節喝酒的人，開始的時候中規中矩，最後往往一團混亂，到極至時就放縱狂歡了。任何事情都是這樣，開始的時候美善，最後常常演變為醜惡。事情開始時很簡易，到後來演變為巨大艱難。言語如同風波，執行傳達言談的任務則有得有失。風波容易造成動盪，得失容易帶來危險，或得失總是隨時改變。所以忿怒的發作不是因為其它的原因，都是因為花言巧語、偏辭失當。困獸將死之時，尖聲亂叫，氣息急促，於是同時生出害人的惡念。凡事逼迫旁人太甚時，旁人必將生出報復的惡念，而自己還不知曉是為了什麼緣故。如果自己都不知是為了什麼緣故，那麼誰會知曉他最終的下場呢！所以古代的格言說：『不要改變國君的命令，不要強求事情的成功，過度的言詞都是多餘、不必要的。』改變國君的命令，強求事情的成功，都會有危險。做成一件好事需要長久的時間累積，做成一件壞事想改也來不及了，豈可不謹慎呢！順應人事物，心懷無待整體的智慧，將一切寄託於順應自然，涵養不執著的中庸，這就是最好的了！怎樣做才是恰當的呢？沒有比能傳達君令更好的了。這哪裡是困難的呢！」

葉公子高因為接受楚王命令，即將出使齊國而憂心不已，故向孔子請教。在此先看孔子所說的「凡事若小若大，寡不道以懽成」，指出處理事務合乎「道」就有好的成果。試問：緣由何在呢？回顧上一則寓言記載「氣也者，虛而待物者也。唯道集虛，虛者，心齋也。」揭示大道與「虛」、「氣」同一質性，如同氣之「虛」，無不包容，無不接納，無一排斥。故知處理事務如果以大道為基準，與物與人都沒有對立、沒有對待、無待，並以心齋之「虛實併用」，靈活處事，隨機因應，遂可恰到好處。故記載「寡不道以懽成」。

接著看孔子指出處理事務，無論成或不成，都必有人道或陰陽之患，但是有德者卻是「無患」。試問：緣由為何？回顧〈逍遙遊篇〉記載神人「之人也，之德也，將旁礴萬物以為一。」揭示神人的自然天性之「德」就是與萬物混融為一，立足與萬物沒有對立、沒有對待、無待的整體，在整體中依隨自己的天性之「德」，也就是順隨萬物的自然天性，故與萬物互動恰如其分。故知「有德者」就是以自然天性為依歸，如同神人與物混融，具有與大道相同的無待本質，以及不執著的流動特質，處理事務恰到好處，故而無患。不過「無患」的意涵是否僅止於字面的絕無憂患呢？關於此項疑問，將於稍後再做說明。

關於「命」，莊子在此舉「子之愛親」為例；另外，〈大宗師篇〉「死生，命也」，則是舉生死為例。併觀這兩段記載，可知「命」就是指人們與生俱有的自然天性本質。雖然有些學者認為莊子是宿命論者，不過本書在此是以自然天性來說明「命」。

另外，莊子舉「臣之事君」為例，說明「義」，故知「義」是指人們約定俗成不可違逆的必然準則。有鑑於與生俱有的自然天性以及約定俗成的必然準則，都不可違逆，故稱之為「大戒」。

既然是不可違逆的大戒，那麼就是無條件的接受與順應，一如〈逍遙遊篇〉的神人順應「大浸稽天、大旱金石流」的氣候。在本則寓言，莊子指出接受與順應大戒，就是對父母盡孝、對國君盡忠，由於不做任何計較，而是沒有對立、沒有對待、無待，樹立如此之無待、接受與順應的心念，故記載「自事其心」。

關於「哀樂不易施乎前」，晉．郭象注「無哀無樂」，亦即認為「哀樂不易施乎前」相近於〈養生主篇〉「老聃死」寓言記載的「哀樂不能入」。

不過「哀樂不易施乎前」，或許也可由另一面向來了解。回顧〈養生主篇〉曾說明「哀樂不能入」的意涵不在字面，不是絕無情緒波動，而是雖有情緒起伏「哀樂入」於胸中，但可適時調整為入而能出的「哀樂不能入」。由此則知「哀樂不易施乎前」並非如同木石之無感，而是指雖有情緒起伏「哀樂易施乎前」（哀樂入於胸中），但可適時調整為入而能出的「哀樂不易施乎前」（哀樂不能入）。換言之，葉公子高雖已有「陰陽之患」的情緒起伏，但是秉持大道的無待本質以及不執著的流動特質，面對國君就是無待、接受與順應，不呆滯「哀樂易施乎前」（哀樂入於胸中）的一隅，而是適時出離，調整為「哀樂不易施乎前」（哀樂不能入）。因此，可進一步描述為「哀樂易施而不易施乎前」，以彰顯不停滯在固定隅落，而是適時調整為合宜的狀態。

關於「知其不可奈何而安之若命」的義理，在此先看「不可奈何」。「不可奈何」就是稍後記載的「不得已」，亦即生活中不可改變的情事。上一則寓言曾說明，「不得已」即為不得不然、必然、自然，亦即生活中不可改變的情事，雖可稱為「不得已」，但也可稱為不得不然、必然、自然。明瞭「不得已」即為不得不然，也就是必然，便將之視為自然，並且以順應自然的態度安頓之。亦即「不得已」的意涵不是字面之無奈，而是指向自然以及接受、順應。由此則知「不可奈何」的意涵，也不是字面勉強不情願的無奈，而是明瞭生活中不可改變的「不可奈何」之情事，即為不得不然，也就是必然，便將之視為自然，一如面對「命」之自然天性，以接受、順應自然的態度安頓之。故記載「知其不可奈何而安之若命」。

「知其不可奈何而安之若命，德之至也。」指出天性之「德」的最高表現，就是將不可改變的情事視為自然，實踐無待、接受與順應。

「為人臣子者，固有所不得已。」指出事親與事君，是人生在世兩項無可改變的「不得已」情事。前述說明「不得已」的意涵在於接受、順應，但是「接受」並非消極、被動。因為「接受」即表示生命的內在具有「承擔」的力量，可以主動並且積極地擔當眼前不可改變的情事，彰顯承擔者的肩膀沒有被壓垮，仍然挺立人間。也就是「消極、被動、接受」只是表象，只須再做進一步的觀察，即可發現「主動、積極、承擔」的內在生命力，亦即看見「接受與承擔」一體不可分的完整全貌。以此則知，看似消極、被動、順應「不得已」的表象之內，必定具有主動、積極、承擔的精神與生命力。換言之，穿透順應「不得已」的表象，則見內在承擔之主動與積極精神。故知「不得已」並不消極或被動，反而彰顯主動承擔生命中許多無可改變情事的勇敢與堅定。

由此則知「德之至」蘊涵主動積極承擔的沉穩與堅毅。此外，亦可一併明瞭前文記載「若成若不成而後無患者，唯有德者能之」，並不僅僅因為有德者與道同步，處理事務恰到好處，故而無患；而是縱然無可避免地遭遇人道、陰陽之患，也以順應自然（不可奈何、不得已）的大度，秉持「無待」的整體智慧，視「有患與無患」沒有對立、沒有對待，勇於承擔。故可進一步描述為「雖有患而無患」，以彰顯「無患」的意涵並不僅止於字面，不是絕無憂患，而是縱有人道、陰陽之患，也以主動積極承擔的精神，一肩擔起，視之為無患。

「以巧鬪力」至「其將畢也必巨」，舉角力、飲酒為例，說明「美善」通常都演變為「醜惡」，這就是〈秋水篇〉「無動而不變，無時而不移」，亦即沒有任何狀態恆常不變，而必將流動變化。此外，也印證〈齊物論篇〉以來多次說明，互為對照的狀態是無從切割的整體。換言之，互為對照的「始與卒」、「陽與陰」、「治與亂」、「諒（美）與鄙（惡）」、「簡（小、易）與巨（大、難）」，是不可切割的一體之兩面。亦即莊子藉著舉例和盤托出：在人間處理任何事務，都不可因為開始之時「陽、治、諒（美）、簡（小、易）」，便失去了謹慎，否則結束之時，也就不免演變為不可切割的一體兩面之另一面「陰、亂、鄙（惡）、巨（大、難）」，也就是《老子・六十三章》「天下難事，必作於易；天下大事，必作於細。」

「獸死不擇音」至「於是並生心厲」，舉例獵人捕捉野獸，使野獸的生命受到傷害，那麼被捕獲的困獸，也就相應而生出害人之念。這是莊子再次和盤托出：在人間處理事物，「作用力與反作用力」是不可切割的一體之兩面，因此施力者應當了解，必定有相等力度的反作用力回到自己身上。但是施力者如果沒有此項了解，也未能謹慎地施力，則將如同〈養生主篇〉「庖丁解牛」寓言中的「族庖」，未能依循理路而是強力砍折，施力強，反作用力亦強，對自己亦造成強大的擠壓與折損。故記載「剋核太至」至「孰知其所終」。

「無遷令」至「惡成不及改」，指出葉公子高如欲順利完成出使齊國的任務，則須不更動楚王的命令，也不可過度催促齊國，必須沉穩有耐心。

再看「且夫乘物以遊心，託不得已以養中，至矣。」由於有德者具有與大道相同的無待本質，立足萬物混融、沒有對立、沒有對待、無待的整體，因此記載為順應萬物的「乘物」。至於「遊心」，回顧自〈逍遙遊篇〉以來，多次說明「遊」彰顯無待義理，亦即「無待」方可無所阻隔、無所不至的悠遊，沒有被阻擋之虞。故知「遊心」就是因為胸懷無待智慧，心念與任何狀態都沒有對立、沒有對待，故可無所阻隔的「遊心」，呼應〈逍遙遊篇〉「乘天地之正，而御六氣之辯，以遊無窮者。」

關於「中」，回顧〈養生主篇〉曾援引〈山木篇〉「莊子行於山中」寓言，說明「緣督以為經」順中以為常，去極端，取中庸，指向「與時俱化，而無肯專為」的靈活、不執著。亦即「中」的意涵不在字面，不是固定在二分之一的中央，而是靈活不執著的中庸。由此則知，「託不得已以養中」指出對於無從改變的不得已情事，如同順應自然一般的安頓處理之，以涵養具有不執著特質的靈活中庸。另外，亦可明瞭前文記載「溢美、溢惡之言」，都有所偏頗，所以必須去極端，取中庸，故記載「傳其常情」至「則幾乎全」。

總言之，「乘物以遊心，託不得已以養中，至矣」指出胸懷無待的整體智慧，順應人、事、物，無不包容接納，心靈悠遊自適，對於無可改變的情事，如同順應自然一般的安頓之，藉此涵養不執著的靈活中庸，這就是處世接物的至極法則。最後，寓言收結在「何作為報也？莫若為致命。此其難者！」指出秉持上述處世接物的法則，以傳達君命，豈是難事。

回顧上一則寓言曾說明：「不得已」以心齋之「虛」為基礎，故知本則寓言事親、事君如同順應不可改變的不得已，也都是立足心齋之「虛」。換言之，前後兩則寓言均以心齋之「虛」為基石，故可順應不得已。亦即「託不得已以養中」也就是以心齋之「虛」涵養不執著的中庸。

另外，「乘物以遊心，託不得已以養中」，指出順應「不得已」的同時，仍是「遊心」自適。換言之，「不得已」與心靈自由，並非扞格不入，而是同存同在。回顧上一則寓言與本則寓言，均以心齋之「虛」為立足點，以順應「不得已」，上一則寓言是「入遊其藩」，本則寓言是「乘物以遊心」，兩則寓言均記載「遊」，可證心齋之「虛」以及「不得已」，因為秉持沒有對立、沒有對待的無待，所以不曾失落心靈之自由自適。

因此亦一併了解，本則寓言雖記載「知其不可奈何而安之若命、不得已」，但是並非悲苦哀怨的宿命論；反之，正因為「無待」，不與無從改變的人事物作對，所以沒有嚴重對立的壓迫感，因此心平氣和，故可「遊心」自適。

本則寓言揭示：生活於人間世，人人皆須面對事親、事君兩項無可改變的「不得已」情事，恰當的因應法則是無條件的承擔，藉此鍛鍊虛心順應，無不包容之大度，也須沉穩有耐心，進而涵養不執著的靈活中庸，如此則不僅擁有處世接物的至極法則，亦不失心靈之自由與自適。

顏闔將傅衛靈公太子，而問於蘧伯玉曰：「有人於此，其德天殺。與之為無方，則危吾國；與之為有方，則危吾身。其知適足以知人之過，而不知其所以過。若然者，吾奈之何？」蘧伯玉曰：「善哉問乎！戒之，慎之，正汝身哉！形莫若就，心莫若和。雖然，之二者有患。就不欲入，和不欲出。形就而入，且為顛為滅，為崩為蹶。心和而出，且為聲為名，為妖為孽。彼且為嬰兒，亦與之為嬰兒；彼且為無町畦，亦與之為無町畦；彼且為無崖，亦與之為無崖。達之，入於無疵。汝不知夫螳蜋乎？怒其臂以當車轍，不知其不勝任也，是其才之美者也。戒之，慎之，積伐而美者以犯之，幾矣！汝不知夫養虎者乎？不敢以生物與之，為其殺之之怒也；不敢以全物與之，為其決之之怒也。時其飢飽，達其怒心。虎之與人異類，而媚養己者，順也；故其殺者，逆也。夫愛馬者，以筐盛矢，以蜄盛溺。適有蚉寅僕緣，而拊之不時，則缺銜、毀首碎胸。意有所至，而愛有所亡，可不慎邪！」

「顏闔」：姓顏，名闔，魯國的賢者。「傅」：擔任教師。「蘧伯玉」：姓蘧，名瑗，字伯玉，衛國的賢大夫。「其德天殺」：天性刻薄人。「與之為無方」的「與」：從。「方」：道理。「與之為有方」的「與」：使，指規勸。「汝」：你。「就不欲入」：遷就不可太過深入。「和不欲出」：寬和不可太明顯。「為顛為滅、為崩為蹶、為聲為名、為妖為孽」的「為」：則，「顛、滅、崩、蹶」：都指毀滅，「為妖為孽」指招致凶惡。「無町畦」指無威儀。「無崖」：無涯際，指無拘束。「疵」：病。「螳蜋」：螳螂。「怒其臂」的「怒」：努，指奮力。「車轍」指車輪。「是其才之美」的「是」：肯定，「其」：自己，「才」：能力，「美」：大。「積伐而美」的「積」：多，「伐」：誇耀，「而」：你，「美」：優點。「幾矣」指危殆。「決」：裂。「時其飢飽」的「時」：伺察。「達其怒心」的「達」：疏導。「媚」：討好，指馴服。「矢」：屎。「蜄」：蛤，指大貝殼。「溺」：尿。「適」：遇。「蚉宜」：蚊蟲。「僕緣」：附著。「拊」：拍。「不時」指突然。「缺銜」指咬斷銜勒。「銜」：橫在馬的口中，用來駕馭馬的金屬棒。「毀首碎胸」有二意：（一）指馬毀壞頭上、胸前的絡轡；（二）指愛馬的人遭受馬蹄踩踼，毀首碎胸。「亡」：忘。「邪」：疑問詞。

魯國人顏闔應聘為衛靈公太子的老師，他請教衛國的蘧伯玉說：「現在有一個人，天性刻薄。如果跟從他做不合道理之事，就會危害到我們的國家；如果規勸他做合於道理之事，就會危害到我自己。他的智力只能知民眾的過錯，而不知民眾為什麼會有過錯。遇到這樣的情形，我該怎麼辦呢？」蘧伯玉說：「你的提問很好！要小心，要謹慎，先端正自己的言行！外貌沒有比遷就更好的了，內心沒有比寬和更好的了。雖然如此，這二者還是有後患。遷就不可太過深入，寬和不可太明顯。遷就太過深入，自己也會失去分寸，導致顛滅崩潰。寬和太過明顯，雖使自己有大度的名聲，但也將招致凶害。他如果像個嬰兒，你就伴同他像個嬰兒；他如果像個無威儀的人，你就伴同他像個無威儀的人；他如果像個無拘無束的人，你就伴同他像個無拘無束的人。通達以上的方法，也就沒有病累。你不知螳螂嗎？奮力舉起臂膀來阻擋車輪，不知自己的力量不能勝任，以為自己的能力很高強。要小心，要謹慎，你如果誇耀自己的長處去觸犯他，那就危險了！你不知養老虎的人嗎？不敢拿活的動物給老虎吃，怕牠撲殺活物時會激起怒意；也不敢拿未切割的完整動物給老虎吃，怕牠撕裂動物時會激起怒意。觀察牠飢飽的狀況，疏導牠的怒意。老虎與人雖是異類，但卻馴服於養牠的人，這是因為順著牠的性情；因此老虎如果殺害人，就是因為違逆了牠的性情。愛馬的人，用竹筐裝馬糞，用大貝殼裝馬尿。遇到有蚊蟲叮咬馬身，愛馬的人突然出手拍打蚊蟲，使馬受到驚嚇，馬就會咬斷銜勒，毀壞頭上、胸前的絡轡（或愛馬的人遭受馬蹄踩踢，毀首碎胸）。本意是愛馬，但馬卻忘了主人愛牠，結果適得其反，怎能不謹慎呢！」

上位者與民眾共同組成國家之整體，雙方均為不可切割之整體的一部分，具有一體不可分的緊密關連性；上位者的行為與民眾的舉動，也相同地具有一體不可分的性質。所以如果上位者的舉止恰當，並且引導民眾都有恰當的行為，則國家運作良好；反之，如果上位者行為不當，那麼不免上行下效，民眾也將有不恰當的行為。亦即民眾的過失與上位者的過失，是不可切割的一體之兩面。簡言之，民眾之所以有過失，源自於上位者有過失。所以太子「知人之過，而不知其所以過」，就是只見一體兩面中的一面（民眾的過失），未能察見一體兩面的另一面（上位者的過失）。亦即太子不具有觀察整體的智慧，沒有自知之明，不見自己的過失，也未能以自覺改善刻薄天性，反而以刻薄對待他人，遂與他人形成對立。

「與之為無方，則危吾國；與之為有方，則危吾身。」指出擔任太子老師的兩難，恰如上一則寓言「陰陽之患、人道之患」的兩難。莊子的因應之策是「形莫若就，心莫若和」，也就是順應，如同前兩則寓言順應不可改變的「不得已」。以此則知「形莫若就，心莫若和」，也與前兩則寓言相同，也是以心齋之「虛」為立足點。不過，「就不欲入，和不欲出」立即指出並非呆滯在順應之一隅；在此可援引〈山木篇〉「與時俱化，而無肯專為」，秉持靈活不執著的中庸，做為輔助說明。亦即仍然與心齋之「虛實併用」相同，並非僅只固定在虛己順人的隅落，而是當虛則虛，當實則實。立基「與時俱化，而無肯專為」，不呆滯在任何定點，隨機因應，則可避免「形就而入，心和而出」的禍害。

「彼且為嬰兒」至「亦與之為無崖」，舉「嬰兒、無町畦、無崖」為例，指出沒有對立、沒有對待、無待，也就是不與太子作對，而是混融、無待，如此則不被太子排斥，獲得太子的接納與信任，而後才有可能進一步教導規勸太子。

莊子再舉螳螂、虎、馬三種動物為例：螳螂沒有自知之明，也未能謹慎行事。養虎者有自知之明，知曉「虎與人異類」，始終謹慎地順應虎之天性，「不敢以生物、全物與之」就是舉例說明養虎者的謹慎。「以筐盛矢，以蜄盛溺」彰顯愛馬者對馬的重視，「蚉虻僕緣」則是舉例在突發狀況下，愛馬者一時情急，忘卻「馬與人異類」，也未能謹慎行事，遂導致嚴重的禍害。

本則寓言揭示：在人間任職，首先必須謹慎，不可自不量力的與他人對立，而應立足心齋之「虛」，秉持大道的無待本質，雖然順應但也「虛實」併用，靈活調整，時時不離恰到好處的中庸，才可不受災禍的任職處事。

匠石之齊，至于曲轅，見櫟社樹，其大蔽數千牛，絜之百圍。其高，臨山十仞而後有枝，其可以為舟者旁十數。觀者如市，匠伯不顧，遂行不輟。弟子厭觀之，走及匠石曰：「自吾執斧斤以隨夫子，未嘗見材如此其美也。先生不肯視，行不輟，何邪？」曰：「已矣，勿言之矣，散木也！以為舟則沉，以為棺槨則速腐，以為器則速毀，以為門戶則液樠，以為柱則蠹。是不材之木也，無所可用，故能若是之壽。」匠石歸，櫟社見夢曰：「汝將惡乎比予哉？若將比予於文木邪？夫柤梨橘柚果蓏之屬，實熟則剝，剝則辱；大枝折，小枝泄。此以其能苦其生者也，故不終其天年而中道夭，自掊擊於世俗者也。物莫不若是。且予求無所可用久矣，幾死，乃今得之，為予大用。使予也而有用，且得有此大也邪？且也若與予也皆物也，奈何哉其相物也！而幾死之散人，又惡知散木！」匠石覺而診其夢。弟子曰：「趣取無用，則為社何邪？」曰：「密！若無言！彼亦直寄焉，以為不知己者詬厲也。不為社者，且幾有翦乎！且也彼其所保與眾異，而以義譽之，不亦遠乎！」

「匠石、匠伯」：木匠，名石，字伯。「之齊」：往齊國，「之」：往，「齊」：齊國，在現今山東省。「曲轅」：曲道或道路名。「櫟社樹」有二意：（一）以櫟樹為土神而祭祀之，（二）神社旁有一櫟樹。「社」：土神、神社，例如土地廟。「蔽數千牛」：此為宋．陳碧虛《莊子闕誤》引張君房本，至於其它通行本則僅「蔽牛」二字。「絜」：量。「圍」有二意：（一）圓周一尺，（二）成年男子雙臂合抱為一圍。「臨」：近。「仞」：周代的長度單位，有些古籍記載七尺、有些記載八尺是一仞。「旁」有二意：（一）旁枝，（二）方。「輟」：止。「厭」：饜，飽。「走」：跑。「其美」：之大。「邪」：疑問詞。「散木」指無用之樹。「液樠」：流出汁液、油脂。「不材」指無用。「見」：現，出現。「惡乎」：何，疑問詞。「予」：我。「若將比、若與予、若無言」的「若」：你。「文木」指有用之樹。「柤」：山柤，似梨而酸。「果蓏」：果瓜之類，在樹為果，柤梨之類；在地為蓏，瓜瓠之類。「剝」：摘落。「辱」：扭折。「泄」：抴，拉扯。「掊擊」：打擊，「掊」：捶。「相物」：相評、相譏。「而幾死、而以義」的「而」：你，「幾」：近。「散人」指普通人，「散」：粗疏。「惡知」：何知。「診」指訴說。「趣」：意。「密」：默，指安靜。「直」：不過。「以為」：卻被，「以」：乃、卻，「為」：被。「詬厲」指批評。「且幾有翦」的「且」：則，「幾」：可能，「有」：被，「翦」：砍伐。「義」指外觀。「譽」：衡量。

有位名叫石的木匠，前往齊國，到了曲轅，看見一株被奉為神社的櫟樹。這棵樹的樹蔭可以遮蔽幾千頭牛，量一量樹幹有百尺粗。樹身極高，主幹臨近山頭，數丈以上才有分枝，可以造船的旁枝就有十幾根。觀賞的人群如同市集一樣多，木匠卻不看一眼，繼續往前走。

徒弟看飽了這棵樹，追上木匠說：「自從我拿起斧頭，追隨老師以來，未曾見過這麼大的木材。老師不肯看一眼，繼續前行，是為了什麼呢？」木匠說：「算了吧，不要再說了，那是沒有用的散木！用它做船會沉，做棺材很快就會腐爛，做器具很快就會毀壞，做門窗會流出汁液，做樑柱會被蟲蛀。那是不成材的樹木，沒有一點用處，所以能夠如此長壽。」木匠回到家中，夜裡櫟樹出現於夢中，說：「你要將我比做什麼呢？你將拿我與有用的文木相比嗎？像柤、梨、橘、柚之類的瓜果，果實熟了就會被摘下，被摘下時會遭受扭折。大枝被折斷，小枝被拉扯，這就是因為有才能所以讓自己受苦。所以不能活到自然的壽命，在中途就夭折了，這都是自己顯露有用招來世俗的打擊。萬物無不如此。我希望自己無所可用，已經很久了，幾乎被砍伐而死，現在我能保全自己，這就是我的大用。假使我有用，還能長得這麼大嗎？再說你與我都是萬物中的一物，為什麼要互相評議呢！你是近死的散人，又哪裡知曉什麼是散木！」木匠醒來，將夢告訴徒弟。徒弟說：「它意在求取無用，為什麼還要做社樹呢？」木匠說：「安靜，你不要說了。櫟樹不過是寄託於社神，卻被你這樣不了解它的人批評。如果不寄託社神，則可能被砍伐呀！再說它自保的方法與眾不同，你只以外表來衡量，距離真實不是太遙遠了嗎！」

常識認為存身天地之間，彰顯自己有用，發光發熱，對生命大有助益；反之，無用則遭受輕視，對生命絕無益處。然而，本則寓言指出「無用」可以保全性命，「有用」則損害生命，這是否故意與常識唱反調呢？

環顧生活中沒有任何一事，只有光明面而無晦暗面。亦即人間世事，無不具有一體兩面的性質，例如：地球受陽光照射，必然是一半為明、另一半為暗，也就是「明暗」並存。本則寓言就是和盤托出：文木有用，但卻也是「以其能苦其生者也，故不終其天年而中道夭，自掊擊於世俗者也。」亦即有用而發光發熱的同時，必然在身旁投下暗影，因此必須有所警覺，預先設想當暗影襲來，應如何安頓處理，否則不免造成嚴重折損，屆時發光發熱的「有用」，也就轉為晦暗的災難，成為「無用」。至於櫟樹因為對人類無用，不引來人類的砍伐，故可盡其天年的生長存活；也就是看似晦暗的「無用」，具有明亮「有用」的另一面。簡言之，無論「有用」或「無用」都具有一體兩面的性質，也都是明暗並存。

常識認為「有用」於己有益，莊子和盤托出常識未留意的一體兩面之另一面，指出「有用」於己有害；常識認為「無用」於己有害，莊子依然和盤托出常識未留意的一體兩面之另一面，指出「無用」於己有益。亦即本則寓言揭示「有用與無用」完整的全貌。

此外，也可由另一面向來了解：〈逍遙遊篇〉曾說明，萬物萬象都以與生俱有的自然天性，存在於天地之間，本無「有用、無用」可言。只不過人類以自我為中心，強硬指稱符合所需的狀態為「有用」，反之則為「無用」。亦即人們一旦強硬界定「有用」，那麼沒有任何時間上的誤差，「無用」便立即被凸顯。換言之，若不標舉「有用」，則無「有用、無用」可言，一旦標舉，則「有用、無用」必然同時凸顯，如影隨形，任一方皆不獨自成立，必定與另一方相依相倚。簡言之，天地之間本無「有用、無用」可說，然而人們強硬指稱之，卻不知一旦指稱，那麼所指稱之「有用、無用」就具有不可切割的整體性。亦即「有用與無用」相依而不離，相通為一體。

大眾都認為有能力、「有用」才足以自保，但是櫟樹卻以「無用」自保。試想，植物紮根於土壤中，無法移動，遭受人類砍伐時，不但無從抵抗，也無法逃跑。因此，對人類「無用」誠然是植物自保以不受人類傷害的方法。不過，並不盡然所有物類都可藉「無用」躲過人類的傷害。例如〈山木篇〉「莊子行於山中」寓言，記載鴈（鵝）因為不能鳴叫，不具有看家之用，也就是「無用」，遂遭烹煮。故知本則寓言雖記載「無用」可自保，然而併觀〈山木篇〉「莊子行於山中」寓言，便可明瞭「無用」並非必然可全生，恰當合宜的準則仍屬「與時俱化，而無肯專為」的靈活因應。

那麼，本則寓言中的櫟樹是否堪稱「與時俱化，而無肯專為」呢？此項疑問的解答，就在木匠夢見櫟樹之後，與弟子的對談中。弟子質疑櫟樹如欲無用，就不必來做社樹，因為做社樹就是有用呀！木匠立即指出櫟樹寄託於社神，就是不讓自己固定在「無用」一隅。亦即櫟樹不宜做船、棺槨、器具、門戶、柱樑，仍不足以自保，因為人類仍可能砍伐它做為燃燒的木材，所以櫟樹寄託於社神，使人類認為它是「有用」的社神，也就不至於砍伐它。換言之，櫟樹並非僅僅呆滯在「無用」之一隅，而是融「無用與有用」於一身，做為自保之策。以此，即可進一步描述為「無用而有用」或「無用之用」或「無用非無用」，以彰顯櫟樹立足「無用與有用」混融、沒有對立、沒有對待、無待的整體；也彰顯櫟樹不呆滯一隅，具有「與時俱化，而無肯專為」不執著的流動特質。亦即大眾都以「有用」自保，櫟樹則是以「無用與有用」通而為一，做為自保之策，故記載「彼其所保與眾異」。

總言之，學者通常認為櫟樹由於不符合人類的器物之用，也就不至於引來人類的砍伐，遂可全生，這是對櫟樹自身的「有用」，故可描述為「無用而有用」，或「無用之用」。然而，針對櫟樹寄託於社神之舉，可知它並非僅以「無用」自保，而是融「無用與有用」於一身；以此，也可描述為「無用而有用」或「無用之用」。另外，本則寓言或許也可了解為：莊子藉著「有用與無用」沒有對立、沒有對待、相連相通為例，揭示大道的無待意涵以及流動不執著的本質。

南伯子綦遊乎商之丘，見大木焉有異。結駟千乘，隱將芘其所藾。子綦曰：「此何木也哉？此必有異材夫！」仰而視其細枝，則拳曲而不可以為棟梁；俯而視其大根，則軸解而不可以為棺槨；咶其葉，則口爛而為傷；嗅之，則使人狂酲三日而不已。子綦曰：「此果不材之木也，以至於此其大也。嗟乎！神人以此不材！宋有荊氏者，宜楸、柏、桑。其拱把而上者，求狙猴之杙者斬之；三圍四圍，求高名之麗者斬之；七圍八圍，貴人富商之家求禪傍者斬之。故未終其天年，而中道夭於斧斤，此材之患也。」故解之以牛之白顙者，與豚之亢鼻者，與人有痔病者，不可以適河。此皆巫祝以知之矣，所以為不祥也。此乃神人之所以為大祥也。

「南伯子綦」：即〈齊物論篇〉南郭子綦。「商之丘」：商丘，今河南省商丘縣。「結」：繫。「駟、乘」：均為一車四馬。「隱將芘其所藾」：將隱芘其所藾，「芘」：蔽，「藾」：

蔭。「拳曲」：捲曲。「大根」：主幹。「軸解」：木心分裂，「軸」：年輪。「咶」：舐。「酲」：酒醉。「以此不材」的「以」：用，「不材」：無用。「宋」：宋國，在現今河南省東部和山東、江蘇、安徽之間地。「荊氏」：地名，在宋國境內。「拱把」：兩手相合為拱，一手能握為把。「杙」：栓。「圍」：成年男子雙手環抱為一圍。「高名之麗」：高大房屋的棟樑，「名」：大，「麗」：房屋的棟樑。「禪傍」：棺材。「解」：祭神求福解罪。「白顙」：白額。「亢鼻」：仰鼻，鼻孔上翻。「適河」：投河，將動物或人沉入河中祭神。「巫祝」：可與鬼神相通，以此為他人祈福解厄，並做為職業者。

南伯子綦遊於商丘，見到一株大樹頗為奇特，樹下繫結千輛的馬車，都可以隱蔽在它的樹蔭下。子綦說：「這是什麼樹呀？它必定有特殊的用處！」仰起頭看它的細枝，捲曲而不可以做棟樑；低頭看它的主幹，木心裂開而不可以做棺材；舔舔它的葉子，嘴就潰爛受傷；聞聞它的氣味，使人大醉，三天還醒不過來。子綦說：「這真是不材之樹，所以才可長得這麼高大。唉！神人就是要用這種不材無用呀！宋國荊氏之地，適合種植楸樹、柏樹、桑樹。樹幹有一握、兩握粗的，要做綁猴子木栓的人就把它砍走了；有三圍、四圍粗的，要做高大房屋棟樑的人就把它砍走了；有七圍、八圍粗的，富貴人家要做棺材的就把它砍走了。所以這些樹不能活到自然的壽命，在中途就夭折於斧頭之下，這就是有用之材的禍患。」因此古代祭祀時，凡是白額的牛、鼻孔上翻的豬、有痔瘡的人，都不可以投河祭神，這是巫祝都知曉的，認為是不祥之物。而神人認為這些是最吉祥的。

〈逍遙遊篇〉記載「神人無功（用）」，不過「無功（用）」的意涵不在字面，而是由「無功（用）」流動為「有功（用）」，立足「無功（用）與有功（用）」混融、沒有對立、沒有對待、無待的整體。本則寓言記載的神人亦具有相同的意涵，「神人以此不材」即為神人用此無用，神人翻轉「無用」為「有用」，亦即「無用」向「有用」流動；至於白額之牛、亢鼻之豬、痔病之人，巫祝以為不祥，神人以為大祥，則是神人翻轉「不祥」為「祥」，亦即「不祥」向「祥」流動。另外，對人類「有用」的樹遭砍伐而死，對其自身而言，則是「無用」；非「白額之牛、亢鼻之豬、痔病之人」，雖然巫祝以為「祥」，但卻被投河祭神而死，對其自身而言，則是「不祥」。

故知本則寓言揭示：互為對照的「有用與無用」、「祥與不祥」相互流通，是不可切割的「一」而不是二。亦即「無用」、「不祥」並不恆常固定於此，而將流動為「有用」、「祥」。同理，「有用」、「祥」亦非恆常固定於此，而將流動為「無用」、「不祥」。亦即「無用與有用」、「不祥與祥」，不是常識認為的互斥對立，而是沒有對立、沒有對待、無待，相連相通，通而為一。

本則寓言雖然記載「無用、不祥」得以全生，但是讀者不可誤以為執著「無用、不祥」就必然可以保全性命，這是因為「有用與無用」、「祥與不祥」本就是相互流通，不可切割的整體，所以不可能僅僅抓執其中的某一隅落，也不可能獨獨排斥其它的隅落。更何況人間世事，「無動而不變，無時而不移」（〈秋水篇〉），有時必須自我表現為「有用」才可全生，「無用」則是喪生（例如：〈山木篇〉「莊子行於山中」之寓言）。由此則知，立身存世必須隨機因應，「與時俱化，而無肯專為」（〈山木篇〉），既不可執著「無用、不祥」之一隅，也不可執著「有用、祥」之一隅。亦即秉持大道不執著的流動本質，靈活行事，也就是〈天運篇〉記載「不主故常」。

有讀者質疑本則寓言以「存活」為有用、大祥，遂指責莊子貪生怕死。然而，經由上述說明，則可了解本則寓言的義理不僅止於字面的存活，而是藉著「有用與無用」、「祥與不祥」沒有對立、沒有對待、互通互往為例，揭示大道的無待意涵以及流動不執著的本質。另外，在此亦可思考：當面臨死亡時，若有免於死亡而可存活的方法，那麼誰將不以為是有用、大祥呢？或許莊子是將人生處境推至極限，以生死關頭為例，提醒讀者思考：孰為「有用、祥」？孰為「無用、不祥」？是否有永恆不變的「有用、祥」？永遠不移動的「無用、不祥」？

支離疏者，頤隱於齊，肩高於頂，會撮指天，五管在上，兩髀為脅。挫鍼治繲，足以糊口；鼓筴播精，足以食十人。上徵武士，則支離攘臂於其間；上有大役，則支離以有常疾不受功；上與病者粟，則受三鍾與十束薪。夫支離其形者，猶足以養其身，終其天年，又況支離其德者乎！

「支離疏」：莊子假託之人名。「頤」：臉。「齊」：肚臍。「會撮」：髮髻。「五管」：五臟血管。「髀」：大腿。「脅」：肋骨。「挫鍼治繲」指縫衣，「鍼」：針，「繲」：線。「鼓筴播精」指篩米。「攘」：舉。「役」：勞役工作。「功」：用，指勞役。「粟」指救濟的物資。「鍾」：量穀物的單位；古代以十升為一斗，十斗為一斛，六斛四斗為一鍾。「薪」：

柴。「支離其形」：忘形，指不執著形體是否正常或殘疾。「支離其德」：忘德，指不執著與生俱有的天性之德是否優越；「德」指與生俱有的自然天性本質，例如天生的聰明、才能。

支離疏，臉隱藏在肚臍下方，肩膀高過頭頂，腦後的髮髻指向天空，五臟的血管朝上，兩條大腿靠在肋骨旁。為人縫衣服，收入足以餬口；為人簸米篩糠，收入足以養活十人。政府徵兵，他搖擺手臂在徵兵場地走過；政府有勞役工作，支離疏因有殘疾而不必服勞役；政府救濟病患，他可以領到三鍾米與十捆柴。不執著形體是否正常或殘疾的忘形之人都可以養身，活到自然的天賦壽命，又何況不執著與生俱有的天性之德是否優越的忘德之人呢！

本則寓言記載支離疏的形體扭曲，極為奇特，與大眾相去甚遠。因此如果以通常人們的軀體做為觀察點，那麼支離疏必定被認為是不正常的畸形殘疾。由於大眾都認為擁有健全的形體，才可施展身體所具有的功用順利運作。那麼支離疏的形體殘疾，必定被認為無用於人間。然而，他不僅自食其力養活自己，且可兼養十人。故知他並非始終固定在「無用」一隅，而具有「有用」的另一面。

當國君徵兵赴前線以及有勞役工作時，支離疏因為形體殘疾，被認為是「無用」，故不受徵召；至於形體正常的壯丁則皆被徵召。由於人人都不願行役戰場，那麼被大眾認為形體正常的「有用」之人，由於出征前線，他們的「有用」遂改易為「無用」。至於支離疏若與行役戰場者併觀，則因為無庸出征前線，他的「無用」則改變為「有用」。亦即支離疏並不固定於「無用」，而是融「無用與有用」於一身。換言之，以支離疏為觀察基準，則知「有用與無用」沒有對立、沒有對待、無待，混融為一。

另外，國君憐恤殘疾之人，賜予米糧、柴薪，支離疏則受賜頗多。若與未受賞賜的形體正常之人併觀，受賜則為大眾稱羨的「有用」。再者，支離疏接受形體殘疾，生活平順，絲毫不遜於形體正常之人；本篇前曾說明「接受」即為「承擔」，故可明瞭支離疏並非消極、被動的接受形體殘疾，而是主動積極的擔當，他的生命中自有堅毅、勇於承擔的另一面。

由於形體正常之人受到徵召，出征前線，可能戰死沙場；至於支離疏則是以殘疾身軀，平穩生活，故記載「夫支離其形者」至「終其天年」。

「支離其德」是忘德，指出不執著天性之德（例如：天生的聰明、才能）是否優越於他人。回顧〈逍遙遊篇〉曾說明，不同的生命有不同的自然天性，無須比較，也就是「小大不相及（無從比較）」。那麼忘德而不執著天性是否優越於他人，就是明瞭所有存在物的自然天性不相及（無從比較），也無須比較，只須順應自己的天性，以達到自我安頓，即為理想的生命。亦即不與他人比較，而是順應與生俱有的天性本質，以安身立命。

簡言之，「支離其德」的忘德之人，即為心齋之「虛」，不執著一己之我見，而是虛心順應自然，依隨與生俱有的天性本質，恰如〈逍遙遊篇〉「神人無功」之順應自然，即使被視為「無功（用）」，也可由「無功（用）」流動為「有功（用）」。以此，平穩生活，舉止恰如其分，誠然為處世之所宜。

孔子適楚，楚狂接輿遊其門曰：「鳳兮！鳳兮！何如德之衰也！來世不可待，往世不可追也。天下有道，聖人成焉；天下無道，聖人生焉。方今之

時，僅免刑焉。福輕乎羽，莫之知載；禍重乎地，莫之知避。已乎已乎，臨人以德；殆乎殆乎，畫地而趨！迷陽迷陽，無傷吾行！吾行卻曲，無傷吾足。」山木，自寇也；膏火，自煎也。桂可食，故伐之；漆可用，故割之。人皆知有用之用，而莫知無用之用也！

「適」：往，到。「楚狂接輿」：楚國人，姓陸，名通。「德」指德行。「成」指成就教化，或成就事業。「生」指保全生命。「已乎」：停止。「臨人以德」指顯露德行。「殆乎」：危險。「畫地而趨」指顯露行跡。「迷陽」有二意：（一）荊棘，（二）指韜光。「卻曲」有二意：（一）轉彎行走，（二）隱晦行跡。「寇」：砍伐。

孔子到楚國，楚國狂人接輿走過孔子的門前，唱著：「鳳啊鳳啊，德行怎麼衰敗了！尚未來到的不可期待，業已離去的不可追回。天下有道，聖人可以成就教化，或成就事業；天下無道，聖人只能保全性命。當今之世，只求免於遭受刑戮。福比羽毛還輕，卻不知載入行囊；禍比大地還重，卻不知避開。停止！停止向人顯露德行！危險！危險！顯露自己的行跡！荊棘啊，荊棘啊（或韜光啊，韜光啊），不要妨礙我行走！繞個彎走（或隱晦行跡），不要刺傷我的腳！」山中的樹木被做成斧柄，人卻又拿著斧頭砍伐山中的樹木。油膏可以點火燃燒，火卻是煎熬油膏。桂樹皮因為可以食用，所以被人類砍伐。漆樹可供人類使用，所以遭到刀割。世人都知有用的用處，卻不知無用的用處。

《論語・微子篇》記載「楚狂接輿歌而過孔子曰：『鳳兮！鳳兮！何德之衰！往者不可

諫，來者猶可追。已而，已而！今之從政者殆而！』」不過，莊子在此記載接輿的言談較長，並且明顯批評孔子未能內斂己德，也就是本篇第一則寓言孔子指責顏回「以人惡有其美」，以他人的缺點來彰顯自己的優點。那麼，莊子是否果真譏評孔子呢？宋．蘇軾〈莊子祠堂記〉「莊子蓋助孔子者，……陽擠而陰助之。」指出莊子對孔子的書寫，雖然表面看似排斥，但實為敬重孔子。回顧本篇第一則寓言，義理深奧的「心齋」、第二則寓言「乘物以遊心，託不得已以養中，至矣」，都由孔子揭示，可證莊子對孔子的尊崇；然而在此則寓言，孔子卻受到批評，由此即知這是莊子運用「卮言」流動而不呆滯一隅的筆法，對孔子進行書寫，也就是「陽擠而陰助之」。

「山木」至「故割之」，舉樹木、油膏、桂樹、漆樹為例，指出它們對人類「有用」，遂引來人類對它們的傷害。故記載「人皆知有用之用，而莫知無用之用也。」不過，「無用之用」並非字面的苟且偷生，而是舉例「無用與有用」一體不可分，揭示立身存世不可呆滯任何隅落，而應觀察完整的全貌，秉持無待、不執著的流動智慧，與道同步處世。

有鑑於「自處」是處人、處世的基石，因此莊子或許指出：藉著〈逍遙遊篇〉的無待、〈齊物論篇〉的物我齊同平等、〈養生主篇〉的神形兼養，建立平穩妥當的自處基石之後，則可運用心齋之「虛」，處人以及處世，靈活地虛實併用，順人而不失己。

德充符

「符」：應，指相應而生。與生俱有的內在天性之「德」飽滿充實，自然流露於外，在人群中相應而生的是：受到輕視，抑或敬重？

魯有兀者王駘，從之遊者與仲尼相若。常季問於仲尼曰：「王駘，兀者也，從之遊者與夫子中分魯。立不教，坐不議，虛而往，實而歸。固有不言之教，無形而心成者邪？是何人也？」仲尼曰：「夫子，聖人也，丘也直後而未往耳。丘將以為師，而況不若丘者乎？奚假魯國！丘將引天下而與從之。」常季曰：「彼兀者也，而王先生，其與庸亦遠矣。若然者，其用心也獨若之何？」仲尼曰：「死生亦大矣，而不得與之變，雖天地覆墜，亦將不與之遺。審乎無假，而不與物遷，命物之化，而守其宗也。」常季曰：「何謂也？」仲尼曰：「自其異者視之，肝膽楚、越也；自其同者視之，萬物皆一也。夫若然者，且不知耳目之所宜，而遊心乎德之和。物視其所一，而不見其所喪，視喪其足，猶遺土也。」常季曰：「彼為己，以其知得其心，以其心得其常心，物何為最之哉？」仲尼曰：「人莫鑑於流水而鑑於止水，唯止能止眾止。受命於地，唯松柏獨也正，在冬夏青青；受命於天，唯舜獨也正，幸能正生，以正眾生。夫保始之徵，不懼之實。勇士

一人，雄入於九軍。將求名而能自要者，而猶若是，而況官天地，府萬物，直寓六骸，象耳目，一知之所知，而心未嘗死者乎！彼且擇日而登假，人則從是也。彼且何肯以物為事乎！」

「魯」：魯國，在今山東省。「兀」：砍去一足。「王駘」：莊子假託的人名。「從之遊」：從之學。「仲尼」：孔子，名丘，字仲尼。「相若」：相當。「常季」：姓常，名季，魯國賢人，或許是孔子的學生。「與夫子」的「夫子」：老師，指孔子。「中分」：平分。「固」：何，疑問詞。「無形」：忘形，指不在意形體的全殘。「成」：和。「邪」：疑問詞。「夫子，聖人也」的「夫子」指王駘。「丘」：孔子自稱。「直」：只是。「奚假」：何但、何止。「王先生」的「王」：勝；「先生」：老師，指孔子。「庸」：常人。「獨」：特。「不與之遺」的「遺」：隤，下墜。「審乎」：確實了解。「無假」：不假，即真實，指變。「命」：明。「化」：變。「守」：不離。「宗」：本，兼指道以及內在天性之德。「楚、越」：湖北、浙江，指距離遙遠。「不知耳目之所宜」指不執著以耳目所喜愛的美聲美色為宜。「德」：可藉〈天地篇〉「物得以生謂之德」、《淮南子．齊俗篇》「得其天性謂之德」來了解，指與生俱有的自然天性本質，例如思考、自覺能力。「常心」有二意：（一）不起分別作用之心；（二）不變之心，「常」：不變。「最之」：聚之，指依歸。「鑑」：照。「唯止能止眾止」：第一個「止」指靜止的水面，第二個「止」：停留，第三個「止」：腳趾。「唯松柏獨也正」：此為宋．陳碧虛《莊子闕誤》引張君房本，至於其它通行本則無「正」

字。「正」指典範。「幸」有二意：（一）幸而；（二）副詞，指本。「保始」：即前文的「守其宗」，指不離道以及天性之德。「徵」：驗、驗證。「雄入」：衝入。「九軍」：天子六軍、諸侯三軍，合計九軍。「將求名」的「將」：但、只。「自要」：自我成就。「官、府」：均指懷抱。「寓」：寄託。「六骸」：首、身、四肢。「象」：似。「一知之所知」：學者王叔岷先生參酌唐代成玄英疏以及《淮南子》，認為本句有誤，正確應為「一知之所不知」，指「知與不知」通而為一。「心未嘗死」的「心」：常心，「死」指變動。「登假」：登升。「以物為事」的「物」：指足。

魯國有個被砍去一隻腳的人，名叫王駘，跟從他求學的學生與孔子相等。常季請問孔子說：「王駘是被砍去一隻腳的人，跟從他求學的學生卻與老師您的學生，各佔了魯國的一半。他站著不教導，坐著不議論，但是學生們空虛而來，卻充實而歸。果真有不使用言語的教導，使學生不在意形體的全殘而感到內心和諧的嗎？這是什麼人呢？」孔子說：「這位先生是聖人，我只是落後尚未前往請教罷了。我都要拜他為師，更何況不如我的人呢！何止魯國，我還要帶領天下人跟從他學習。」常季說：「他是一隻腳的人，卻勝過老師您，那麼他就遙遙領先一般人了。像這樣的人，他的用心有什麼獨特之處嗎？」孔子說：「生死是一件大事，卻不能使他有所改變，就算是天地崩落，他也不隨之墜落。確實明瞭真實就是不斷地改變，故而不隨萬物的變遷而改變，明白萬物的變化而不離大道以及天性之德。」常季說：「這是什麼意思呢？」孔子說：「從萬物相異的角度來看，身體內肝與膽的分別，就如同楚國與越國那麼的遙遠。從萬物相同的角度來看，萬物都是齊同平等，是不可切割的整體。像這樣見同也見異，就不執著以耳目所喜愛的美聲美色為宜，而是心神悠遊於和諧的天性之德。王駘看萬物就是整體，並沒有任何遺落，所以他看自己失去的一隻腳，就如同地上的一塊泥土。」常季說：「王駘重視自己內通的修養，以其分別作用之知，得其起分別作用之心，更以其起分別作用之心，得其無分別作用之常心，或不變的常心。為什麼人們會歸向他呢？」孔子說：「人們不會在流動的水面上照自己的形貌，而是在靜止的水面上照自己的形貌，唯有靜止的水面能留住眾人。樹木接受生命於天地之間，唯有松柏特別是典範，無分冬、夏，枝葉長青。人類接受生命於天地之間，唯有舜特別是典範，幸而或本就能端正自己，所以可引導眾人自我安頓。不離道以及天性之德的驗證，就是無懼。勇士一人，衝入千軍萬馬之中，只是為了求名以自我成就，尚且能夠如此；更何況懷抱天地萬物，只不過暫時寄託於首、身、四肢的六骸，具有與大眾相似的耳目感官，將知與不知，通而為一，常心未曾有任何變動的人呢！他將登昇至高遠之境，人們都將跟從他，他哪裡肯把一隻腳當作重要之事呢！」

王駘對於弟子的教導，寓言雖然先記載「立不教」，但是隨後記載「不言之教」。故知王駘並非呆滯在「不教」之單一隅落，而是適時調整為「教」。亦即「立不教」的意涵不在字面，不是絕無教導，故可進一步描述為「立不教而教」，以彰顯王駘隨機施教，無所拘執。

再看「坐不議」。試想，「立不教」的意涵既然不在字面，那麼「坐不議」的意涵，是否也不僅止於字面的絕無評議呢？回顧〈齊物論篇〉「六合之外，聖人存而不論；六合之內，聖人論而不議；春秋經世，先王之志，聖人議而不辯。」揭示聖人當議則議，不當議則不議，無所拘泥，恰如其分。由此則知「坐不議」的意涵也不在字面，不是絕無評議，不是呆滯「不議」之一隅，而是以「議與不議」的整體待命，適時調整。所以也可進一步描述為「坐不議而議」。

由於王駘以「立不教而教，坐不議而議」的整體，做為教導弟子的基石，所以弟子「虛而往，實而歸」，並不停滯在「虛」之一隅，而變化為「實」。由此而彰顯「虛與實」不是常識認為的互斥對立，而是相連相通，沒有對立、沒有對待、無待的整體。換言之，王駘教之以整體，弟子亦呈現整體。

再看「不言之教」。有鑑於「坐不議」不是絕無評議，而是適時使用言說進行評議。故知「不言之教」的意涵也不在字面，不是絕無言教，而是以「言與不言」的整體待命，當言則言，不當言則不言。故可進一步描述為「不言非不言」，以彰顯王駘靈活運用「言與不言」。

由於王駘以「整體」做為教導弟子的基準，使弟子不僅僅呆滯在單一隅落，而是觀察完整的全貌。所以弟子不僅只見王駘被砍去一足的外形，也同時感知王駘完足無損的內在天性之德；也就是「外與內」、「形與德」併見，由於受王駘內在之德的感召，故對王駘僅有一足的外形不以為意，也就因此不同於大眾，對形體外貌無所執著也無所排斥，遂有心神和諧之感受，故記載「無（忘）形而心成（和）」。以此，併觀「不言之教，無（忘）形而心成（和）」，則知其意涵與〈則陽篇〉「不言而飲人以和」相近。

「死生亦大矣，而不得與之變。」指出王駘雖然面對人生最大的死亡變動，但卻不受影響。然而讀者或許將提出疑問：這如何可能？或許唯一的可能就是：與變同步，也就是與死亡的變動，同步變化。以此，則無變化之可言，亦無死亡之可言。這是因為唯有與變同步，方無任何變動可言。例如：地球無時不動，但是人類與地球同步轉動，因此並不覺得地球時時皆動。反之，如果不與變同步，執著某一固定狀態，當狀態不同於以往之際，則覺得有「變」。

至於天地崩毀，對任何人都是極其之大的巨變，但是王駘卻不受影響。這是因為王駘與變同步，也就是與天地覆墜的變化，同步變化。因此對他而言，並無天地覆墜之可言。故記載「雖天地覆墜，亦將不與之遺（墜）。」

關於「無假」，雖然學者通常認為是無所假借。但是「無假」也有不假、真實之意。試想：天地之中，一切皆不斷地改變，然而什麼是真實，始終不變呢？深信人人都將回答「變」恆常不變；有鑑於大道具有變動不居的特質，故知「無假」不變的真實，即為不斷變動的大道。換言之，王駘了解不斷變動的大道就是真實，所以與道同步變化，也就不因萬物的遷流而有所變遷，因為他就是變的本身，所以任何變化對他而言，都是不曾改變。故記載「審乎無假，而不與物遷。」

「命（明）物之化」，再次指出王駘明瞭萬物並非一成不變，而是不斷變化。由此則知，「死生亦大矣」至「命物之化」，揭示王駘的用心是與變同步，也就是與「變化無常」（〈天下篇〉）的大道同步。簡言之，王駘具有與大道相同的流動特質，不停滯在任一隅落。

接著，莊子敘述王駘是「守其宗」的不變，在此可由二面向來了解：（一）「宗」指道，亦即王駘不離於道，與道同步，不斷變化，因此是恆常不變的「守其宗」。（二）「宗」指與生俱有的內在天性之德，亦即王駘不離內在之德，故而不變。不過，讀者或許將提出疑問：

為何不離內在之德，就是不變？回顧〈逍遙遊篇〉記載神人「之人也，之德也，將旁礴萬物以為一」，揭示神人立足與萬物混融、沒有對立、沒有對待、無待的整體，在整體中依隨自己的天性之德，也就是順隨萬物的自然天性，故與萬物互動恰如其分。故知自然天性之德並非停滯在某一固定狀態，而是與萬物互通互往，依隨萬物的變化而同步變化。由此則知，王駘不離內在之德，也是與變同步，隨變任化，所以是恆常不變的「守其宗」。由此亦一併明瞭「不變」的意涵不在字面，不是停滯在某一固定狀態；也就是前述說明，天地之中一切皆不斷改變，然而「變」卻是恆常不變。綜言之，王駘不離於道，亦不離自然天性之德，因此是恆常不變的「守其宗」。

由於王駘不離大道以及天性之德，與變同步，所以即使面臨死亡、天地崩毀的變動，對他而言都是不曾改變。同理可推，雖然旁人認為他遭受斬足的變化，但是以變觀之，並無變化可言。此外，也可由另一面向來了解：回顧〈養生主篇〉曾說明，兩足中的一足，遭強力砍斷，遂斷裂而僅存一足，以及未遭強力砍斷，保持兩足，都是血肉之軀與生俱有的自然天性之呈現，都是自然而且正常。王駘不離自然天性之德，因此也有以上的了解，故而不同於大眾，持平面對「形體完整或殘缺」，無所排斥也無所執著，而是順應自然；即使遭遇大眾厭恨的形體殘缺，也不受影響，不失心平氣和之安穩。

本書自〈逍遙遊篇〉以來，曾多次說明：天地間的存在，各有不同的形貌；但是，若不僅僅觀看形貌，而是穿過表象，明瞭任何存在都是組成天地萬物無從切割的連續性整體之一環，存在的本質皆相同。亦即外形雖然不同，但是存在的本質則是齊同平等，也就是此處記載的「自其異者視之」至「萬物皆一也」。

由於大眾通常都停滯在萬物之表象，而未能穿過表象，未能併觀本質。也就是只運用耳目進行觀察，因此都是以美聲美色為宜。但是王駘不同於大眾，不僅見異（表象）也見同（本質），不呆滯任一隅落，所以如同〈齊物論篇〉「厲與西施，恢恑憰怪，道通為一」，視醜、美、各種奇特怪異的不同狀態，皆為「一」。亦即不是以美聲美色為宜，而是視萬物皆宜。故記載「夫若然者，且不知耳目之所宜。」換言之，「不知耳目之所宜」的意涵不在字面，不是一切都不宜，而是萬物皆宜。

關於「遊心」，回顧〈逍遙遊篇〉以來，曾多次說明「遊」彰顯無待義理，亦即「無待」才可無所不至，沒有被阻擋之虞。故知在此之「遊心」，就是因為胸懷無待智慧，心念與任何狀態都沒有對立、沒有對待，故可無所阻隔的「遊心」。至於「德之和」，則是萬物並存於天地之間，雖然物象各自不同，但以天性之德做為觀察基準，則是無待、和諧之整體。故記載「遊心乎德之和」。

王駘了解天地萬物是無從切割的整體，沒有任何存在物被遺落於整體之外，縱然足被砍去，也明瞭被砍去之足，未曾遠離整體，仍然在天地萬物的整體中，一如「土」在整體之內。故記載「物視其所一」至「視喪其足，猶遺土也。」由此可知，王駘等量齊觀「喪足」與「遺土」，亦即「足」與「土」齊同平等，「足」並不比「土」高貴，「土」並不比「足」卑賤，它們都是天地萬物不可切割的連續性整體之一環。另外，莊子雖然舉「土」為例，實則也可舉天地之間的任何一項存在為例，例如「猶遺一朵玫瑰花」。這是因為任何一項存在，都與天地萬物是無從切割的整體。所以舉「玫瑰」或「土」為例，意涵並無任何不同，而皆指向整體。

聽聞孔子描述王駘具有以上極為與眾不同的生命內涵後，常季指出王駘「以其知得其心，以其心得其常心」。關於「知」，〈知北遊篇〉唐．成玄英疏：「知，分別也。」當代學者王叔岷先生進一步指出：「心起於分別，分別之謂知。」揭示人類意念、思考的心識運作起於分別，並且引領耳目感官對所有存在進行分別性的認知。

由於人們都是以耳目之感官，對萬事萬物進行辨識認知，故可了解「以其知得其心，以其心得其常心」，就是針對耳目感官的認知作用，向內尋找根源，進而了解耳目認知的分別作用，源於心之意念與思考，也就是心識的分別作用。接著，繼續針對心識向內尋找根源，進而了解生命內在尚有不起分別作用的「常心」是心識運作的根源。換言之，常心立基於萬物萬象「無物不然，無物不可」（〈齊物論篇〉）的整體性，明瞭萬有都不違逆天地運作的法則（例如：地球自轉），也都齊同平等，並無「然、不然、可、不可」的區隔或分別，因此並不進行分別性的認知。綜言之，王駘重視內通的修養，向內尋獲不進行分別的「常心」。

回顧〈人間世篇〉「無聽之以耳，而聽之以心；無聽之以心，而聽之以氣。氣也者，虛而待物者也，唯道集虛，虛者，心齋也。」揭示：氣、虛、道、心齋，對於萬物無不包容，無一排斥，也就是不進行任何分別。故知〈人間世篇〉這段記載與本篇「以其知得其心，以其心得其常心」，雖然文字敘述並不相似，但是義理甚為相近。亦即「心齋」與「常心」，對於萬事萬物都不僅只停留在耳目感官認知的表象，也不停滯在意念與思考的心識運作，而是立足不割裂的整全大道，不進行任何分別。由於不分別，則不形成對立，也就是沒有對立、沒有對待、無待、混融。故知「常心」的義理與「心齋」相同，也指向無待、混融、整體。

此外，也可由另一面向來了解：「常」是不變，因此不分別的「常心」具有不變的義理。但是「不變」的意涵不在字面，不是停滯在某一固定狀態。前述曾說明，天地之中一切皆變，然而「變」卻是恆常不變。故知不變的「常心」就是不斷變動，故為不變。亦即王駘與變同步，面對不斷變化的萬物，就是順隨而同步變化，所以與萬物沒有對立、沒有對待、無待，也無從進行任何分別，這就是不起分別作用的「常心」。回顧前述說明王駘之用心是與變同步，在此則了解「常心」是不起分別作用、不斷變動，二者的義理相符，故知王駘之用心即為「常心」。

常季不解：為何王駘以不分別的「常心」為生命基石，遂使人們歸向之？孔子回答：王駘如靜止的水面，可使人們照見自己的形貌，所以人們歸向王駘。那麼這是否意謂著：王駘絕無任何變動呢？關於此項疑問，可由二面向來了解：（一）由於王駘順隨萬物的變化而同步變化，因此與萬物同一節奏、步調，那麼無論萬物視王駘，或王駘視萬物，都認為彼此是靜止而沒有變動；並且因為王駘與萬物的變化同步，沒有對立、沒有對待、無待，所以萬物可藉由王駘而看見自己。由此則知，「止水」的意涵不僅止於字面，不是絕無波動的靜止，而是因為同步變化，故而互以彼此為靜止。

（二）「止水」指靜止。亦即不起分別作用、不變的常心，雖然與變同步，但是也有靜止之時。由此則知，「與變同步」的意涵不在字面，不是分分秒秒變動，而是隨機因應，與旁人相處，如果對方靜，則我亦靜；對方動，則我亦動。也就是當動則動，當靜則靜，遂使對方可照見其形貌。換言之，與變同步的常心，並不排斥「靜」，而是或動（變）或靜（止），不呆滯單一隅落，適時調整，無所拘泥。

簡言之，無論由上述（一）或（二）來了解「止水」，都可明瞭人們之所以依歸王駘，就是因為王駘具有「無待、整體」的生命內涵使然。

接著莊子舉樹木以及人類之中，具有典範性質的松柏、舜為例，尤其舜本就能自我端正生命，亦即以與生俱有的天性之德來安頓自我，故可再進一步引導大眾安頓生命。不過，並非引導大眾都與舜一模一樣，而是引導大眾各自以與生俱有的天性之德，安頓自我，成就自我之生命理想。莊子在此顯然是暗示：王駘具有與舜相同的典範性質，以自然天性之德安頓自我，並可引領大眾安頓生命。

「保始」即為前文的「守其宗」，也就是不離道以及自然天性之德。「保始之徵，不懼之實」指出不離道、德之人，表現出不懼的特徵。接著舉例「雄入於九軍」的勇士，不離求名之心念，遂不懼死亡；更何況不離道、德之人，當然亦無懼死亡。後文「官天地」至「心未嘗死者乎」，就是指不離道、德之人。

「官天地，府萬物」，指出立足天地萬物混融的整體，也就是不離道、德之人，與天地萬物是一不是二。由於明瞭混融的整體，即為生命的本源、是「始」、是「宗」，也明瞭生命始終不離天地萬物之整體，不僅有呼吸、心跳時，不離整體；沒有呼吸、心跳，仍不離整體，故對死亡無懼。至於形軀之六骸、耳目，都只是暫時的寄託，故對砍去一足，並不在意。

簡言之，不離道、德之人，之所以不懼死亡，也不在意砍去一足，是因為未嘗遠離整體，守住生命的本源，不懼的信心來自整體。

「一知之所不知」指出進行分別作用的耳目，雖然「知形殘」，但是不起分別作用的常心「不知形殘」，因此王駘將「知形殘」與「不知形殘」，通而為一；亦即視「殘與全」是一而不是二。換言之，「象耳目」雖然具有與大眾相似的耳目，但王駘不是僅僅以耳目來觀察生命，而是以不分別的常心做為觀察基準，了解無論「全」或「殘」，都是血肉之軀與生俱有的自然天性之呈現，所以無所執著也無所排斥。由此則知「彼且何肯以物為事乎」的意涵不在字面，不是以為腳不重要，不是以為腳應該拋棄，而是立基不分別的常心，故知有腳與無腳，都是自然之理的呈現，因此無所執著。

本則寓言記載，不離道、德，與天地萬物混融為一，秉持不分別的常心，如「氣」之虛，無不包容的生命內涵，則將吸引大眾來歸，也就是〈人間世篇〉「徇耳目內通而外於心知，鬼神將來舍，而況人乎！」

申徒嘉，兀者也，而與鄭子產同師於伯昏無人。子產謂申徒嘉曰：「我先出，則子止；子先出，則我止。」其明日，又與合堂同席而坐。子產謂申徒嘉曰：「我先出，則子止；子先出，則我止。今我將出，子可以止乎？其未邪？且子見執政而不違，子齊執政乎？」申徒嘉曰：「先生之門，固有執政焉如此哉？子而悅子之執政而後人者也！聞之曰：『鑑明則塵垢不

止，止則不明也。久與賢人處則無過。』今子之所取大者，先生也，而猶出言若是，不亦過乎！」子產曰：「子既若是矣，猶與堯爭善，計子之德，不足以自反邪？」申徒嘉曰：「自狀其過，以不當亡者眾；不狀其過，以不當存者寡。知不可奈何而安之若命，唯有德者能之。遊於羿之彀中，中央者，中地也；然而不中者，命也。人以其全足笑吾不全足者眾矣，我怫然而怒；而適先生之所，則廢然而反。不知先生之洗我以善邪？吾與夫子遊十九年矣，而未嘗知吾兀者也。今子與我遊於形骸之內，而子索我於形骸之外，不亦過乎！」子產蹵然改容更貌，曰：「子無乃稱！」

「申徒嘉」：姓申徒，名嘉，春秋時期鄭國之賢人。「兀」：砍去一足。「鄭」：鄭國，在現今河南省中部黃河以南之地。「子產」：姓公孫，名僑，字子產，鄭國之賢大夫。「伯昏無人」：莊子假託之人名。「合堂」：同堂。「邪」：疑問詞。「執政」：子產為鄭國的執政大臣，在此是子產的自稱。「不違」：不避。「先生」：老師，指伯昏無人。「固」：何，疑問詞。「子而」：子乃，你是。「後人」：排擠人，指看不起他人。「鑑」：鏡。「賢人」指智者。「取」：採納，指學習。「大」指理想典範。「不亦過乎」的「過」：偏頗。「計」：衡量。「德」指自然天性本質，例如與生俱有的思考、自覺能力。「狀」：陳述，指辯護。「其過」：自己的過失，「其」：己。「亡」指砍去一腳。「存」指保有兩隻腳。「安之若命」的「命」指與生俱有的自然天性本質。「羿」：上古善射之人，每射必中。「彀中」：弓箭射程之內。「中地」：正中標的，「地」：標的。「不中者，命也」的「命」指人生機緣。「怫然」：暴戾之心。「適」：到。「廢然而反」的「廢然」：指止息，「反」：返。「夫子」：老師，指伯昏無人。「索」：求。「蹵然」：慚愧不安。「稱」：說。

申徒嘉是被砍去一隻腳的人，他和鄭國大夫子產，一同在伯昏無人門下學習。子產對申徒嘉說：「我先出去，你就等一下再走；你先出去，我就等一下再走。」第二天，他們二人又在同一堂屋同席而坐。子產對申徒嘉說：「我先出去，你就等一下再走；你先出去，我就等一下再走。現在我要出去，你可以等一下再走嗎？還是不能呢？你看見我這個執政大臣也不迴避，你與執政大臣齊同平等嗎？」申徒嘉說：「在老師的門下，有你這樣的執政大臣嗎？你誇耀自己的執政大臣地位，看不起旁人！我聽說：『鏡子明亮，則沒有塵垢；有塵垢則鏡子就不明亮。長期與有智慧的人相處，就沒有過失。』現在你應該學習的典範是老師，卻說出這麼自大的話，不是太偏頗了嗎！」子產說：「你已經是砍去一腳之人，還想要與堯這樣的聖人比較誰更好，衡量你的內在之德，不足以讓你反省嗎？」申徒嘉說：「為自己的過失辯護，認為不應該砍去一腳的人很多；被砍去一腳之後，不為自己的過失辯護，認為不應該保有兩隻腳的人很少。了解這是無可奈何，就順應如此的自然之命，只有不離自然天性之德者才可做到。行走在后羿的弓箭射程之中，走在中央，則將被射中；然而有人沒被射中，那就是命的機緣。許多人因為兩腳俱全就嘲笑我被砍去一隻腳，我感到非常憤怒；然而來到老師這裡，我的怒氣全消而平靜返家。不知是否老師以良善將我洗淨？我跟隨老師已經十九年了，他從來不知我是獨腳之人，或我從來不知自己是獨腳之人。現在你和我是以形骸之內的天性之德相交，但你卻以外在形貌來要求我，不是太偏頗了嗎！」子產聽了，立刻面色改變，慚愧的說：「請你不要再說了！」

子產與申徒嘉均拜伯昏無人為師，在老師面前，子產願意與申徒嘉同席而坐；然而離開老師的會所，則不願意與申徒嘉一同出現於大眾之前，故要求申徒嘉不可與自己同行。「子齊執政乎」的詰問語，彰顯子產自認為優越於申徒嘉，與申徒嘉並非齊同平等。

子產的言行可由二個面向來說明：（一）子產見老師並不排斥形殘的申徒嘉，因此老師在場時，子產也就暫時忍耐，不提出排斥申徒嘉的談話。（二）常識認為「形全」是好，「形殘」是壞，兩者互斥對立的偏頗之見，當老師在場時，未能干擾子產；然而一旦離開老師，子產便陷入「全、殘」互斥對立的偏見中。試問：為何如此？

或許答案就在「鑑（鏡）明則塵垢不止，止則不明也。」亦即賢人的智慧如鏡，也就是〈應帝王篇〉「至人之用心若鏡，不將（不送）不迎，應而不藏。」換言之，老師伯昏無人的用心就是呈顯萬事萬物的本來面目，無所偏頗，不僅呈顯每位學生各自不同的外在形貌，也同時呈顯人人齊同平等的內在之德，故在老師身旁，子產受老師的感召，不被形貌「全、殘」互斥對立的偏見干擾。然而一旦離開老師，子產便遭偏見遮蔽，只見外在形貌，不能「外與內」、「形與德」併見，遂自以為是「全、好」，視申徒嘉為「殘、壞」。這是因為子產尚非「久與賢人處」，與老師相處的時間未久，受到的感化尚淺，不若申徒嘉與老師相處業已十九年。「久與賢人處則無過」揭示去除偏執，必須長時間的努力修習，才可不被塵垢遮蔽，成為無過失的理想狀態。簡言之，老師心如明鏡，呈顯萬事萬物的完整全貌，不過一旦離開老師，子產便遭偏見遮蔽，故有排斥申徒嘉的偏頗言行。

接著，申徒嘉指「大者」是老師，不是子產。亦即子產若自認優越於申徒嘉，那麼老師較子產更高一等。不過，這並不意謂著三人有「大與小」、「高與低」的分別。回顧〈逍遙遊篇〉以來，曾多次說明天地間的所有存在，雖然形貌各自不同，但是穿過表象，則知任何存在都是組成天地萬物無從切割的連續性整體之一環，存在的本質皆相同。亦即外形雖然不同，但是存在的本質則是齊同平等。所以申徒嘉「不亦過乎」就是提醒子產僅只停滯在形貌上進行分別、強烈排斥，誠然是過度偏執，未能察見生命「形貌與本質」的整體性。

然而，子產未能立即明瞭申徒嘉談話之深意，「猶與堯爭善」一語，彰顯子產以堯自居，依然執著自己是「全、好」，視申徒嘉為「殘、壞」。

申徒嘉指出砍去一足之人通常都為自己辯護，也就是不願接受一足之現況。至於不為自己辯護，願意接受一足現況之人，極其之少。試想：既然砍去一足，即使不願接受，但也不可能改變現況，亦即這是「不可奈何」不可改變的情事。

〈人間世篇〉曾說明，「不可奈何」的意涵不是字面的勉強、不情願、無奈，而是明瞭生活中不可改變的情事，即為不得不然、必然、自然，所以如同面對「命」之自然，以順應自然的態度安頓之。也就是本則寓言記載的「知不可奈何而安之若命」。不過，讀者或許將質疑：為何砍去一足，卻視為「命」之自然？〈養生主篇〉曾說明：兩足中的一足，若遭強力砍斷，遂斷裂而僅存一足，以及未遭強力砍斷，保持兩足，都是血肉之軀自然天性之呈現。

有此了解，則知兩足或一足都是「命」之自然。

「知不可奈何而安之若命，唯有德者能之。」指出只有不離自然天性之德，才可將不可改變的情事視為自然，落實無待、接受與順應。

回顧〈人間世篇〉指出：接受生活中不可改變的「不得已」情事，但是「接受」並非消極、被動，因為「接受」即為主動、積極地「承擔」。也就是「消極、被動、接受」只是表象，生命內在尚有「主動、積極、承擔」的生命力，「接受與承擔」是不可切割的一體之兩面。同理，本則寓言看似消極、被動、接受「不可奈何」的表象之內，也具有主動、積極、承擔的精神與生命力。簡言之，穿過接受「不可奈何」的表象，則見內在承擔之主動與積極精神。故知「不可奈何」並不消極被動，反而彰顯主動承擔生命中許多無可改變情事的勇敢與堅定。申徒嘉即為深厚積累這項主動承擔的生命力，由此則了解「知不可奈何而安之若命，唯有德者能之」，揭示不離自然天性的有德者，具有主動積極承擔的堅毅與沉穩。

在國境之中，握有生殺大權的國君，如同神箭手后羿，所有民眾都在國君的弓箭射程之內，某些民眾（例如：子產）未被國君的箭射中，未遭受刑罰，是「命」（人生機緣）。至於申徒嘉被射中，遭受刑罰，也是「命」（人生機緣）。

關於在此記載「命」的意涵，可參看本篇第四則寓言：「死生存亡、窮達貧富、賢與不肖、毀譽、飢渴寒暑，是事之變，命之行也；日夜相代乎前，而知不能規乎其始者也。」指出：死生、存亡、窮達、貧富、賢不肖、毀譽、飢渴、寒暑等八組人生際遇，雖然常識以為是兩兩互斥對立，不過莊子揭示它們是「事之變，命之行」，並且隨即以「日夜相代乎前，而知不能規乎其始者也」，說出八組「事變命行」的人生際遇，恰若「日夜」一前一後的交替代換，變化無已。也就是：或生存、或死亡、或貧窮、或富達、或譽賢、或毀不肖、或渴暑、或飢寒，這些流動變化的人生機緣，就是「命之行」命的流動。簡言之，「命」指向人生機緣。

回顧〈人間世篇〉以及前述「知不可奈何而安之若命」曾說明：莊子記載的「命」指向與生俱有的自然天性本質；接著，在此又了解「命」尚有人生機緣的意涵。雖然有些學者認為莊子記載的「命」是宿命論，不過本書並不以宿命論進行說明。

由此則知，子產未被國君的箭射中，未遭受刑罰，是「命」，也就是「事變命行」的人生機緣。至於申徒嘉被射中，遭受刑罰，也是「命」，也是「事變命行」的機緣。以往他尚無此項了解之前，被大眾嘲笑形體殘缺，總是情緒憤怒。但是追隨伯昏無人之後，了解這是在國君統治之下，不免發生的人生機緣，因此並不自怨自艾，心平氣和地接受並承擔此一機緣以及形體殘缺的現況。

關於大眾之所以嘲笑申徒嘉，則是與子產相同，只見外在形貌，不見內在之德，不能併見「外與內」、「形與德」，未見生命的整體。至於申徒嘉之所以憤怒，也是只見外貌，未見內德之故。然而跟隨伯昏無人學習，則明瞭「全與殘」的外貌雖異，但是內在之德人人齊同平等；而且無論形「全」或「殘」，都是血肉之軀與生俱有的自然天性之呈現，所以無所執著也無所排斥，因此憤怒止息，也就是「鑑明則塵垢不止」。簡言之，老師使申徒嘉心如明鏡，不被常識認為的「全與殘」、「好與壞」對立互斥的偏見干擾，而是觀察生命的整體，不僅見外貌，也併見人人平等的內在之德，而且明瞭「全」或「殘」，都是血肉之軀與生俱有的自然天性之呈現，這就是「先生洗我以善」。亦即「不知先生之洗我以善邪」雖是以疑問語進行敘述，但是綜觀前後文，便知老師以整體之「善」，洗去申徒嘉停滯一隅的偏頗。

至於「吾與夫子遊十九年矣，而未嘗知吾兀者也。」雖然學者通常認為是老師不知申徒嘉為獨腳，但也可能是申徒嘉不知自己為獨腳。亦即申徒嘉不分別「全、殘」，也不落入「全」或「殘」之任一隅落，誠然是「久與賢人處則無過」。

「今子與我遊於形骸之內，而子索我於形骸之外。」申徒嘉指出：與子產是以內在之德相交，但子產卻只以外在形貌來評斷申徒嘉，停滯在「外、形」，而未見「外與內」、「形與德」的生命整體。由此則知「遊於形骸之內」的意涵不在字面，不是僅僅以德相交，而是以生命的整體相交，不停滯在單一隅落，無所偏頗。所以「不亦過乎」，就是指子產僅只停滯在單一隅落，過度偏執於外貌而未能觀察生命的整體。

本則寓言以「形體完好與殘缺」為例，揭示大眾通常未能併觀「外與內」、「形與德」的生命整體，僅只以外在形貌衡量他人，遂有「好與壞」的分別，以致與他人形成對立。然而如果併觀「外與內」、「形與德」的生命整體，明瞭外貌雖異，但是內在之德人人平等，並無「好、壞」的分別，則將以齊同平等的態度面對他人，因此人際相處即為沒有對立、沒有對待、無待。試想：大眾如果都有以上的了解，那麼人際和諧、社會安祥的理想，也就將水到渠成。

魯有兀者叔山無趾，踵見仲尼。仲尼曰：「子不謹前，既犯患若是矣。雖今來，何及矣！」無趾曰：「吾唯不知務而輕用吾身，吾是以亡足。今吾來也，猶有尊足者存，吾是以務全之也。夫天無不覆，地無不載，吾以夫子為天地，安知夫子之猶若是也！」孔子曰：「丘則陋矣！夫子胡不入乎？請講以所聞。」無趾出。孔子曰：「弟子勉之，夫無趾，兀者也，猶務學以復補前行之惡，而況全德之人乎！」無趾語老聃曰：「孔丘之於至人，其未邪？彼何賓賓以學子為？彼且蘄以諔詭幻怪之名聞，不知至人之以是為己桎梏邪！」老聃曰：「胡不直使彼以死生為一條，以可不可為一貫者。解其桎梏，其可乎？」無趾曰：「天刑之，安可解！」

「兀」：砍去一足。「叔山無趾」：叔山氏，字無趾，莊子假託之人名。「踵」：至。「犯」：遭遇。「唯」：因為。「不知務」的「務」：事。「輕用吾身」指行為不謹慎，「輕」指不謹慎。「務全、務學」的「務」：努力。「安」：何，疑問詞。「胡」：何，疑問詞。「全德」指全形。「老聃」：老子。「至人」指悟道者。「邪」：疑問詞。「賓賓」：頻頻。「學子」有二意：（一）學生；（二）向老聃學習，「子」指老聃。「蘄」：祈。「諔詭幻怪」指奇異。「以是為己桎梏」的「是」兼指名以及對於名的執著。「桎梏」：腳鐐手銬，即枷鎖。「直」：特。「一條、一貫」：都指一，亦即整體。「天刑」：自然的刑罰。

魯國有個被砍去一隻腳的人，名叫叔山無趾，他去請見孔子。孔子說：「你以前不謹慎，已經遭遇禍患，成為如此的模樣。雖然現在來請教，怎麼來得及呢！」無趾說：「我因為不懂事，行為不謹慎，以致失去了腳。現在我來這兒，是因為生命中還有比腳更尊貴的存在，我想努力保全它。天是無所不覆，地是無不承載，我將先生視為天地，哪裡曉得先生竟是這樣的啊！」孔子說：「是我太淺陋了！先生何不進來？請說說你的意見。」無趾離開了。孔子說：「弟子們努力啊！無趾是個獨腳之人，仍想努力學習，以彌補過去的錯誤，更何況未遭受刑罰的全形之人呢！」無趾對老聃說：「孔子還沒有到達至人的境界吧？他為什麼常常來向你請教呢？他希望以奇異的名聲傳聞天下，卻不知至人將名以及對於名的執著，當做自己的枷鎖啊！」老聃說：「何不特別的使他了解死與生為一體，可與不可是一，解開他的枷鎖，這樣可以嗎？」無趾說：「這是自然給他的刑罰，怎麼可能解開！」

無趾來見孔子，但是孔子不待無趾發言，便率先指出無趾業已失去一足，雖然前來，但已於事無補。亦即孔子與上一則寓言的子產相似，只見外在形貌，未能併見「外與內」、「形與德（與生俱有的自然天性）」。

至於無趾承認往昔不知輕重，以致失去一足，但是「猶有尊足者存」指出與生俱有的內在天性之德，比足更為尊貴，仍可致力保全。亦即無趾雖然遭受刑罰而形體不全，但是內在的天性之德，並未受到影響。也就是刑罰僅能傷害「形」，不能折損「德」。

聽聞無趾之言，孔子立即覺察言談不當，遂改稱無趾為「夫子」（老師），並請無趾入內講談。然而無趾隨即離去，孔子則對學生指出無趾形體不全，仍致力學習，更何況是「全德」之人。不過，孔子在此所說的「德」是指形體，至於無趾致力保全的「德」則是與生俱有的內在天性，二人所述的「德」並非同一意涵。

簡言之，孔子認為未遭受刑罰的「形全」之人即為「德全」。然而，無趾卻是「形不全」而「德全」，由此可證「形不全」不必然「德不全」。同理可推，「形全」亦不必然「德全」。

關於「以是為己桎梏」，學者通常認為「是」指名，不過也可能指向：對於名的執著。在此平心思考「名」，誠然是人們生活的一部分，對於人們的生活也具有輔助的功能，並非萬惡的淵藪；只不過人們如果過度執著「名」，則將使行為產生偏差與錯誤。換言之，錯誤並非源於「名」，而是來自人們的執著。因此，本書將以「對於名的執著」來進行說明。

老聃言「以死生為一條，以可不可為一貫者。」關於「生死」，本書多次說明：生死是不可切割的一體之兩面。至於「可與不可」，〈齊物論篇〉「無物不然，無物不可」，揭示萬有都不違逆天地運作的法則（例如：地球自轉），本是和諧並存的整體，並無「可或不可」之區隔。只不過人們以一己的好惡為基準，強硬指稱喜好者為「可」；反之，則為「不可」。但是人類雖然以語言文字對萬有貼上「可」或「不可」的標籤，然而本是和諧並存不可切割的萬有整體，並不因為人類黏貼標籤遂割裂為「可與不可」對峙之兩邊，而依然是無從切割的整體。簡言之，縱然人類對各種物象指稱「可或不可」，但是萬物萬象依然是「可」，都不違逆天地運作的法則，都是齊同平等的「一」。

但是為何了解「生與死」、「可與不可」一體不可分，則可解除「桎梏」（對於名的執著）？這是因為生、死之名，雖然不同，但都指向「生與死」無從切割的整體，亦即穿過生、死之名，則察見並無不同的整體之「實」。可、不可之名，雖然不同，也都指向不違逆天地運作法則的萬有整體，亦即穿過可、不可之名，則察見並無差異的整體之「實」。有以上的了解，那麼對於他人，不再僅只以外在的形貌、名相進行比較，而是穿過表象，併觀內在之德，亦即察見人人平等而無等差的生命整體之「實」。換言之，不僅只執著「名」，而是「外與內」、「形與德」、「名與實」併觀，因此遂解除對於「名」的執著，不再受到桎梏捆綁。

無趾指孔子遭到不可解的「天刑」，恰與無趾的「人刑」互為對照。「天刑」雖未遭受刑罰，雖然形全，但是思考被常識認為「生與死」、「可與不可」、「全與不全」互斥對立的想法所侷限，只見外在之「形」，不見內在之「德」，不見完整的全貌，生命侷限在單一隅落，這就是「天刑」。

本則寓言揭示：與他人相處，必須「外與內」、「形與德」、「名與實」併觀，那麼或許將發現：雖然遭受人刑而形軀不全，但是未遭受天刑，內在之德未受到斲傷的「全德」之人；至於未遭受人刑而形軀完整，卻可能遭受天刑，是內在之德受到折損的「非全德」之人。

魯哀公問於仲尼曰：「衛有惡人焉，曰哀駘它。丈夫與之處者，思而不能去也。婦人見之，請於父母曰：『與為人妻，寧為夫子妾』者，十數而未止也。未嘗有聞其唱者也，常和人而已矣。無君人之位以濟乎人之死，無聚祿以望人之腹。又以惡駭天下，和而不唱，知不出乎四域，且而雌雄合乎前，是必有異乎人者也。寡人召而觀之，果以惡駭天下。與寡人處，不至以月數，而寡人有意乎其為人也；不至乎期年，而寡人信之。國無宰，不

寡人傳國焉。悶然而後應，氾若而辭。寡人醜乎，卒授之國。無幾何也，去寡人而行，寡人卹焉，若有亡也，若無與樂是國也。是何人者也？」仲尼曰：「丘也嘗使於楚矣，適見豚子食於其死母者，少焉眴若，皆棄之而走。不見已焉爾，不得類焉爾。所愛其母者，非愛其形也，愛使其形者也。戰而死者，其人之葬也不以翣資；刖者之屨，無為愛之。皆無其本矣。為天子之諸御，不爪翦，不穿耳，取妻者止於外，不得復使。形全猶足以為爾，而況全德之人乎！今哀駘它未言而信，無功而親，使人授己國，唯恐其不受也。是必才全而德不形者也。」哀公曰：「何謂才全？」仲尼曰：「死生存亡、窮達貧富、賢與不肖、毀譽、飢渴寒暑，是事之變，命之行也。日夜相代乎前，而知不能規乎其始者也。故不足以滑和，不可入於靈府。使之和豫，通而不失於兌。使日夜無郤，而與物為春，是接而生時於心者也。是之謂才全。」「何謂德不形？」曰：「平者，水停之盛也。其可以為法也，內保之而外不蕩也。德者，成和之修也。德不形者，物不能離也。」哀公異日以告閔子曰：「始也吾以南面而君天下，執民之紀而憂其死，吾自以為至通矣。今吾聞至人之言，恐吾無其實，輕用吾身而亡其國。吾與孔丘，非君臣也，德友而已矣。」

「魯哀公」：魯國國君。「衛」：衛國。「惡」：醜。「哀駘它」：莊子假託之人名。

「丈夫」指男子。「唱」：主張。「和人」：應和旁人。「濟」：救。「聚祿」：俸祿，指財富。「望」：滿。「有意」指欣賞。「期年」：一年。「悶然」指沉默。「後應」指良久才回應。「氾若」：泛然。「辭」：言說或推辭。「醜」：慚愧。「卒」：終。「無幾何」指短時間。「卹」：憂。「若有亡」：若有所失。「適」：恰巧。「少焉」：稍焉，指一會兒。「眴若」：驚慌之貌。「不見已、不得類」的「已、類」：似。「使其形者」指主使形體的才德精神。「翣」：棺飾。「資」指送葬。「刖」：砍去一足。「屨」：鞋。「御」：用，指侍奉天子的女性與男性。「不爪翦」：不翦爪，不剪指甲。「德」指與生俱有的自然天性本質。「才」指天生的質性能力，與「德」的意涵相同。「不形」：不顯露於外表。「命之行」指人生機緣的變動，「命」指人生機緣，「行」指流動變化。「相代乎前」：相代乎前後，「代」：代換。「不能規乎其始」：不能規乎其終始，「規」：測度。「滑」：亂。「靈府」指心靈。「使之和豫」的「之」：指靈府，即心靈。「和豫」：和諧。「兌」：充，指實，即整體性。「無郤」：無隙，指整體。「與物為春」指順隨萬事萬物，「春」指推移、順隨。「接」：合，指無隙、混融。「生時於心」指心靈順應時機，宛若心靈與時機相應而生。「盛」：至極。「法」：準則。「成和之修」：不離和諧或長久的和諧。「成和」：和。「修」有二意：（一）修養，指不離；（二）長。「閔子」：姓閔，名損，字子騫，魯國人，孔子的學生。「始」：初，從前。「至人」指孔子。「實」指整體性。「亡其國」：亡己國。

魯哀公問孔子說：「衛國有個面貌醜陋的人，名叫哀駘它。男子與他相處，都思慕他捨不得離去。女子見了他，便向父母請求：『與其做旁人的妻子，寧可做這位先生的妾』，這樣的女子有十幾個，而且持續增加。未曾聽說他有什麼主張，通常都是應和旁人罷了。他沒有統治者的權力以拯救旁人的死亡，沒有財富以餵飽旁人的口腹。而且面貌醜陋驚駭天下，只是應和而沒有個人的主張，知見不曾超越四方之外，然而女子男子都親近他。這樣的人必定有異於常人之處。我召他前來，一見他的容貌果真奇醜無比。但是我們相處，不到一個月，我就很欣賞他的為人；不到一年，我就十分信任他。這時國內沒有宰相，我將國事委託給他。他卻沉默許久才回應，泛泛然說些話或推辭，我覺得很慚愧，終於還是將國事交付給他。沒有多久，他離開我走了，我覺得憂煩，若有所失，如同國家之內沒有人可與我共歡樂。他究竟是個什麼樣的人呢？」孔子說：「我曾經到楚國去，恰巧看見一群小豬在剛剛死去的母豬身上吃奶，一會兒都驚慌地拋開母豬而跑走了。這是因為小豬看不見與以往相似的母豬，得不到與以往相類似的母豬。小豬愛母親，不是只愛母親的形體，也同時愛主使形體的才德精神。戰死沙場的人，就埋葬在戰場，由於沒有棺木，所以不用棺飾送葬。砍去腳之人，不會愛惜先前的鞋子。這是因為沒有了根本。侍奉天子的女性，不剪指甲，不穿耳洞；侍奉天子的男性，如果娶妻只能在外圍留守，不可再侍奉天子了。形體完整的人，猶能有侍奉天子的殊榮，那麼更何況是全德之人。現在哀駘它不說話就被信任，沒有功業就受人親附，能使旁人將國事委託給他，還怕他不接受。這一定是才全而德不形之人。」哀公問：「什麼叫做才全？」孔子說：「死生、存亡、窮達、貧富、賢與不肖、毀譽、飢渴、寒暑，這些都是事情的變化，命的流轉變動，就像白天黑夜一前一後的交替代換，而人的知見不能測度它們的終點與起點。因此，任何際遇都不足以擾亂生命的和諧，不可進入我們的心靈。使心靈和諧愉悅，通達而不失整體。使心靈與機緣如同日夜沒有間隙，而順隨萬事萬物，心靈與機緣接合，宛若心靈與時機相應而生，這就叫做才全。」哀公接著問：「什麼是德不形？」孔子說：「水平，是水靜止的極至狀態。可以做為測量的標準，內在持平而外表不波盪。德，就是不離和諧或長久的和諧。內德充實飽滿，不表露於外，萬物自然親附而不能離去。」哀公過幾天告訴閔子騫說：「從前我以王者的地位治理國家，執掌法紀而憂慮民眾的死亡，我自以為最通達治理之道。現在我聽到至人的言論，恐怕我沒有掌握整體性，會輕舉妄動以致亡失自己的國家。我與孔子，不是君臣，是以天性之德相交的朋友啊！」

魯哀公向孔子描述面貌醜陋的哀駘它「和而不唱」，不執著己見而是和諧的與旁人相處，亦即與人們沒有對立、沒有對待、無待。回顧〈逍遙遊篇〉曾說明，不與任何存在作對的和諧無待，即為「無我」；〈人間世篇〉說明，無我則如同氣之「虛」，如同大道，無不包容接納，無一排斥，也就是「萬物與我為一」（〈齊物論篇〉），故可使鬼神、萬物、眾人都來依附。由此則知本則寓言中，何以女子、男子以及國君，都樂意親近哀駘它。

孔子聽聞哀駘它的行止之後，說出許多舉例，先看「戰而死者」至「無為愛之」，指出「棺飾」以棺木為本，「屨」以「足」為本。再回看「豚子與死母」之例，指出有形可見的「形體」，以無形不可見的「才德精神」為本。不過，這並不意謂著形體不重要。試想，「才德精神與形體」是不可切割的混融整體，它們同等重要。所以莊子又舉例：不爪翦、不穿耳、未娶妻的「形全」之人，尚且有侍奉天子的殊榮，特別受到看重；進而揭示「全德」之人也必定受到重視，在此是指哀駘它即為「德全」。

至於「才全」即為「德全」。「才」是天生的質性能力，「德」是與生俱有的自然天性本質；「才」與「德」的意涵相同，故知莊子是以「才全」做為「德全」的代稱。所以「才全而德不形」即為「德全而德不形」，也就是天性本質完整充實，但不顯露於外。

孔子繼續舉例說明「才全」，在此先看「日夜」。有鑑於日夜一前一後交替代換，是無從切割的連續性整體，人類無從明確指出哪一個瞬間是「日」的開始、「夜」的結束，也無從指出哪一個瞬間是「日」的結束、「夜」的開始。故記載「日夜相代乎前，而知不能規乎其始者也」，也就是「日夜相代乎前後，而知不能規乎其終始者也」。

由此則知，莊子舉日夜為例，指出「死生、存亡、窮達、貧富、賢與不肖、毀譽、飢渴、寒暑」等等人生際遇，都如同日夜，在生命中輪流出現。也就是「生存與死亡」、「貧窮與富達」、「譽賢與毀不肖」、「飢寒與渴暑」一前一後的代換，它們的性質與「日夜」相同，並不是常識認為的互斥對立，而是無從切割的連續性整體，一前一後地交替代換。至於人們當下經歷「生、存、富、達、賢、譽、飢、寒」或「死、亡、貧、窮、毀、不肖、渴、暑」，則是事之變，也是人生機緣的變動，故記載「是事之變，命之行也。」

同理可推，「美與醜」也不是常識認為的互斥對立，而是一前一後的輪流出現，是無從切割的連續性整體。例如：人類的一生，由嬰幼兒成長為少年、青年，而後進入中老年，就是形貌逐漸由美變化為醜的歷程，也就是〈齊物論篇〉「厲與西施……道通為一」，故知「美與醜」也是「事之變，命之行」。至於與生俱有的形貌或美或醜，也是人生的機緣，也是「事之變，命之行」。

換言之，當前的人生機緣，無論是「生、存、富、達、賢、譽、飢、寒」或「死、亡、貧、窮、毀、不肖、渴、暑」，都是無從切割的連續性整體在流轉變動中所呈現的不同面向。亦即任何際遇，都不是支離破碎的殘片，都是整體。

有以上的了解，則知無論機緣為何，都未曾遠離整體，所以生命與心靈的和諧，不因任何機緣而混亂攪擾，故記載「故不足以滑和，不可入於靈府。」

如此之心靈通達而且和悅，不被任何機緣困厄，明瞭常識喜愛的「生、存、富、達、賢、譽」，並不使機緣的整體性有所增加；至於常識排斥的「死、亡、貧、窮、毀、不肖」，也不使機緣的整體性有所減損。亦即任何人生機緣，都不失整體性的充實，故記載「使之和豫，通而不失於兌（充）。」

由於順應機緣，不與當前的任何機緣作對，而是順隨機緣中的萬事萬物，沒有對立、沒有對待、無待。因此，「心靈與機緣」如同日夜，是沒有間隙的混融整體，宛若心靈與時機相應而生，故記載「使日夜無郤」至「是接而生時於心者也」。

綜言之，觀察與思考不停滯在任一隅落，而是察見完整的全貌，明瞭任何機緣都是無從切割的連續性整體在流轉變動中，所呈現的不同面向。因此不同於常識，非但不排斥任何機緣，而且心平氣和地順應，也就是與「事之變，命之行」的變化同步，以此來安頓生命。亦即胸懷整體，與人生機緣混融無待，這就是「才全」，也是「德全」。由此而彰顯哀駘它的天性本質完整充實，不曾因形貌醜陋的機緣而有任何減損。

對於「德不形」的說明，孔子舉水為例，「平者」至「內保之而外不蕩也」，指出哀駘它如同水之靜止持平，而且是內外皆然。亦即平穩安頓生命的內在，對外與人們交接也不失平穩。

「德者，成和之修」，指出哀駘它的天性之德，不曾遠離和諧。由此則知他與人們交接，也是和諧、沒有對立、沒有對待、無待，亦即前文記載之「和而不唱」。由於和諧無待，對人們具有感召的吸引力，無論女子、男子、或國君，都樂意親近他，故記載「物不能離也」。

不過，在此回看「內保之而外不蕩」，試問：「不蕩」是否絕無任何波動呢？〈秋水篇〉「無動而不變，無時而不移」，指出天地之中一切都在改變；而且前述曾說明，哀駘它與「事之變，命之行」的變化同步，因此可知「不蕩」的意涵不在字面，不是絕無波動，而是與變同步，所以任何變化對他而言，都是不曾改變、不蕩（動）。由於哀駘它與波動沒有對立、沒有對待、無待，因此可進一步描述為「不蕩非不蕩，蕩而不蕩」，以彰顯哀駘它融「蕩與不蕩」於一身的無待生命內涵。

前述曾說明「德不形」指向：天性本質完整充實，但不顯露於外。然而莊子記載人們與哀駘它相處，都不願離開他；由此可證，哀駘它天性之德的和諧無待氣質，必定自然流露，所以對人們產生吸引力。亦即「德不形」的意涵不在字面，不是絕不顯露於外，因此可進一步描述為「不形非不形，形而不形」，以彰顯哀駘它融「形與不形」於一身的無待天性本質。

「執民之紀而憂其死」，揭示魯哀公執著「生」，排斥「死」。聽聞孔子之言後，方才明瞭「生死」一如「日夜」，是無從切割的連續性整體，因此覺察尚未立足整體性；進而了解對於任何「事之變，命之行」的人生機緣，都不宜有所執著或排斥，而應與變同步。故記載「今吾聞至人之言」至「輕用吾身而亡其國」。

最終，魯哀公自言與孔子並無「君與臣」、「高與下」、「貴與賤」的分別，而是以人人都齊同平等的天性之德相交。故記載「吾與孔丘」至「德友而已矣」。

本則寓言指出「才全而德不形」之人，不落入常識認為互斥對立的「美與醜」、「好與壞」的任一隅落，秉持完整的天性本質，以無待做為立足點，由於胸懷整體，與變同步，和諧的生命內涵自然流露，受到人們一致的敬重；而且大眾受到其人內在之德的感召，因此對於其形貌的美醜，也就不以為意。

另外，上一則「叔山無趾」寓言中，莊子記載孔子遭受「天刑」，本則寓言記載孔子明瞭「才全而德不形」的深邃義理。前後二則寓言，對孔子一貶一揚，這正是莊子運用流動而不停滯一隅的筆法進行書寫，也就是宋．蘇軾指出莊子對孔子的書寫是「陽擠而陰助之」。

闉跂支離無脤說衛靈公，靈公悅之；而視全人，其脰肩肩。甕盎大癭說齊桓公，桓公悅之；而視全人，其脰肩肩。故德有所長而形有所忘。人不忘其所忘而忘其所不忘，此謂誠忘，故聖人有所遊。而知為孽，約為膠，德為接，工為商。聖人不謀，惡用知？不斲，惡用膠？無喪，惡用德？不貨，惡用商？四者，天鬻也。天鬻者，天食也。既受食於天，又惡用人？有人之形，無人之情。有人之形，故群於人，無人之情，故是非不得於身。眇乎小哉，所以屬於人也！謷乎大哉，獨成其天！

「闉跂、支離、無脤」：跛腳、身體扭曲、無唇，指形體殘缺，容貌醜陋。「衛靈公」：衛國國君。「其脰肩肩」：本段敘述記載兩次，「脰」是頸子，但是第一次記載的「脰」，有學者認為應是「脛」，指腿；「肩肩」指瘦小。「甕㼜大癭」：形容頸子有腫瘤大如盆。「齊桓公」：齊國國君。「人不忘」的「不」：不但。「人不忘其所忘而忘其所不忘」的「其」指上述二位國君，「所忘」指形體，「而」：又，「所不忘」指內在之德；亦即不但忘外在形貌又忘內在之德，指形德兩忘。「誠忘」：真忘。「有所遊」指沒有對立、沒有對待、無待，故可與任何人交遊。「遊」：兼指無待與交遊。「知為孽（櫱）」：知萌生思慮。「孽」：櫱，指萌生。「德為接」：額外取得，來自與人們交接；「德」指得。「工」：巧。「惡」：何，疑問詞。「斲」：砍削。「惡用德」：何須額外取得。「貨」：賣。「天鬻、天食、獨成其天」的「天」：自然，均指大道的整體性；「鬻、食」均指養育。「人之情」指人類的是非好惡之情緒。「是非」：即人之情，指好、惡、執著、排斥等等的情緒。「眇」：小。「屬於人」指繫縛於知、膠、德（得）、商，「屬」：繫。「謷」：大。「獨成」的「獨」：特，「成」指全、完備。

有一個跛腳、身體扭曲、無唇的人去遊說衛靈公，衛靈公很欣賞他，再看到形體健全完整之人，反而覺得他們的頸子（或腿）太瘦小了。有一個頸子長了大腫瘤的人去遊說齊桓公，齊桓公很欣賞他，再看到形體健全完整之人，反而覺得他們的頸子太瘦小了。內在的才德精神飽滿充實，旁人便忘卻（不在意）他的形體。有人不但忘外在形貌又忘內在之德，這就稱為誠忘（形德兩忘），因此這樣的聖人懷藏無待智慧，可與任何人交遊。然而大眾通常執著知，遂萌生思慮；執著盟約，而有如膠似漆的連結；執著額外的取得，遂與旁人交接；執著工巧，遂有商賈販賣。聖人不謀略，哪裡用得到知？未遭砍削，哪裡用得到如膠似漆的連結？不曾喪失，哪裡需要額外取得？不販賣，哪裡用得到商賈販售？做到這四項，就是天鬻。天鬻，就是大道整體性的養育。既然受大道整體性的養育，又哪裡用得到人為的方式？有人的形體，但是沒有人們是非好惡的情緒。有人的形體，所以與人群共處；沒有人們是非好惡的情緒，所以是非、好惡、執著、排斥等等的情緒，不能影響他。渺小啊！繫縛於知、膠、德（得）、商。偉大啊！特別完備於大道的整體性！

人之形體若與大眾不同，通常都被認為是不正常的畸形，難以受到大眾的接納，遑論欣賞。因此，若以人們通常的軀體做為觀察點，那麼莊子描述的闉跂支離無脤與甕㼜大癭，形體極為奇特，與大眾相去甚遠，所以必定難以受到人們的接納與欣賞。然而莊子卻記載，有二位國君因為欣賞他們內在的才德精神，所以也一併欣賞他們特殊的形貌，以至於「而視全人，其脰肩肩（瘦小）」認為大眾通常的形體有所欠缺不足。「德有所長而形有所忘」指出這是因為他們內在之「德全」，恰如本篇前曾記載的王駘、哀駘它，遂使二位國君不在意他們的形貌。

「人不忘其所忘而忘其所不忘」，指出不但忘外在形貌又忘內在之德，也就是形德兩忘。不過，「形德兩忘」的意涵不在字面，不是拋棄「外形與內德」，不是成為頑空，而是具有與大道相同的不執著特質，不執著「外形」，也不執著「內德」，不呆滯任一隅落，而是內外併觀。

這是因為「外形與內德」同存並在生命中，具有不可切割的整體性。只是大眾通常都執著有形可見的外貌，輕忽無形不可見的內德，這誠然是未能內外兼顧的偏頗；但是如果一味地執著內德，忽視外形，依然是未能內外兼顧的偏執。換言之，無論執著外形或內德，都是偏頗，也都失落了生命的整體性；唯有依隨渾全不割裂的大道，不執著外形也不執著內德，則與任何人都沒有對立、沒有對待、無待，也就可與任何人交遊。這是因為唯有「無待」，才可無所排斥，無人不可交遊。亦即「遊」蘊藏無待義理，故記載「人不忘其所忘而忘其所不忘，此謂誠忘，故聖人有所遊。」揭示胸懷無待智慧，則遊於「形與德」同存並在的生命整體，無所執著也無所排斥；由此亦可一併了解「誠忘」的意涵不在字面，不是什麼都遺忘了，而是指向回返大道不拘泥、不呆滯的特質。

綜上所述，可知本篇自篇首「王駘」之寓言以降，看似一再強調內在天性之德的重要性，但這並不意謂著可以忽略外在形貌，也不意謂著只須留意天性之德。試想「外形與內德」不可切割，它們都是生命真實的一部分，亦即外形是真實的一部分，天性之德也是真實的一部分。所以，併觀「外形與內德」而無所偏執，方才不離於生命的真實。

此外，也可由另一面向來了解上述義理：亦即莊子藉著無從切割的「形與德」為例，揭示「道通為一」（〈齊物論篇〉）的大道整體性。

有以上的了解，再回顧寓言記載：二位國君由於欣賞闉跂支離無脤與甕瓮大癭的內在之德，所以也一併欣賞他們特殊的形貌，以至於「而視全人，其脰肩肩（瘦小）」認為大眾通常的形體（全人）有所欠缺不足。這就是二位國君偏執於內德，失落生命的整體性，未能併觀「外形與內德」，未能了解全人的形體並無任何欠缺不足。換言之，「闉跂支離無脤、甕瓮大癭、全人」都是自然，都無任何不正常。然而讀者在此或許將提出疑問：大眾通常的形體（全人）的確是自然而正常，但是「闉跂支離無脤」跛腳、身體扭曲、無唇，以及「甕瓮大癭」頸子長了大腫瘤，並不自然也不正常呀！

關於此項疑問，可回顧〈養生主篇〉曾說明：血肉之軀呈現的任何狀態都是自然、正常，因為這些狀態都彰顯形體與生俱有如此的自然天性，例如：跛腳或不跛腳、長腫瘤或不長腫瘤，都是自然天性。試想，形體若不具有「跛腳、長腫瘤」的自然天性，那麼這些狀態都不可能發生；反之，它們既然發生，也就表示人體與生俱有如此的自然天性。只不過有些人跛腳、有些人不跛腳、有些人長腫瘤、有些人不長腫瘤罷了。

由此則知，大眾通常的形體（全人），固然呈現血肉之軀與生俱有的自然天性；但是形軀不同於大眾的闉跂支離無脤、甕瓮大癭，也是呈現血肉之軀的自然天性，並非不自然，亦非不正常。簡言之，「闉跂支離無脤、甕瓮大癭、全人」都是自然，也都是正常。

人間世事無不具有一體兩面的性質，例如地球必然是一半為「明」、另一半為「暗」。同理可推，「知」亦非只有光明面而無晦暗面，例如：「知」雖然使人脫離盲昧，但也同時增長思慮謀略，甚至是文飾造作、智巧詐偽，所知愈多，思慮謀略愈深，益發遠離大道順應自然的本質。換言之，「知」也是明暗並存，具有一體兩面的性質，然而人們通常只見其光明面，而未察見它的晦暗面。莊子在此則是和盤托出，指出人們未留意的一體兩面之另一面，故記載「知為孽（蘖）」。接著「約為膠，德為接，工為商」，則是繼續舉例指出大眾通常都有的執著。

聖人依循大道順應自然的無為準則，當為則為，不當為則不為，並不刻意謀劃，故不執著於使用知。聖人立足大道的整體性，生命飽滿而未遭砍削，所以雖然與人交遊，但不執著與人如膠似漆的連結。聖人的生命完整無所喪失，所以雖然與人們交接，並不執著於額外的取得。聖人的生命飽滿充實，但是無從販售予旁人，故不執著於商賈販賣。因此記載「聖人不謀」至「惡用商」。

綜言之，「知為孽（蘖）」至「惡用商」，藉著「知、膠、德（得）、商」為例，指出大眾通常都有這些執著，也就不免有所排斥，以至於形成對立，不是「沒有對立、沒有對待、無待」，因此難以做到無人不可交遊。但是聖人懷藏無待智慧，無所執著也無所排斥，故可與任何人交遊。

關於「是非」，〈齊物論篇〉曾說明：以「天地之運作」為觀察基準，則知天地之間的任何存在與狀態，都不違逆天地運作的法則（例如：地球自轉）。亦即人們所感知的萬事萬物、森羅萬象，無一不符合天地之運作，也就是「無物不然，無物不可」（〈齊物論篇〉）。亦即萬有並存於天地之間，本無「是、非」可言，而是沒有對立、沒有對待、無待、和諧的整體；只不過人們以一己的好惡為基準，強硬指稱喜愛的狀態為「是」；反之，則為「非」。聖人明瞭「無物不然，無物不可」，而且了解身而為人，必須與人群共處，也了解人人之德都是齊同平等，所以不排斥與任何外貌之人往來，不落入「是、非、好、惡」的任一隅落。故記載「有人之形」至「故是非不得於身」。

「屬於人」，指前文記載的「知、膠、德（得）、商」。之所以「眇乎小哉」，可由二面向來了解：（一）因為停滯在人為的「知、膠、德（得）、商」，未能依循大道順應自然的準則，未能與道同步。（二）因為有人之形，有人之情（是非好惡的情緒），未能明瞭人人的內在之德都是齊同平等，總是比較形貌的美、醜、全、殘，排斥「醜、殘」，執著「美、全」，落入「是、非、好、惡」的糾葛中。

「獨成其天」，指前文記載的「不謀、不斲、無喪、不貨」，也就是受大道整體性所養育的「天鬻」。之所以「謷乎大哉」，也可由二面向來了解：（一）因為「不謀、不斲、無喪、不貨」，具有與大道相同的整體性，並且依循順應自然的準則，與道同步。（二）因為有人之形而無人之情，對於人們的任何外貌，無所執著也無所排斥，不離齊同平等的天性之德，不落入「是、非、好、惡」的糾葛中。

本段敘述揭示：依隨不割裂的大道，併觀「外形與內德」而無所偏執，不離生命的整體性，則可與任何人交遊。聖人受大道整體性所養育，有人之形而無人之情，所以並不排斥任何外貌，也就不被是非、好惡的情緒所攪擾。

惠子謂莊子曰：「人故無情乎？」莊子曰：「然。」惠子曰：「人而無情，何以謂之人？」莊子曰：「道與之貌，天與之形，惡得不謂之人？」惠子曰：「既謂之人，惡得無情？」莊子曰：「是非吾所謂情也。吾所謂無情者，言人之不以好惡內傷其身，常因自然而不益生也。」惠子曰：「不益

生，何以有其身？」莊子曰：「道與之貌，天與之形，無以好惡內傷其身。今子外乎子之神，勞乎子之精，倚樹而吟，據槁梧而瞑。天選子之形，子以堅白鳴！」

「惠子」：惠施。「故」：固，本來。「道、天、自然」：意涵相同，均指道。「與」：予。「惡得」：何得，「惡」：疑問詞。「傷其身」的「身」：兼指形體以及內在天性之德。「因」：依。「益生」指人為刻意的過度養護生命。「外、勞」：均指過度耗用。「吟」指論說。「槁梧」：几，即桌子。「瞑」：眠。「天選」：天授。「堅白」指名家的堅白論。

惠子對莊子說：「人本是無情的嗎？」莊子說：「是的。」惠子說：「人如果無情，怎麼可以稱為人？」莊子說：「道賦予了形貌，自然賦予了形體，怎麼不可稱為人？」惠子說：「既然稱為人，怎麼可能無情呢？」莊子說：「是、非，即為我所說的情。我所說的無情，是說人不因好惡的情緒損傷自己的天性，總是依隨自然而不刻意以人為增益生命。」惠子說：「不刻意以人為增益生命，怎麼可能保有身軀？」莊子說：「道賦予了形貌，自然賦予了形體，不因好惡的情緒損傷自己的天性。現在你耗用你的心神，耗費你的精力，倚著樹就論說，靠著桌子就睡著了。自然授予你形體，你卻以堅白論自鳴得意！」

莊子前文記載「有人之形，無人之情」，因此引發惠施的質疑。莊子回答「是非吾所謂情也，吾所謂無情者，言人之不以好惡內傷其身」，明示「情」指人們的是、非、好、惡之情緒。另外，參看〈刻意篇〉「好惡者，德之失也」，則知「不以好惡內傷其身」的「身」

不僅僅指形體，也兼指內在天性之德。

回顧前述曾說明，萬有並存於天地之間，本是無待、和諧的整體，並無「是、非」可言。而且「德全」者明瞭：人們的外貌雖然各自不同，但是與生俱有的內在天性之德，則是齊同平等，亦無「是、非」可言。故知「無情」指出不落入是、非、好、惡的任一隅落，不以這些情緒割裂折損內在之德。也因為「德全」者了解：與生俱有的內在天性之德，本就是完整無所欠缺，因此無庸藉著前文的「知、膠、德（得）、商」，對生命刻意進行人為的增益。故記載「是非吾所謂情也」至「常因自然而不益生也」。

惠施以為不刻意對生命進行人為的增益，無從保有身軀，故再次提出質疑。由此一質疑，可知惠施所指的生命，就是有形可見的血肉身軀。亦即惠施未能了解莊子所指的生命，並不僅僅指有形可見的身軀，也兼指無形不可見的內在天性之德。

對於惠施的質疑，莊子了解二人的談話沒有交集，因此再次敘述「道與之貌，天與之形，無以好惡內傷其身」，指出自然賦予人們有形可見的形貌，也同時賦予無形不可見的內在之德；但是人們通常只知照顧有形可見的形軀，卻疏於安頓無形不可見的內在之德，陷溺在是、非、好、惡的情緒糾葛中，任由這些情緒割裂內德的完整性，傷害內德齊同平等的本質。

關於惠施，可參看〈天下篇〉「惠施日以其知與人之辯」至「是以與眾不適也。」莊子記載：惠施每日以智巧與人辯論，又與天下的辯者製造一些怪論，將違反人情的事物當做真實，欲取得勝過他人的名聲，所以與大眾不能和諧相處。

併觀上述〈天下篇〉以及本篇「今子外乎子之神」至「子以堅白鳴」的記載，可知莊子指出：自然賦予惠施有形可見的外在形貌，也同時賦予無形不可見的內在才德（例如：言談流利的才能），但是惠施極力將內在才德表現於外，以致成為不當的炫耀，不若前則寓言「才（德）全而德不形」的自然形之於外。

回顧本篇所記載的王駘、哀駘它、闉跂支離無脤、甕㽄大癭，均為外在形貌殘醜，但是內在天性之德充實完整，自然流露於外，因此受到人們的敬重；至於惠施則是外在形貌完整無缺損，然而過度炫耀內在才德，反而招致人們的反感。兩相對照，益發彰顯「行為與回應」相應而生，具有一體不可分的性質，亦即種瓜得瓜，種豆得豆。換言之，本篇清晰呈現「才（德）全而德不形」在人群中相應而生的是：受到敬重，這也就是篇題「德充符」之意涵所在。

大宗師

誰是一代宗師？誰是永恆的大宗師，而不僅只是一代宗師？大宗師是否恆常不變，抑或不曾不變？

知天之所為，知人之所為者，至矣！知天之所為者，天而生也；知人之所為者，以其知之所知以養其知之所不知，終其天年而不中道夭者，是知之盛也。雖然，有患：夫知有所待而後當，其所待者特未定也。庸詎知吾所謂天之非人乎？所謂人之非天乎？且有真人而後有真知。何謂真人？古之真人，不逆寡，不雄成，不謩士。若然者，過而弗悔，當而不自得也。若然者，登高不慄，入水不濡，入火不熱。是知之能登假於道也若此。古之真人，其寢不夢，其覺無憂，其食不甘，其息深深。真人之息以踵，眾人之息以喉。屈服者，其嗌言若哇。其嗜欲深者，其天機淺。古之真人，不知悅生，不知惡死；其出不訢，其入不距；翛然而往，翛然而來而已矣。不忘其所始，不求其所終；受而喜之，忘而復之，是之謂不以心捐道，不以人助天，是之謂真人。若然者，其心志，其容寂，其顙頯；淒然似秋，煖然似春，喜怒通四時，與物有宜而莫知其極。故聖人之用兵也，亡國而不失人心；利澤施乎萬世，不為愛人。故樂通物，非聖人也；有親，非仁

也；天時，非賢也；利害不通，非君子也；行名失己，非士也；亡身不真，非役人也。若狐不偕、務光、伯夷、叔齊、箕子、胥餘、紀他、申徒狄，是役人之役，適人之適，而不自適其適者也。古之真人，其狀義而不朋，若不足而不承；與乎其觚而不堅也，張乎其虛而不華也；邴邴乎其似喜乎！崔乎其不得已乎！滀乎進我色也！與乎止我德也！厲乎其似世乎！謷乎其未可制也！連乎其似好閉也！悗乎忘其言也！以刑為體，以禮為翼，以知為時，以德為循。以刑為體者，綽乎其殺也；以禮為翼者，所以行於世也；以知為時者，不得已於事也；以德為循者，言其與有足者至於丘也，而人真以為勤行者也。故其好之也一，其弗好之也一。其一也一，其不一也一。其一與天為徒，其不一與人為徒。天與人不相勝也，是之謂真人。

「天」指自然。「其知」指人類的認知範圍。「養」：涵養，指沒有對立、沒有對待、無待、和諧。「有患」：有憂。「有所待」：有所依從。「特」：但。「庸詎」：何，疑問詞。「逆寡」：違逆少數，「寡」：少。「雄」：高強，指誇耀。「謩士」：謀事，「謩」：謀，「士」：事。「過」指錯過時機。「弗」：不。「當」指恰當掌握時機。「自得」指自我誇耀，不是現代用語的喜悅自在之意。「慄」：懼。「濡」：濕。「登假」：登昇。「屈服」指氣息不順暢。「嗌」：喉。「哇」：言語不清。「嗜欲」指欲望深重。「天機」指自然靈性。「其出不訢」的「出」指出生，「訢」：欣喜。「其入不距」的「入」指死亡，「距」：

抗拒。「翛然而往，翛然而來」的「翛然」：從容，「往」指死亡，「來」指存活。「而已矣」：語助詞，無特殊意涵。「不忘其所始」：學者認為「忘」是錯字，應改為「志」；即「不志其所始」，「志」指執著。「求」指執著。「復之」：返之，「之」指無生。「捐」：損。「助」指刻意增加。「心志」：心神專一，「志」：專注。「顙頯」：額頭寬大，「顙」：額，「頯」：厚、大。「煖然」：暖然。「有宜」：合宜，指無待。「亡國」有二意：（一）滅亡他國，（二）自己的國家被滅亡。「施」：予。「樂通物」：學者王叔岷先生認為「通」是衍文，應刪；即「樂物」指喜好形色，「物」指形色。「仁」：愛。「天時」指掌管自然；「時」：司，掌管。「行名」：徇（殉）名，指追逐名；「行」：徇、殉。「亡身不真」：失身失真。「非役人」：非為人，指不是人應有的舉止。「役」：為。「狐不偕」：堯時賢人，不接受堯之讓天下，投河而死。「務光」：不接受商湯之讓天下，負石自沉於廬水。「伯夷、叔齊」：遼西孤竹君之二子，周武王伐商紂，二人扣馬而諫，武王未採納諫言，二人亦不接受武王提出的高官厚祿（參見〈讓王篇〉），隱居首陽山，嗣後因為不食周粟而餓死。「箕子」：商紂之賢臣，勸諫商紂，但商紂不採納諫言而遭殺戮。「胥餘」：伍員，字子胥，吳王夫差之臣，勸諫吳王未獲採納，反遭賜死，屍沉於江。「紀他」：商湯時逸人，聽聞商湯欲讓天下於務光，憂慮此事將及於自己，遂率弟子自沉於窾水而死。「申徒狄」：聽聞紀他死去，亦投河而死。「役人之役」：為人之為，指跟隨他人的行為。「適人之適、自適其適」的第一個「適」：都是歸向，第二個「適」：都指適當，「其」：己。「義而不朋」的「義」：巍峨，「朋」：迫。「與乎其觚」的「與乎」：安舒。「觚」：孤，指孤特有方稜。

「張乎」：大。「不華」指實。「邴邴乎」：開朗。「崔乎」：動。「不得已」指順應自然。「滀乎」：起，指增進。「與乎止我德」的「與乎」：豫乎、止，「德」指與生俱有的自然天性。「厲乎」：威猛。「似世」的「世」：大。「謷乎」：高。「制」：抑。「連乎」：連蹇，言談不流利，指沉默。「閉」指沉默、不言。「悗乎」：無心。「刑」：殺。「翼」：輔助。「綽」：寬，指不嚴苛。「丘」有二意：（一）丘墟，指居住之地；（二）土丘。「其好、其弗好、其一、其不一」的「其」：指任何人。「徒」：類。「不相勝」：無勝無負，指沒有對立、沒有對待、無待。

知曉自然的運作，知曉人的行為，這就是極至了！知曉自然的運作，就明白一切都源於自然；知曉人的行為，就是以自己的所知涵養自己的不知，使自己活到天然的年壽而不至於中途夭亡，這是知的最高表現。雖然如此，但還是有憂患：知必定有所依從才恰當，但是所依從者卻是不固定的。怎麼知曉我所說的自然不是人為？我所說的人為不是自然呢？再者，有真人而後才有真知。什麼是真人呢？古時的真人，不執著於違逆少數，不執著於炫耀成就，不執著於預謀行事。像這樣的人，錯過時機而不後悔，恰當掌握時機而不自我誇耀。像這樣的人，登高不懼，入水不覺得濕，入火不覺得熱。只有知提昇至道的層次，才可如此。古時的真人，睡著了不作夢，醒來後不憂慮，飲食不執著追求甘美，呼吸深沉。真人的呼吸由腳跟而來，大眾的呼吸只用咽喉。氣息不順暢之人，用咽喉發聲以致言語不清。凡是欲望深重之人，他的自然靈性就淺薄了。古時的真人，不知執著於喜愛存活，也不知執著於厭惡死亡；出生不欣喜，也不抗拒死亡；從容而去，從容而來。不執著於開始，也不執著於終止；稟受生命而欣喜，卻又忘了欣喜，返回無生狀態。這就是不以心念損害道的自然運作，也不以人為增益自然的運行，這就是所謂的真人。像這樣的人，他的心神專注，容貌安靜，額頭寬大；淒清時像似秋天，溫暖時像似春天，喜怒與四季相通，與人、事、物皆應對合宜，不知他的極至。所以聖人指揮作戰，雖滅亡敵國，但卻獲得該國的民心；或自己的國家被滅亡，但卻不失民心。恩澤施予後代萬世而不是因為偏愛世人。因此喜好形色之物，不是聖人。有所親愛，不是仁人。以一己的意念掌管自然，不是賢者。認為利害不相通，不是君子。為了名聲而失去自我，不能算是讀書人。失去生命失去本真，不是人應有的舉止。像狐不偕、務光、伯夷、叔齊、箕子、胥餘、紀他、申徒狄等人，都是跟隨他人的行為，歸向他人的適當，而不能歸向自己的適當。古時的真人，狀貌巍峨高大但不給人壓迫感；看似有所不足但卻無須接受他人之給予；安舒呀，孤特有方稜，但卻不堅硬而柔和！廣大呀，雖虛而實！開朗呀，似乎是歡喜！行動呀，如同順應不得已！增益呀，增進自己的光采！停止呀，止於自己的天性！威猛呀，似乎是高大！高大呀，似乎無法抑制！沉默呀，似乎是喜好不言！無心呀，忘了要說的話！以生殺為本體，以禮為輔助，運用知以因應時機，依循德之自然天性。以生殺為本體，雖有殺伐但卻寬綽不嚴苛；以禮為輔助，可以在世間行走；運用知以因應時機，行事如同順應自然；依循自然天性之德，是說他就像有腳的人都可以走到居住之地或小土丘，而世人還真以為他是勤行不懈的人。天人不二的整體性，任何人喜歡它，它是一；任何人不喜歡它，它也是一。任何人認為它是一，它的確是一；任何人認為它不是一，它仍然是一。如果有任何人認為它是一，就是與天、自然同類；如果有任何人認為它不是一，就是與大眾同類。天與人，無勝無負，這就稱為真人。

人類存在於天地之間，積累對於天地萬物的長期觀察，雖然已有許多的「知」，但是仍有「不知」。面對「不知」，莊子提出的對策是「以其知之所知以養其知之所不知」。「養」蘊涵和諧之意，亦即「知與不知」和諧的同存共在，「知」並不排斥「不知」，「知與不知」沒有劍拔弩張的緊繃與壓迫感，而是沒有對立、沒有對待、無待、和諧。例如：人類雖知「寒」著衣，「熱」減衫，「晴」戴帽，「雨」撐傘；但是人類不知寒熱晴雨在哪一個瞬間來到，也不能改變或消滅寒熱晴雨。人類所「知」的因應方式，須待所「不知」的寒熱晴雨來到時，付諸行動，才屬合宜。如果以此來安頓生命，則可終其天年，是「知」的極至。故記載「知天之所為」至「是知之盛也」。

不過，莊子卻立即翻轉筆鋒，指出「以其知之所知以養其知之所不知」仍有憂患，並說明這是因為「夫知有所待而後當，其所待者特未定也」。「所待」就是待「不知」，「不知」即為「天」之自然；「未定」指出「天」（自然）並不固定而且隨時變動。亦即人類的「知」必須依隨不固定的「天」（自然），適時調整，與「天」（自然）同步變化，不可固執，否則即為執著。「患」即在於執著，未能順隨「天」（自然）的變化，未能與「天」（自然）無待。

以上莊子的敘述，如果僅觀文字表面，不免使讀者誤以為「天與人」分立為二。然而只須閱讀後文記載「庸詎知吾所謂天之非人乎？所謂人之非天乎？」便知藉著這二句疑問語，莊子逼顯上述分別記載的天、人，並非互相對立的「二」，而是不可切割的「一」；也就是

「天人不二」。

環顧人間，人們通常都是迎合多數，忽略少數，也就是「逆寡」；一旦有所成就，則自豪自滿，也就是「雄成」；凡事不以順應自然為前提，而是以自我的意念進行謀劃，也就是「謩士（謀事）」。但是真人的真知，就是以「天人不二」為立足點，因此無所執著的依隨「天」（自然），不呆滯在「逆寡、雄成、謨士（謀事）」，並且適時調整為「不逆寡、不雄成、不謩士（謀事）」。亦即不呆滯任一隅落，行止不固定僵化，因此也就不同於大眾。

對於時機，大眾若是錯過，通常都是追悔不已；但是真人順應天（自然），如果錯過時機，則是接受業已錯過的事實，亦即以肩膀承擔此次錯過的遺憾，並不恆常呆滯在「悔」之一隅，而適時調整為「不悔」。故記載「過而弗悔」。因此也可進一步描述為「悔而弗悔」，以彰顯真人不固定僵化以及勇於承擔的生命內涵。

另外，大眾若是舉措恰當，正中時機，通常都不免誇耀而自鳴得意；但是真人明瞭之所以恰當掌握時機，就是依隨「天」（自然），那麼豈可能自鳴得意？故記載「當而不自得」。

再者，人們若登高，必有慄懼之感；入水必濡濕；入火，必有燠熱之感。那麼，莊子為何記載與常情不同的「登高不慄，入水不濡，入火不熱」呢？這是因為真人以「天人不二」為立足點，亦即與當下的「高、水、火」混融，也就是與「天」（自然）沒有對立、沒有對待、無待，是一而不是二。換言之，真人就是「高、水、火」，所以沒有慄懼、濡濕、燠熱之感。

另外，更進一層而言，「不慄、不濡、不熱」的意涵不在字面，不是絕無慄、濡、熱，而是雖有慄、濡、熱之感，但依隨變動不居的大道，適時調整至「不慄、不濡、不熱」的處境，以恰當地自我安頓。故可進一步描述為「慄而不慄，濡而不濡，熱而不熱」，以彰顯真人無待的生命特質，以及順應「天」（自然）的變化。由此則知，真人「入水不濡，入火不熱」，相同於〈逍遙遊篇〉的神人「旁礴萬物以為一……大浸稽天而不溺，大旱金石流、土山焦而不熱」，均指向無待、和諧之意，既非怪力亂神，亦非方術巫教，而是舉例說明神人、真人都涵藏「無待」特質。

由「不逆寡」至「入火不熱」，即為立足「天人不二」的真人，運用「真知」無所執著的依隨「天」（自然），與「天」（自然）的變化混融為一而不是二，具有與大道相同的流動特質，故記載「是知之能登假於道也若此」。

關於「其寢不夢」，如果僅觀文字表面，不免以為真人於睡眠中完全不作夢。然而回顧〈齊物論篇〉曾說明，人人的血肉之軀都必須藉由睡眠休養生息，生命方可延續並且正常運作；睡眠時，人人皆會作夢，設若喚醒作夢者，使其於睡眠中不得作夢，那麼此人的睡眠一再被打斷，長期以往，則將無法存活。亦即「夢」必然存在人們的生活中，不可消滅。那麼莊子為何記載違背常理的「其寢不夢」呢？

在此可先參看《老子．二十七章》「善行無轍跡」，文字表面指出擅長駕車行駛者，地面沒有車輪輾過的痕跡；那麼任何人都必定認為此句敘述違背常情。然而車輪輾地雖有痕跡，但是地表則為「有轍跡與無轍跡」並存，所以觀察完整的地表，既見「有轍跡」亦見「無轍跡」，故可言「有轍跡」，亦可言「無轍跡」；無論其如何敘述，均不離「有轍跡與無轍跡」之整體。

同理可推：人們在長達七至八小時的睡眠中，有時作夢，但有時不作夢；亦即「夢與不夢」同存並在睡眠中。因此觀察整全之睡眠狀態，既見「夢」亦見「不夢」，故可言「有夢」，亦可言「不夢」；無論其如何描述，均不離「夢與不夢」並存的整體性。由此則知「其寢不夢」的意涵不在字面，不是絕不作夢，而是指向「夢與不夢」相通相連，無從切割，以此而揭示「道通為一」（〈齊物論篇〉）的大道整體性，也一併彰顯真人不固定在「夢」或「不夢」之任一隅落。至於〈齊物論篇〉記載「莊周夢為胡蝶」，本篇則是記載真人「不夢」，然而兩篇的敘述並不相互矛盾，反而印證莊子通透大道的整體性，雖「夢為胡蝶」亦可描述為「不夢」，益加彰顯「夢與不夢」通而為一。

再看「其覺無憂」，以渾全不割裂的大道觀之，互為對照的「憂與無憂」是沒有對立、沒有對待、無待的整體，亦即「憂與無憂」無從切割。故知「無憂」與「不夢」相仿，其意涵也不在字面，不是絕無憂慮，而是真人雖有憂慮，但可依隨「天」（自然）處理安頓之，遂轉為無憂，故可進一步描述為「憂而無憂」，以彰顯真人不固定在「憂」之一隅，具有與大道相同的流動特質。

對於食物，大眾都追求甘美可口，但是真人無所執著，因此也就不同於大眾，不執著於追求甘美，故記載「其食不甘」。不過，這並不意謂真人絕無甘美的食物，而是指出真人的行止不固定僵化，不呆滯任一隅落。

一般人的呼吸從鼻子吸氣進入喉嚨，經氣管、支氣管，再到肺部，這是通稱的胸式呼吸，氣息較短淺，速度較快。真人的氣息較深沉、細微、柔和、綿綿不斷，可以達到腹式呼吸，甚至全身呼吸；亦即吸氣深長，通達全身，遍體無所不至。莊子在此舉「踵」為例，揭示真人的氣息深沉，不同於大眾，故記載「其息深深」至「眾人之息以喉」。

人類的血肉之軀，與生俱有諸多基本欲求，這些欲求必須獲得滿足，生命方可延續，否則生命將難以維持。但是對於這些欲求，大眾通常都是不知節制的深深陷溺其中。就此，莊子指出過度執著欲求，以致未能依隨「天」（自然）予以適當地節制，則不具有真人的「真知」，而且是自然靈性淺薄。故記載「其嗜欲深者，其天機淺。」

對於生死，大眾都是悅生惡死，執著存活而排斥死亡。但是真人了解生死是「天」（自然）的變化，由於「天人不二」，故順隨「天」的自然變化，既不執著存活也不排斥死亡，而是順應生死之自然。故記載「不知悅生」至「其入不距」。換言之，真人不同於大眾，「不知」悅生惡死，即為真人的「真知」。

至於「翛然而往，翛然而來」，揭示真人雖然往死亡而去，但仍有再次而來的存活，亦即死亡不是生命的終止。不過，大眾必定不同意，而都認為存活是生命的開始，死亡是生命的終止。但是回顧本書多次說明，人人的生命都是從沒有呼吸、心跳，變化而為有呼吸、心跳；不過有呼吸、心跳的狀態，並非恆常不變，而將再次變化為沒有呼吸、心跳。亦即觀察生命流動變化的完整全貌，則知無從指出沒有呼吸、心跳是「始」或「終」，也無從指出有呼吸、心跳是「始」或「終」。簡言之，生命遷流不定，並無「終、始」可說。既無「終、始」可說，那麼豈可能執著於「終」抑或執著於「始」呢？故記載「不忘（志）其所始，不求其所終」。

「受而喜之，忘而復之」指出真人稟受呼吸、心跳，存活人世，雖感欣喜，但卻「忘」而不執著於存活的欣喜，並且順隨生死之自然變化，復返沒有呼吸、心跳的狀態。由於真人的心念，既不損「道」、「天」（自然），也不助「道」、「天」（自然），而是順隨「道」、「天」的自然變化。故記載「是之謂不以心捐道，不以人助天，是之謂真人。」

「其心志」指出真人的心念專注於順隨「天」（自然）。另外，有學者認為是「其心忘」，「忘」指向真人無所執著，也就是依隨「天」（自然）。

再看「容寂」，這是否意謂著真人固定於寂靜，排斥動態呢？本書曾多次說明，以渾全不割裂的大道觀之，互為對照的狀態是無從切割的整體，故知「動寂」一體不可分；況且真人以「天人不二」為立足點，無所執著也無所排斥，行止順隨「天」的自然變化，適時調整，或「動」或「寂」，恰如其分。因此莊子雖記載「容寂」，但可進一步描述為「寂而不寂」、「雖寂而動」，以彰顯真人不固定任一隅落，行止不呆滯僵化。

「淒然似秋，煖然似春，喜怒通四時」，揭示真人的情緒並非絕無波動，這是因為真人也是有血有肉之人，在生活中受到周身事物或大或小的激盪，情緒當然不免有所起落。亦即真人與大眾相同，也有情緒的起伏，正如同人人的心電圖都不是直線進行，而是有高有低；唯有不再呼吸、沒有心跳者的心電圖才是不起伏波動。換言之，真人既不呆滯在淒清，也不固定在暖熱，適時變通，不以一種行為模式處理各種不同情事，因此與人、事、物交接，皆恰如其分，沒有對立、沒有對待、無待、和諧，如是之生命發展也就平順而無所阻滯，故記載「與物有宜而莫知其極」。

本篇由初始即記載「真人」，但在此卻記載「聖人之用兵」，回顧〈逍遙遊篇〉曾說明，「至人、神人、聖人」均為具備「無待」胸懷的智者，三人並無高低位階之別；另外〈天下篇〉「不離於宗，謂之天人；不離於精，謂之神人；不離於真，謂之至人；以天為宗，以德為本，以道為門，兆於變化，謂之聖人。」晉．郭象注：「凡此四名，一人耳，所自言之異。」故知真人或聖人，均為莊子賦予「無待」智者的不同名號，他們並無高低位階之別。

「聖人之用兵」揭示聖人並非絕不使用軍事力量，亦即聖人如同真人，依隨「天」（自然）而同步運作，當為則為，不當為則不為，所以也有作戰之時。關於「亡國而不失人心」學者通常認為是滅亡敵國，但卻獲得該國的民心；不過也可能是自己的國家被滅亡，但卻不失民心。這是因為聖人的行止貼合「天」（自然），恰如其分，因此始終受到人民的敬重與推崇。

至於「利澤施乎萬世，不為愛人」揭示聖人行為的前提是依隨「天」（自然），而非愛人；但是雖然不以愛人為行止的前提，卻創造了「利澤施乎萬世」的大愛。在此併觀「不失人心、利澤施乎萬世」，或許就是前文「與物有宜而莫知其極」的例證。

人們對於所樂之物，都是執著無已，以致固定僵化，未能依隨「天」（自然）而適時調整行止，故記載「故樂物，非聖人也」。然而這是否指聖人沒有任何喜樂，並且排斥物呢？回顧前文記載真人「喜怒通四時」；由此則知，與真人相同的聖人，也有喜樂的情緒，只是聖人依隨「天」（自然），面對萬物萬事皆無所執著，恰如真人面對生死的態度是「受而喜之，忘而復之」。亦即聖人並非沒有任何喜樂，亦非排斥物，而是雖有喜樂，但卻「忘」而不加以執著。因此可進一步描述為「樂物而不樂物，不樂物非不樂物」，以彰顯聖人不呆滯僵化，沒有對立、沒有對待的無待特質。

「有親，非仁也」的意涵，與〈齊物論篇〉「大仁不仁」相仿。試想「親」是愛，然而有愛便不免有偏私，那麼就不是一視同仁、大公無私的「仁」。然而這並不意謂著「仁」排斥親愛，而是雖有親愛，但卻「忘」而不執著。因此可進一步描述為「有親而忘親，忘親而不忘親，仁也」。

「天時（司）」指出以一己的意念掌管自然，而非順應自然，以致與「天」（自然）形成對立，失落沒有對立、沒有對待、無待的「天人不二」理想基準，故記載「天時，非賢也。」〈齊物論篇〉曾說明，以「天地運作的法則」為觀察基準，則知人們所感知的萬事萬物，無一不符合天地之運作（例如：地球自轉），亦即「無物不然，無物不可」。也就是萬有並存於天地之間，本無「是、非、利、害」可言，而是沒有對立、沒有對待、無待、和諧的整體。只不過人們以自我為中心，強硬指稱對自己有益的狀態為「利」，反之則為「害」。然而人類雖以語言文字對萬有貼上「利或害」的標籤；但是本為不可切割的萬有整體，並不因為人類黏貼標籤遂切割為利害對峙之兩邊，而仍然是不可切割的整體。簡言之，「利、害」依然相通為一體。因此人們以自己的好惡，切割本無「利、害」可言的整體，強硬指稱牢牢抓住「利」、就可遠離「害」，誠然是觀察未盡透澈的錯誤。故記載「利害不通，非君子也。」

對於名聲，大眾都十分熱衷；但是極度追逐名聲，以致失落自我，則是一項錯誤，故記載「行（殉）名失己，非士也。」然而回顧〈人間世篇〉曾說明，「名」是人們生活中的一部分，對於大眾的生活也具有輔助的功能，並非萬惡的淵藪；只不過人們過度執著「名」，則將使行為產生偏差與錯誤。亦即錯誤並非源於「名」，而是來自人們的執著。故知莊子的記載並非排斥「名」，而是提醒讀者不宜執著。

大眾通常都喜愛接近權力富貴，例如：天子或高官擁有權力富貴，因此若有機會擔任，大眾不但趨之若鶩，而且是唯恐失去地執著不放。至於莊子記載「狐不偕、務光、伯夷、叔齊、紀他、申徒狄」等六人，不僅無意於接近權力富貴，而且以死亡表達對於權力富貴的強烈排斥。亦即狐不偕等六人，並不追逐權力富貴，因此鄙薄權力富貴之人便稱他們清高。

然而在此必須思考：大眾執著權力富貴，背離大道無所執著也無所排斥的特質，固然是偏執。但是狐不偕等六人，未能了解：權力富貴是人類生活中的一部分，對於人們的生活也有輔助的功能，並非萬惡的淵藪。所以，若是當取則取之，若不當取則捨之，焉須以死亡宣示不選取的決定？換言之，狐不偕等六人，以拋棄生命，表達對於權力富貴的強烈排斥，過度偏執，背離大道無所執著也無所排斥的特質。因此，試問：狐不偕等六人，未能依隨大道的偏執舉動，在本質上與大眾的偏執，豈有任何不同？

另外，大眾認為臣子勸諫君王是不可改易的職責，那麼本篇記載的「箕子、胥餘」等二人，都盡責的履行勸諫君王之職責。然而在此也必須思考：對君王進行勸諫，固然是臣子的職責，但是如果過度拘泥，未能適時調整，未能「當為則為，不當為則不為」，過度執著此項職責，不免偏離大道「與時俱化，而無肯專為」（〈山木篇〉）不執著、不僵化的本質，以至於遭受死亡。換言之，箕子等二人，未能依隨大道的過度執著舉動，在本質上相同於狐不偕等六人的偏執。

由此則知「亡身不真，非役（為）人也」，以狐不偕等八人為例，指出失身失真，失落生命的通達，未能自我安頓。故記載「是役人之役」至「而不自適其適者也」。雖然學者通常認為「役」是驅使之意，不過「役」也有「為」之意，因此本書即以「為」來進行說明。

亦即上述八人未能依隨「天」（自然）之變化，未能「當為則為，不當為則不為」；然而，如果適時變通，不以一種行為模式處理各種不同情事，與他人交接，皆恰到好處，那麼生命即可「與物有宜而莫知其極」。

真人的「狀義（巍峨）」。試想，形貌巍峨高大必定不免對旁人造成或大或小的壓迫感；但是「義（巍峨）而不朋（迫）」，指出真人雖巍峨高大卻不予人壓迫感。這是因為真人適時將「巍峨高大」調整為「不巍峨高大」的平易近人。換言之，真人融「巍峨（大）與不巍峨（小）」於一懷，明瞭「巍峨（大）與不巍峨（小）」沒有對立、沒有對待、無待，是不可切割的整體，因此靈活調整，並不停滯在巍峨高大之一隅。簡言之，「其狀義而不朋」彰顯真人的無待特質。

真人由巍峨（大），調整為不巍峨（小），因此看似有所欠缺，故記載「若不足」；但是後文隨即敘述「而不承」，指出真人無庸接受他人之給予。由此則知真人並無欠缺不足，而是完足充實。亦即真人由巍峨（大）之「足」，自我謙抑，調整為不巍峨（小）之「若不足」，但卻依然完足。因此可進一步描述為「足而若不足，若不足而常足」，以彰顯真人明瞭「足與不足」沒有對立、沒有對待、無待，是不可切割的整體，所以在「足與不足」的整體中，往來自如，不固定任一隅落。換言之，「若不足而不承」仍然揭示真人胸懷整體的無待特質。

「與乎（安舒）其觚（孤）而不堅」，指出真人孤特。試想，孤獨而又特別之人，必定有稜有角，也就是堅硬。但是「觚而不堅」，揭示真人將孤特有稜角的堅硬，調整為不堅硬的柔和。換言之，真人明瞭「堅與柔（不堅）」沒有對立、沒有對待、無待，是不可切割的整體，所以融「堅與柔（不堅）」於一懷，不偏頗在「堅」或「柔（不堅）」之任一隅落，流動自如，因此是不偏不頗的「與乎」安舒狀態。簡言之，「與乎其觚而不堅」再次揭示真人胸懷整體的無待特質。。

「張乎（大）其虛而不華」，指出真人的生命廣大，雖「虛」但卻充實不浮華，亦即雖虛而實。也就是真人明瞭「虛與實」沒有對立、沒有對待、無待，是不可切割的整體，因此適時調整，不僅在「虛」可運作，在「實」也可運作，所以生命廣大。簡言之，「張乎其虛而不華」彰顯真人的無待特質。

「邴邴乎（開朗）其似喜乎」，揭示真人開朗但是「似喜」，也就是不執著喜，恰與前文「受而喜之，忘而復之」相互呼應。由此則知，「似」蘊藏不執著的意涵。簡言之，「邴邴乎其似喜乎」揭示真人不執著的特質。

回顧〈人間世篇〉曾說明，生活中不可改易的「不得已」情事，就是不得不然、必然、自然。「崔乎（行動）其不得已乎」指出真人也有「不得已」的時刻，但是真人不同於大眾，面對「不得已」，並無勉強不情願的無奈悲感，而是明瞭不可改變的「不得已」，即為自然，遂以大道一般的大度胸懷順應之。簡言之，「不得已」的意涵並非字面的無奈，而是指向自然以及順應之旨。簡言之，「崔乎其不得已乎」揭示真人的行動，均為順應自然，也就是立足「天人不二」，依隨「天」（自然）而同步運作。

雖然大眾對於「不得已」感到無奈，但是後文卻記載「滀乎（增進）進我色也」指出增進自己的光采。亦即莊子揭示順應不得已，也就是順應自然，非但不至於面上無光，反而彰顯生命具有承擔不可改變情事的內在力量，展現「主動、積極、承擔」的勇者精神與生命力，所以是增進光采。

然而是否無止盡地增益光采呢？後文敘述「與乎（停止）止我德」，所以「滀乎進我色也，與乎止我德也」揭示真人順應不得已（自然），雖然增進光采，但卻不是無止盡地增益，而是止於天性之德；這是因為順應不得已（自然），就是依隨「天」（自然）之運作，也就是立足「天人不二」，順隨與生俱有的天性之德，所以無庸自鳴得意於主動承擔，也無庸如同大眾之感傷無奈。換言之，「滀乎進我色也，與乎止我德也」延續「崔乎其不得已乎」的意涵，仍然揭示真人的行止依隨「天」之自然。

「厲乎（威猛）其似世（大）乎」指出真人威猛似乎是高大，由於「似」蘊藏不執著的意涵，故知真人不執著於高大，恰與「其狀義而不朋」相呼應，也就是真人由「世」（大）適時調整為「不世」（小）。但是真人雖由「大」適時調整為「小」，卻非恆常固定在「小」，因此後文隨即以「警乎（高）其未可制也」敘述真人之高大。所以併觀「厲乎其似世乎，警乎其未可制也」，則知真人「似大而小，小即為大」，胸懷「大與小」之整體性。

然而真人是否始終停滯在「謷乎其未可制也」的不可抑制狀態呢？後文記載「連乎（沉默）其似好閉也」，指出真人由「未可制」調整為「連乎」的沉默。也就是真人並不呆滯在「未可制」之一隅，所以可進一步描述為「未可制而非未可制」。

再看「其似好閉（不言）也」，由於「似」蘊藏不執著的意涵，故知「其似好閉也」指出真人並不執著於「閉」之沉默不言，亦即真人依隨「天」之自然，適時使用加法或減法，當言則言，不當言則不言，不停滯在任一隅落。

真人依隨「天」之自然，不執著提出自我的意念，也就是無心，故後文記載「悗乎（無心）忘其言也」。由於「忘」蘊藏不執著的意涵，故知「悗乎忘其言也」指出真人不執著於言，或言或不言，皆依隨「天」之自然。併觀「連乎其似好閉也，悗乎忘其言也」，則知二句敘述的意涵相銜接，均揭示真人融「言與不言」於一懷，明瞭「言與不言」沒有對立、沒有對待、無待，是不可切割的整體。

再看「以刑（殺）為體」，如果僅觀文字表面，不免以為是苛薄殘忍，因此學者通常認為這是法家之言，不是莊子之言，甚至主張應該刪除。不過，或許可由另一面向來了解：環顧天地之運作，固然有萬物生長欣欣向榮的一面，但是萬物並非恆常固定於「生」，也有「死滅」之時。例如：冬季的嚴寒、夏季的酷熱、偶或出現的水災與旱災……等等，致使許多生物死去，這是天地本有的自然運作。亦即天地之間，「生與滅」同存並在，一體不可分。只不過常識特別強調「生」之一面，莊子在此則是和盤托出，指出常識忽略的一體兩面之另一面「死滅」。換言之，「以刑為體」的意涵不在字面，不是苛薄殘忍，在此可進一步描述為

「刑與生」通而為一、「以刑為體，即以生為體」。由此則知「以刑為體」或許並非法家之言，也無庸刪除，而是莊子指出「刑與生」相通為一體的完整全貌。

「以知為時」，「時」指時機。然而，時機何時出現，人們無從預測，故可明瞭「時」所指的時機，就是前文「以其知之所知以養其知之所不知」的「不知」。另外，前文記載「夫知有所待而後當，其所待者特未定也」，關於「所待」就是待「不知」，「不知」即為「天」之自然。因此可以了解「時」所指的時機，即為人們不知的「天」（自然）。再看唐·成玄英疏：「運知以應時。」指出真人以其真知，也就是立足「天人不二」的整體性，依從隨時變化並不固定的「天」（自然）。亦即「以知為時」的意涵與「以其知之所知以養其知之所不知」相仿，揭示真人的真知依隨不固定的「天」（自然），適時調整，與「天」（自然）同步運作，無所執著。

由於「以刑為體」，就是「以生為體」，亦即以「生殺」之整體運作。所以雖有殺伐，但也有再次而「生」的運作，因此並非嚴苛，故記載「以刑為體者，綽乎其殺也。」

「以知為時者，不得已於事也」指出真人以其真知，依隨所不知的時機，亦即依隨「天」之自然，行事皆為順應自然。簡言之，真人的真知與行動，都是立足「天人不二」，跟隨自然。

以上真人不同於大眾的真知與行止，都是「以德為循」依循與生俱有的天性之德而達成；也就是依隨「天」（自然），故有上述「不逆寡，不雄成，不謨士」以至「以知為時者，不得已於事也」的各種呈現。莊子並且指出順隨「天」之自然，恰如有腳之人均可行走一般，平平順順即可達成，無庸勞神竭力，但是大眾卻以為上述真人所展現的行止，是真人努力不懈所致，殊不知真人只是順應自然罷了。換言之，大眾如果希望呈現與真人相同的行止，只須消弭執著，順應自然，便可達成。故記載「以德為循者」至「而人真以為勤行者也」。

〈逍遙遊篇〉記載神人「之德也，將旁礴萬物以為一」，〈齊物論篇〉記載「天地與我並生，而萬物與我為一」，都指出天地萬物本就是「一」不是二，亦即「天人不二」。這是人們生命的真實，也是人們存活環境的真實。因此，無論人們是否喜愛或了解「天人不二」，都不影響此項真實。故記載「其好之也一」至「其不一也一」。

明瞭天地萬物是「一」，則與「天」之自然同步，故記載「其一與天為徒」。未能明瞭天地萬物是「一」，未能與「天」之自然同步，以為天地萬物不是一，則是與大眾的意念相同，故記載「其不一與人為徒」。

如果僅觀以上敘述的文字表面，不免使讀者誤以為「天與人」分立為二。然而只須閱讀後文隨即記載的「天與人不相勝」，指出天與人，無勝無負，沒有對立、沒有對待、無待，便知莊子仍然指出上述分別記載的天、人，並非互斥對立的「二」，而是不可切割的「一」。

本段記載真人的真知與行為，皆以「天人不二」為立足點，與「天」（自然）同步、無待；胸懷整體性，不呆滯任一隅落，適時調整，呈現高度與深度兼具的生命內涵。

死生，命也，其有夜旦之常，天也。人之有所不得與，皆物之情也。彼特以天為父，而身猶愛之，而況其卓乎！人特以有君為愈乎己，而身猶死之，而況其真乎！泉涸，魚相與處於陸，相呴以濕，相濡以沫，不如相忘於江

湖。與其譽堯而非桀也，不如兩忘而化其道。夫大塊載我以形，勞我以生，佚我以老，息我以死。故善吾生者，乃所以善吾死也。夫藏舟於壑，藏山於澤，謂之固矣。然而夜半有力者負之而走，昧者不知也。藏小大有宜，猶有所遯。若夫藏天下於天下而不得所遯，是恆物之大情也。特犯人之形而猶喜之，若人之形者，萬化而未始有極也，其為樂可勝計邪！故聖人將遊於物之所不得遯而皆存。善夭善老，善始善終，人猶效之，又況萬物之所係，而一化之所待乎！

「命」指與生俱有的自然天性本質。「有夜旦之常」的「有」：猶，「旦」指白晝，「常」：不變。「天也」指自然。「不得與」的「與」：參預，指干預。「物之情」的「物」指萬物，「情」：實。「彼」：大眾。「特」：只是。「以天為父」：以天地為父。「卓」指超越於天地，亦即指道。「愈」指優越。「死之」指效命。「真」指道。「相與」：相互親近、跟隨。「呴」：吹。「濡」：濕。「化其道」的「化」：渾化、混融，「其」：於。「大塊」指自然。「載」：居、處。「佚」：逸。「善」指安頓。「所以」：可以。「壑」：山谷。「有力者」指自然，亦即變。「走」：跑。「有宜」：得宜。「遯」：逃、失。「恆物」指不變的道。「大情」指真實。「犯」：遇，指獲得。「邪」：疑問詞。「夭」：少。「係」：屬。「一化」：一切變化。「待」：依從。

生、死是人們與生俱有的自然天性本質，就像黑夜、白晝不變地相互交替出現，這是自然。人們無法干預這樣的狀態，這是萬物的真實狀況。大眾只是認為天地如同父親，終身敬愛它，何況超卓的道呢！大眾只是認為國君比自己優越，終身效命或捨身效命，何況是真實的道呢！泉水乾涸，魚群一同困在陸地上，相互吹氣來溼潤對方，相互吐沫來潤澤對方，卻不如在江湖中相互忘記對方。與其稱頌堯而批評夏桀，不如忘記兩者而混融於道之中。自然用形體讓我有居所，用生活讓我勞動，用老年讓我安逸，用死亡讓我休息。因此，能安頓我的存活，也就可以安頓我的死亡。將船藏在山谷中，將山藏在深澤中，認為很牢固了，然而半夜有個大力士把它背著跑走了，昏昧的人還不知曉呢！藏小物以及藏大物，即使各自得宜恰當，仍然會亡失。如果將天下藏在天下，而不會亡失，則是不變之道的真實。只是偶然獲得形體，生而為人，就感到欣喜。如果人的形體，將千變萬化沒有窮盡，那麼喜樂還能數得完嗎？因此聖人將悠遊在萬物都不亡失的整體中，與萬物同存共在。聖人能安頓少年、老年、開始、終結，人們都將效法，以他為師，何況萬物之所歸屬、一切變化所依從的道呢！

「死生」至「天也」四句敘述，舉「日、夜」為例，指出「生、死」如同「日、夜」，也是不變的相互交替出現，這是人們與生俱有的自然天性本質，也就是「命」，而這也是「天」之自然。雖然有些學者認為這四句敘述是宿命論，但是有鑑於莊子清晰指出「命」即為「天」，即為自然，因此本書以自然天性來說明「命」，並不以宿命論進行闡釋。

至於「常」是不變，揭示「生、死」一如「日、夜」之相互交替出現，這是不變的常態。人們不能干預「生與死」交替變化的常態，這是人類無可改變的真實。故記載「人之有所不得與，皆物之情也。」

大眾存身天地之間，受天地養育、國君統治，故敬愛天地並為國君效命，但是人們鮮少覺察尚有較天地、國君更為超卓的真實存在，亦即道。故記載「彼特以天為父」至「而況其真乎」。

魚必須存活於水中，如果泉水乾涸，魚群共同曝露在陸地，縱然互吐唾沫沾潤對方，但是如此相親相愛的舉動，並不能解除因為缺水而即將死去的痛苦。此刻最為迫切的當務之急，是回到水量豐沛的江湖，才可澈底解除生命之苦。簡言之，莊子揭示相親相愛不如人人將生命自我安頓。亦即安身立命的前提不是相親相愛而是自我安頓；不過，這並非排斥相親相愛的同伴，亦非人人都必須相忘。試想，如果業已自我安頓，將生命安放在恰如其分的位置，如同魚存活於水中，那麼如果有親愛的同伴，則是「受而喜之，忘而復之」，歡喜地接受同伴，但卻「忘」而不加以執著，故記載「相忘於江湖」。亦即「相忘於江湖」的意涵不在字面，不是人人都相互遺忘，而是生命自我安頓則無欠缺匱乏之感，也就不至於有過度偏頗的執著。簡言之，「忘」指向不執著。

大眾經常評論歷史人物以及當代之人，指稱是、非、褒、貶；然而莊子卻暗示這些評論如同「魚相與處於陸，相呴以濕，相濡以沫。」亦即大眾未能將生命安頓在大道的整體性之中，如同「魚相與處於陸」，藉著評論他人來相互慰藉失落整體性的痛苦，但是這些評論無從解除生命的痛苦，此刻必須如同魚重回江湖之水，回返大道之整體，立足「天地運作之法則」，即可了解天地之間的任何存在或狀態，都不違逆天地之運作（例如：地球自轉），亦即「無物不然，無物不可」（〈齊物論篇〉），也就是天地之間本無「是、非」可言。但這並不意謂著可以任意損害旁人，而是〈逍遙遊篇〉、〈齊物論篇〉均曾說明，對每一個人（包括君王）自幼便教之以「天地與我並生，而萬物與我為一」（〈齊物論篇〉）的大道整體性，以教育喚醒每一個人的自覺，引領人人（包括君王）回返大道，明瞭生命在天地萬物的整體中，順隨整體的運作，與所有存在恰如其分的互動；亦即引導每一個人（包括君王）以自覺適時節制不當的舉動，以免損及旁人，愛護自己的同時也尊重他人，以此來安頓自我。如果人人自覺、自我安頓，人際相處和睦，社會安祥，也就沒有「是非」的爭論，達到沒有對立、沒有對待、無待的理想。

亦即不離大道的整體性，與其它存在恰如其分的互動，則無是、非、毀、譽可言，故記載「與其譽堯而非桀也，不如兩忘而化其（於）道。」換言之，這二句敘述的意涵不在字面，不是沒有原則的無是無非，而是以「道、天地運作之法則、天地萬物的整體性」為立足點，而不執著提出一己的好惡評論。

人人的生命都以形體為具象的存在，亦即沒有人是純粹屬靈的存在，而都是「靈與肉」混融的存在，故記載「大塊載我以形」。至於「佚我以老」的前提是在大道的整體性之中，平穩妥當的安頓生命，恰如魚存身江湖之水中，否則將無安逸之可能。

關於「故善吾生者，乃所以善吾死也」，可由兩個面向來了解：（一）主詞是「大塊」（自然），指出「大塊」（自然）安頓我之生死；這是因為「生死」一體不可分，「大塊」（自然）就是將我安頓在「生與死」不可切割的整體中。（二）主詞是「吾」，亦即我，兼指莊子與任何人；揭示安頓自我之存活，也就可以安頓自我的死亡，這是因為明瞭「生死」無從切割，因此胸懷整體，將生命安頓在大道的整體性之中；對於由「無生」變化為「有生」，再變化為「無生」的生命歷程，「受而喜之，忘而復之」，那麼堪稱「故善吾生者，乃所以善吾死也」。不過，更進一層而言，立足大道的整體性，「生命與天地萬物」是不可切割的混融整體，由於整體長存，因此生命也就與整體同在，延續不絕，並無死亡之可說。

人們都將擁有的物品，收藏在自認為不虞失落的安全之處，以為如此便可一無所失。然而〈秋水篇〉「無動而不變，無時而不移」，指出天地之中的萬事萬物本就具有不斷流動變化的性質，所以縱然人們認為萬無一失，但卻必將失落收藏物。故記載「夫藏舟於壑」至「猶有所遯（失）」。

既然一切都在改變中，那麼是否有不虞失落的收藏呢？莊子敘述「若夫藏天下於天下而不得所遯（失），是恆物之大情也。」在此先看「恆」是常，亦即不變；「恆物」指不變的道，雖然道不是一個物質，但它真實存在，故可暫且稱它為「物」。然而這是否意謂著：道恆常固定，始終不變呢？〈秋水篇〉「無動而不變，無時而不移」，揭示萬物本就具有不斷流動變化的自然性質，道順應萬物的自然性質而變動無已，由於不曾停止改變，所以變動不居的大道就是恆常不變的「恆物」。

再看「藏天下於天下而不得所遯」，王叔岷先生指出「不藏之藏，自無所失。」因此可以進一步描述為「藏即不藏；不藏非不藏；藏與不藏，通而為一」，以彰顯道變動不居的特質。由於道順應萬物不斷流動變化的自然性質，與萬物混融為一；因此，以道觀之，萬物皆與道同在同存而無所失。

對於生而為人，大眾都感到欣喜；莊子卻揭示生而為人，只是偶然的際遇，現在的人之形軀，嗣後將有數之不盡的千變萬化。亦即現今是人，嗣後則為天地萬物整體中的其它存在，因此反問讀者：嗣後的歡樂，豈可勝數？故記載「特犯人之形而猶喜之」至「其為樂可勝計邪」。

聖人與道同在，既然道順應萬物不斷流動變化的自然性質，那麼聖人也就與道同步變動。因此聖人觀看萬物，就如同以道觀之，了解萬物也是同存同在，皆無所失，故記載「聖人將遊於物之所不得遯而皆存」。關於「遊」之意涵，本書多次說明「遊」彰顯無待義理，亦即唯有與任何存在都沒有對立、沒有對待、無待、混融，才可無所不至，沒有被阻擋之虞。

聖人「善（安頓）夭、老、始、終」，因此人們都以聖人為師。但是莊子更進一步指出：聖人所依從的道，也就是順應萬物的流動變化而變動不居的大道，更是人們敬重推崇的大宗師。故記載「又況萬物之所係，而一化之所待乎。」

本段敘述揭示聖人自我安頓在道的整體性之中，依隨整體的運作，與變同步，則生、死同善；大眾以聖人為一代宗師，然而大道則是永恆的大宗師。

夫道，有情有信，無為無形，可傳而不可受，可得而不可見。自本自根，未有天地，自古以固存。神鬼神帝，生天生地。在太極之先而不為高，在六極之下而不為深，先天地生而不為久，長於上古而不為老。狶韋氏得之，以挈天地；伏犧氏得之，以襲氣母；維斗得之，終古不忒；日月得之，終

古不息；堪坏得之，以襲崑崙；馮夷得之，以遊大川；肩吾得之，以處太山；黃帝得之，以登雲天；顓頊得之，以處玄宮；禺強得之，立乎北極；西王母得之，坐乎少廣，莫知其始，莫知其終；彭祖得之，上及有虞，下及五伯；傅說得之，以相武丁，奄有天下，乘東維，騎箕尾，而比於列星。

「情」：實。「信」：驗證，指可以相信。「無為」指不執著固定的行為，而是順應自然。「固」：本。「神」：生，指呈現。「鬼」：人死為鬼。「生」指呈現。「太極之先」：學者認為「先」是錯字，正確為「上」，即太極之上；「太極」指天。「六極」：天、地、四方。「狶韋氏」：遠古之帝王。「得之」：得道，「之」指道。「挈」：合。「伏犧氏」：即伏羲氏，三皇之一。「襲」：入。「氣母」：元氣之母。「維斗」：北斗。「終古」：終始。「忒」：差錯。「堪坏」：崑崙山神，人面獸身。「馮夷」：河神。「大川」指黃河。「肩吾」：山神。「太山」：泰山。「黃帝」：軒轅氏，中華民族的始祖。「顓頊」：北方之帝，黃帝之孫。「玄宮」：北方之宮。「禺強」：北海之神，人面鳥身。「西王母」：《山海經》記載其狀如人，豹尾虎齒而善嘯。「少廣」：山名或穴名。「有虞」：虞舜。「五伯」：昆吾為夏伯，大彭、豕韋為商伯，齊桓公、晉文公為周伯，合為五伯。「傅說」：商高宗之宰相。「武丁」：商高宗。「奄」：覆。「東維」：星宿名。「箕尾」：箕宿、尾宿，均為星宿名。「比」：並。

「道」真實存在，可以驗證，足以相信。無為而順應自然，無形不可見。可傳授而不可接受，可獲得而不可見。它是自己的根本，天地的分別未形成之前，自古以來本就存在。它呈現為鬼、帝、天、地。在太極之上而不為高，在六極之下而不為深，先於天地存在而不為久，比上古年長而不為老。狶韋氏得道，用它統合天地。伏犧氏得道，用它調和元氣。北斗星得道，始終沒有差錯，不改變方位。日月得道，始終運行不止息。堪坏（崑崙山神）得道，用它掌管崑崙山。馮夷（河神）得道，用它以遊黃河。肩吾（山神）得道，用它坐擁泰山。黃帝得道，用它登上雲天。顓頊（北方之帝）得道，用它進駐北方玄宮。禺強（北海神）得道，用它立足北極。西王母得道，用它坐鎮少廣山（或洞穴），無人知曉其終始。彭祖得道，上自虞舜，下至五伯，活了八百歲。傅說（商高宗之宰相）得道，用它輔佐商高宗統一天下，然後乘著東維星，騎著箕尾星，與眾星並列。

本段敘述指出：天地萬物一切存在均為「得道者」，因此天地萬物都是大道真實存在的驗證，故記載「夫道，有情有信。」

回顧〈逍遙遊篇〉曾說明，「無為」指向不執著固定的行為，而是順應萬物的自然本質。例如：將荷花種植於水塘中，將櫻花種植於排水良好的土壤中；不可將櫻花種植於水塘中，也不可將荷花種植於排水良好的土壤中。亦即順應荷花、櫻花的自然性質。換言之，道「無為」的意涵不在字面，不是什麼都不做，而是順應自然，當為則為，不當為則不為。

道呈現為天地萬物之一切存在，但它變動不居，不固定在任一形貌，所以人們無從以視覺對大道進行認知，故記載「無形」。然而任何形貌都是大道的呈現，因此可進一步描述為「無形非無形」，以彰顯大道並不呆滯在「無形」之單一隅落。

「可傳」指出悟道者可將大道的義理傳予他人；但是後文立即翻轉為「不可受」，看似指出他人不能接受悟道者的傳授，然而後文卻敘述「可得」。由此則知，並非不能接受，而是可接受、可得道。因此可進一步描述為「不可受而可受」，以彰顯大道的流動特質。回顧〈齊物論篇〉記載「不緣道」，該篇曾說明大道變動不居，不呆滯任一隅落，任何人皆無從執著道，無從將道牢牢握在手中；唯有與道同步，順隨道之遷流，則可不離於道，也就是得道。由此則可了解何以本篇記載「可傳而不可受」以及「可得」。

前述針對「無形」，曾說明大道變動不居，所以人們無從以視覺對大道進行辨識，故記載「不可見」。然而，道與萬物混融，任何形貌都是大道的呈現，而且後文記載「狶韋氏」至「傳說」都是得道者，也都可為人們所見，因此可進一步描述為「不可見而可見」。〈齊物論篇〉「道行之而成」指出萬物無不具有流動變化的性質，例如萬物都由「無」變化為「有」，再變化為「無」，遷流不已，因此而有道的呈顯。由此則知，道並非由某物所產出，並不依傍另一因素而存在，故記載「自本自根」。至於「未有天地，自古以固存」稍後再做說明。

道與天地萬物混融，任何存在都是道的呈現。「神（呈現）鬼、神（呈現）帝、生（呈現）天、生（呈現）地」就是舉鬼（人死為鬼）、帝、天、地為例，指出道與他們混融並存。換言之，鬼、帝、天、地，都彰顯道的真實存在。

「在太極之上」，那麼也就是「高」，但是莊子立即翻轉，記載「不為高」。換言之，「在太極之上而不為高」揭示：高而不高。亦即大道兼容並蓄「高與不高」，既不執著「高」

也不排斥「不高」，而是由「高」流動為「不高」，又由「不高」流動為「高」。「高與不高」相連相通，就是大道的呈現。

「在六極之下」，那麼也就是「深」，但是莊子仍然立即翻轉為「不為深」。換言之，「在六極之下而不為深」揭示：深而不深。亦即大道通貫「深與不深」，並不呆滯在「深」或「不深」之任一隅落，而是由「深」流動為「不深」，再流動為「深」。「深與不深」連通為一，就是大道的呈現。

「先天地生」，那麼也就是「久」，但是莊子隨即翻轉為「不為久」。換言之，「先天地生而不為久」揭示：久而不久。亦即大道兼容「久與不久」，既不執著「久」也不排斥「不久」，「久與不久」通而為一，就是大道的呈現。

繼續將注意力聚集於「先天地生」，有鑑於莊子在書中經常指出：以渾全不割裂的大道觀之，互為對照的狀態具有不可切割的整體性；亦即以道觀之，互為對照的「高與不高」、「深與不深」、「久與不久」是無從切割的整體。那麼，同理可推，互為對照的「先與不先」也是通而為一，具有不可切割的整體性。簡言之，「先」並非與「不先」對立之意，而是「先與不先」相通為一體。因此可進一步描述為「不先而先天地生」，以彰顯「道與天地萬物」是無從切割的混融整體，並無先後之可言。

現在再回看「未有天地，自古以固存」，則知「未有」並非與「有」對立之意，而是互為對照的「未有與有」通而為一。因此可進一步描述為「未有而有天地，自古以固存」，以彰顯「道與天地」是不可切割的整體，並無先後可說。

綜言之，「未有天地，自古以固存」、「先天地生」的意涵都不在字面，因此讀者不可誤會，而應立足大道的整體性，則知「道與天地」並無先後可說。「長於上古」就是「老」，但是莊子立即翻轉為「不為老」。換言之，「長於上古而不為老」就是老而不老，亦即大道通貫「老與不老」。「老與不老」相連不相離，即為大道的呈現。

大道不離天地萬物，莊子舉「狶韋氏」至「傅說」為例，說明他們都是得道者；實則，不僅他們，任何存在都是得道者，都與大道混融並存。印證前文記載「可得」，而且他們的存在均清晰可見，故知前文記載「不可見」即為「可見」。

本段敘述揭示：道真實存在，具有變動不居、無待、混融、整體之性質；也揭示日、月、星辰、人類、神話人物……等，一切存在都是得道者，亦即任何存在都是道的具體呈現，所以道的真實性也就無庸置疑。不過，有學者認為本段記載神話人物、參雜神仙思想，不是莊子之言，甚至主張刪除。但是經由上述闡釋，可以了解這是舉例說明「道與天地萬物」混融並存。換言之，本段敘述或許並非不是莊子之言，故無庸刪除。

南伯子葵問乎女偊曰：「子之年長矣，而色若孺子，何也？」曰：「吾聞道矣。」南伯子葵曰：「道可得學邪？」曰：「惡！惡可！子非其人也。夫卜梁倚有聖人之才，而無聖人之道。我有聖人之道，而無聖人之才，吾欲以教之，庶幾其果為聖人乎！不然，以聖人之道告聖人之才，亦易矣，

吾猶守而告之。參日而後能外天下；已外天下矣，吾又守之，七日而後能外物；已外物矣，吾又守之，九日而後能外生；已外生矣，而後能朝徹；朝徹，而後能見獨；見獨，而後能無古今；無古今，而後能入於不死不生。殺生者不死，生生者不生。其為物，無不將也，無不迎也；無不毀也，無不成也。其名為攖寧。攖寧也者，攖而後成者也。」南伯子葵曰：「子獨惡乎聞之？」曰：「聞諸副墨之子，副墨之子聞諸洛誦之孫，洛誦之孫聞之瞻明，瞻明聞之聶許，聶許聞之需役，需役聞之於謳，於謳聞之玄冥，玄冥聞之參寥，參寥聞之疑始。」

「南伯子葵」：即〈齊物論篇〉南郭子綦、〈人間世篇〉南伯子綦。「女偊」：假託的悟道者。「孺子」：稚子。「聞道」：悟道，「聞」：知。「邪」：疑問詞。「惡，惡可」的「惡」：不。「卜梁倚」：人名，姓卜梁，名倚。「才」指德，與生俱有的天性本質。「庶幾」：或許。「果」：實現。「猶」：同樣地。「守」：不離。「外」：忘。「外生」：忘生，指忘我。「朝徹」的「朝」：清晨，「徹」：明。「見獨」：見道，「獨」指道。「殺生者、生生者」：都指道。「其為物」：道對於萬物，「為」：於。「將」：送。「攖寧」：擾而後定，「攖」：擾，「寧」：靜、定。「子獨惡乎聞之」的「獨」：是，「惡乎」：何。「諸」：之於。「副墨」指文字。「洛誦」指語言。「瞻明」指目見，「瞻」：見。「聶許」指耳聽，「聶」：仔細聽，「許」：聽言。「需役」指勞動。「於謳」：詠嘆謳歌。「玄冥」：

深遠幽暗，「玄」：深遠，「冥」：幽暗。「參寥」：高而虛空，「參」：高，「寥」：虛空。「疑始」：似有始似無始，指無待、混融之整體。

南伯子葵問女偊說：「你雖然年長，但是容貌卻如孩童，為什麼呢？」女偊說：「我悟道了。」南伯子葵說：「道可以學嗎？」女偊說：「不！不可！你不是學道之人。卜梁倚有聖人（悟道者）的才德，但是尚無聖人之道；我有聖人之道，但是沒有聖人的才德。我想教他，或許他可以成為聖人吧！就算不能成為聖人，以聖人之道告訴具有聖人才德者，也算容易了。我同樣地不離於道，再告訴他。不離於道三天，而後能忘天下。已忘天下，我繼續不離於道，七天以後就能忘萬物。已忘萬物，我繼續不離於道，九天以後就能忘生、忘我。已忘生、忘我，而後能朝徹，如清晨陽光明亮洞澈。朝徹，而後能見獨，也就是見道。見獨，而後能沒有古今之別。沒有古今之別，而後能進入沒有生死。道將萬物送入死滅，但它不停滯在死；道迎來萬物之生，但它不停滯在生。道對於萬物，無不送入死亡，無不迎來新生；無不毀滅，無不成就。它的名字是攖寧。攖寧就是擾而後定。」南伯子葵說：「你是如何得道的呢？」女偊說：「我得之於副墨（文字）的兒子，副墨（文字）的兒子得之於洛誦（語言）的孫子，洛誦（語言）的孫子得之於瞻明（目見），瞻明（目見）得之於聶許（耳聽），聶許（耳聽）得之於需役（勞動），需役（勞動）得之於於謳（詠嘆謳歌），於謳（詠嘆謳歌）得之於玄冥（深遠幽暗），玄冥（深遠幽暗）得之於參寥（高而虛空），參寥（高而虛空）得之於疑始（似有始似無始）。」

學者通常認為女偊「年長矣，而色若孺子」，是學道養生之故。不過，或許可由另一面向來思考：常識認為「老與少」互斥對立、不並存，但是女偊不同於常識，立足渾全不割裂的大道，明瞭互為對照的「老與少」一體不可分，是沒有對立、沒有對待、無待、混融的整體，因此融「老與少」於一身，並不呆滯「老」之一隅。由此而彰顯女偊具有與大道相同的無待、整體特質，所以自述「吾聞道矣」。

學者認為南伯子葵就是〈齊物論篇〉南郭子綦、〈人間世篇〉南伯子綦，然而〈齊物論篇〉南郭子綦揭示義理深奧的「天籟」，顯然業已悟道；那麼為何在本篇卻遭女偊指出並非學道之人呢？或許這是莊子運用「卮言」流動而不呆滯一隅的筆法進行書寫，恰如對於孔子以「卮言」進行書寫。

女偊雖然指出南伯子葵非學道之人，但卻也指出卜梁倚可學道。由此可知：道不停滯在「不可學」之一隅，而是「不可學非不可學」。

「守」是不離。女偊自言必須不離於道，才可向他人說明道的意涵，並且以「外天下、外物、外生」做為不離於道的鍛鍊歷程。

關於「外天下、外物、外生」，學者通常認為是忘天下、忘萬物、忘我。然而回顧〈逍遙遊篇〉「窅然喪其天下」，該篇曾說明「喪其天下」不僅僅只是忘天下，而是將天下與自己都忘了，也就是物我兩忘；說不出什麼是天下萬物，也說不出麼是我。亦即「天下萬物與我」混融、沒有對立、沒有對待、無待，是一不是二。那麼本篇以「外天下、外物、外生」揭示忘天下萬物、忘我的相同意涵，或許是將物我兩忘以及物我混融的義理，進行階段性的說明。亦即第一階段是「外天下」，第二階段是「外物」，第三階段是「外生」。

女偊自述與天地萬物無待、混融，以致與道同步，則如「朝徹」之清晨陽光明亮。不過，「朝徹」的意涵或許不僅止於字面，或許是指出生命由暗轉明，因此而「見獨」，也就是見道。道之所以又稱為「獨」，是因為道通貫萬物，沒有任何一物在道之外，因此無物與它相對立。另外，關於「見獨」，不可誤以為女偊在「道（獨）」之外，而是女偊與「道（獨）」混融為一而不是二。

「見獨（道）」，而後「無古今」。回顧〈齊物論篇〉曾說明，科學家雖然指出地球於四十六億年前形成，但是地球（天地）形成，逐漸演變至今，是不可切割的連續性整體。四十六億年以來，直至今日，曾經存在的任何一物都在這不可切割的連續性整體之內。亦即我們存活的環境、天地萬物（包含我）並不是常識認為的「古、今」之對立，而是一體不可分，故記載「無古今」。

此外，也可由另一面向來了解。本篇前文曾記載：道「自古以固存」，然而大道變動不居，並不呆滯「古」之一隅，而是由「古」流動至「今」，通貫「古與今」。因此，以道觀之，說不出一個獨立於「今」之外的「古」，也說不出一個獨立於「古」之外的「今」，故記載「無古今」。

「無古今」而後「不死不生」。關於「不死不生」的意涵不在字面，不是沒有死也沒有生，不是頑空，而是指出大道不固定在死，也不固定在生，不呆滯任何隅落，而是流動變化，無所執著。

天地中的萬物雖然有欣欣向榮的一面，但是萬物並非恆常固定於「生」，也有「死」的另一面。亦即天地之間，「生與死」同存並在，一體不可分。這是因為「無動而不變，無時而不移」（〈秋水篇〉），萬物本就具有不斷流動變化的自然性質，道順應萬物的自然性質將萬物送入死亡，又迎來萬物之生；但是道不停滯在死，也不固定在生，故記載「殺生者不死」至「無不成也」。換言之，這七句敘述的意涵不在字面，不是道生殺萬物，而是道順應萬物或生或死不斷變動的自然性質。

「攖寧」揭示：道順應萬物不斷變化的自然性質，不呆滯一隅，雖然有所攖動，但在攖動之後，則有安定；安定之後，則有另一次的變動。亦即攖而後定，定而後攖；毀而後成，成而後毀。也就是「攖與定」、「成與毀」、「生與死」通而為一，沒有對立、沒有對待、無待。

南伯子葵詢問女偊如何得道？女偊則回答得道的傳承。在此先看「玄冥」之深遠幽暗，有鑑於人類的視覺對深遠、幽暗之處，都無從進行辨識，故知「玄冥」指向人們無從藉由視覺進行認知之意。再看「參寥」的高而虛空，由於人類無從辨識高而虛空之處涵藏什麼內容，故知「參寥」與「玄冥」的義理相近，也指向人們無從藉由感官進行認知之意。再看「疑始」，「疑」是不肯定之意，「疑始」即為不確定是否有始，也就是「似有始似無始」。亦即「有始與無始」無從切割，並不是常識認為的互斥對立，而是沒有對立、沒有對待、無待、混融、不可切割的整體。簡言之，「疑始」指向無待、混融、整體之旨，其意涵並不在字面。

現在，再看女偊回答得道的傳承是：由文字→語言→目見→耳聽→勞動→詠嘆謳歌→玄冥（深遠幽暗，人們無從藉由視覺進行認知）→參寥（高而虛空，人類感官知覺無從進行辨識）→疑始（無待、混融之整體）。不過，這段記載的意涵或許不僅止於字面，而寓有更進一層的義理：道在文字，也在語言，可以目見，可以耳聽，就在人們的勞動、詠嘆謳歌之中；道也在人們不可目見之處，在感官知覺無從辨識之處，在流動變化的混融整體中。亦即道無所不在，在「實」也在「虛」，既在人們可見之處，也在人們不可見之處，印證前述說明：道「不可見而可見」，並不呆滯在「不可見」之一隅。簡言之，以上舉眾多例證，揭示：道無所不在，處處皆在。

此外，尚可再做進一步的思考。有鑑於道無所不在，那麼也就無處不可學道。因此，寓言之初，女偊雖指稱子葵不可學道，但是子葵如果了解道無所不在，那麼也就可以學道，並且無庸跟隨某位特定之悟道者，而是處處皆可學道，因為任何存在都是道的呈現，都是得道者。印證前述說明：道不停滯在「不可學」之一隅，而是「不可學非不可學」。實則，不僅子葵可學道，任何人都可學道、得道，正如本篇前文記載鬼、帝、天、地、日、月、星辰、人類、神話人物……等，都是得道者。只不過任何一位得道者，若欲向他人說明道的意涵，都必須如同女偊，不離於道，再三純熟道的無待、整體內涵，與道同步，而後對道所做的說明，也就清晰明白，可使他人了解。

子祀、子輿、子犁、子來四人相與語曰：「孰能以無為首，以生為脊，以死為尻。孰知死生存亡之一體者，吾與之友矣。」四人相視而笑，莫逆於心，遂相與為友。俄而子輿有病，子祀往問之，曰：「偉哉！夫造物者，

將以予（子）為此拘拘也？」曲僂發背，上有五管，頤隱於齊，肩高於頂，句贅指天，陰陽之氣有沴，其心閒而無事。跰𨇤而鑑於井，曰：「嗟乎！夫造物者又將以予為此拘拘也！」子祀曰：「汝惡之乎？」曰：「亡，予何惡！浸假而化予之左臂以為雞，予因以求時夜；浸假而化予之右臂以為彈，予因以求鴞炙；浸假而化予之尻以為輪，以神為馬，予因而乘之，豈更駕哉！且夫得者，時也；失者，順也。安時而處順，哀樂不能入也。此古之所謂縣解也。而不能自解者，物有結之。且夫物不勝天久矣，吾又何惡焉！」俄而子來有病，喘喘然將死，其妻子環而泣之。犁往問之，曰：「叱！避！無怛化！」倚其戶與之語曰：「偉哉造化！又將奚以汝為？將奚以汝適？以汝為鼠肝乎？以汝為蟲臂乎？」子來曰：「父母於子，東西南北，唯命之從。陰陽於人，不翅於父母。彼近吾死，而我不聽，我則捍矣，彼何罪焉！夫大塊載我以形，勞我以生，佚我以老，息我以死。故善吾生者，乃所以善吾死也。今大冶鑄金，金踊躍曰：『我且必為鏌鋣。』大冶必以為不祥之金。今一犯人之形，而曰『人耳人耳。』夫造化者必以為不祥之人。今一以天地為大鑪，以造化為大冶，惡乎往而不可哉！」戌然寐，蘧然覺。

「子祀、子輿、子犁、子來」：均為虛構之人物。「相與」：相互親近、跟隨。「尻」：

背脊骨盡之處，即尾椎。「莫逆」指契合。「俄而」指不久。「偉哉」指奇特。「造物者，將以予」的「造物者」指自然；「予」：學者認為是錯字，應改為「子」。「拘拘」有二意：（一）傴僂、駝背，（二）形體扭曲。「曲僂發背」：背僂，駝背。「五管」：五臟血管。「頤」：臉頰。「齊」：臍，肚臍。「句贅」有二意：（一）髮髻，（二）頸椎。「陰陽」指自然。「有沴」的「有」：又，「沴」：亂。「跰䠥」：跛行之貌。「鑑」：照。「嗟乎」：感嘆詞。「又將以予為此拘拘」的「又」：乃，「予」：我。「亡」：無，不。「浸假」的「浸」：漸，「假」：假使。「因」：順。「求」：用。「時夜」：司夜，指公雞於清晨報曉。「鴞」：體型近似斑鳩之小鳥。「炙」：烤肉。「更駕」指其它馬車，「駕」指馬車。「時也」指機緣。「縣解」：懸解，指解除倒懸之苦；為生死所繫是縣（懸），無生無死則縣（懸）解。「物有結之」的「物」：指各種事物，「有」：又，「結」：縛、箝制。「物不勝天」的「物」：指人。「久矣」指自古如此。「叱」：感歎之聲，不具特殊意涵。「怛」：驚。「戶」：門。「造化」：自然的變化。「奚」：何。「適」：往。「不翅於」的「不翅」：不啻、不僅只，「於」：如、為。「彼」指自然。「捍」：抵抗。「大塊」指自然。「載」：居、處。「佚」：逸。「善」指安頓。「大冶」：鑄金匠。「踊躍」：跳。「鏌鋣」：古代良劍名。「一犯、一以」的「一」：語助詞，不具特殊意涵。「犯」：遇，指獲得。「惡乎」：何。「戌」：威、滅，指死亡；此為唐．陸德明《經典釋文》記載有版本是「戌」，至於其它通行本則為「成」。「寐」：睡。「蘧」：驚動之貌。「覺」：醒。

子祀、子輿、子犁、子來四人相互談話：「誰能將『無』當做頭，將『生』當做背脊，將『死』當做尾椎；誰能明瞭死生、存亡一體不可分，我要與他結交為友。」四人相視而笑，內心契合，於是相互結交為友。不久，子輿生病，子祀前往探望。子祀說：「奇特啊！造物者將你變成如此彎腰駝背或形體扭曲的樣子啊！」子輿彎腰駝背，五臟血管向上，臉頰藏在肚臍下，肩膀高過頭頂，髮髻或頸椎朝著天空。自然的氣息雖錯亂不和諧，但是他的心情悠閒若無其事，跛行走到井邊，照見自己的形體，說：「哎呀！造物者將我變成如此彎腰駝背或形體扭曲的樣子啊！」子祀說：「你厭惡這個樣子嗎？」子輿說：「不，我怎麼會厭惡！漸漸地假使將我的左臂變做雞，我就用牠來報曉；漸漸地假使將我的右臂變做彈弓，我就用它來打鳥再烤了吃；漸漸地假使將我的尾椎變做輪子，將我的精神變做馬，我就乘坐這輛馬車，哪裏還要其它的馬車呢！再說，獲得生命是機緣；失去生命則順其自然而死。安於時機順應變化，哀樂的情緒就不能進入心中，古人稱這叫做解除生死倒懸的痛苦。如果不能自我解脫生死倒懸的痛苦，其它各種事物都將造成束縛箝制。再說，人不能勝過自然，自古就是如此，我又怎麼會厭惡呢！」不久，子來生病，呼吸急促即將死亡，他的妻子兒女環繞在床邊哭泣。子犁前往探望，對子來的家人說：「呀！走開！不要驚動將要變化的人！」子犁靠在門邊對子來說：「奇特啊！造化將把你變成什麼？將你帶往何處？將你變成鼠肝嗎？將你變成蟲臂嗎？」子來說：「父母與子女的關連，無論父母要求子女去東、南、西、北，子女都是唯命是從。自然與人的關連，不僅只如同父母。自然帶領我接近死亡，如果我不聽從，我就是抵抗不順應自然，自然有什麼罪過呢？自然用形體讓我有居所，用生活讓我勞動，用老年讓我安逸，用死亡讓我休息。因此，能安頓我的存活，也就可以安頓我的死亡。現在有一位鑄金匠正在鑄造金屬器物，金屬溶液卻由鍋爐中跳出來說：『我一定要做鏌鋣寶劍』，鑄金匠必定認為這是不祥的金屬。現在偶然獲得形體，生而為人，就喊著：『成為人！成為人！』造化必定認為這是不祥的人。現在就以天地為大熔爐，以造化為鑄金匠，又有哪裡不可去呢！」人們如同火熄滅的睡著而死去，但是生命仍將又有活動力的醒來。

有鑑於人們形軀的「首、脊、尻」一體不可分，因此莊子舉之為例，說明人人都是從「無」呼吸、心跳，變化而為「有」呼吸、心跳的存活狀態，並且也都將再次變化為「無」呼吸、心跳的死亡狀態。亦即「無與有」、「生與死」、「存與亡」，亦如「首、脊、尻」無從切割，故記載「以無為首，以生為脊，以死為尻，死生存亡之一體。」

子輿有病，肢體扭曲，大異於常人，但是子輿面對疾病與肢體異常，並不恐慌憂煩，反而「其心閒而無事」，心神平穩。另外，在回答子祀的談話中，以「予何惡！」指出並不厭惡疾病與肢體扭曲，更且進一步表示：非但不執著於人類的形軀，設若變化為其它物種之形體，亦無所排斥。子輿自言「安時而處順」，也就是安於人生的機緣並且順應死亡的變化，所以「哀樂不能入」。

關於「哀樂不能入」，〈養生主篇〉曾說明其意涵不在字面，並非如同木石無感於生命的變化，亦非絕無情緒的波動，而是雖有哀樂之情，但是可藉由「生死」一體不可分的整體思考，出離情緒波動，適時調整為「入而能出」，達到「哀樂不能入」之持平。如此即為「縣（懸）解」，解除被死亡倒懸的痛苦，成為不被死亡以及哀樂情緒束縛的自由人。

但是，如果未能自我解脫而被死亡倒懸的痛苦所束縛，也就是未能與「變」同步，則不僅排斥死亡的變化，也排斥其它的變動。然而人間世事「無動而不變，無時而不移」（〈秋水篇〉），變動必將發生；那麼在各種變動中，不是與「變」同步，不是與「變」沒有對立、沒有對待、無待，而是排斥「變」，與「變」對立，導致情緒震盪起伏，不同於子輿「安時而處順，哀樂不能入」的入而能出，反而是「入於哀樂」而不能出，心神翻騰攪擾，永無寧日。故記載「不能自解者，物有結之。」

至於「物（人）不勝天」的意涵，必須先回顧本篇前曾記載「天與人不相勝」，揭示天（自然）與人，無勝無負，沒有對立、沒有對待、無待。故知在此敘述「物（人）不勝天」，其意涵不在字面，不是天（自然）勝人、宰制人，而仍然是人不勝天（自然），天（自然）不勝人，亦即「天與人」無勝負之可言，也就是沒有對立、沒有對待、無待、和諧；因此，人們也就應該順隨「天」（自然），與天（自然）同步運作。故記載「且夫物（人）不勝天久矣，吾又何惡焉！」

子來患病，呼吸急促，近乎死亡。子犁前往探病，但卻詢問子來：形軀是否將變化為鼠肝或蟲臂？這樣的詢問，並未使子來產生不悅，子來反而以「惡乎往而不可哉！」表示接受任何變化。由此可知子犁、子來與前述的子輿相同，既不執著於人類的形軀，也不排斥變化為其它物類。

子來同時指出陰陽（自然）與人們的關連性，不亞於父母與子女的關連性。既然子女都服從父母的吩咐，那麼人們也應該順隨而非排斥陰陽（自然）的變化。故記載「父母於子」至「彼何罪焉」。

關於「夫大塊載我以形」至「乃所以善吾死也」，本篇前文曾記載，其義理業已說明之，故不再贅述。

針對人類的形軀變化為其它物類，子來舉大冶鑄金為例，指出天地是大熔爐，所有存在都是熔爐中的溶液，在熔爐中不斷重組；雖然每次重組的形體有所不同，但卻始終未曾遠離「通而為一」（〈齊物論篇〉）、無待、和諧之整體。故記載「以天地為大鑪」至「惡乎往而不可哉」。

萬物呈現或生或死的狀態，雖然死亡有如火之熄滅，如睡眠之安靜，但是並非恆常固定在此，而將再次呈現動能，如同睡醒之具有活力。也就是經歷生老病死、成住壞空的變化後，仍有下一階段的「生」與「成」的變化。故記載「成（滅）然寐，蘧然覺。」

本則寓言揭示：與「變」同步，心平氣和地接受而不排斥死亡的變化。如果讀者認為「接受」是消極，那麼回顧〈人間世篇〉曾說明「接受」即為「承擔」，便知接受死亡，並非消極、被動，而是以「生與死」的整體性思考，主動而且積極的承擔死亡，展現勇者不懼以及無所執著的智者胸懷。

另外，在此亦可思考：身處順境，事事一帆風順，誰人不是春風得意，安適自在？然而當變化發生，眼前事態不再順遂，甚至是艱苦困厄的逆境，例如疾病與死亡，但是如果「其心閒而無事」心平氣和的承擔，是否即為一代宗師？

子桑戶、孟子反、子琴張三人相與友，曰：「孰能相與於無相與，相為於

無相為。孰能登天遊霧，撓挑無極，相忘以生，無所終窮。」三人相視而笑，莫逆於心，遂相與友。莫然有間，而子桑戶死，未葬。孔子聞之，使子貢往待事焉。或編曲，或鼓琴，相和而歌曰：「嗟來桑戶乎！嗟來桑戶乎！而已反其真，而我猶為人猗！」子貢趨而進，曰：「敢問臨尸而歌，禮乎？」二人相視而笑，曰：「是惡知禮意！」子貢反，以告孔子，曰：「彼何人者邪？脩行無有，而外其形骸，臨尸而歌，顏色不變，無以命之，彼何人者邪？」孔子曰：「彼，遊方之外者也；而丘，遊方之內者也。外內不相及，而丘使汝往弔之，丘則陋矣！彼方且與造物者為人，而遊乎天地之一氣。彼以生為附贅縣疣，以死為決疣潰癰，夫若然者，又惡知死生先後之所在！假於異物，託於同體。忘其肝膽，遺其耳目，反覆終始，不知端倪。芒然彷徨乎塵垢之外，逍遙乎無為之業，彼又惡能憒憒然為世俗之禮，以觀眾人之耳目哉！」子貢曰：「然則夫子何方之依？」曰：「丘，天之戮民也。雖然，吾與汝共之。」子貢曰：「敢問其方。」孔子曰：「魚相造乎水，人相造乎道。相造乎水者，穿池而養給；相造乎道者，無事而生定。故曰：魚相忘乎江湖，人相忘乎道術。」子貢曰：「敢問畸人。」曰：「畸人者，畸於人而侔於天。故曰：天之小人，人之君子；人之君子，天之小人也。」

「子桑戶、孟子反、子琴張」：均為假託之人名。「相與」：相互親近、跟隨。「相為」：相助。「撓、挑」：均為躍動。「無極」：無窮。「相忘以生」指忘生。「無所終窮」指忘死。「莫逆」指契合。「莫然有間」指短時間。「子貢」：孔子的弟子，姓端木，名賜，字子貢。「待事」指協助喪事。「或」：有。「編曲」指編輓歌。「鼓琴」：彈琴。「嗟來」：嗟乎，感嘆詞；「來」：語助詞，不具特殊意涵。「而已反其真」的「而」：你，指子桑戶；「反」：返；「真」：真實，指道。「猗」：兮，語助詞，不具特殊意涵。「趨」：快步走，表示恭敬。「惡知」：何知。「子貢反」的「反」：返。「邪」：疑問詞。「脩行」：修行，指修養自己的行為。「外其形骸」的「外」：忘。「無以命之」的「命」：名，指描述。「方之外、方之內」的「方」指禮教。「丘」：孔子，名丘。「不相及」：不相干。「方將」：正在。「造物者」指自然。「為人」的「人」：偶，指和諧、同步。「天地之一氣」指不可切割的天地之整體。「附贅縣疣」的「贅、疣」：皮膚上增生的肉瘤，小為疣，大為贅。「縣」：懸。「決疣潰癰」的「決、潰」：均指裂。「疣、癰」：均為皮膚上的膿瘡。「假」：藉。「託」：寄託，指聚合。「忘其肝膽，遺其耳目」的「忘、遺」：均指不執著，「遺」：忘。「端倪」指界線、分際。「芒然」指無所束縛。「彷徨」指盤桓。「逍遙」：沒有糾葛，沒有扭曲，開闊明朗，坦然自在的生命狀態。「無為之業」：無為之事。「無為」指不執著固定的行為，而是順應自然。「業」：事。「惡能」：何能。「憒憒」：亂。「觀」：示。「何方之依」的「方」：指方內或方外。「戮」：刑罰。「敢問其方」的「方」：道理，指通達方內與方外的道理。「造」：並、聚，指並存。「穿池」：在水池中穿梭游動。「養給」的「給」：

足。「無事」：無為，指順應自然。「相忘」指不執著。「道術」指大道。「畸人」：異人，「畸」：異。「侔」：同。

子桑戶、孟子反、子琴張三人相互結交為友，說：「誰能相互親近於不親近，互相幫助於不幫助，誰能登青天遊雲霧，活躍在無窮之中，忘卻存活，忘卻死亡呢？」三人相視而笑，內心契合，於是相互結交為友。不久，子桑戶死去，尚未下葬。孔子聽見這個消息，就派子貢去協助喪事。孟子反、子琴張二人，有一個在編輓歌，有一個在彈琴。二人合唱著：「哎呀桑戶啊！哎呀桑戶啊！你已還歸本真，而我們還存活為人啊！」子貢快步走上前問道：「請問對著屍體歌唱，合乎禮嗎？」二人相視而笑著說：「此人哪裡懂得禮意呢！」子貢回去後，將見到的情況告訴孔子，問說：「他們是什麼人啊？不用禮節來修養行為，如同忘卻形軀，對著屍體歌唱，面不改色，真是無法描述呀，他們是什麼樣的人啊？」孔子說：「他們是遊於禮教之外的人，而我是遊於禮教之內的人。外與內，不相干，而我卻派你去弔喪，是我太淺陋了。他們正與造物者同步，同遊在不可切割的天地整體中。他們將存活視為皮膚上多出來的肉瘤，將死亡看做膿瘡潰裂。像這樣的人，又怎麼知曉死生先後的分別呢！在他們看來，存活是藉著不同的物質，聚合在一個形體之中。不執著在內的肝膽，也不執著在外的耳目。生死不斷循環反覆，找不到它們的界線分際。無所束縛地盤桓於塵垢之外，自在地逍遙於順應自然的無為。他們又怎能慌亂地做出世俗的禮節，顯示給眾人觀看呢！」子貢說：「那麼，老師依從那一方呢？」孔子說：「我是自然所懲罰的人，雖然如此，我與你共同在方內。」子貢說：「請問通達方內與方外的道理？」孔子說：「魚群並存於水中，人們並存在大道中。魚群並存於水中，在池塘中穿梭游動，生命的供養完足無缺。人們並存在大道中，無為地順應自然也就生命安定。所以說，魚在江湖中就相忘而不執著，人在大道中就相忘而不執著。」子貢說：「請問什麼是異人？」孔子說：「異人，是異於大眾而同於自然。所以說：自然的小人，是大眾的君子；大眾的君子，是自然的小人。」

本書多次說明，以渾全不割裂的大道觀之，互為對照的「有與無」同存並在，是不可切割的一體之兩面；至於常識誤以為「有與無」互斥不並存，則是觀察未盡透徹的錯誤。本則寓言記載「相與於無相與，相為於無相為」，就是指出「相與及無相與」、「相為及無相為」，亦如「有及無」，並不是常識認為的互斥不並存，而是沒有對立、沒有對待、無待、不可切割的整體。換言之，子桑戶等三人兼容並蓄「相與及無相與」、「相為及無相為」於一身，不呆滯「相與、相為」或「無相與、無相為」之任一隅落，而是適時調整，始終不離無待以及整體性。

關於「撓挑無極」，在此先看「無極」就是無窮。〈逍遙遊篇〉記載「以遊無窮」，該篇曾說明「無窮」指向變動不居的大道。因此「撓挑無極」就是與道同遊，與變同步。

再看「遊」，本書多次說明「遊」彰顯無待義理，因為與任何存在都沒有對立、沒有對待、無待，故而無所不至，沒有被阻擋之虞。亦即子桑戶等三人胸懷無待智慧，與天地萬物混融為一，故可順隨天地、雲霧的變化，在天地之間往來自如，無所阻滯，故記載「撓挑無極，登天遊霧」。簡言之，這二句敘述的意涵不在字面，不是飛入雲天，而是指向無待、與變同步。

常識悅生惡死，執著生，排斥死；「相忘以生，無所終窮」則是忘生、忘死，指出子桑戶等三人不同於常識，對於生死，無所執著也無所排斥。

常識認為存活是真實，但是「而（子桑戶）已反其真」指出子桑戶死亡是歸於真實。但是，這並不意謂著存活是虛假；反之，莊子和盤托出，指出「生與死」均為真實，它們是不可切割的一體之兩面，都是道的呈現。

人類存活在天地之間，受周身事物的激盪，都不免產生各種喜怒哀樂的情緒；為了使這些情緒的表達恰如其分而不至於太過或不及，人們逐漸約定俗成，訂定各種禮儀以適當表達情感。換言之，「禮儀」不同於「禮意」，「禮意」是自然而有的意念與情緒，「禮儀」是人為之訂定，是為了「禮意」而設計。由於死亡通常都引起大眾的悲傷情緒，哭泣流淚則是常有的反應，因此人們也就認為悲傷、哭泣地面對死亡，是應有的「禮儀」。但是孟子反、子琴張二人明瞭「生死」是不可切割的一體之兩面，並無好、壞的分別，因此對子桑戶之死，並無悲傷的情緒，也就沒有符合大眾「禮儀」的哭泣舉動。亦即孟子反等二人沒有悲傷之「意（禮意）」，遂無符合大眾「禮儀」的行為，因此指出子貢不了解「禮儀」是由「禮意」而逐漸發展出來的規範，故記載「是惡（何）知禮意」。至於子貢則是以符合大眾之「禮儀」為出發點，故而提問「敢問臨尸而歌，禮乎？」

然而這並不意謂著面對親友死去，生者不應悲傷哭泣。〈養生主篇〉曾說明，面對死亡，悲傷哭泣是自然的情緒波動，無庸強力壓抑。不過，長期停滯在這樣的情緒中，形銷骨毀，並不符合「養形」與「養神」必須兼顧的養生之「主」。因此，應當順隨大道不執著的流動特質，適時出離哀傷，也就是「入而能出」，逐漸調整為「哀樂不能入」的持平。

此外，也可由另一面向來了解：孟子反等二人明瞭由存活而至死亡，是一項變化，他們不排斥「變」，而是與「變」同步，故不認為「變」是壞，也就沒有哀傷。實則，在此也可再做思考：如果認為「變」是壞，那麼由「無生」變化為「生」，也是「壞」嗎？由此則知，「變」是必然，也是自然，並無好、壞可言。孟子反等二人順應自然，與變同步，故無哀傷，也就沒有符合大眾「禮儀」的哭泣舉動。

簡言之，面對親友死去，生者感到悲傷，則有符合「禮儀」的哭泣舉動；至於孟子反等二人沒有悲傷之感，故無符合「禮儀」的哭泣舉動，都是自然，也都不失其恰當性。

針對孟子反等二人不同於大眾的舉止，孔子指他們是「遊方之外」在禮教之外，並且自言是「遊方之內」在禮教之內。至於「外內不相及」不相干，是否果真沒有任何交集？甚至是對立呢？這些疑問，將於稍後再做說明。

孔子繼續描述孟子反等二人「與造物者為人（偶）」，由於「人」是偶，「偶」為一雙，雙方必然是和諧且同步，故知「與造物者為人」揭示孟子反等二人與自然的變化同步。另外，〈知北遊篇〉「通天下一氣」，指出以「空氣、氣息」做為觀察的基準，便知天下萬物通而為一，並無不可跨越的區隔。由此可明瞭「與造物者為人，而遊乎天地之一氣」指出孟子反等二人與變同步，與天地萬物混融、沒有對立、沒有對待、無待，是一不是二，故可順隨天地與氣流的變化，在天地之間往來自如，無所阻滯。

常識認為人類的存活莊嚴尊貴，但是本則寓言卻記載「以生為附贅縣疣，以死為決疣潰癰。」如果僅觀文字表面，不免以為這是輕蔑厭惡存活。然而莊子果真厭惡存活嗎？試想：人類不可能恆常存活，而必將變化為死亡，恰如人體皮膚上的「贅、疣、疣、癰」並不恆存，必將變化為潰裂。因此「以生為附贅縣疣，以死為決疣潰癰」，舉贅、疣、疣、癰為例，揭示變化之旨；亦即這二句敘述的意涵不在字面，不是輕蔑存活，而是指向變化。

此外，也可由另一面向來了解：萬物並存於天地之間，人類僅是萬種物類之一，〈齊物論篇〉亦揭示人類與其它物類並無高、下、尊、卑之別，而是齊同平等。因此立足天地萬物之整體，而不僅僅以人類為中心，則知對於自我之存活不宜妄自尊大，而應謙卑。況且科學家指出：宇宙有不知其數的星系，銀河系只是其中之一，至於地球則是銀河系數千億星球之一，亦即存活在地球上的人類在宇宙中極其之微小。故可推想「以生為附贅縣疣，以死為決疣潰癰」的意涵不在字面，不是輕蔑厭惡存活，而是和盤托出，指出觀看天地萬物乃至宇宙的完整全貌，則了解人類不可過度自我膨脹，而應謙沖自持。這仍然彰顯此二句敘述的意涵不在字面，讀者必須穿過文字，不可被文字框限。

有鑑於人人都是從沒有呼吸、心跳，變化而為有呼吸、心跳，再變化為沒有呼吸、心跳。所以無從確認「無呼吸、心跳」（死）在先或後？抑或「有呼吸、心跳」（生）在先或後？故記載「惡（何）知死生先後之所在」。

人類的形軀由眾多不同的質素匯聚組成，例如：不同的元素組成肌肉、骨骼，它們有不同的功能，相互搭配，和諧運作。然而既是由不同的質素匯聚組成，那麼有來就有去，有聚就有散，人類的形軀必將再次分解為各種質素，人們不可能牢牢抓住形軀的任何部分。亦即形軀必將變化，本則寓言舉肝、膽為例，指出形軀的任一部位都不可執著，都將變化。故記載「假於異物」至「遺其耳目」。

至於「反覆終始，不知端倪」的意涵，與「惡知死生先後之所在」相近。亦即人人都從「無生」變化為「生」，再變化為「無生」，不斷循環往復，終而又始，始而又終，如同「圓」一般地流動變化，通而為一，無從界定何時是開端、何時是終結。

關於「芒然（無束縛）彷徨（盤桓）乎塵垢之外」，可以先回顧「彼方且與造物者為人」至「反覆終始，不知端倪」，揭示無待、整體、與變同步；故知「塵垢之外」的意涵不在字面，不是遠離人間或塵埃，而是不離天地之間，胸懷整體性，以沒有對立、沒有對待、無待的智慧，順隨變化，立身存世。

此外，也可由另一面向來了解：晉．郭象曾為〈齊物論篇〉注解「凡非真性，皆塵垢也。」在此若將焦點聚集在「生死」，那麼常識悅生惡死，執著生，排斥死，未能了解「生死」不可切割的整體性，未能了解生死都是真實，即為「塵垢」。反之，如果明瞭「生死」均為真實，是不可切割的一體之兩面；因此不離「生死」之整體，就是立足真實的整體性，也就是「塵垢之外」。這仍然彰顯「塵垢」的意涵不在字面，不是塵埃，而是指向不知「與變同步」的執著。

「無為」指順應生死之自然。亦即明瞭「生死」均為真實，是不可切割的一體之兩面，因此雖面臨死亡，依然持平地與「變」同步，則是不被死亡束縛的自由人。故記載「芒然徬徨乎塵垢之外，逍遙乎無為之業。」

孟子反等二人明瞭「生死」均為真實，是不可切割的一體之兩面，所以沒有符合大眾「禮儀」的哭泣舉動，並不失其恰當性，故記載「彼又惡（何）能憒憒然為世俗之禮，以觀眾人之耳目哉。」

孔子雖自言「方內」，但卻將孟子反等二人「方外」的生命內涵描述得如此清晰，可證是既知方內，亦知方外。換言之，孔子融「方內與方外」於一身，明瞭「內與外」沒有對立、沒有對待、無待、通而為一。亦即孔子並非恆常呆滯「方內」，而是適時調整，無所執著。

子貢明敏，顯然已覺察孔子通達「方內與方外」的整體性，故請問「夫子何方之依」，究竟是依於方內抑或方外？孔子回答「天之戮民」，受自然之刑罰而處於方內。但是，在此可進一步思考：既然自知是「天之戮民」，即為不被「方內」所羈，不僅僅呆滯「方內」，而是通達「方內與方外」的整體性；只不過仍然表示與子貢共處於方內。由此則知，孔子雖於稍前指出「外內不相及」不相干，但是「方內與方外」並不是常識認為的互斥不並存，而是通而為一的整體。另外，環顧大眾若是舉行喪禮，也都安排輓歌以送死者；故知孟子反等二人編曲、鼓琴、合唱輓歌，並未違離方內之禮儀，只是二人並未哀哭罷了。亦即孟子反等二人也是融「方內與方外」於一身，並非僅僅呆滯「方外」，亦非恆常與「方內」對立。

簡言之，孔子通達「方內與方外」的整體性。子貢遂進一步請問可通「內與外」之道理。孔子回答「魚相造乎水，人相造乎道」，先舉「魚與水」為例。學者通常認為「造」是詣，引申則有「適」之意。

不過，「造」也有並、聚之意。因此如果以「並、聚」的意涵來了解，則是指魚群並存在水中，人們並存在大道的整體性之中，都是生命自我安頓恰如其分的理想狀態。至於「魚相忘乎江湖，人相忘乎道術」揭示：雖然同存同在，但卻相忘，這是因為生命自我安頓則無欠缺匱乏之感，也就不至於有過度偏頗的執著；所以如果有同伴，則是「受而喜之，忘而復之」，歡喜地接受同伴，但卻「忘」而不加以執著。故記載「相造乎水者」至「人相忘乎道術」。

子桑戶等三人就是自我安頓在大道的整體性之中，所以雖然結交為友，但是孟子反等二人，對子桑戶卻不執著而忘之。不過，更進一層而言，子桑戶雖死，但是仍在天地萬物的整體之中，未曾遠離大道的整體性，因此孟子反等二人也就沒有悲傷之感。

綜言之，之所以可通達方內與方外，就是不離大道的整體性，雖立身方內，但並不排斥方外，明瞭「方內與方外」通而為一。

子貢再請問「畸人」異人。孔子回答「畸人者，畸於人而侔於天。故曰：天之小人，人之君子；人之君子，天之小人也。」揭示畸人雖然不同於大眾，但卻與「天」（自然）同步；亦即指出孟子反等二位畸人，面臨子桑戶之死，雖然舉止不同於大眾，但卻是與「天」（自然）同步。孔子並且指出：面臨死亡如果僅僅留意舉止必須符合大眾認可的「禮儀」，而未能關注生命之主旨，未能將生命安頓在大道的整體性之中；那麼即使被大眾認為是君子，卻是「天」（自然）的小人，因為僅留意細微小節，卻遺漏了生命大事。換言之，見「小」（細、禮儀），並非不妥，但是必須同時見「大」（生命自我安頓）。如果見「小」也見「大」，恰如孔子聽聞子桑戶之死，遂有符合禮儀之派遣子貢協助喪事，但也將生命安頓在「方內與方外」的整體性，則不僅是「人之君子」，也是「天之君子」。

本則寓言揭示：子桑戶等三人都將生命安頓在大道的整體性；孔子將生命安頓於「方內與方外」的整體性，亦即以禮教與大道的整體性，共同安頓生命，通達「方內與方外」、「禮教與大道」，由此可知莊子對於孔子的敬重與推崇。簡言之，子桑戶等三人與孔子，共四人，皆不離大道的整體性，皆可稱為一代宗師。

顏回問仲尼曰：「孟孫才其母死，哭泣無涕，中心不戚，居喪不哀，無是三者，以善喪蓋魯國。固有無其實而得其名者乎？回壹怪之。」仲尼曰：「夫孟孫氏盡之矣，進於知矣。唯簡之而不得，夫已有所簡矣。孟孫氏不知所以生，不知所以死；不知就先，不知就後。若化為物，以待其所不知之化已乎！且方將化，惡知不化哉？方將不化，惡知已化哉？吾特與汝其夢未始覺者邪！且彼有駭形而無損心，有旦宅而無情死。孟孫氏特覺，人哭亦哭，是自其所以乃。且也相與吾之耳矣，庸詎知吾所謂吾之乎？且汝夢為鳥而厲乎天，夢為魚而沒於淵，不識今之言者，其覺者乎，其夢者乎？造適不及笑，獻笑不及排，安排而去化，乃入於寥天一。」

「顏回」：顏淵，孔子的弟子。「仲尼」：孔子，字仲尼。「孟孫才」：人名，姓孟孫，名才，魯國的賢人。「涕」：淚。「慼」：憂。「居喪」：又稱守喪，古人因為父親、或母親、或家族中的至親死去，在一段期間內，停止交際、娛樂，以表哀悼。「善喪」：善於居喪。「蓋魯國」指聞名魯國，「蓋」：超過。「固」：何，疑問詞。「壹」：則。「進於知」的「進」：過，指超越；「知」有二意：（一）了解如何守喪，（二）分別性的認知，指生死的分別。「唯簡之」的「唯」：雖然；「簡」：擇，指分別；「之」指生死。「所以」：為什麼。「就」：近。「若化」的「若」：順。「物」：任何存在物，在此是指人。「待」：依從。「且方將化，惡知不化」：現在變化為生，焉知不變化以前的無生；「方將」：現在，「化」指生，「惡」：疑問詞，「不化」指無生。「方將不化，惡知已化」：現在是生，暫不變化，焉知變化為已死的無生；「不化」指生，「已化」指已死、無生。「吾特與汝」的「特」：只是。「邪」：疑問詞。「駭形」指形體更改，「駭」：改。「旦宅」：形體變化，「旦」：嬗、變，「宅」指形體。「情」：實。「特覺」的「特」：特別。「自」：即。「所以乃」的「乃」：宜。「相與」：相互親近、跟隨，指生死相連相通。「庸詎」：何，疑問詞。「不識」：不知。「厲」：至。「造適」指忽然適意。「造」：猝，忽然。「獻」：顯現。「不及排」的「排」：排演。「安排」：安於推移，「排」指推移、轉變。「去化」：與化同去，指順應變化。「寥天」指自然，「寥」：虛。「一」指無待、混融。

顏回問孔子說：「孟孫才的母親死去，他哭泣沒有眼淚，心中不憂慽，守喪不悲哀。沒有眼淚、憂慽、悲哀的三種表現，卻以善於居喪而聞名魯國。怎麼有這種無實而有名的人呢？我覺得很奇怪。」孔子說：「孟孫氏做到守喪的極至了，他超越於了解如何守喪，或他超越生死的分別。他分辨生死卻找不到生死的分別，他已經做過分辨了。孟孫氏不知為什麼有生，為什麼有死。不知應親近先（生）或後（死）。順隨變化成為人，繼續依從他所不知的變化而已！現在變化為生，焉知不變化以前的無生？現在是生，暫不變化，焉知變化為已死的無生？我與你都是做夢未曾醒過來啊！再說，孟孫氏明瞭死亡雖使形體改變，但是心神不因此而折損；死者的形軀雖有變化，但沒有真實的死亡。孟孫氏特別地清醒過來，旁人哭，他也哭，這就是他的合宜表現。再說，相連相通的生與死都是我，那麼焉知我所說的我是什麼呢？再說，你夢為鳥而飛上天空，夢為魚而沉入深淵，不知現在談話的我們，是清醒還是做夢呢？忽然感到適意，通常都來不及笑，一旦笑了也來不及排演。安於自然的推移，與變化同去，就可與天（自然）同步，一而不二。」

顏回指孟孫才面臨母親死亡，雖然哭泣、守喪，也就是行為表現雖然相同於大眾之禮儀，但無「涕（淚）、慼（憂）、哀」之「實」，故向孔子提問。

孔子回答「孟孫氏盡之矣，進（過）於知矣。」關於「知」，或許指守喪之知，但「知」也有分別性認知之意，所以可能指生死的分別。若由後一意涵來了解，則是孟孫才超越「生與死」的分別，這是面對死亡的極至表現。這兩句敘述可視為孔子評價孟孫才行止的總提綱，後文諸多敘述則是在此提綱之下，再做闡釋。

「唯簡之而不得，夫已有所簡矣。」指出孟孫才針對「生與死」進行分別，但卻發現「生與死」是無從切割的整體，不可能僅僅擇取整體中的某一部分。亦即不可能如常識所認為的僅僅擇取「生」，因為一旦擇取「生」，也就是擇取「生與死」的整體。

「不知所以生，不知所以死」，指出不知人們為何有生、有死。試想：人人都是從沒有心跳，變化而為有心跳，再變化為沒有心跳；但是人們並不明白為何心臟由不跳動，變化為跳動，再變化為不跳動。回顧〈養生主篇〉曾說明，心臟跳動或不跳動是形體與生俱有的自然天性；換言之，人們之所以有生、有死，是自然，也就是本篇初始記載的「知天之所為者，天而生也」，至於人們的理想舉止則為「以其知之所知以養其知之所不知」，與「不知」沒有對立、沒有對待、無待、和諧並存。

常識悅生惡死，只希望親近「生」，並且強烈排斥「死」。但是孟孫才了解人人都從「無生」變化為「生」，再變化為「無生」，不斷循環往復，如同「圓」一般地流動變化，因此無從認定「生」是先抑或是後，而且親近「生」也就是親近「死」。故記載「不知就（近）先，不知就（近）後」。另外，有學者認為「就」是錯字，應改為「孰」，那麼「不知孰先，不知孰後」則是不知生與死，孰先孰後，其意涵與前則寓言「惡知死生先後之所在」相同。

孟孫才明瞭「無動而不變，無時而不移」（〈秋水篇〉），人人都走在「變」的通路上，都跟從「變」，所以他順隨變化成為任何存在物（現在是人類），而且也將秉持與「變」同步的原則，繼續依從人類所不知的變化，也就是順隨人類所不知的「天」（自然），故記載「若化為物，以待其所不知之化已乎！」其意涵仍與「以其知之所知以養其知之所不知」相呼應。

「且方將化，惡知不化哉？方將不化，惡知已化哉？」依晉．郭象注，可了解為：現在變化為生，則不知「不化」以前的無生；現在暫不變化，也就不知再次變化的「已化（已死、無生）」。這些「不知」仍是篇首記載的「天之所為者，天而生也。」

〈齊物論篇〉曾說明「夢與覺」一體不可分，「大覺」不是常識認為對立於「夢」之意，而是了解「夢覺」是無從切割、沒有對立、沒有對待的無待整體；至於「大夢」則是執著「覺」，排斥「夢」，偏執一隅，未能明瞭「夢覺」無待、整體之性質。因此孔子自我提醒：如果悅生惡死，執著生，排斥死，則如同大夢之執著「覺」，排斥「夢」，仍是未覺之人。故記載「吾特與汝其夢未始覺者邪！」在此，可以進一步思考：既然自我提醒是否「未覺」，那麼也就彰顯孔子並非未覺，而是「覺者」，了解「生死」無從切割。

孟孫才面臨母親死去，胸中必然有沉痛的哀傷，但是他明瞭天地萬物是不可切割的連續性整體，任何存在都是整體中的一環，所以母親的形體縱然因死亡而發生變化，但是並未遠離整體；亦即死者的生命仍然在整體中，仍然依隨長存的整體，不斷流動變化。簡言之，在整體中，死亡並不存在。因此他適時出離哀傷，也就是「入而能出」，逐漸調整為「哀樂不能入」的持平，不因死亡而折損心神。另外，也可由「生死」一體不可分來觀察，亦即縱然死亡，並非獨立於「生」之外，而是仍然與「生」不可切割，也就是無從尋獲獨立於「生」之外的「死」。故記載「有駭形而無損心，有旦宅而無情（實）死」。

換言之，如果未能胸懷整體，眼光僅只停滯於血肉身軀，則以為「有情（實）死」；但是不離大道的整體性，與變同步，依隨整體的運作，則是「無情（實）死」。

「孟孫氏特覺，人哭亦哭，是自其所以乃（宜）。」揭示孟孫才是「覺者」，明瞭「生與死」一體不可分；不過，由於大眾面臨親人死亡都有哭泣、守喪的行止，所以也就依從大眾的禮儀；至於「哭泣無涕（淚），中心不慽（憂），居喪不哀」，彰顯孟孫才實踐「無損心」，也就是〈養生主篇〉「哀樂不能入」（入而能出），調整心神回復持平。

大眾都認為存活（生）是「吾」（我），一旦死亡，那麼我也就滅失。但是「生與死」具有不可切割的整體性，這是生命的真實，所以「相與」相互跟從、相連相通的生與死，都是「吾」（我）。故記載「且也相與吾之耳矣」。而且立足天地萬物之整體，「吾」（我）與整體同存共在，並無滅失之虞，亦即莊子是「天地與我並生，而萬物與我為一」（〈齊物論篇〉）。換言之，莊子指出的「吾」（我）與整體長存，遺憾的是大眾未能明瞭，故記載「庸詎知吾所謂吾之乎？」

此外，也可由另一面向來了解：有鑑於莊子與「變」同步，莊子即為「變」的本身，所以莊子所說的「吾」（我）就是不斷變動。然而大眾未能明瞭，故記載「庸詎知吾所謂吾之乎？」

人們在睡眠中夢為它物，即如同「化」為它物。所以「且汝夢為鳥而厲乎天，夢為魚而沒於淵；不識今之言者，其覺者乎，其夢者乎」，可與前文「且方將化，惡知不化哉」併觀。亦即莊子舉夢為例，「夢」為鳥、魚，如同「化」為鳥、魚，則不知變化之前的狀態。由於「夢與覺」一如「生與死」，具有不可切割的整體性，因此讀者不可誤會「不識今之言者，其覺者乎，其夢者乎」這三句敘述並非莊子意圖切割「夢與覺」，亦非企圖強硬指稱現今是「夢、覺」對立的狀態，而是揭示：如果變化，則不知變化之前。簡言之，這三句敘述的意涵不在字面，而是再次指出「且方將化，惡知不化」之旨。亦即人們只知現在，不知變化之前，也不知再次變化。所以理想的因應方式為「若（順）化為物，以待其所不知之化」，現在既已變化為人，就以現在為基準，繼續依從變化，與變同步，亦即前則寓言「與造物者為人（偶），而遊乎天地之一氣」，也就無往而不適。故記載「造適不及笑」至「安排而去化」。

關於「乃入於寥天一」，「寥天」指自然，「寥」是虛。以「虛」描述「天」（自然），是因為「天」（自然）不固定在任何狀態，也就是不執著某種狀態的「虛」；反之，若固定為某種狀態，則是「實」而非「虛」，那麼不免僵化呆滯，失去靈活運作之可能，故可描述為「寥」（虛）。然而，這並不意謂「寥天」是什麼都沒有的頑空，也不意謂「虛」排斥「實」，回顧〈人間世篇〉曾說明「虛與實」沒有對立、沒有對待、無待、通而為一。故知「寥天」之虛，不離於「實」，亦即通貫「虛與實」，與任何實有相通為一體而不是二。回看寓言之初，顏回認為孟孫才「哭泣無涕（淚），中心不慼（憂），居喪不哀」，卻獲得善喪之名，是「無其實」。亦即顏回認為必須有「涕（淚）、慼（憂）、哀」，才具備善喪之「實」；至於孟孫才無「涕（淚）、慼（憂）、哀」，即為「虛」，不可稱為善喪。試想：孟孫才有「哭泣、居喪」之「實」；但由於明瞭「生死」一體不可分，故適時調整為「無損心」，遂無「涕（淚）、慼（憂）、哀」，而為「虛」。換言之，孟孫才不固定在「實」，而是適時調整為「虛」，亦即兼容並蓄「虛與實」，與「天」（自然）同步，一而不二，故記載「乃入於寥天一」。簡言之，「乃入於寥天一」的意涵不在字面，不是飛入高虛的天空，而是揭示與「天」（自然）同步，是「天之君子」。

本則寓言揭示孟孫才的舉止符合大眾禮儀，是「人之君子」；他同時將生命自我安頓在「生與死」、「虛與實」的整體性之中，與「天」（自然）同步，堪稱「天之君子」，因此「以善喪蓋魯國」。至於顏回執著「涕（淚）、慼（憂）、哀」，卻不知孟孫才是將「涕（淚）、慼（憂）、哀」之「實」，調整為「虛」，故誤以為孟孫才「無其實而得其名」；但是孔子明瞭孟孫才兼具「天、人」之君子內涵，故指出「孟孫氏盡之矣，進於知矣。」簡言之，本則寓言中的孟孫才與孔子二人，皆不離大道的整體性，皆可稱為一代宗師。

意而子見許由，許由曰：「堯何以資汝？」意而子曰：「堯謂我：汝必躬服仁義，而明言是非。」許由曰：「而奚來為軹！夫堯既已黥汝以仁義，而劓汝以是非矣；汝將何以遊夫遙蕩恣睢轉徙之塗乎？」意而子曰：「雖然，吾願遊於其藩。」許由曰；「不然。夫盲者無以與乎眉目顏色之好，瞽者無以與乎青黃黼黻之觀。」意而子曰：「夫無莊之失其美，據梁之失其力，黃帝之亡其知，皆在鑪錘之間耳。庸詎知夫造物者之不息我黥而補我劓，使我乘成以隨先生邪？」許由曰：「噫！未可知也。我為汝言其大略。吾師乎！吾師乎！韲萬物而不為義，澤及萬世而不為仁，長於上古而不為老，覆載天地刻彫眾形而不為巧。此所遊已。」

「意而子」：假託的人名。「許由」：與堯同時代的賢人。「堯」：約公元前二十四世紀，擔任天子之職。「資」：資助，指教導。「躬」：親自。「服」：行，實踐。「而奚來為軹」的「而」：你；「奚」：何；「軹」：語助詞，不具特殊意涵。「黥」：古代刑罰，在額上刺字，以墨染黑，亦稱墨刑。「劓」：古代割去鼻子的刑罰。「遙蕩」：逍遙無羈絆。「恣睢」：無所拘束。「轉徙」：變化。「塗」：道。「藩」：域。「盲者」：瞎眼人，有眼而不見物。「與乎」：給予。「瞽者」：瞎眼人，眼無縫如鼓皮。「黼」：白色與黑色的紋彩。「黻」：黑色與青色的紋彩。「無莊之失其美」：無莊是古代美人，由於得道，不再裝飾，自忘其美色；「失」：忘。「據梁之失其力」：據梁是古代的大力士，得道而守雌，不炫耀其力；「失」指不炫耀。「黃帝」：軒轅氏，中華民族的始祖，由於得道故忘遺其知。「亡」：忘。「鑪錘」指陶冶鍛鍊，「鑪」：竈，「錘」：鍛鍊。「庸詎」：何，疑問詞。「造物者」指自然。「息」：消失。「乘成」指形體完備。「先生」：老師，兼指許由與道。「邪」：疑問詞。「噫」：歎聲。「吾師」指道。「【齏】」：碎，指毀壞。「不為義」：學者認為應依〈天道篇〉改為「不為戾」；不過，王叔岷先生指出「義」借為「俄」，即乖戾之意。「彫」：雕。

意而子去見許由，許由說：「堯教導你什麼？」意而子說：「堯對我說：『你一定要自己實踐仁義，明白敘述是非。』」許由說：「你還來見我做什麼？堯既然已經用仁義在你臉上刺青，又用是非割去你的鼻子，你怎麼能悠遊在逍遙無羈絆、無所拘束、不斷變化的大道呢？」意而子說：「雖然如此，我仍然希望遨遊在這樣的領域。」許由說：「不行。盲者無從給他看眉目容顏之美，瞽者無從給他看各種色彩的花紋。」意而子說：「無莊遺忘自己的美貌，據梁不炫耀自己的力氣，黃帝忘記自己的聰明，都是陶冶鍛鍊而成。哪裡知曉造物者不會使我臉上刺青的傷痕消失，修補我被割去的鼻子，使我形體完備來追隨先生呢？」許由說：「唉！這是不可知的啊！我為你講個大概吧！我的大宗師啊！我的大宗師啊！毀壞萬物卻不是暴戾，澤被萬代卻不是仁慈，比上古年長卻不老，覆天載地、雕塑眾生卻不工巧。這就是所要悠遊之境。」

本則寓言指出：以「仁義是非」教導他人，就是對他人處以黥、劓的刑罰。如果僅觀文字表面，不免以為這是詆毀仁義是非。試想：常識稱讚仁義是非，那麼莊子為何如此敘述呢？

〈齊物論篇〉曾說明，大道通貫天地萬物，是不割裂的渾全整體，至於天地萬物依隨大道，也相同的具有不可切割之整體性。因此立足大道，明瞭人類是萬種物類之一，齊同平等於萬物，依循這項與生俱有的自然天性之「德」，愛護自己，同時尊重所有存在，也就是順隨萬物的天性之「德」，與萬物恰如其分的互動，仁（愛）、義（宜）就已涵融在整體的運作中，並不需要特別標舉。但是如果未能明瞭上述的整體性，人們的行為也未能依循順應萬物天性本質的前提，反而創設「仁（愛）、義（宜）」之詞，欲引導人們的行為固定於仁義。殊不知這對人們的行為雖有引導的功效，但是額外標舉的「仁（愛）、義（宜）」只是截取大道整體中的局部隅落，如果過度執著則將偏離整體性的均衡運作，亦即行為固定在額外標舉的仁義，也就停滯在整體中的局部隅落；而且過度執著額外標舉的仁義，不免衍生「仁與不仁」、「義與不義」的對立，以致更加遮蔽大道的整體性。

由於整體性被遮蔽，人類仗著自身的優勢，非但不以整體性為前提，反而對整體大肆掠奪，遂失落自然的均衡。例如，人類毫無節制地污染空氣、土壤、水源，卻未能自省這些行為對天地萬有的整體，是否仁義？而且人們的互動，也因為整體性受到遮蔽，遂失去恰如其分的和諧。此時，即使特別標舉仁義，並未廣及於天地萬有，而是狹隘地僅限於人類之間，追求僅以人類為考量的狹隘「仁（愛）、義（宜）」，卻產生有愛便不免有偏私的流弊；又因為整體性被遮蔽，人們並非以整體的運作來判斷合宜與否，而是以自我為中心進行判斷，遂演變為符合一己的利益就視之為「義（宜）」，亦即產生將利益視為合宜的流弊。

綜言之，額外標舉的「仁（愛）、義（宜）」對人們的行為雖有引導的功能，但卻使大道的整體性更加被遮蔽，而且僅僅追求以人類為考量的狹隘「仁（愛）、義（宜）」，卻產生偏私的流弊，以及將利益視為合宜的流弊。由此即可了解，額外標舉的仁義雖然有「明」的一面，但也有「暗」的另一面。亦即額外標舉的「仁義」具有明暗並存、一體兩面的性質，不足以使人們的相處回返整體性的和諧，也不足以使人類與天地萬有的整體回返均衡狀態，人類仍然停滯在整體性遭受遮蔽的錯誤之中。

至於「是非」，〈齊物論篇〉曾說明：以「天地之運作」為觀察基準，則知所有存在都不違逆天地運作的法則（例如：地球自轉），也就是「無物不然，無物不可」；亦即萬有並存於天地之間，本無「是、非」可言，而是沒有對立、沒有對待、無待、和諧並存的整體。只不過人們以自我為中心，強硬指稱喜愛的狀態為「是」，反之則為「非」，因此遂衍生數之不盡的「是、非」對立。

換言之，人們未能立足「天地萬物與我為一」的整體性，所指稱之「仁義」僅僅限於人類，指稱之「是非」僅僅以自我為中心，偏執局部的隅落，衍生「仁與不仁」、「義與不義」、

「是與非」的無窮對立，遮蔽大道的整體性，割裂無待、和諧的生命本質，誠然如同處以黥、劓的刑罰。

亦即人間世事無不具有一體兩面的性質，例如：地球受陽光照射，必然是一半為「明」，另一半為「暗」；也就是生活中沒有任何一事，只有光明面而無晦暗面。常識稱讚「仁義是非」，然而它們都具有一體兩面的性質；莊子和盤托出，指出常識未留意的另一面，故知「黥汝以仁義，而劓汝以是非」的意涵不在字面，不是詆毀仁義是非，讀者必須穿過文字，不可被文字框限。

「遙蕩恣睢轉徙之塗」揭示大道具有不執著的流動本質，不呆滯僵化而是變動不居。再看「遊」，本書多次說明「遊」彰顯無待義理，因為與任何存在都沒有對立、沒有對待、無待，才可無所不至，與天地萬物同遊同在。然而如果「躬服仁義，而明言是非」，則落入「仁與不仁」、「義與不義」、「是與非」的對立性之中，遠離沒有對立、沒有對待、無待的生命本質，難以與天地萬物混融為一，也就無從「乘天地之正，而御六氣之辯，以遊無窮」（〈逍遙遊篇〉），故記載「汝將何以遊夫遙蕩恣睢轉徙之塗乎？」

意而子雖然了解以上許由的說明，但是仍然提出與大道同遊的希望。許由舉盲人無從觀看為例，指意而子遭對立性戕害自然天性，喪失無待的生命本質，一如盲人喪失視覺。但是意而子再次堅持，並舉無莊、據梁、黃帝三人為例，這三人不呆滯在「美、力、知」的單一隅落，而是調整為「無美、無力、無知」，亦即兼容並蓄「美與無美」、「力與無力」、「知與無知」於一身，明瞭「美與無美」、「力與無力」、「知與無知」沒有對立、沒有對待、無待。換言之，三人歷經鍛鍊，回返無待的整體性，所以意而子自認為也可如同這三人，以鍛鍊補足黥、劓刑罰的傷損，回復完整無損的生命狀態。意而子的再次堅持使許由驚覺「道」不遠人的本質；既然道不遠人，人人都可親近道，所以許由遂為意而子說明道的義理。

學者通常認為〈天道篇〉記載「螫萬物而不為戾」，所以本篇「螫萬物而不為義」，應依〈天道篇〉將「義」改為「戾」；不過，王叔岷先生指出「義」借為「俄」，即乖戾之意。總之，在此可了解「不為義」即不為戾。

關於「螫（碎）萬物」的暴戾，可由下例來了解：萬物在天地間生存，並非恆常固定於「生」之一面，也有「死滅毀壞」的另一面。亦即天地的運作，具有「生與滅」一體兩面的性質；只不過常識特別強調「生」，莊子則是和盤托出，指出常識忽略的一體兩面之另一面「死」，故記載「螫（碎）萬物」。然而隨即翻轉為「不為戾」，這是因為萬物雖由「生」變化為「死（無生）」，但是並非恆定於「無生」，而將再次變化為「生」，故記載「不為戾」。由此則知，「螫（碎）萬物而不為戾」（戾而不戾）揭示大道順應萬物「無動而不變，無時而不移」（〈秋水篇〉）不斷變動的性質，既不固定在「戾」，也不固定在「不戾」，而是變動不居。

「澤及萬世」的仁愛，仍可由前述之例來了解：萬物由「無生」變化為「生」，這是「澤及萬世」的仁愛。但是莊子又立即翻轉為「不為仁」，這是因為萬物並非恆定於「生」，而將再次變化為「無生」，也就是「螫（碎）萬物」不仁愛、戾的另一面，故記載「澤及萬世而不為仁」（仁而不仁）。換言之，大道順應萬物不斷變動的自然性質，既不固定在「仁」，也不固定在「不仁」，而是遷流無已。

有以上的了解，則知「澤及萬世而不為仁」即為「仁而不仁，不戾而戾」，恰為「韲（碎）萬物而不為戾」（戾而不戾）的反轉敘述。簡言之，「韲（碎）萬物而不為戾，澤及萬世而不為仁」的意涵就是「戾而不戾，不戾而戾」，也可描述為「不仁而仁，仁而不仁」，依然彰顯大道流動變化，不固定在「不戾、仁」，也不固定在「戾、不仁」。

「長於上古而不為老」，本篇前曾記載相同之敘述。「長於上古」就是「老」，但是莊子依然翻轉為「不為老」。換言之，「長於上古而不為老」就是老而不老，亦即大道通貫「老與不老」。「老與不老」相連相通，就是大道的呈現。此外，也可由另一面向描述大道「老而不老，不老非不老」，依然彰顯大道遷流不已，無所固定的特質。

「覆載天地刻彫眾形」當然是工巧非常，但是莊子立即翻轉為「不為巧」。換言之，「覆載天地刻彫眾形而不為巧」揭示大道巧而不巧，其意涵可由下例來了解：萬物依自然天性，由「無生」變化為「生」，遂有道的呈顯，而萬物也都各自呈現其巧妙的形貌，但是並非道使萬物呈現巧妙形貌，而是萬物的天性使然。另外，針對大道「巧而不巧」的意涵，也可進一步描述為「巧與不巧，通而為一，一而不二」，也相同的彰顯大道變動無已的特質。

綜言之，「韲萬物而不為義（戾）」至「覆載天地刻彫眾形而不為巧」四句敘述，舉戾、仁、老、巧為例，指出大道遷流不定，通貫「戾與不戾」、「仁與不仁」、「老與不老」、「巧與不巧」，也就是「道通為一」（〈齊物論篇〉），這就是意而子希望達到的變動不居「遙蕩恣睢轉徙之塗」，故記載「此所遊已」。

本則寓言舉仁義是非為例，指出人們生活中眾多分別、對立性的意念，割裂無待、和諧的生命本質；然而只須放下分別與對立，即可基於無待的生命本質，跟隨不割裂的渾全大道，也就是跟隨永恆的大宗師，無所阻隔的與天地萬物同遊同在。簡言之，本則寓言揭示：道是永恆的大宗師，而不僅只是一代宗師。

顏回曰：「回益矣。」仲尼曰：「何謂也？」曰：「回忘仁義矣。」曰：「可矣，猶未也。」它日，復見，曰：「回益矣。」曰：「何謂也？」曰：「回忘禮樂矣。」曰：「可矣，猶未也。」它日，復見，曰：「回益矣。」曰：「何謂也？」曰：「回坐忘矣。」仲尼蹵然曰：「何謂坐忘？」顏回曰：「墮枝體，黜聰明，離形去知，同於大通，此謂坐忘。」仲尼曰：「同則無好也，化則無常也。而果其賢乎！丘也請從而後也。」

「回」：顏回自稱其名。「益」：進益，進步。「蹵然」：不安，指驚訝。「墮枝體，黜聰明，離形去知」指止息形體與心識對於天地萬物進行切割、分別性認知的運作。「墮、黜、離、去」：都指止息。「枝體」：肢體，即形體。「聰明、知」指認知、思考，即心識的運作。「同於大通」：兼指與大道、天地萬物同在，通而為一。「無常」：不固定。「而果其賢乎」的「而」：你，「果」：真，「其」：為。「丘」：孔丘，即孔子。「請」：願意。

顏回說：「我進步了。」孔子說：「怎麼進步呢？」顏回說：「我忘記仁義了。」孔子說：「很好，但是還不夠。」過了幾日，顏回又見孔子說：「我進步了。」孔子說：「怎麼進步呢？」顏回說：「我忘記禮樂了。」孔子說：「很好，但是還不夠。」過了幾日，顏回又見孔子說：「我進步了。」孔子說：「怎麼進步呢？」顏回說：「我坐忘了。」孔子驚訝地說：「什麼是坐忘？」顏回說：「止息形體與心識對於天地萬物進行切割、分別性認知的運作，與大道、天地萬物通而為一，這就是坐忘。」孔子說：「與大道、天地萬物通而為一，則無好無惡；與變化同步，則不固定拘執。你真是了不起的賢人，我願意追隨在你之後。」

有鑑於「忘」則成為「無」，所以「忘」就是「損」（減）；但是顏回卻認為是「益」（加），也就是以「損」為「益」。

前則寓言揭示「仁義是非」衍生對立性，割裂無待、和諧的自然天性，但是如果自覺，經過鍛鍊，仍可補救天性所遭受的傷損。本則寓言中的顏回，就是以「忘仁義禮樂」來自我鍛鍊；不過，孔子指出「忘仁義禮樂」雖然是進步，但仍未能完全補足曾經受到的折損。

顏回第三次的「以損為益」是坐忘，也就是「墮枝體，黜聰明，離形去知，同於大通」。關於「墮枝體，黜聰明，離形去知」的意涵，相同於〈齊物論篇〉「形如槁木，心如死灰」以及〈人間世篇〉「無聽之以耳，無聽之以心」。也就是止息形體與心識對於天地萬物進行切割、分別性認知的運作，回返天地萬物沒有對立、沒有對待、無待、混融、不可切割的整體性。亦即立足渾全不割裂的大道，「形體與心識」都依隨大道的混融、無待、整體性之運作，也就是〈齊物論篇〉「吾喪我」無我。不過「無我」的意涵不在字面，不是「我」

消失了，而是在混融整體中，所有存在相連相通，因此說不出什麼是與「物」相對的「我」，也說不出什麼是與「我」相對的「物」，亦即「物我兩忘」。不過「物我兩忘」的意涵也不在字面，不是物、我都消失了，而是「物與我」混融、無待。

換言之，「墮枝體，黜聰明，離形去知」的意涵不在字面，不是拋棄自我，而是指向物我兩忘，物我混融為「一」。由於物我混融，故與天地萬物同在，是一不是二，也就是與通貫萬有的大道同遊同在，故記載「同於大通」。

孔子乍聽「坐忘」，雖感到驚訝，但經顏回說明之後，顯然完全了解其意涵，隨即以「同則無好也，化則無常也」，指出與天地萬物、大道同在，一而不二，因此依隨大道不執著的流動本質，化除常識認為的「好、惡」對立，不固定在「好」或「惡」的任一隅落，而是無好無惡，無所拘執，遂記載「同則無好也」。故知「同則無好」的意涵不在字面，不是沒有任何喜好，而是不落入「好、惡」之對立，故可進一步描述為「同則無好無惡」，以彰顯沒有對立、沒有對待、無待的義理。

「無常」就是變；有鑑於天地之中，一切皆不斷地改變，但是「變」卻不曾改變。故知顏回與天地萬物、大道同在，也就是與「變」同遊，不斷流動變化，不固定在任何隅落，故記載「化則無常也」。至於「無常」之不斷改變，就是天地萬物、大道的「常」態，得道的顏回也就隨之呈現不斷變化的無常之「常」態。

在此可針對「仁義、禮樂、物我」進行思考，前則寓言曾說明「仁義」產生對立性，但是分別與對立性的意念普遍存在人們的生活中，並不僅僅「仁義是非」衍生對立性而已。

例如：「禮、樂」的各種儀式規範，若竭力追求，則「禮」衍生繁文縟節，「樂」衍生縱情逸樂，遂相應有「非禮、非樂」，以致產生對立性。此外，人類只是天地整體中的萬種物類之一，齊同平等於萬物，然而這項「真實」卻總是被人們忽視，所以人們非但未能立足整體性，反而誤以為優越於萬種物類，因此錯誤的「物、我」對立之意念，也使大道的整體性受到遮蔽，並且割裂和諧無待的自然天性。由此則知，本則寓言舉「仁義、禮樂、物我」為例，揭示生活中對立性的意念極多，必須保持高度自覺，時時警醒，才可同步於渾全不割裂的大道。

本則寓言呼應《老子·四十八章》「為學日益，為道日損，損之又損，以至於無為。」經過忘「仁義、禮樂」，再經忘「我」的鍛鍊之後，補足以往被對立性意念所切割而受到的折損，回復無待、和諧的自然天性，則可與大道同遊同在。

顏回在前則「孟孫才」的寓言中，尚有執著，未能明瞭整體性；但在本則寓言經過鍛鍊而得道，獲得孔子的稱許，這是莊子運用「卮言」流動而不呆滯一隅的筆法，對顏回進行書寫。至於孔子雖謙虛地表示將跟從顏回，但由「同則無好也，化則無常也」，即知孔子亦是得道者。簡言之，顏回與孔子二人，皆不離大道的整體性，皆可稱為一代宗師。

子輿與子桑友，而霖雨十日。子輿曰：「子桑殆病矣！」裹飯而往食之。至子桑之門，則若歌若哭，鼓琴曰：「父邪！母邪！天乎！人乎！」有不任其聲，而趨舉其詩焉。子輿入，曰：「子之歌詩，何故若是？」曰：「吾

思夫使我至此極者而弗得也。父母豈欲吾貧哉？天無私覆，地無私載，天地豈私貧我哉？求其為之者而不得也，然而至此極者，命也夫！」

「霖雨」：連續下雨三日以上，稱霖雨。「殆」：近，大概。「裹飯」：帶飯，「裹」：包。「食」：餵食。「歌」：詩，在此指唱詩。「鼓琴」：彈琴。「邪」：疑問詞。「不任其聲」指聲音微弱，「不任」：不能勝任。「趨」：急促。「舉」：言，說。「天地豈私貧我」的「私」：指單獨。「極」：困。「弗」：不。「命」指人生機緣。

子輿與子桑是朋友，連續下雨已經十天，子輿說：「子桑大概餓得生病了。」於是帶飯去給子桑。到了子桑的門前，聽見唱詩又像哭泣，彈琴唱著：「父親啊！母親啊！天啊！人啊！」聲音微弱而急促的說著詩句。子輿進入屋內，說：「你唱詩歌，為什麼是如此呢？」子桑說：「我在思索使我如此困窘的原因，但想不出來。父母難道希望我貧困嗎？天無私的覆蓋萬有，地無私的承載萬有，天地哪裡只會單獨使我貧困呢？追究使我貧困的原因，但找不到，那麼我如此困窘，是人生機緣呀！」

關於「命」，雖然有些學者認為莊子是宿命論，不過本書並不以宿命論進行說明，這是因為〈德充符篇〉「死生存亡、窮達貧富……是事之變，命之行也。」揭示：生死、存亡、窮達、貧富等等人生際遇，不斷流動變化，在生命中交替出現。亦即人們無論經歷「生、存、富、達」或「死、亡、貧、窮」，都是事之變，也都是「命之行」人生機緣的變動。故知「命」指向人生機緣。

子桑思索當下的處境貧窮，進而明瞭貧窮並非天地、父母使然，而是「命行事變」的人生機緣，因此不怨天不尤人，心平氣和的接受貧窮之命，並不抱怨。

然而大眾必定認為接受貧窮之命，是過於消極、沒有志氣的宿命論。那麼，試問：如果富貴者接受自己的富貴之命，是否消極、沒有志氣呢？大眾必定認為並不消極、並非沒有志氣。針對於此，或許可以再進一步思考：既然都是接受「命」，何以接受貧窮之命，遂被認為消極？接受富貴之命，則被認為並不消極？這是否源自大眾嫌貧愛富的心態呢？

或許莊子書寫本則寓言時，即已明瞭將被譏笑為消極、無志氣、宿命論，然而莊子仍然寫出，則是幫助身處逆境的讀者了解：順境是「命」，也就是「命行事變」的人生機緣；逆境也是「命」，也是「命行事變」的機緣。無須怨天尤人，而是平和鎮定的接受並且以肩膀承擔，明瞭「無動而不變，無時而不移」（〈秋水篇〉），人生沒有恆常固定的人生機緣，而必將有所變化。

例如〈外物篇〉記載「莊周家貧，故往貸粟於監河侯」，可見莊子的生活十分貧困；然而〈列御寇篇〉記載「或聘於莊子」，也就是莊子受到禮聘，關於此事，漢．司馬遷《史記．老莊申韓列傳》也有詳實記載：「楚威王聞莊周賢，使使厚幣迎之，許以為相。莊周笑謂楚使者曰：『千金，重利；卿相，尊位也。子獨不見郊祭之犧牛乎？養食之數歲，衣以文繡，以入大廟。當是之時，雖欲為孤豚，其可得乎？子亟去，無污我。我寧遊戲污瀆之中自快，無為有國者所羈，終身不仕，以快吾志焉。』」對於千金重利、卿相尊位的權力富貴，大眾通常都是傾心追隨。但是莊子卻拒絕，不為所動。試問：莊子拒絕的緣由何在？是因為矯情抑或是別有所見？

環顧人間世事，無不具有一體兩面的性質。例如：地球受陽光之照射，必然是一半為「明」，另一半為「暗」，不可能只有「明」的一面、沒有「暗」的另一面。同理，人間世事也都具有類似「明暗並存」一體兩面的性質。莊子就是洞見權力富貴並非僅有單一面向，而尚有殺身之禍的另一面，亦即權力富貴也具有一體兩面的性質。由於察見權力富貴一體兩面的另一面，洞見其中隱藏著殺機，因此不為富貴的表象所動。

既然人生機緣並不恆定，而必將有所變化。那麼，如果富貴的機緣，也就是「命行事變」的變化，發生在子輿的生活中，則可如同莊子衡量此機緣的恰當性，若適時掌握，則使人生由貧窮改易為富貴。但若與莊子相似，察見富貴機緣隱藏著殺機，於己並不合宜，則安於貧窮，不同於大眾，不以貧窮為恥。

況且，更進一層觀之，當富貴一體兩面的另一面「殺身之禍」呈現時，大眾認為是順境的富貴，遂轉變為人人唯恐避之而不及的死亡逆境。反之，若安於貧窮，由於捨棄富貴，所以也就同時捨棄富貴一體兩面的另一面（殺身之禍）；此時，若與富貴的死亡逆境併觀，那麼沒有殺身之禍的貧窮，則為順境而非逆境。亦即大眾認為是逆境的貧窮，則將被認為是順境。由此可知，大眾認為是順境的富貴，不必然恆常為順境，它具有一體兩面的性質。相同的，大眾認為是逆境的貧窮，也不必然恆常為逆境，也具有一體兩面的性質。

本則寓言舉貧窮為例，揭示對於人生機緣中的「順境」，人人都接受，也都無所抱怨；但是對於「逆境」，卻鮮少不怨天尤人者。不過，更進一層而言，人生並無「順境、逆境」

可說，（請參看本書作者自序）而是機緣變動的「事之變」，或許莊子在此指出：以肩膀承擔任何機緣，無怨無尤，即可稱為一代宗師！

應帝王

受推崇的人間帝王，是以一己的意念治國，改變民眾的自然天性？抑或不以一己的意念治國，而是順應民眾的天性本質？

齧缺問於王倪，四問而四不知。齧缺因躍而大喜，行以告蒲衣子。蒲衣子曰：「而乃今知之乎？有虞氏不及泰氏。有虞氏其猶藏仁以要人，亦得人矣，而未始出於非人。泰氏其臥徐徐，其覺于于；一以己為馬，一以己為牛；其知情信，其德甚真，而未始入於非人。」

「齧缺、王倪、蒲衣子」：傳說與堯同時代的賢人，堯之師許由，許由之師齧缺，齧缺之師王倪，王倪之師蒲衣子，即〈天地篇〉之被衣。「而乃今」的「而」：你。「有虞氏」：舜。「泰氏」：或指上古帝王，或指伏羲。「猶」：由，指由於、因為。「藏」：懷。「要」有二意：（一）約束，（二）要求。「出」：離。「非人」指人的自然天性遭受折損。「徐徐」：安穩。「于于」：自得或質樸無知。「一」：或，指有時。「情、信」：均指真實。「德」指與生俱有的自然天性本質。

齧缺向王倪請教，四次提問，四次的回答都是不知。齧缺因此高興地跳起來，走去告訴蒲衣子。蒲衣子說：「你現在明白了吧？舜不如泰氏。舜因為懷藏仁愛以約束（要求）民眾，雖然也能獲得民眾的推崇，但卻未曾離開自然天性遭受折損的狀態。泰氏睡眠時安穩，清醒時自在（或質樸無知）；或（有時）認為自己是馬，或（有時）認為自己是牛。他的所知即為真實，他的自然天性真實不假，未曾陷入天性遭受折損的狀態。」

「四問四不知」的問與答，記載於〈齊物論篇〉的寓言中。在該寓言，王倪雖不知四項提問之答案，但卻明瞭萬物齊同平等，沒有對立、沒有對待，而是無待的整體。齧缺喜愛這些義理，遂告知蒲衣子。蒲衣子指出：舜懷藏仁愛的意念治理民眾，雖然受到民眾的推崇，但卻使舜與民眾都成為「非人」。

回顧〈大宗師篇〉曾說明，「仁」是愛，由於有愛便不免有偏私，亦即追求「仁（愛）」遂相應有「不仁（不愛）」，以致產生對立性，遮蔽大道的整體性，割裂無待、和諧的自然天性，如同對生命處以黥、劓的刑罰。簡言之，過度偏執追求仁愛，使舜與民眾的天性受損，而非完好之本來面目，故記載「非人」。

此外，〈齊物論篇〉「大仁不仁」揭示對全體沒有偏私的「不仁」不愛，就是對全體完全同等的一視同仁，因此「不仁」即為「大仁」，是沒有任何偏私的大愛。然而舜懷藏「仁（愛）」，則是〈大宗師篇〉「有親非仁」，因為有所親愛，遂有偏私，不免形成「親、疏」之分別與對立，那麼就不是一視同仁的大公無私，也不能周全照顧全體。所以舜雖然「藏仁」卻反而成為「有親非仁」。

「其臥徐徐，其覺于于」，指出泰氏不同於舜，不曾割裂自然天性；由於天性完好無損，所以無論覺或醒，皆安適自在。此外，有學者認為「于于」是質樸無知，後文隨即記載「一以己為馬，一以己為牛」，就是指出不知「物與我」之別。這是舉例說明泰氏之無知，然而他的無知是立足「物與我」齊同平等、沒有對立、沒有對待、無待的整體。換言之，莊子舉牛、馬為例，揭示泰氏不同於舜，並非僅僅追求仁愛，而是懷抱本就蘊涵仁愛的大道整體性以及「無待、齊物」的智慧。由此則知，泰氏的胸懷與王倪相同。

「其知情信」是指泰氏不知「物與我」之別，但知「物與我」無別、無待，如此之「知」，才是真實之「知」。

「其德甚真」，揭示泰氏不割裂自己與民眾的生命本質，不曾遠離無待、和諧之自然天性，未曾落入「非仁」以及「非人」狀態，而且受治理的民眾亦然，故記載「未始入於非人」。

本則寓言指出：帝王治理民眾，立足大道的整體性，依循無待、和諧之自然天性，明瞭「天地萬物（例如：民眾與自己）」是不可切割的連續性整體，也都齊同平等，因此大公無私地給予一視同仁的照顧，則民眾與自己都不至於成為「非人」，這就是人間推崇的帝王。

肩吾見狂接輿。狂接輿曰：「日中始何以語汝？」肩吾曰：「告我君人者，以己出經式義度，人孰敢不聽而化諸！」狂接輿曰：「是欺德也。其於治天下也，猶涉海鑿河而使蚉負山也。夫聖人之治也，治外乎？正而後行，確乎能其事者而已矣。且鳥高飛以避矰弋之害，鼷鼠深穴乎神丘之下以避

熏鑿之患，而曾二蟲之無知！」

「肩吾」：或是山神、或是賢者，不可考。「接輿」：楚狂接輿。「日中始」有二意：（一）人名，（二）「日」指那一日，「中始」：人名。「君人」：治理民眾，「君」：治理。「出」：行，指制訂。「經式義度」指法度規範。「欺」：誤、喪。「德」指與生俱有的自然天性本質。「涉」：徒步渡水。「蚉」：蚊。「正」指自我安頓。「確乎」指不改變民眾的天性，「確」：不改易。「矰弋」指箭。「鼷鼠」：小鼠。「神丘」：一重重的土丘，「神」：重。「而曾」的「而」：你；「曾」：乃，是。「二蟲」指飛鳥、鼷鼠。「無知」：不了解，不知。

肩吾去見狂人接輿，狂接輿問說：「日中始（或那一天中始）對你說了些什麼？」肩吾說：「他告訴我：國君治理民眾應該以自己的意念訂定法規，民眾誰敢不聽從歸化呢？」狂接輿說：「這是損害自然天性。以這種方式治理天下，就像徒步渡過大海去開鑿一條河，或者讓蚊子背負一座山。聖人治理天下，只是用法規由外在約束民眾嗎？他是先端正自己的生命，然後再行動，不改變民眾的天性，任由民眾去做能力所及之事而已啊。再說，鳥會高飛以躲避弓箭的傷害，鼷鼠會在層層山丘下深掘洞穴，以躲避煙燻挖鑿的禍害，你不知這兩種動物的做法嗎？」

楚狂接輿指出國君「以己出經式義度」是「欺德」，亦即施政不順應民眾的自然天性，而是以一己的意念為前提，將使國君與民眾都喪失天性本質，一如前則寓言之舜與民眾都成為「非人」。接輿並且舉例：必定不成功的「涉海鑿河、使蚉（蚊）負山」，揭示「以己出經式義度」不可能成功治理天下。

「聖人之治也，治外乎？」的疑問語，敦促讀者思考：互為對照的「內、外」，不是常識認為的互斥對立、不並存，而是無從切割的整體。換言之，莊子藉著疑問語指出聖人治理民眾，不僅僅是治外，而是「內、外」皆治；亦即不僅引導民眾外在的行為恰到好處，也帶領民眾安頓生命之內在，將自我安置在恰如其分的平穩狀態，如此也就可以使民眾各自依性向發揮天賦能力，故後文記載「確乎能其事者而已矣」。

此外，也可由另一面向來了解：聖人治理天下，不只是治理自己以外的民眾，而是「內（自己）、外（民眾）」並治。首先必須達到自我安頓之「正」，然後則可引導民眾也都達到自我安頓之「正」，故記載「正而後行」，也就是〈德充符篇〉「唯舜獨也正，幸能正生，以正眾生。」不過，若未能達到自我安頓之「正」，反而「以己出經式義度」約束民眾，則如〈逍遙遊篇〉的「宋人有己」，將自己的意念原封不動地套用在他人頭上，非但難以符合民眾之需求，且將扭曲民眾的天性本質。那麼為了躲避這種不當的治理，民眾都將如同鳥與鼷鼠，遠走高飛。故記載「且鳥高飛以避矰弋之害」至「而曾二蟲之無知」。

民眾躲藏遠離，以避免國君「以己出經式義度」的傷害，那麼國君將無民眾可治理。此時，是否尚為國君？尚可稱為「君人者」？由此則知接輿指出國君「以己出經式義度」是「欺德」，並非虛言。

本則寓言揭示：國君治理民眾之前，必須先達到自我安頓之「自正」，亦即先治「內（自己）」，而後即可平順地治「外（民眾）」，引導民眾也都達到自我安頓之「正」，屆時民眾外在的行為也就水到渠成地恰到好處，如此即為成功的治理天下。簡言之，治國的基礎是治國者先治「內」、自正，這是人間推崇的帝王。

天根遊於殷陽，至蓼水之上，適遭無名人而問焉，曰：「請問為天下。」無名人曰：「去！汝鄙人也！何問之不豫也？予方將與造物者為人，厭，則又乘夫莽眇之鳥，以出六極之外，而遊乎無何有之鄉，以處壙埌之野。汝又何帠以治天下感予之心為？」又復問。無名人曰：「汝遊心於淡，合氣於漠，順物自然而無容私焉，而天下治矣。」

「天根、無名人」：均為假託之人名。「殷陽」：殷山之陽，山南水北稱為陽。「蓼水」：河名，或為莊子自設之水名。「遭」：遇。「為天下」：治天下。「豫」有二意：（一）悅，（二）厭煩。「予」：我。「與造物者為人」指與自然同步，「造物者」指自然，「人」：偶。「為人」：為偶，指和諧、同步。「厭」：饜，指飽足。「莽眇之鳥」有二意：（一）指輕虛之氣；（二）大鳥，「莽眇」：大。「六極」：天地四方。「無何有之鄉」指任何處所。「壙埌」：大。「帠」：叚、假，即大。「感」：動，指擾動。「遊心於淡，合氣於漠」：心遊於淡，氣合於漠；指心神與形軀皆回返清靜。「心」：心神，「淡」：憺，指靜。「氣」：形氣，指形軀。「漠」：清。「容」：用。

天根去殷山南面遊覽，來到蓼水岸邊，恰巧遇見無名人，就問他說：「請教如何治理天下。」無名人說：「去吧！你真是鄙陋的人啊，怎麼會提出這樣令人不愉快的問題（或怎麼這樣不厭煩的提出這個問題）？我正與造物者同步悠遊，飽足了，就乘著輕虛之氣或大鳥，飛出六極之外，悠遊在任何地方，廣大的原野中。你又何須大大的以治理天下這種事來擾亂我的心呢？」天根又再問了一次。無名人說：「你讓心神與形軀皆回返清靜，順應萬物與生俱有的天性本質，而不用自己的私意，那麼天下就治理好了。」

天根請問無名人，如何治理天下。關於無名人的回答，在此先看「與造物者為人」，這句敘述在〈大宗師篇〉有相同的記載，指出與自然的變化同步，也就是與天地萬物混融，沒有對立、沒有對待、無待，是一不是二。以此，則無物不可乘，無處不可至，所以後文記載「乘夫莽眇之鳥，以出六極之外，而遊乎無何有之鄉，以處壙埌之野。」

本書多次說明「遊」彰顯無待義理，因為與任何存在都沒有對立、沒有對待、無待，才可無所不至，沒有被阻擋之處。至於「無何有之鄉」曾記載於〈逍遙遊篇〉，雖然通常學者認為指虛無之地。不過，本書業已說明：互為對照的「有、無」必然相依相隨，故知「無何有之鄉」的意涵不在字面，並非僅僅指虛無，而是不離實有之地。這由「壙埌之野」便可獲得印證，亦即「無何有之鄉」不曾遠離實有之地，就是指包括「壙埌之野」在內的任何處所。由此亦可明瞭「乘夫莽眇之鳥，以出六極之外」的意涵也不在字面，不是飛離天地，而是指向無待、整體之義理。

另外，如果僅觀「汝鄙人也，何問之不豫也」、「汝又何帠以治天下感予之心為」這三句敘述的文字表面，不免認為本則寓言鄙薄治理天下，然而是否果真如此呢？〈逍遙遊篇〉曾說明，並非管理眾多人民、遼闊領土，才可稱為治理天下；有鑑於人人所在之處均為天下，那麼僅只是治理自我，也是治天下。亦即天下並非由某一特定人物來治理，而是人人安頓生命達到恰如其分的狀態，也就是人人都治理自己、治理天下，那麼天下大治的理想也就水到渠成。由此則知這三句敘述的意涵不在字面，不是鄙薄治理天下，而是回返每一個人的自治，讀者只須通讀全書，便可穿過文字，不被文字框限。

在無名人的首次談話中，雖然看似並未針對治理天下而給予回答，但是「與造物者為人」至「以處壙埌之野」，揭示與自然的變化同步，也就是將生命安頓在大道的整體性之中，這就是自我安頓的治理自己，同時也是治理天下。簡言之，無名人並非沒有回答，而是業已回答，但是天根未能明瞭，因此再度提問。

無名人再次回答，則是「遊心於淡，合氣於漠」心神與形軀皆回返清靜而不躁，這顯然指向治「內」，也就是先治理自己，而後「順物自然而無容私」以治外（民眾）。換言之，無名人第二次的回答仍與第一次相近，依然揭示自我安頓之旨，亦即治理民眾之前，須先自我安頓，與前則寓言「正而後行，確乎能其事者而已矣」相呼應。

本則寓言揭示：將生命安頓在大道的整體性之中，也就是自我安頓恰到好處，而後順隨萬物的天性本質，不存一己之私，則天下大治，這是人間推崇的帝王。

陽子居見老聃，曰：「有人於此，嚮疾彊梁，物徹疏明，學道不勧。如是者，

可比明王乎？」老聃曰：「是於聖人也，胥易技係，勞形怵心者也。且也虎豹之文來田，猨狙之便、執斄之狗來藉。如是者，可比明王乎？」陽子居蹵然曰：「敢問明王之治。」老聃曰：「明王之治，功蓋天下而似不自己，化貸萬物而民弗恃；有莫舉名，使物自喜；立乎不測，而遊於無有者也。」

「陽子居」：即楊朱，姓陽（陽、楊，可通用），名朱，字子居。「嚮疾彊梁」指敏捷強幹果決。「嚮疾」：敏捷如回聲之嚮應。「彊」：強。「彊梁」指強幹果決。「物徹疏明」：鑑物洞徹，通徹明敏。「疏」：通。「勧」：倦。「明王」指明君。「胥易技係」指小吏治事，被能力所繫。「胥」：小吏。「易」：治。「技」指能力。「係」：繫。「怵」：驚懼，指攪擾。「文」：紋。「田」：田獵，指獵殺。「猨狙」：猨猴。「便」：捷。「執斄之狗」：有學者認為是衍文，應刪；有學者認為是「執留之狗」，「留」：竹鼠或狸貓。「藉」：繩繫。「蹵然」：不安，指驚訝。「蓋」：覆，指廣被。「貸」：給予。「弗恃」：不倚仗。「舉」：顯。「使物」的「物」：人。「不測」：不盡、無窮，指道。「無有」指任何處所。

陽子居去見老聃，問說：「如果有一個人，行事敏捷果斷，對事物洞徹明敏，學道孜孜不倦。這樣的人可以比擬為明君嗎？」老聃說：「這種人對照於聖人，是小吏治事，被能力羈繫，形體勞累，心神攪擾。再說，虎豹因為皮毛的花紋引來人們的獵殺，猨猴因為敏捷、狗因為可以捉竹鼠或狸貓，則被人們抓來用繩子綁住。這樣，可以比擬為明君嗎？」陽子居驚訝的說：「請問明君如何治理。」老聃說：「明君的治理，功績廣被天下卻如同與自己無關，教化普及萬物而民眾卻不倚賴他；雖有功勞卻不彰顯名聲，使人們自在自喜；立足於無窮，悠遊於任何處所。」

陽子居詢問老聃「嚮疾彊（強）梁，物徹疏明，學道不勧（倦）」之人，可否比擬為明君。這三句敘述指出：處事效率高、認知能力強、學習態度認真，亦即由處事、認知、學習三個面向來觀察，表現都傑出優秀，大眾必定都認為此人超越群倫，可擔任明君。然而老聃卻說「胥易技係」，指出此人被才能所羈，也就是被「有用」羈繫，所以「勞形怵心」身心勞擾。老聃並且舉虎豹等動物為例，暗示此人也如同這些動物，因為「有用」而將引來覬覦，遂使生命受困。

關於以上的對談，或許可由另一面向來了解。「嚮疾彊梁」等三句敘述，大眾必定都認為是「有用」的優點，彰顯此人具有治國之長才。然而，人間世事無不具有一體兩面的性質。例如：地球受陽光之照射，必然是一半為「明」，另一半為「暗」，不可能只有「明」的一面，不可能沒有「暗」的另一面。同理，此人「有用」的優點，也是明暗並存，具有一體兩面的性質。亦即雖有治國長才之「有用」（明）的一面，但也有遭到羈繫、身心勞擾、生命受困之「無用」（暗）的另一面。恰如〈人間世篇〉記載：文木有用，但卻「以其能苦其生」，亦即發光發熱、有用的同時，在身旁投下暗影，如果沒有警覺，當暗影襲來時，發光發熱的「有用」，也就轉為晦暗的災難，成為「無用」。亦即老聃和盤托出，指出常識忽略的一體兩面之另一面。

聽聞老聃指出一體兩面、明暗並存的性質後，陽子居感到驚訝，並詢問明君之治。老聃回答「功蓋天下而似不自己」，試想：「功蓋天下」即為有功（用），但是卻立即翻轉為「而似不自己」，也就是無功（用）。換言之，明君並非恆常立於「有功（用）」的明亮處，而是適時調整為並不明亮的「無功（用）」。由此則知「明王」的意涵不在字面，並非僅僅呆滯「明」之一隅，而是不排斥「不明（暗）」，了解「有功（用）與無功（用）」、「明與暗」一體不可分，是沒有對立、沒有對待、無待的整體，所以無所執著，適時由「有功（用）、明」調整為「無功（用）、暗」。

「化貸萬物而民弗恃」的意涵，相近於「功蓋天下而似不自己」。試想：「化貸萬物」是教化鮮明，民眾以他為前瞻、倚賴他；但是旋即書寫「而民弗恃」，民眾不以他為前瞻，不倚賴他，如同他的教化並不鮮明。亦即明君不停滯在教化「鮮明」之一隅，而是適時調整為「不鮮明」。這仍然彰顯明君胸懷「明與暗」的整體性，無所拘泥。

「有莫舉名」指出有功但不顯功名，亦即本句綜合前二句的意涵：雖然功蓋天下、教化萬民，但是立即翻轉為「莫舉名」，揭示明君不執著「有功、有名」，而是適時調整為「無功、無名」。這彰顯明君融「有功與無功」、「有名與無名」於一身，立足「有功與無功」、「有名與無名」沒有對立、沒有對待、無待、混融的整體。

明君雖然功蓋天下，但適時調整，不呆滯任一隅落，對民眾不造成壓迫感；民眾也都可依天性本質發展生命，自在自適，故記載「使物（人）自喜」。

關於「不測」，即為不盡、無窮。回顧〈逍遙遊篇〉曾說明：大道通貫天地萬物，具有變動不居的特質，遷流不已，無所終窮。因此本則寓言記載之「不測」就是指向變動不居的大道。那麼「立於不測」就是與道同在，與變同步，與天地萬物同遊，所以無處不可至，故記載「遊於無有」。

另外，學者通常認為「無有」指虛無之地。不過，「無有」也可了解為：「有與無」混融。亦即互為對照的「有、無」必然相依相隨，不可能各自獨立存在，而且人們存活的任何處所都是「有與無」混融不可切割，故知「遊於無有」並非指虛無，而是指任何處所。

綜言之，「嚮疾彊（強）梁，物徹疏明，學道不勧（倦）」之人，與「明王」都具有治國的才能；但是「嚮疾彊梁」之人，如果停滯在「有功（用）、有名」的單一面向，則將落入遭到羈繫、生命受困的狀態。明王就是不呆滯僵化，無所執著，適時由「有功（用）、有名」調整為「無功（用）、無名」，生命不至於受困，而且因為與道同在，與變同步，故可與天地萬物同遊。

本則寓言揭示：胸懷大道的整體性，雖有治國之才，但不執著「功（用）、名」，而是適時調整為「無功（用）、無名」，不僅「使物自喜」，一己之生命也無所困限，不失無待、絕對的精神自由，這是人間推崇的帝王。

鄭有神巫曰季咸，知人之死生存亡、禍福壽夭，期以歲月旬日，若神。鄭人見之，皆棄而走。列子見之而心醉。歸以告壺子，曰：「始吾以夫子之

道為至矣，則又有至焉者矣。」壺子曰：「吾與汝既其文，未既其實，而固得道與？眾雌而無雄，而又奚卵焉？而以道與世亢，必信，夫故使人得而相汝。嘗試與來，以予示之。」明日，列子與之見壺子。出而謂列子曰：「嘻！子之先生死矣！弗活矣！不以旬數矣！吾見怪焉！見濕灰焉。」列子入，泣涕沾襟以告壺子。壺子曰：「鄉吾示之以地文，萌乎不震不正。是殆見吾杜德機也。嘗又與來。」明日，又與之見壺子。出而謂列子曰：「幸矣！子之先生遇我也！有瘳矣！全然有生矣！吾見其杜權矣！」列子入，以告壺子。壺子曰：「鄉吾示之以天壤，名實不入，而機發於踵。是殆見吾善者機也。嘗又與來。」明日，又與之見壺子。出而謂列子曰：「子之先生不齊，吾無得而相焉。試齊，且復相之。」列子入，以告壺子。壺子曰：「吾鄉示之以太沖莫勝，是殆見吾衡氣機也。鯢桓之審為淵，止水之審為淵，流水之審為淵。淵有九名，此處三焉。嘗又與來。」明日，又與之見壺子。立未定，自失而走。壺子曰：「追之。」列子追之不及。反，以報壺子曰：「已滅矣，已失矣，吾弗及已。」壺子曰：「鄉吾示之以未始出吾宗。吾與之虛而委蛇，不知其誰何，因以為弟靡，因以為波流，故逃也。」然後列子自以為未始學而歸，三年不出，為其妻爨，食豕如食人，於事無與親。彫琢復朴，塊然獨以其形立。紛而封哉，一以是終。無為名尸，無為謀府，無為事任，無為知主。體盡無窮，而遊無朕；盡其所受乎

天，而無見得，亦虛而已。至人之用心若鏡，不將不迎，應而不藏，故能勝物而不傷。

「季咸」：女巫之名。「期」指預言。「旬」：十天。「棄」：離去。「走」：跑。「心醉」指崇拜。「壺子」：鄭國之得道者，名林，號壺子，列子之師。「夫子、先生」：老師，指壺子。「至矣」指極至。「又有至」指比極至更高。「吾與汝」的「與」：予，指授予。「既」指盡。「文」指語言文字。「而固、而又、而以」的「而」：都是你。「固」：是。「得道與」的「與」：歟，疑問詞。「奚」：何，疑問詞。「亢」：抗，指相對。「必信」指全都顯露。「必」：畢，全。「信」：即伸，指顯露。「與來」：共來。「予」：我。「嘻」：感嘆聲。「弗」：不。「數」：計算。「濕灰」指毫無生氣。「涕」：淚。「曏」指不久之前。「地文」指寂靜之相。「不震不正」：應依《列子・黃帝篇》改為「不震不止」，指不動不靜。「殆」：近，指大概。「杜德機」：杜塞生機，「杜」：塞。「瘳」：疾病痊癒。「杜權」指杜德機，「權」：機。「天壤」指活動之相。「名實不入」指無名無實。「善者機」指生機。「不齊」：不固定，「齊」：固定。「試齊」的「試」：姑且。「太沖」：太虛，「沖」：虛。「莫勝」指無勝無負。「衡氣機」的「衡」：平。「鯢桓之審為淵」：鯨魚盤旋的深水，指衡氣機；「鯢」：鯨魚，「桓」：盤旋，「審」：聚，「淵」：深水。「止水之審為淵」指杜德機。「流水之審為淵」指善者機。「淵有九名」：九淵之名，見於《列子・黃帝篇》，即鯢旋、止水、流水、濫水、沃水、氿水、雍水、汧水、肥水。「失」：即逸，指狂奔。「反」：返。「滅」：不見。「吾宗」指道。「虛而委蛇」指順隨，「虛」指無我。「誰何」：誰，「何」：誰。「因以為」的「因」：順。「弟靡」：茅草順風而倒，指順隨。「波流」指順隨。「為其妻」的「為」：助。「爨」：炊，指煮飯。「無與親」指不親不疏。「彫琢」：雕琢。「朴」：樸。「塊然」：即獨，指沒有對立、沒有對待、無待。「紛而封哉」指紛亂，「紛而」：亂，「封哉」：散亂。「尸」：主。「朕」：跡。「不將」：不送，「將」：送。「勝物」的「勝」：勝任，指承載。

鄭國有一位神巫，名叫季咸；他能測知人的死生存亡、禍福壽夭，所預言的年、月、日，準確如神。鄭國人看見他，都紛紛跑走。列子見到他，卻非常崇拜，回來告訴壺子說：「原先我以為老師的道術最高深，現在才明白還有更高深的。」壺子說：「我傳授你的都是語言文字說明的道，還沒有到達真實，你就以為得道了嗎？全都是雌鳥而沒有雄鳥，你又怎麼會有卵呢？你以文言之道與世人相對，全都顯露出來，所以使他人能夠窺測你的意念。你試著請他一同來，看看我的面相。」第二天，列子邀季咸來見壺子。季咸離開會晤之處，出來對列子說：「唉！你的老師快要死了，不能活了，不會超過十天！我看他神色怪異，如同濕灰。」列子進入屋內，哭泣的淚水沾濕了衣襟，將消息告訴壺子。壺子說：「剛才我顯示給他看的是地文寂靜之相，萌生自不震動也不靜止，他大概是看見我閉塞生機了。再請他來看看。」第三天，列子又邀季咸來見壺子。季咸離開會晤之處，出來對列子說：「你的老師幸好遇見我！有救了，全然有生機了！我昨天看見他的生機杜塞了。」列子進屋，告訴壺子。壺子說：「剛才我顯示給他看的是天壤活動之相，無名無實，一線生機由後腳跟發出。他大概是看見我生機活動了。再請他來看看。」第四天，列子又邀季咸來見壺子。季咸離開會晤之處，出來對列子說：「你的老師動靜不定，我無法給他看相。姑且等他固定下來，我再來給他看相。」列子進屋，告訴壺子。壺子說：「剛才我顯示給他看的是太虛無勝無負之相。他大概是看見我動靜持平的氣機。鯨魚盤旋之處形成深淵，止水之處形成深淵，流水之處形成深淵。深淵有九種，我在此顯示了三種。再請他來看看。」第五天，列子又邀季咸來見壺子。季咸還沒有站定，就狂奔逃跑了。壺子說：「快去追他！」列子追趕不上，回來報告壺子說：「不見蹤影了，狂奔而去，我追不上他了。」壺子說：「剛才我顯示給他看的是不離大道的整體性，而且順隨他，不知他是誰，也不知我是誰；順隨他如同茅草順風而倒，順隨他如同水波流動，所以他就逃走了。」列子這才明白自己什麼都不曾學會，返回家中，三年不出門。幫助妻子燒火做飯，餵豬就像侍候人一般。對於事物不親也不疏，放下雕琢，回返樸素；與物無所對立，以此而獨立人間。了解紛雜散亂，就是混融純一，終身如此。不執著占有名聲，不執著懷藏謀略，不執著擔任職務，不執著知。體認無窮之道，而悠遊無跡象之境。發揮與生俱有的天性，而忘去所見、所得，這就是虛。至人的用心有如鏡子，對於萬物的去來，既不送也不迎，如實反映，無所隱藏，故能承載萬物而無傷損。

季咸知曉人們的未來，列子一見傾心，並認為壺子老師不如季咸。壺子回答「吾與汝既其文，未既其實」，指出以往傳授的都是語言文字說明的道，而非道之「實」。關於語言文字，〈齊物論篇〉曾說明，語言文字不等於「真實」，僅僅指向「真實」，有其侷限性，學習者必須離開語言文字，自行跳躍至「真實」；否則，如果只是停留在語言文字，那麼將無法到達發言者所揭示的「真實」。由此則知，並非壺子故意不傳授道之「實」，而是列子尚停留在語言文字而未能跳躍至「真實」。壺子再舉卵為例，指出唯有「雌與雄」混融、沒有對立、沒有對待、無待，才可能產卵。亦即揭示列子未能立足無待的整體性，尚停滯在局部的隅落，「以道與世亢」以文言之道與世相對，「亢」是相對，也就是未能混融、無待，故顯露意念，季咸遂可相之；反之，列子若由語言文字跳躍至道之「實」，胸懷整體性，與世混融、無待，如水乳交融，則說不出什麼是列子，也說不出什麼是列子以外的萬有存在，那麼季咸將無從相之。寓言稍後記載壺子的第四相，就是與世（包括天地、萬物、季咸）混融，故季咸無從相之而逃。

談話結束時，壺子表示願意讓季咸來看自己的面相。然後接續四天，壺子顯示了四種面相。以下依序說明。

第一相，先看「不震不正」，應依《列子．黃帝篇》改為「不震不止」。「震」是動，指生；「止」是靜，指死。常識認為「震與止」、「動與靜」、「生與死」互斥不並存；然而本書多次說明，由不割裂的大道觀之，互為對照的狀態是無從切割的整體，故知互為對照的「震與止」、「動與靜」、「生與死」相通為一體，沒有對立、沒有對待、無待、混融。由此則知「不震不止」的意涵不在字面，不是消滅震動、靜止，不是頑空，而是既不固定在「震、動、生」，也不固定在「止、靜、死」，不呆滯任何隅落，立足「震與止」、「動與靜」、「生與死」的整體。

簡言之，壺子雖顯示「地文」寂靜之相，但卻是萌生自「震（動、生）與止（靜、死）」

的整體。亦即第一相具有「震（動、生）與止（靜、死）」混融的整體性。然而季咸只見「杜德機」杜塞生機的「濕灰」死（靜、止）之相，只見局部，未見整體，故認為壺子近日將死。

第二相，先看「名實不入」，也就是無名無實。有鑑於「名與實」具有互為對照之性質，故知「名實不入」（無名無實）與第一相「不震不止」相仿；不是消滅名、實，不是頑空，而是不固定在「名」，也不固定在「實」。亦即立足「名與實」沒有對立、沒有對待、無待、混融的整體，在整體中遷流變化，因此不可只稱為「名」，也不可只稱為「實」，故記載「名實不入」。例如：由第一相「杜德機」杜塞生機的死（靜）相，流動變化為第二相「機發於踵」生機發自腳踵的生（動）相，既不可只稱為「生（動）」，也不可只稱為「死（靜）」，而是「生（動）與死（靜）」相連相通。換言之，第二相依然不離混融、無待、整體性。亦即「名實不入」的意涵不在字面，莊子藉之彰顯第二相的義理，讀者必須穿過文字，不可被文字拘限。

第二相壺子雖顯示「天壤」之生、動，但是依然具有「動（生）與靜（死）」混融的整體性。但是季咸只見「善者機」的動（生）之局部，未見整體，故認為壺子全然有生。

第三相，先看「太沖莫勝」，「沖」是虛，由於互為對照的「虛與實」是無從切割的整體，本就是沒有對立、沒有對待、無待、通而為一。故知「太沖（虛）」的意涵不在字面，不是什麼都沒有的頑空，而是「虛」不離「實」，具有「虛與實」混融、無待的整體性。至於「莫勝」是無勝，試想：既然無勝，那麼也就無負。亦即第三相是「動（生）與靜（死）」持平而無勝無負。在此回顧前二相，則可補充說明第一相是：「靜（死）」涵藏「動（生）」，故可描述為「靜（死）勝動（生）」。第二相是：「動（生）」涵藏「靜（死）」，故可描述為「動（生）勝靜（死）」。至於第三相則是：動（生）不勝靜（死），靜（死）不勝動（生），亦即動靜（生死）並存，動（生）即靜（死），靜（死）即動（生）。

簡言之，第三相「太沖莫勝」具有混融、無待的整體性。但是季咸見到「衡氣機」的持平，認為「動靜（生死）」平衡並存，遂指壺子不固定於單一面相，無從相之。在此或許可以思考：既然「生死」一體不可分，那麼無論任何人的面相，必然都是「生與死」同存並在，但是季咸卻只欲觀看局部狀態，依然不見第三相的整體性。

在這一天，壺子並向列子說明，以九淵中的三淵顯示給季咸，「鯢桓之審為淵」喻第三相「動靜（生死）」並存，「止水之審為淵」喻第一相「靜（死）」涵藏「動（生）」，「流水之審為淵」喻第二相「動（生）」涵藏「靜（死）」。

第四相「未始出吾宗」，就是不離於道，與道同步，亦即秉持大道不執著的流動特質，順隨季咸，與季咸混融為一，故記載「吾與之虛而委蛇」。壺子與季咸混融為「一」而不是二，因此說不出誰是壺子、誰是季咸，順隨而沒有對立、沒有對待、無待，故記載「不知其誰何」至「因以為波流」。換言之，第四相明白出示大道混融、無待的整體性以及變動不居，不呆滯任一隅落的特質，也就是「未始出吾宗」。

此外，「吾與之虛而委蛇」的「之」除了指季咸，也可能兼指天地萬物，那麼則可了解為：壺子與天地萬物（包括季咸）混融、通而為一，季咸在壺子的面容中，看見自己以及天地萬物，因此驚惶逃走。寓言之初，壺子指列子「與世亢」與世相對，故使季咸得而相之；

壺子第四相則是「不與世亢」，與天地萬物（包括季咸）混融如水乳交融，季咸驚見天地萬物（包括自己、壺子）同在，遂逃離。

壺子的四相雖然是向季咸顯示，但是列子也同時觀看，並且聽聞壺子詳述四相的內涵，因此這四天不是以往的「既其文」，而是「既其實」；亦即壺子以自身呈顯大道混融、無待的整體性以及不呆滯任一隅落的流動本質。因此列子終於明白四天前認為壺子不如季咸，只不過暴露自己並未學得大道之「實」。遂返家「三年不出」，亦即由以往之外出，調整為「不出」。換言之，不呆滯「出」之一隅，而流動變化為「不出」。

古代男主外，女主內，男子不近廚竈，故知「為其妻爨」揭示列子由以往不協助妻子爨火，調整為「助妻爨火」。也就是不執著「不助妻爨火」，適時改變為「助妻爨火」。

大眾都認為豬與人，具有「物與我」、「卑與尊」的分別；但是「食豕如食人」指出豬與人，沒有「物與我」、「卑與尊」之別，而是齊同平等、沒有對立、沒有對待、無待。亦即「食豕如食人」彰顯列子具有物我為一的整體思考，無尊無卑的無待胸懷。

常識認為「親與疏」互斥不並存；然而由不割裂的大道觀之，互為對照的「親與疏」本就是無從切割的整體，沒有對立、沒有對待、無待、通而為一。換言之，有親則有疏，無親則無疏。所以「於事無與親」的意涵不僅止於字面，而可進一步描述為「無親無疏」；不過「無親無疏」的意涵也不在字面，不是消滅親、疏，不是頑空，而是明瞭「物我為一」的整體性，所以順隨整體的運作，不固定在「親」，也不固定在「疏」，立足「親與疏」的整體，無所執著也無所排斥。

「彫（雕）琢復朴（樸）」，指出由「雕琢」流動變化為「不雕琢」（樸），立足「雕琢與不雕琢」沒有對立、沒有對待、無待、混融、無從切割的整體。簡言之，「彫琢復朴」揭示混融、無待的整體性以及不呆滯任一隅落的流動特質。

關於「塊然獨以其形立」，「塊然」是無偶，也就是「獨」，揭示列子是獨立的存在；不過，「獨」的意涵並不是常識認為與其它存在對立之意。〈大宗師篇〉曾說明，大道可稱為「獨」，這是因為大道通貫萬物，沒有任何一物在道之外，因此無物與它相對立。有鑑於「三年不出」至「彫琢復朴」的記載，一致揭示列子達至混融、無待的整體性，具有不呆滯任一隅落的流動特質，亦即與道同步；故知「塊然獨以其形立」就是指出：列子與道同在，與萬物混融，因此沒有任何一物與列子相對立。

此外，也可由另一面向來思考，由於「獨」有特別之意，所以也可了解為：列子雖是「塊然」與物混融，但卻「獨以其形立」特立於萬物之中。換言之，雖與物混融為「一」，但立即翻轉為「非一」。由此則知「混融為一」的意涵不在字面，不是固定於「一」，不是常識認為對立於「非一」之意。〈齊物論篇〉曾說明「物化」萬物通而為一，是「非二非一」，既不固定於「二」也不固定於「一」；亦即不呆滯任一隅落，而是靈活流動，無所拘泥。回顧寓言初始，列子「與世亢」與世相對，未能無待、混融，是「非一」；但是流動變化為「塊然」混融，則是不與世亢的「一」；隨即又流動為「獨以其形立」的「非一」。簡言之，列子與天地萬物，由「非一」流動變化為「一」，再流動為「非一」，彰顯列子不固定於任一隅落的流動特質。

「紛而封哉，一以是終」，指出雖然面對雜亂，但是穿過雜亂的表象，明瞭它們都是組成天地萬物無從切割的連續性整體之一環，它們沒有對立、沒有對待、無待，不是二而是混融純一。也就是立足「紛亂（非一）與二」混融、無待的整體，再次彰顯列子懷藏混融、無待的整體性。

大眾通常都是排斥無名，追逐名聲，也就是「為名尸（主）」；至於行事不以順應自然為前提，而是以一己的意念進行謀劃，也就是「為謀府」；又認為不任事就是無用，遂排斥之，並且急於任事以凸顯有用，也就是「為事任」；人們炫耀知，排斥不知，也就是「為知主」。然而，無待智者立足渾全不割裂的大道，了解互為對照的「名與無名」、「謀與不謀」、「任事與不任事」、「知與不知」通而為一，是沒有對立、沒有對待、無待、不可切割的整體。因此不同於大眾，不執著「名、謀、事、知」，而是適時調整為「無名」，並且由於順隨自然，故而「不謀、不任事」，也謙虛地承認仍有所「不知」。故記載「無為名尸，無為謀府，無為事任，無為知主」。換言之，這四句敘述的意涵不在字面，不是刻意排斥名聲、謀劃、任事、知，而是無所執著也無所排斥。

關於「體盡無窮，而遊無朕」的「無窮」，學者通常認為是指天地萬物之無窮盡；不過，回顧〈逍遙遊篇〉曾說明：大道通貫天地萬物，具有變動不居的特質，遷流不已，無所終窮。所以「無窮」也可了解為指向變動不居的大道。那麼「體盡無窮」就是與道同在。至於「無朕」是無跡，然而什麼是無跡象的存在？試想：萬事萬物不斷變化，均有可見聞之跡，例如一朵玫瑰由花苞至盛開再至凋零，變化歷程中所呈現的不同物象均有可見之跡，但是「變」

的法則卻無可見之跡；亦即「變」真實存在，但是無從察見「變」的本身。由此則知「無朕」可了解為「變」。以此，「體盡無窮，而遊無朕」就是指出明瞭無待義理的智者，與道同在，與變同遊。

「盡其所受乎天」指出無待智者盡量發展稟受於自然的天性本質，那麼必定有其成就，有所見、也有所得。然而後文卻記載「無見得」，試問：其原因何在？這是因為無待智者具有與大道相同的不執著之流動特質，因此雖有所見、有所得，但是並不執著，故記載「無見得」。換言之，這句敘述的意涵不在字面，不是絕無所見、無所得，而是指向不執著。莊子繼續記載「亦虛而已」，揭示「無為名尸，無為謀府，無為事任，無為知主」的無待智者，與變同步，雖有所見、所得之「實」，但不執著而流動為「無見得」之「虛」。換言之，「虛」的意涵仍然不在字面，不是空無，而是靈活流動，並不呆滯「實」之一隅。

鏡子如實反映所映照之物的狀態，不曾有心地提出自我的意見，也不曾改變所映照之物，而是無心、不提出任何意見，順隨所映照之物，與之混融為一。無待智者亦然，與萬物混融、沒有對立、沒有對待，無心而不執著於提出一己的意見，也不意圖改變萬物，而是順任萬物的去來，承載而且不損傷萬物，所以萬物也不傷害無待智者，也就是「兩不相傷」（《老子．六十章》）；恰若〈逍遙遊篇〉的神人「物莫之傷」。因此記載「至人之用心若鏡」至「故能勝物而不傷」。由此亦可了解，至人之用心即為「無心」。

本則寓言，壺子的四相都涵藏混融、無待的整體性，尤其第四相「未始出吾宗」的虛而委蛇，使季咸看見自己，也使列子看見自己尚未明道，故返家修持，以至於悟道。壺子如鏡，反映列子的真實狀態，使列子因此自覺而自我改變；這就是晉．郭象注：「無心而任乎自化者，應為帝王。」換言之，壺子雖無帝王之名位，但具有理想帝王之「實」。

南海之帝為儵，北海之帝為忽，中央之帝為渾沌。儵與忽時相與遇於渾沌之地，渾沌待之甚善。儵與忽謀報渾沌之德，曰：「人皆有七竅以視聽食息，此獨無有，嘗試鑿之。」日鑿一竅，七日而渾沌死。

「渾沌」：即渾敦，見於《山海經》。「德」：惠。

南海的帝王是儵，北海的帝王是忽，中央的帝王是渾沌。儵與忽時常在渾沌的領地中相會，渾沌對待他們十分和善。儵與忽商量要報答渾沌的恩惠，說：「人都有七竅，用來看、聽、飲食、呼吸，唯獨他沒有，我們嘗試為他鑿開七竅。」一天鑿開一竅，七天之後渾沌就死了。

眼、耳、口、鼻，是人類面容上的七竅。《山海經．西山經》記載「渾敦無面目，是識歌舞。」本則寓言敘述的「渾沌」即為《山海經》記載的「渾敦」，由此可知寓言中的渾沌，雖無眼、耳、口、鼻，但是具有辨識歌舞的能力，亦即業已具有眼與耳的「視、聽」功能；至於雖無口與鼻以「食、息」，但是存活良好，故知無庸強行改變，無庸另外再開鑿七竅以進行「視、聽、食、息」。儵與忽未能明瞭於此，也未明瞭理想的帝王治理天下，不是以一己的意念改變萬物，而是順應萬物的天性本質，遂有為渾沌開鑿七竅之舉。然而此舉澈底斲傷渾沌的自然天性，因此導致渾沌死亡。

本則寓言揭示，帝王如果未能「順物自然而無容私」順隨萬物的自然天性，反而是有心提出自我的意見，改變萬物，那麼將與前則寓言的壺子恰為反照；亦即雖有帝王之名位，卻無理想帝王之「實」，將導致萬物凋亡而非欣欣向榮。

駢拇

「仁義」是否在大道之外？是否在人們的自然天性之外？抑或本就涵藏在渾全大道中？本就涵藏在人們的天性中？

駢拇枝指，出乎性哉，而侈於德。附贅縣疣，出乎形哉，而侈於性。多方乎仁義而用之者，列於五藏哉，而非道德之正也。是故駢於足者，連無用之肉也；枝於手者，樹無用之指也。多方駢枝於五藏之情者，淫僻於仁義之行，而多方於聰明之用也。是故駢於明者，亂五色，淫文章，青黃黼黻之煌煌非乎？而離朱是已。多於聰者，亂五聲，淫六律，金石絲竹黃鍾大呂之聲非乎？而師曠是已。枝於仁者，擢德塞性以收名聲，使天下簧鼓以奉不及之法非乎？而曾、史是已。駢於辯者，纍瓦結繩竄句，遊心於堅白同異之間，而敝跬譽無用之言非乎？而楊、墨是已。故此皆多駢旁枝之道，非天下之至正也。彼正正者，不失其性命之情。故合者不為駢，而枝者不為跂。長者不為有餘，短者不為不足，是故鳧脛雖短，續之則憂；鶴脛雖長，斷之則悲。故性長非所斷，性短非所續，無所去憂也。意仁義其非人情乎！彼仁人何其多憂也！且夫駢於拇者，決之則泣；枝於手者，齕之則啼。二者或有餘於數，或不足於數，其於憂一也。今世之仁人，蒿目而憂世之患；不仁之人，決性命之情而饕貴富。故意仁義其非人情乎！自三代以下者，天下何其囂囂也！且夫待鉤繩規矩而正者，是削其性者也；待繩約膠漆而固者，是侵其德者也；屈折禮樂，呴俞仁義，以慰天下之心者，此失其常然也。天下有常然。常然者，曲者不以鉤，直者不以繩，圓者不以規，方者不以矩，附離不以膠漆，約束不以纆索。故天下誘然皆生而不知其所以生，同焉皆得而不知其所以得。故古今不二，不可虧也。則仁義又奚連連如膠漆纆索而遊乎道德之間為哉！使天下惑也！夫小惑易方，大惑易性。何以知其然邪？自虞氏招仁義以撓天下也，天下莫不奔命於仁義，是非以仁義易其性與？故嘗試論之，自三代以下者，天下莫不以物易其性矣！小人則以身殉利，士則以身殉名，大夫則以身殉家，聖人則以身殉天下。故此數子者，事業不同，名聲異號，其於傷性以身為殉，一也。臧與穀二人，相與牧羊而俱亡其羊。問臧奚事？則挾筴讀書；問穀奚事？則博塞以遊。二人者，事業不同，其於亡羊，均也。伯夷死名於首陽之下，盜跖死利於東陵之上，二人者，所死不同，其於殘生傷性，均也。奚必伯夷之是而盜跖之非乎？天下盡殉也。彼其所殉仁義也，則俗謂之君子；其所殉貨財也，則俗謂之小人。其殉一也，則有君子焉，有小人焉。若其殘生損性，則盜跖亦伯夷已，又惡取君子小人於其間哉！且夫屬其性乎仁義者，雖通如曾、史，非吾所謂臧也；屬其性於五味，雖通如俞兒，非吾所

謂臧也；屬其性乎五聲，雖通如師曠，非吾所謂聰也；屬其性乎五色，雖通如離朱，非吾所謂明也。吾所謂臧者，非仁義之謂也，臧於其德而已矣；吾所謂臧者，非所謂仁義之謂也，任其性命之情而已矣；吾所謂聰者，非謂其聞彼也，自聞而已矣；吾所謂明者，非謂其見彼也，自見而已矣。夫不自見而見彼，不自得而得彼者，是得人之得而不自得其得者也，適人之適而不自適其適者也。夫適人之適而不自適其適，雖盜跖與伯夷，是同為淫僻也。余愧乎道德，是以上不敢為仁義之操，而下不敢為淫僻之行也。

「駢拇」：腳的大拇趾與第二趾相併相連，「駢」：併，「拇」：腳的大拇趾。「枝指」：手指分岐成六指，「枝」：岐。「出乎性、侈於性」的「性」：指天生，「侈」：多。「侈於德」的「德」：得。「附贅縣疣」：皮膚上增生的肉瘤，小為疣，大為贅。「縣」：懸。「多方」：多端，指過度。「列」：陳列，指增添。「五藏」：五臟，指生命。「道德之正」的「德」指與生俱有的自然天性。「多方駢枝」的「駢、枝」：兼指過度、額外增添。「情」：實。「淫僻」指浮濫、過度。「淫」：久雨為淫，引申義為過度。「駢於明」的「駢」：指過度。「亂」指過度。「五色」：青黃赤白黑。「文章」指紋彩；青與赤為文，赤與白為章。「黼黻」指華麗色彩；白與黑稱為黼，黑與青稱為黻。「離朱」：黃帝時的明目人，百里察毫末。「五聲」：宮商角徵羽。「六律」：古代樂音十二律中的六個陽聲律。「金、石、絲、竹」指鐘、磬、絃、簫等樂器。「黃鍾、大呂」：都是樂器，大呂是周廟的大鐘。「師曠」：

春秋時，晉平公的樂師，精通音律。「枝於仁」的「枝」：歧，指過度。「擢德」：拔除自然天性，「德」：自然天性。「簧鼓」：笙簧鼓動，指喧囂。「不及」：不及於大道，指偏離大道的整體性。「曾、史」：曾參、史鰍，二人皆以仁孝著稱；曾參，姓曾，名參，孔子的弟子；史鰍，姓史，名鰍，衛靈公的臣子。「纍瓦結繩」：堆疊言詞，如瓦之累、繩之結。「竄」：穿鑿。「堅白」指名家的堅白論。「敝跬」指分外用力。「楊、墨」：楊朱、墨翟；楊朱，姓楊，名朱，衛國人；墨翟，姓墨，名翟，魯國人，仕宋為大夫，墨家的創始人。「正正」指順隨自然天性；不過學者通常認為應是「至正」，其意涵仍是指順應天性。「枝者不為跂」的「枝、跂」：均為歧。「餘」：多。「鳧」：鴨。「脛」：腿。「意」：噫，感嘆聲。「決之」的「決」：割裂。「齕」：斷。「數」指大眾手指、腳趾的通常之數。「蒿目」指目不明。「決性命」的「決」：絕棄。「饕」：貪。「三代」：夏、商、周。「囂囂」：喧囂，擾攘。「鉤」：彎鉤。「規」：圓規。「矩」：方矩。「繩約」：繩索。「屈折」指彎曲肢體。「呴俞」指和藹。「常然」指自然。「附離」：附著。「纆索」：繩索。「誘然」指自然。「虧」：損。「奚」：何。「連連」：連續。「易方」：錯亂方向，「易」：錯亂。「邪」：疑問詞。「虞氏」：舜。「招」：高舉。「撓」：動。「是非以」的「是」：此。「性與」的「與」：歟，疑問詞。「殉」：殺身從物。「臧與穀」：男僕與孩童。「亡」：失。「筴」：竹簡。「博塞」：擲骰子。「伯夷」：遼西孤竹君之子，周武王伐商紂時，曾扣馬而諫，但是武王不採納諫言，遂隱居首陽山（河東蒲坂），嗣後因為不食周粟而餓死。「盜跖」：〈盜跖篇〉記載是春秋時的大盜，柳下惠之弟。「東陵」：山名，在山東濟南。

「惡取」：何從分別，「惡」：何。「屬」指從屬。「所謂臧、臧於其德」的「臧」：善。「五味」：酸、辛、甘、苦、鹹。「俞兒」：古時善於辨別美味之人。「不自得」指不依循自己的天性；「得」指德，即與生俱有的自然天性。「得彼」指跟隨他人。「得人之得」的第一個「得」：指追逐；第二個「得」指德，即天性。「其得」的「其」：己；「得」指德，即天性。「適人之適、自適其適」的第一個「適」：都是歸向，第二個「適」：都指適當，「其」：己。「上」指大眾稱讚。「操」：行。「下」指大眾批評。

腳的大拇趾與第二趾相連而成四趾，手指分岐成六指，這是出於天生啊，但是比人們通常得到的多一些。皮膚上增生的肉瘤，這是出於形體啊，但是比人們通常天生的多一些。過度使用額外標舉的仁義，增添於生命之上啊，這不是道德的正途。腳趾併生，是連著一塊沒有用的肉；手指分岐，是長著一隻沒有用的手指。在生命的真實之外過度地增添，過度推行額外標舉的仁義，如同過度濫用耳聽目明。因此過度使用視覺的目明之人，過度運用五色、紋彩，華麗色彩的光輝不正是如此嗎？像離朱就是這樣的人。過度使用聽覺的耳聽之人，過度運用五聲、六律，金、石、絲、竹、黃鍾、大呂的樂聲不正是如此嗎？像師曠就是這樣的人。過度推行額外標舉的仁愛之人，拔除堵塞自然天性，用以獲取名聲，使天下喧囂地奉行偏離大道整體性的準則，不正是如此嗎？像曾參、史鰍就是這樣的人。過度使用辯才的人，堆疊言詞，穿鑿文句，意念在堅白與同異的論述間打轉，分外用力稱譽那些無用之言，不正是如此嗎？像楊朱、墨翟就是這樣的人。這些都是過度的旁岐之道，不是天下的正道。那些順隨自然天性之人，不失去性命的真實。相連在一起的不認為是併生，分岐而出的不認為是分歧。長的不認為是多餘，短的不認為是不足。所以鴨的腿雖然短，但若接長，則造成痛苦；鶴的腿雖然長，但若截斷，則將悲傷。因此本性長的不可截斷，本性短的不可接長，這樣就沒有需要排除的憂慮了。啊！額外標舉的仁義不是人們生命的真實呀！那些額外標舉仁愛之人為何有那麼多的憂愁呢？再說，腳趾相連的人，如果割開兩趾，他會哭泣；手指分岐的人，如果斷去一指，他會悲啼。這兩種人，一種多於大眾手指的通常之數，一種少於大眾腳趾的通常之數，但是他們的憂愁是一樣的。現代的仁人，視力不明地憂慮世間的禍患；不仁之人，卻又絕棄性命的真實而貪圖富貴。啊！額外標舉的仁義不是人們生命的真實呀！自夏、商、周三代以來，天下為何如此喧囂擾攘呢？再說，要靠彎鉤、直繩、圓規、方矩來矯正的，都是削損天性；要靠繩索、膠漆來黏固的，都是侵害自然天性。彎腰屈膝地推行禮樂，面色和悅地勸導額外標舉的仁義，以慰撫天下人心，這是失落生命的自然。天下萬物都有它們的自然。自然就是：彎曲的不必用彎鉤，直的不必用繩墨，圓的不必用圓規，方的不必用方矩，附著不必用膠漆，約束不必用繩索。也就是天下萬物依隨自然本性出生，但卻不知何以如此出生；相同地都是獲得與生俱有的自然本性，但卻不知何以獲得如此的天性。由古至今，萬物的自然天性都是一樣地，不可損減。那麼又何必在道德之間連續不斷地使用額外標舉的仁義，如同使用膠漆繩索一般，使得天下人迷惑啊！小的迷惑令人錯亂了方向，大的迷惑令人錯亂了本性。何以知曉是如此呢？自從虞舜高舉額外提出的仁義來擾動天下，天下人無不為了額外標舉的仁義而奔走，這不就是以額外標舉的仁義錯亂人們的天性嗎？現在嘗試申論之，自夏、商、周三代以來，天下人無不為了它物而錯亂天性。小人為了財利犧牲生命，士人為了名譽犧牲生命，大夫為了家族犧牲生命，聖人為了天下犧牲生命。這幾種人，所做的事情不同，獲得的名聲也不同，但是他們損傷天性、殺身從物，卻是一樣的。男僕與孩童，二人結伴去放羊，結果二人的羊都走失了。詢問男僕在做什麼？他說是拿著竹簡讀書；詢問孩童在做什麼？他說是玩擲骰子遊戲。這兩個人，所做的事情不同，但是失去羊卻是完全相同。伯夷為了名而死在首陽山下，盜跖為了利而死在東陵山上，這兩個人，死因雖然不同，但是他們殘害生命、損傷天性，卻是完全相同，因此何必認為伯夷是對的而盜跖是錯的呢？天下人都是殺身從物啊！為了額外標舉的仁義而犧牲，世俗就稱之為君子；為了財物而犧牲，世俗就稱之為小人。他們殺身從物是一樣的，卻有的被稱為君子，有的被稱為小人；如果從殘害生命、損傷天性來看，那麼盜跖與伯夷相同，又何從區分君子、小人呢！將天性從屬於額外標舉的仁義，雖然像曾參、史鰍那麼精通，卻不是我所說的善。將天性從屬於過度之五味，雖然像俞兒那麼精通，卻不是我所說的善。將天性從屬於過度之五聲，雖然像師曠那麼精通，卻不是我所說的耳聰。將天性從屬於過度之五色，雖然像離朱那麼精通，卻不是我所說的目明。我所說的善，不是指額外標舉的仁義，而是善於順隨與生俱有的天性之德。我所說的善，不是指額外標舉的仁義，而是順任性命的真實而已。我所說的耳聰，不只是聽聞它物，而是同時聽見自己。我所說的目明，不只是看見他人，而是同時看見自己。看不見自己而只是看見他人，不依循自己的天性而跟隨他人，這是追逐他人的天性而不能回返自己的天性之德，歸向他人的適當而不能歸向自己的適當。歸向他人的適當，而不能歸向自己的適當，那麼即使是盜跖與伯夷，也同樣是不正、過度。我慚愧地只是遵循道德，所以不敢做大眾稱讚的額外標舉之仁義行為，也不敢做大眾批評的不正、過度之行為。

「駢拇枝（岐）指、附贅縣（懸）疣」，由於是天生，所以雖看似比大眾通常的形軀多出一些皮肉，但是既為與生俱有，也就仍屬自然天性，因此無庸割裂駢拇，也無庸去除枝（岐）指、贅疣，正如鳧脛與鶴脛，均為恰如其分的自然天性。但是額外標舉的仁義，則不然。

關於「仁（愛）、義（宜）」，〈齊物論篇〉、〈大宗師篇〉均曾說明，大道通貫天地萬物，是不割裂的渾全整體，至於天地萬物依隨大道，也相同的具有不可切割之整體性。因此立足大道，明瞭人類是萬種物類之一，齊同平等於萬物，依循這項與生俱有的自然天性之「德」，愛護自己，同時尊重所有存在，也就是順隨萬物的天性之「德」，與萬物恰如其分的互動，仁（愛）、義（宜）就已涵融在整體的運作中，並不需要特別標舉。亦即仁義本就是大道整體的一部分，本就涵藏在自然天性中。

但是如果未能明瞭上述的整體性，人們的行為也未能依循順應萬物自然本質的準則，反而創設「仁（愛）、義（宜）」之詞，欲引導人們的行為固定於仁義。殊不知這對人們的行為雖有引導的功效，但是額外標舉的「仁（愛）、義（宜）」只是截取大道整體中的局部隅落，如果過度執著則將偏離整體性的均衡運作，亦即行為固定在額外標舉的仁義，也就停滯在整體中的局部隅落，以致更加遮蔽大道的整體性。而且額外標舉的仁義，並未廣及於天地萬有，而是狹隘地僅限於人類之間，追求僅以人類為考量的狹隘「仁（愛）、義（宜）」，卻產生有愛便不免有偏私的流弊；又因為整體性被遮蔽，人們並非以整體的運作來判斷合宜與否，而是以自我為中心進行判斷，遂演變為符合一己的利益就視之為「義（宜）」，亦即產生將利益視為合宜的流弊。

綜言之，額外標舉的「仁（愛）、義（宜）」對人們的行為雖有引導的功能，但卻使大道的整體性更加被遮蔽，而且僅僅追求以人類為考量的狹隘「仁（愛）、義（宜）」，卻產生偏私的流弊，以及將利益視為合宜的流弊。由此即可了解，額外標舉的仁義雖然有「明」的一面，但也有「暗」的另一面。亦即額外標舉的「仁義」具有明暗並存、一體兩面的性質，不足以使人們的相處回返整體性的和諧，也不足以使人類與天地萬有的整體回返均衡狀態，人類仍然停滯在整體性遭受遮蔽的錯誤之中。

明瞭於此，則知刻意標舉的仁義，對於本就涵藏仁義的天性之「德」，即為額外增添，偏離生命的真實，故記載「多方駢枝於五藏之情者，淫僻於仁義之行。」

「是故駢於明者」至「故此皆多駢旁枝之道」，舉例離朱、師曠、曾參、史鰌、楊朱、墨翟等人，運用目明、耳聰、仁愛、言辯，引發風潮，以致大眾仿效追逐，未能依循大道順應自然的無為準則，未能「當為則為，不當為則不為」，故記載「非天下之至正」。由此則知「是故駢於明者」至「非天下之至正」的意涵不在字面，不是排斥離朱等人，而是揭示大眾過度執著之不當。

「正正者」即為「天下之至正」，也是篇首敘述的「道德之正」，由於「不失其性命之情（實）」，依隨與生俱有的自然天性之德，所以記載「故合者不為駢」至「無所去憂也」。

但是仁人因為運用額外標舉的仁義，如同鳧脛「續之則憂」，故呈現「仁人何其多憂、蒿目而憂世之患」的狀態；至於不仁之人「決（絕棄）性命之情」枉顧自然天性而追逐富貴，也不足以安頓生命。換言之，唯有依隨本就涵藏仁義的大道以及天性之「德」，才可自我安頓恰如其分。

本篇兩次敘述「仁義其非人情乎」，如果僅觀字面，似乎是排斥鄙薄仁義；然而通讀莊子全書，了解「道、德」之義理，則可穿過文字，明瞭其意涵不在字面，不是鄙薄仁義，而是呼籲人們回返本就涵藏仁義的大道以及天性之「德」。

關於「常然」，莊子舉例：「曲、直、圓、方、附離、約束」無須使用「鉤、繩、規、矩、膠漆、纆索」矯正或黏固。以此則知「常然」指向與生俱有的自然天性。簡言之，「常然」即為自然。所以莊子雖記載「天下誘然皆生而不知其所以生，同焉皆得而不知其所以得」，但在此也可進一步描述為「不知其所以生而知其自然」、「不知其所以得而知其自然」，以彰顯「常然」的自然之旨。

「古今不二，不可虧也」揭示自古及今，萬物都是以與生俱有的自然天性之「德」而存在，也就是唐．杜甫〈秋野〉：「易識浮生理，難教一物違。」換言之，依循本就涵藏仁義的大道以及天性之「德」，生命即可順利運作發展，並不需要額外增添刻意標舉的仁義。遺憾的是，人們遺忘了大道的整體性，也未能依隨天性之「德」，反而額外標舉仁義，遂使生命陷入惑亂，故記載「仁義又奚連連如膠漆纆索而遊乎道德之間為哉！使天下惑也！」

「小惑易方」至「又惡取君子小人於其間哉」，指出人們追逐額外標舉的仁義，相同於追逐名利財貨，都造成殘害生命、損傷天性的後果。雖然世俗稱前者為君子，後者為小人，但是二者的行為都不足以安頓生命，唯有依隨本就涵藏仁義的大道以及天性之「德」，才是自我安頓的良策。故記載「且夫屬其性乎仁義者，雖通如曾、史，非吾所謂臧（善）也。」
關於「名利、五味、五聲、五色」，在此平心思考：它們都是大眾生活的一部分，對於大眾的生活也具有輔助的功能，並非萬惡的淵藪；只不過如果過度執著，則將使行為產生偏差與錯誤。換言之，錯誤並非源於「名利、五味、五聲、五色」，而是來自人們的執著。故知莊子的記載並非排斥「名利、五味、五聲、五色」，而是提醒讀者不宜執著。

「吾所謂臧（善）者，非仁義之謂也」至「任其性命之情而已矣」，指出依隨與生俱有的天性之「德」，也就是順應「常然」之自然，才是「臧」（善）。

人們通常認為耳聰目明就是見聞環境中的種種事物與聲響，亦即在與事物的接觸中，顯露聰明。然而「吾所謂聰者」至「自見而已矣」六句敘述，指出耳聰目明不僅僅只是與物交接，同時也應自聞、自見；亦即內外兼顧，才是聰明。換言之，這六句敘述的意涵不在字面，不是排斥聞見「彼（物）」，不是執著聞見「自（我）」，而是共聞共見「物與我」，無所偏執。

「夫不自見而見彼」至「是同為淫僻也」，指出過度偏執於外，未能依循與生俱有的天性之德，未能恰如其分的自我安頓，就是「淫僻」不正、過度。

莊子立身行事的前提，即為依循本就涵藏仁義的大道以及天性之「德」，秉持大道順應自然的無為準則，當為則為，不當為則不為，並不刻意追求大眾額外標舉的仁義，也不做出殉名貪利的淫僻不正之舉，故記載「余愧乎道德，是以上不敢為仁義之操，而下不敢為淫僻之行也。」簡言之，莊子不是世俗所稱的君子或小人，而是篇首記載的「道德之正」。

今本《莊子》，由晉．郭象訂為三十三篇，並將〈逍遙遊篇〉至〈應帝王篇〉等七篇，訂為「內篇」；〈駢拇篇〉至〈知北遊篇〉等十五篇，訂為「外篇」；〈庚桑楚篇〉至〈天下篇〉等十一篇，訂為「雜篇」。由於學者通常認為「內篇」之義理深奧，「外、雜篇」之義理不如「內篇」精鍊，因此以為「內篇」是莊子自著，「外、雜篇」參雜後人之作，不盡然是莊子所著。

至於本篇列在「外篇」，而且僅觀文字表面，似乎語意偏激地鄙薄仁義，所以學者通常認為本篇並非莊子自著。不過，當代學者王叔岷先生指出：今本《莊子》之「內、外、雜篇」是郭象所訂，如欲探求莊子義理，首須破除內、外、雜篇的觀念。另外，基於以上對於本篇義理之說明，可證其主旨並不在於字面，並非鄙薄仁義，而是揭示：回返本就涵藏仁義的大道以及天性之「德」，自我安頓恰到好處，與萬物恰如其分的互動，雖未言仁義，卻自然涵藏仁義，並不需要額外標舉仁義。亦即本篇並未遠離莊子全書「道德」之主旨，所以或許不必認為絕非莊子所作。

馬蹄

伯樂治馬，是否具有一體兩面的性質？是否只有光明面，抑或明暗並存？聖人治理天下，是否相同於伯樂治馬，也具有一體兩面的性質？

馬蹄可以踐霜雪，毛可以禦風寒，齕草飲水，翹足而陸，此馬之真性也。雖有義臺路寢，無所用之。及至伯樂，曰：「我善治馬。」燒之，剔之，刻之，雒之，連之以羈馽，編之以皁棧，馬之死者十二三矣。飢之，渴之，馳之，驟之，整之，齊之，前有橛飾之患，而後有鞭筴之威，而馬之死者已過半矣。陶者曰：「我善治埴，圓者中規，方者中矩。」匠人曰：「我善治木，曲者中鉤，直者應繩。」夫埴、木之性，豈欲中規、矩、鉤、繩哉！然且世世稱之曰：「伯樂善治馬，而陶、匠善治埴、木。」此亦治天下者之過也。吾意善治天下者不然。彼民有常性，織而衣，耕而食，是謂同德。一而不黨，命曰天放。故至德之世，其行填填，其視顛顛。當是時也，山無蹊隧，澤無舟梁；萬物群生，連屬其鄉；禽獸成群，草木遂長。是故禽獸可係羈而遊，鳥鵲之巢可攀援而闚。夫至德之世，同與禽獸居，族與萬物並，惡乎知君子小人哉！同乎無知，其德不離；同乎無欲，是謂素樸。素樸而民性得矣。及至聖人，蹩躠為仁，踶跂為義，而天下始疑矣。

澶漫為樂，摘僻為禮，而天下始分矣。故純樸不殘，孰為犧樽！白玉不毀，孰為珪璋！道德不廢，安取仁義！性情不離，安用禮樂！五色不亂，孰為文采！五聲不亂，孰應六律！夫殘樸以為器，工匠之罪也；毀道德以為仁義，聖人之過也。夫馬，陸居則食草飲水，喜則交頸相靡，怒則分背相踶，馬知已此矣。夫加之以衡扼，齊之以月題，而馬知介倪闉扼鷙曼詭銜竊轡。故馬之知而態至盜者，伯樂之罪也。夫赫胥氏之時，民居不知所為，行不知所之，含哺而熙，鼓腹而遊，民能已此矣。及至聖人，屈折禮樂以匡天下之形，縣跂仁義以慰天下之心，而民乃始踶跂好知，爭歸於利，不可止也。此亦聖人之過也。

「齕」：咬。「翹」：舉。「陸」：跳。「義臺路寢」：高臺大寢；「義」：峩，高。「路」：大。「伯樂」：姓孫，名陽，字伯樂，秦穆公時，善於治馬之人。「剔之」：剪馬毛。「刻之」：削馬蹄。「雒」：印烙。「羈馽」：絡馬首為羈，絡絆馬足為馽。「皁」：馬槽。「棧」：編木作床，置於馬腳下，以去潮濕。「驟」指突然停止。「橛飾」：有裝飾的銜勒。「橛」：銜勒，銜是橫在馬的口中，用來駕馭馬的金屬棒。「鞭、筴」：都是馬杖，有皮為鞭，無皮為筴。「埴」：黏土。「同德」：共同的自然天性，「德」指與生俱有的自然天性。「黨」：偏。「命」：名。「天放」：效法自然，「放」：仿效。「填填」指從容穩重。「顛顛」：專一。「蹊」：徑。「隧」：隧道。「連屬」：相連，指無區隔。「遂長」：

成長。「係羈」指牽、拉。「闚」：窺，看。「族」：群。「惡乎」：何，疑問詞。「無知」指不執著用知。「無欲」指節制欲求。「素」：未染色的原絲。「樸」：未經切割的完整原木，指整體。「民性得」的「得」：足。「蹩躠、踶跂」：都指用心力。「澶漫」指縱情。「摘僻」指繁瑣。「純樸」指整體。「殘、毀」：都指切割。「孰」：疑問詞。「犧樽」：酒器。「珪、璋」：都是玉器，上尖下方為珪，半珪為璋。「廢」指遮蔽。「安取、安用」的「安」：何，疑問詞。「性情」指真實天性，「情」：實。「五色」：青、黃、赤、白、黑。「不亂」指不由整體中切割出來。「文采」：紋彩，在此指局部性。「五音」：宮、商、角、徵、羽。「六律」：古代樂音十二律中的六個陽聲律，在此指局部性。「靡」：摩，指親暱。「相踶」：相踢。「已此」：止此。「衡扼」：車轅前叉住馬頸的橫木。「齊」：資，用。「月題」：馬額上的佩飾，形狀如月。「介倪」：折輗，指折毀車輗，輗是車轅與橫木相銜接的活梢。「闉扼」：彎頸以脫出衡扼。「鷙曼」指抗擊車蓋。「詭銜」指吐出銜勒。「竊轡」：齧轡，指咬斷繫馬的韁繩。「轡」：繫馬的韁繩。「盜」指機智狡黠。「赫胥氏」：上古帝王。「哺」：口中嚼食。「熙」：戲。「屈折」指彎曲肢體。「匡」：正。「縣跂」指用心力。「乃始」：然後。

馬蹄可以踩踏霜雪，毛可以抵禦寒風，吃草喝水，舉足跳躍，這是馬的真實天性。即使有高臺大寢，對牠並沒有用處。到了伯樂出現，說：「我擅長於訓練馬。」燒鐵以整理馬的毛色，剪馬毛，削馬蹄，烙上印記，用繩索將牠們串連在一起，套上絡頭，絆住馬腳，關進馬槽，如此馬便死去了十分之二、三。然後，讓馬飢餓、口渴、奔跑、突然停止、排整、列齊，前方有銜勒的痛苦，後方有鞭策的威迫，如此馬便死去了超過二分之一。陶工說：「我擅長捏黏土，圓的合於規，方的合於矩。」木匠說：「我擅長整治樹木，彎曲的合於鉤，直的合於繩。」黏土、樹木的本性，難道是想要符合人類設計的圓規、方矩、彎鉤、直繩嗎？然而人們世世代代稱譽：「伯樂擅長訓練馬，陶工、木匠擅長整治黏土與樹木。」治理天下者的過失也是如此。我認為善於治理天下者，不會這麼做。民眾有自然天性，織布為衣，耕田而食，這是共同的與生俱有的天性之德。渾然一體而沒有任何偏頗，稱為效法自然。在至德的時代，人們的行動從容穩重，目光專注地依隨整體。那時候，山中沒有路徑隧道，水澤中沒有船隻橋樑；萬物群聚生長，鄉里相連而沒有區隔；禽鳥走獸成群，草木生長茂盛。所以人們可牽著禽獸遊玩，可攀上樹枝窺望鳥鵲的窩巢。在至德的時代，人們與禽鳥走獸共居，與萬物同處，哪裡知曉什麼是君子、小人的分別呢！人們不執著用知，不曾遠離與生俱有的自然天性之德；適度節制欲求，這就稱為素樸。素樸使人們與生俱有的自然天性完足無缺。等到聖人出現，用盡心力以行仁，用盡心力以行義，於是天下的人們開始有了疑惑。縱情於音樂，訂定繁瑣的禮節，於是天下開始分裂了。完整的樹木不被切割，怎能做出雕飾的酒樽！白玉不被切割，怎能製成珪璋玉器！道德不被遮蔽，怎麼用得到仁義！不離真實天性，怎麼用得到禮樂！五色不由顏色的整體中切割出來，怎麼會出現紋彩！五聲不由聲音的整體中切割出來，怎麼能應和六律！割裂完整原木做成器物，是工匠的過失。捨棄道德以推行仁義，是聖人的過失。馬，生活在陸地上，吃草飲水，歡喜時交頸相摩，發怒時就背對背相踢，馬之知就止於此。等到加上了叉住馬頸的衡扼，用月題做額前佩飾，馬就會折毀車輗與橫木相銜接的車軏，彎曲頸部以脫出衡扼，抗擊車蓋，吐出銜勒，咬斷繫馬的轠繩。所以馬之知而有這些機智狡黠的狀態，是伯樂的罪過啊！上古帝王赫胥氏的時代，人們安居不執著刻意有為，行走而不執著刻意前往何處，口中含著食物嬉戲，肚子飽飽地遊玩，人們能做的就止於此。等到聖人出現，彎腰屈膝地推行禮樂，以匡正天下人的形軀；耗用心力推行仁義，以慰撫天下人心。然後人們竭力追逐知，競相爭利，而停不下來。這也是聖人的過失啊！

馬以與生俱有的自然天性，安適的存活於天地之間。莊子先舉例，人類設計的「義臺路寢（高臺大寢）」對馬並不適用；由此指出人類設計的「治馬」之策，也並不適用於馬。因此伯樂的「治馬」之策，一旦施行，不免對馬造成傷害。亦即人間世事無不具有一體兩面的性質，例如：地球受陽光照射，必然是一半為「明」，另一半為「暗」；也就是生活中任何事物，都不是只有光明面，都不是沒有晦暗面。常識稱讚伯樂善於治馬，然而伯樂之舉動具有一體兩面的性質；莊子和盤托出，指出常識未留意的一體兩面之另一面，進而揭示「道通為一」（〈齊物論篇〉）的整體性。

隨後舉例，木匠治木、聖人治天下，都相同於伯樂治馬，都具有一體兩面的性質。至於真正善治天下之人，不同於伯樂、木匠、聖人，不是以一己的意念為前提，而是依隨大道順應自然，亦即順應民眾的自然天性，故記載「吾意善治天下者」至「命曰天放」。

「至德之世」指人們與生俱有的天性之德，淳厚飽滿，未遭割裂。「山無蹊隧，澤無舟梁」，看似為一座山、一片水澤的兩端，人們不相往來，宛若隔絕不通；但是莊子立即翻轉，以「萬物群生，連屬其鄉」指出萬物相連，共同組成不可切割的連續性整體，也就是沒有區隔。有鑑於人類是天地整體中的萬種物類之一，並不在萬物之外，故知「山無蹊隧」至「連屬其鄉」揭示：萬物的形體雖然看似有所區隔，但是共同生活在無區隔的天地之間。換言之，萬物並存在沒有對立、沒有對待、無待的混融整體中，萬物也都涵藏無待、混融的整體性，在「萬物與我為一」（〈齊物論篇〉）的無待整體中，和諧共存。所以人不畏鳥獸，鳥獸亦不畏人，而且人人齊同平等，並無君子、小人之高下分別，故記載「禽獸可係羈而遊」至「惡乎知君子小人哉」。

至德之世的人們「無知、無欲」，在此先看「無欲」。試想，人類的血肉之軀，與生俱有諸多基本欲求，這些欲求必須獲得滿足，生命才可延續，否則生命將難以維持；但是對於這些欲求，例如：食欲，究竟是不予節制的無限膨脹與滿足，抑或本於自覺適度節制，可使人活得更好？深信人人皆知答案是後者。因此可了解「無欲」的意涵不在字面，不是消滅欲求，而是適度節制。

「無知」的意涵相似於「無欲」，並非斷絕而是節制。之所以節制，是因為人間世事無不具有一體兩面的性質。試想「知」雖然使人脫離盲昧，但卻也同時增長文飾造作，甚至是智巧詐偽，而且不免誘發情欲，所知愈多，欲求愈多，攪擾愈多。亦即「知」也具有一體兩面的性質，因此應本於自覺，適度節制，以避免「知」的副作用。簡言之，「無知、無欲」指人們本於自覺，節制「知、欲」。莊子稱此為「素樸」，亦即秉持與生俱有的天性之德，依循大道順應自然的無為準則，當為則為，不當為則不為，無所偏執，故記載「同乎無知」至「素樸而民性得矣」。

關於「仁（愛）、義（宜）」，〈齊物論篇〉、〈大宗師篇〉均曾說明，大道通貫天地萬物，是不割裂的渾全整體，至於天地萬物依隨大道，也相同的具有不可切割之整體性。因此立足大道，明瞭人類是萬種物類之一，齊同平等於萬物，依循這項與生俱有的自然天性之「德」，愛護自己，同時尊重所有存在，也就是順隨萬物的天性之「德」，與萬物恰如其分的互動，仁（愛）、義（宜）就已涵融在整體的運作中，並不需要特別標舉。

在此可藉本篇記載「禽獸可係羈（牽、拉）而遊」為例，說明何謂恰如其分的互動。在至德之世，萬物和諧並存於沒有對立、沒有對待、無待的整體中，馬順從人類的牽、拉、騎乘，而不須銜勒與韁繩加以控制，亦即「禽獸可係羈而遊」就是恰如其分的互動。換言之，依歸大道整體性的運作，無庸特別標舉仁（愛）、義（宜），卻自然涵藏仁義。

但是如果未能明瞭上述大道的整體性，人們的行為也未能順隨天性之「德」，反而創設「仁（愛）、義（宜）」之詞，欲引導人們的行為固定於仁義。殊不知這對人們的行為雖有引導的功效，但是額外標舉的「仁、義」只是截取大道整體中的局部隅落，如果過度執著則將偏離整體性的均衡運作，亦即行為固定在額外標舉的仁義，也就停滯在整體中的局部隅落，以致更加遮蔽大道的整體性。

由於整體性被遮蔽，人類仗著自身的優勢，非但不以整體性為前提，反而對整體大肆掠奪，遂失落自然的均衡。例如，人類毫無節制地污染空氣、土壤、水源，卻未能自省這些行為對天地萬有的整體，是否仁義？又例如，因為整體性被遮蔽，人類與其它物類並非和諧相處，以至於馬不順從人類的牽、拉、騎乘，人類便以銜勒與韁繩控制馬，卻未能自省這對馬是否仁義？而且人們的互動，也因為整體性受到遮蔽，遂失去恰如其分的和諧。此時，即使特別標舉仁義，並未廣及於天地萬有，而是狹隘地僅限於人類之間，追求僅以人類為考量的狹隘「仁（愛）、義（宜）」，卻產生有愛便不免有偏私的流弊；又因為整體性被遮蔽，人們並非以整體的運作來判斷合宜與否，而是以自我為中心進行判斷，遂演變為符合一己的利益就視之為「義（宜）」，亦即產生將利益視為合宜的流弊。

綜言之，額外標舉的「仁（愛）、義（宜）」對人們的行為雖有引導的功能，但卻使大道的整體性更加被遮蔽，而且僅僅追求以人類為考量的狹隘「仁（愛）、義（宜）」，卻產生偏私的流弊，以及將利益視為合宜的流弊。由此即可了解，額外標舉的仁義雖然有「明」的一面，但也有「暗」的另一面。亦即額外標舉的「仁義」具有明暗並存、一體兩面的性質，不足以使人們的相處回返整體性的和諧，也不足以使人類與天地萬有的整體回返均衡狀態，人類仍然停滯在整體性遭受遮蔽的錯誤之中，以致對於額外標舉的仁義產生疑惑，故記載「蹩躠為仁」至「而天下始疑矣」。

〈大宗師篇〉曾說明，「禮、樂」的各種儀式規範，雖然對人們的生活有輔助的功效，但若竭力追求，則「禮」衍生繁文縟節，「樂」衍生縱情逸樂，遂相應有「非禮、非樂」，以致產生對立性，不僅使大道的整體性被遮蔽，也使人們和諧無待的自然天性遭到對立意念之割裂。亦即「禮、樂」具有一體兩面的性質，故記載「澶漫為樂」至「而天下始分矣」。

「純樸不殘」至「孰為珪璋」，揭示犧樽與珪璋之出現，便彰顯「純樸、白玉」的整體遭到切割。

再看顏色與聲音，試想：或深或淺的所有顏色，本就是不可切割的連續性整體，人們只是將其中的「青、黃、赤、白、黑」五色暫時固定在物品上。同理，或高或低的所有聲音，本是無從切割的連續性整體，人們只是將其中的「宮、商、角、徵、羽」五音暫時固定在樂器上。簡言之，「五色、五音」都是自整體中切割出來的局部片段。

由此則知「純樸不殘」至「孰應六律」，指出人們割裂「純樸、白玉、道德、性情、顏色、聲音」的整體性，停滯在「犧樽、珪璋、仁義、禮樂、文采、六律」的局部性。這些局部性的狀態都源自工匠、聖人之行為，故記載「殘樸以為器」至「聖人之過也」。換言之，常識稱讚工匠、聖人，然而他們都具有一體兩面的性質；莊子和盤托出，指出常識未留意的另一面。亦即「聖人之過」的意涵不在字面，不是語意偏激地鄙薄聖人，而是指出一體兩面的另一面。

「齊之以月題」是舉治馬為例，指出雖然對馬加以裝飾，但卻是額外增添，並非馬的天性本質；而且額外增添的更有「衡扼」，過度地對馬加以嚴苛痛苦的限制，馬為了破除或降低這些限制，便以「介倪、闉扼、鷙曼、詭銜、竊轡」各種機智狡黠的行動因應，故記載「馬之知而態至盜」。換言之，「治馬與馬之知而態至盜」相應而生，它們是不可切割的一體之兩面；亦即種瓜得瓜，種豆得豆，「作用力與反作用力」相應而生。

關於「民居不知所為，行不知所之」的意涵不在字面，不是蒙昧一無所知，而是依循大道順應自然的無為準則，當為則為，不當為則不為，無所執著。

聖人制作禮樂，標舉仁義，以治理民眾，恰如治馬「齊之以月題」，雖具有裝飾性，但也是額外增添，並非民眾的天性本質；而且禮樂仁義的各種細瑣規範，不免限制民眾的生活，民眾欲破除或降低這些規範所造成的不便，遂以各種智巧行徑做為應對之策，一如馬之機智狡黠舉動。由此引發民眾競相運用智巧狡獪，遂發展為「好知、爭利」，一如「馬之知而態至盜」。亦即「禮樂仁義與好知爭利」相應而生，它們是不可切割的一體之兩面。民眾不再是順應自然的「居不知所為，行不知所之」，故記載「及至聖人，屈折禮樂以匡天下之形」至「此亦聖人之過也」。換言之，莊子再次敘述「聖人之過」，依然不是詆毀聖人，而是和盤托出，指出常識未留意的一體兩面之另一面。

學者通常認為本篇既然列在今本《莊子》的「外篇」，而且僅觀文字表面，似乎語意偏激地鄙薄聖人，因此以為本篇一如〈駢拇篇〉並非莊子自著。不過，基於以上對於本篇義理之說明，可證其主旨並不在於字面，並非鄙薄聖人，而是揭示：聖人治理天下，恰如伯樂治馬，並非只有光明面，而是明暗並存，具有一體兩面的性質，莊子和盤托出，指出常識未留意的另一面。亦即本篇不被常識囿限，不僅只觀察局部的隅落，而是立足大道的整體性，觀看完整的全貌，所以或許不必認為絕非莊子所作。

胠篋

「大盜與聖人」是否果真如常識所說，互斥對立、毫不相關？「聖人不死，大盜不止」的意涵，只是字面的語意偏激，抑或指出一體兩面的性質？

將為胠篋探囊發匱之盜而為守備，則必攝緘縢，固扃鐍，此世俗之所謂知也。然而巨盜至，則負匱揭篋擔囊而趨，唯恐緘縢扃鐍之不固也。然則鄉之所謂知者，不乃為大盜積者也？故嘗試論之，世俗之所謂知者，有不為大盜積者乎？所謂聖者，有不為大盜守者乎？何以知其然邪？昔者齊國鄰邑相望，雞狗之音相聞，罔罟之所布，耒耨之所刺，方二千餘里。闔四境之內，所以立宗廟社稷，治邑屋州閭鄉曲者，曷嘗不法聖人哉！然而田成子一旦殺齊君而盜其國，所盜者豈獨其國邪？并與其聖知之法而盜之。故田成子有乎盜賊之名，而身處堯、舜之安；小國不敢非，大國不敢誅，十二世有齊國。則是不乃竊齊國，并與其聖知之法以守其盜賊之身乎？

「胠」：從旁邊打開。「篋」：箱子。「囊」：布袋。「發匱」：開櫃，「匱」：櫃。「攝」：結、纏繞。「緘、縢」：都是繩索。「扃」：關鈕。「鐍」：鎖。「揭篋」：舉起箱子。「擔」：挑。「趨」：跑。「鄉」：曏，方才。「積」：存，指準備。「邪」：疑問詞。「鄰邑」指鄰里。「罔、罟」：都是網。「布」：展開。「耒」：犁。「耨」：鋤頭。「刺」指耕種。「闔」：合，全。「宗廟」：祭祀祖先的處所。「社稷」：祭祀土地神、五穀神的處所。「邑、屋、州、閭、鄉曲」：都是古代依人口計算的行政區域，邑有三十六名男丁，屋有三名男丁，州為二千五百家，閭為二十五家，鄉為一萬二千五百家。「曷」：何。「并」：一併。「田成子」：齊國大夫陳恆，公元前四八一年，殺齊簡公，奪取齊國。「非」：批評。「誅」：討伐。「聖知」：聖智，指聖人的聰明智巧。

為了防備撬開箱子、掏布袋、打開櫃子的盜賊，必定是綑緊繩索，關緊鎖鈕，這是世俗所說的聰明。但是大盜一來，背起櫃子、舉起箱子、挑起布袋就跑，唯恐繩索與鎖紐不牢固。那麼方才所說的聰明，不正是為大盜做準備嗎？現在嘗試申論，世俗所說的聰明，有誰不是為大盜做準備呢？所謂的聖者，有誰不是為大盜做守護呢？怎麼知道是這樣的呢？從前的齊國，鄰里相望，雞鳴狗吠之聲相聞，撒網捕魚的範圍、犁鋤耕種的面積，方圓二千多里。全國國境之內，建立的宗廟社稷，治理大小不等之行政區域，何嘗不是效法聖人呢？但是田成子一旦殺了齊國國君，盜取了齊國，所盜走的豈只是這個國家？而是將聖人以聰明智巧設訂的法規制度也一起盜走了。所以田成子雖然有盜賊之名，但是處境卻如堯舜一般的安穩。小國不敢批評他，大國不敢討伐他，子孫十二代都統治著齊國。這不正是竊取齊國，將聖人以聰明智巧設訂的法規制度也一起盜走，以保護他的盜賊之身嗎？

莊子先舉例，人們為防備盜賊所做的智巧守備，反為盜賊所用，幫助了盜賊。再舉例田成子劫奪齊國，揭示聖人為了防備國家被奪取而設訂的法規制度，反為盜國者所用，幫助了盜國者。亦即人們的智巧之舉，聖人訂定的法規制度，都不是只有光明面，而是明暗並存，具有一體兩面的性質，莊子和盤托出，指出常識未留意的另一面，進而揭示道的整體性。簡言之，莊子不被常識囿限，不僅只觀察局部的隅落，而是立足大道的整體性，觀看完整的全貌，因此見人之所未見，言人之所未言。

嘗試論之，世俗之所謂至知者，有不為大盜積者乎？所謂至聖者，有不為大盜守者乎？何以知其然邪？昔者龍逢斬，比干剖，萇弘胣，子胥靡，故四子之賢而身不免乎戮。故跖之徒問於跖曰：「盜亦有道乎？」跖曰：「何適而無有道邪！夫妄意室中之藏，聖也；入先，勇也；出後，義也；知可否，知也；分均，仁也。五者不備而能成大盜者，天下未之有也。」由是觀之，善人不得聖人之道不立，跖不得聖人之道不行。天下之善人少而不善人多，則聖人之利天下也少而害天下也多。故曰：「脣竭則齒寒，魯酒薄而邯鄲圍，聖人生而大盜起。」掊擊聖人，縱舍盜賊，而天下始治矣。夫川竭而谷虛，丘夷而淵實，聖人已死，則大盜不起，天下平而無故矣。

「龍逢」：姓關，名龍逢，夏桀之賢臣，被夏桀所殺，已見於〈人間世篇〉。「比干」：商紂之叔父，勸諫商紂，遭商紂剖心，已見於〈人間世篇〉。「萇弘」：周景王、敬王之賢臣，被周人殺害。「胣」：裂，或刳腸。「子胥」：姓伍，名員，字子胥，吳王夫差之臣，勸諫吳王未獲採納，反遭賜死，屍浮於江，以致靡爛，已見於〈大宗師篇〉。「靡」：爛。「戮」：殺。「跖」：盜跖，古代的大盜，學者認為或許是黃帝時的大盜，或許是秦時的大盜，無從確認之；但也可能是莊子假託的人物。「適」：往。「妄意」：猜測。「脣」：唇。「脣竭則齒寒」：即唇亡齒寒，春秋時代的晉國借道於虞國以伐虢國，滅亡虢國之後，回程途中再滅虞國，由此可知虢與虞的關連，正如唇與齒，唇亡則齒寒。「魯酒薄而邯鄲圍」：戰國時，楚國因為魯國所送之酒淡薄，遂發兵攻魯；梁國長久以來欲伐趙國，但是畏魯救趙，此時見楚、魯用兵，知魯無暇救趙，遂出兵伐趙，圍困趙之國都邯鄲。「聖人生而大盜起」指刻意崇尚聖人，則使大盜興起。「掊擊聖人」的「掊擊」：指不刻意崇尚，並非字面的打擊之意。「縱舍」：釋放，「舍」：捨。「夷」：平。「聖人已死」指不刻意崇尚聖人。「無故」：無事。

現在嘗試申論，世俗所說最高明的聰智者，有誰不是為大盜做準備呢？所謂最高明的聖者，有誰不是為大盜做守備呢？怎麼知道是這樣的呢？從前關龍逢被斬首、比干被剖心、萇弘被支解或刳腸、伍子胥浮屍於江，這四人雖賢能，卻不能免於殺身之禍。盜跖的徒弟問盜跖說：「盜也有道嗎？」盜跖說：「無論到哪兒，怎麼可能沒有道！猜測屋內的儲藏，這是聖；帶頭先進入，這是勇；離開時殿後，這是義；判斷什麼可做、什麼不可做，這是智；分贓公平，這是仁。不具備這五項而能成大盜，那是天下不曾有過的。」由此看來，善人不懂得聖人之道便無法立足，盜跖不懂得聖人之道便無法橫行天下。天下的善人少而不善人多，所以聖人對天下是利少害多。所以說：「去掉嘴唇，牙齒就寒冷；魯國的酒淡薄，趙國的邯鄲就遭圍困；刻意崇尚聖人，大盜就興起了。」不刻意崇尚聖人，釋放盜賊，天下才可大治。河川枯竭，山谷也就空虛；丘陵夷平，深淵也就填滿。不刻意崇尚聖人，大盜就不會興起，天下便太平無事。

莊子舉例，關龍逢等四位賢者遭暴君殺害，暴君就是藉著聖人設訂的法規制度殺害他們。再舉例，聖人為防備盜賊所訂之「聖、勇、義、知、仁」的德目，也是反為大盜所用，幫助了大盜。

常識認為聖人與智者所訂定的聖智之法，對天下只有利沒有害；但是本書多次說明，人間世事無不具有一體兩面的性質，有光明面就有晦暗面，亦即明暗並存。例如「善人不得聖人之道不立」，聖智之法使善人得以立身存世，這是它於天下有利的一面；至於「跖不得聖人之道不行」，大盜藉著聖智之法而橫行天下，則是聖智之法不利於天下的另一面。故知聖人治理天下，並非只有利，而是有利、有不利，也就是明暗並存。亦即莊子和盤托出，指出常識未留意的一體兩面之另一面，進而揭示「道通為一」（〈齊物論篇〉）的整體性。

故知「聖人之利天下也少而害天下也多」的意涵不在字面，不是聖人過度損傷天下，而是指出聖人對天下是利害參半。

常識認為唇、齒是人體的兩個不同部位；但是本於血肉之軀的整體性，則知「唇、齒」都是形軀的一部分，具有不可切割的性質。如果唇不亡則齒不寒，反之，唇亡則齒寒，這是相應而生，一體的兩面，也是再次揭示道的整體性。

莊子再舉歷史事件「魯酒薄而邯鄲圍」為例。如果以常識觀之，必定認為魯國之酒與趙國的邯鄲城，分屬兩個國家，並無關連；不過，本書多次說明，大道通貫天地萬物，是不割裂的渾全整體，至於天地萬物也相同的具有不可切割之整體性。換言之，萬事萬物都是不可切割的連續性整體中之一環，亦即以道觀之，萬事萬物相通相連，那麼魯國之酒與趙國的邯鄲城，本就具有不可切割的整體性。如果魯酒不薄則邯鄲不圍，反之，魯酒薄則邯鄲圍，由此而印證「道通為一」（〈齊物論篇〉）的整體性。

至於「川與谷」、「丘與淵」，以渾全不割裂的大道觀之，也具有不可切割的整體性。如果川不竭則谷不虛，反之，川竭則谷虛；同理，如果丘不夷（平）則淵不實，反之，丘夷（平）則淵實，這也印證「道通為一」的整體性。

莊子藉著以上諸多舉例，揭示大道渾全不割裂的整體性，並且再舉「聖人與大盜」為例，指出他們不是常識認為的毫不相關，反之，他們具有不可切割的整體性。故記載「聖人生而大盜起，掊擊聖人，縱舍盜賊」以及「聖人已死，則大盜不起」。換言之，這些通常學者認為語意偏激的敘述，它們的意涵都不在字面，都不是詆毀聖人，也不是放走盜賊，而是指出「聖人與大盜」相通相連，具有一體兩面的性質；亦即舉「聖人與大盜」為例，揭示「道通為一」的整體性。

此外，也可由另一面向來了解：回顧〈逍遙遊篇〉、〈齊物論篇〉均曾說明，天下大治並不來自某一特定人物之經營，而是人人以自覺安頓生命，例如：對民眾自幼便教之以「天地與我並生，而萬物與我為一」（〈齊物論篇〉）的大道整體性，以教育喚醒每一個人的自覺，引領民眾回返大道，明瞭生命在天地萬物的整體中，順隨整體的運作，與所有存在恰如其分的互動，則可享有整體和諧均衡運作的所有好處；亦即以自覺節制本能欲求及行為，尊重他人，愛護自己，以此來安頓自我、發展生命。如果人人自覺、自我安頓，則人際相處和睦，社會安祥。那麼，距離「天下大治」也就不遠。屆時由於並不特別推崇聖人，所以也沒有相應而生的大盜，故記載「掊擊聖人」、「聖人已死，則大盜不起」。這依然印證通常這些被認為語意偏激的敘述，它們的意涵並不在字面，讀者只須通讀全書，即可穿過文字表面，不被文字所拘限。

聖人不死，大盜不止。雖重聖人而治天下，則是重利盜跖也。為之斗斛以量之，則并與斗斛而竊之；為之權衡以稱之，則并與權衡而竊之；為之符璽以信之，則并與符璽而竊之；為之仁義以矯之，則并與仁義而竊之。何以知其然邪？彼竊鉤者誅，竊國者為諸侯，諸侯之門而仁義存焉，則是非竊仁義聖知邪？故逐於大盜、揭諸侯、竊仁義、并斗斛權衡符璽之利者，雖有軒冕之賞弗能勸，斧鉞之威弗能禁。此重利盜跖而使不可禁者，是乃聖人之過也。

「聖人不死」指刻意崇尚聖人，並非字面死亡之意。「重利」指更為有利。「為之」指制訂。「斗斛」：古代量物之多少的量器，十升為一斗，十斗為一斛。「并」：一併。「權衡」：古代秤物之輕重的器具，秤鎚為權，秤梁為衡。「符璽」：古代的信物。「符」通常以竹片製作，分為兩半，合則成一。「璽」是王者之玉印。「鉤」：腰帶鉤。「則是非」的「是」：此。「逐」：隨。「揭」指劫持。「軒冕」：高車冠冕，指高官；軒是古代大夫以上的官員所乘之車；冕是古代大夫以上的官員所戴之帽。「勸」有二意：（一）進，指鼓勵；（二）勸阻。「斧鉞」指死刑，「鉞」：大斧。

刻意崇尚聖人，大盜就不會消失。雖然是借重聖人來治天下，卻更為增加盜跖的利益。聖人制訂斗斛做為量器，大盜就將斗斛一起偷走；聖人制訂權衡做為秤，大盜就將權衡一起偷走；聖人制訂符璽做為信物，大盜就將符璽一起偷走；聖人制訂仁義做為矯正民眾的教具，大盜就將仁義一起偷走。怎麼知曉是這樣呢？偷竊腰帶上的帶鉤之人會被處死，竊取國家的人卻成為諸侯，諸侯的門中有仁有義啊，這不就是竊取了仁義聖智嗎？所以追隨大盜、劫持諸侯、竊取仁義以及斗斛、權衡、符璽圖利的人，即使有高官厚爵的賞賜也不能鼓勵他們不為盜（或不能勸阻他們為盜），死刑的威迫也不能禁止他們為盜。這種對盜跖大大有利而無法禁止的情況，就是聖人的過失啊！

「聖人不死，大盜不止」的意涵，同於「聖人生而大盜起」，依然是不同於常識，不僅只觀察局部的隅落，而是觀看完整的全貌，指出「聖人與大盜」相應而生，是不可切割的一體之兩面。至於「聖人之過」，亦非詆毀聖人，而是和盤托出，指出常識未留意的另一面。

故曰：「魚不可脫於淵，國之利器不可以示人。」彼聖人者，天下之利器也，非所以明天下也。故絕聖棄知，大盜乃止；擿玉毀珠，小盜不起；焚

符破璽，而民朴鄙；掊斗折衡，而民不爭；殫殘天下之聖法，而民始可與論議。擢亂六律，鑠絕竽瑟，塞瞽曠之耳，而天下始人含其聰矣；滅文章，散五采，膠離朱之目，而天下始人含其明矣；毀絕鉤繩而棄規矩，攦工倕之指，而天下始人有其巧矣。故曰：「大巧若拙」。削曾、史之行，鉗楊、墨之口，攘棄仁義，而天下之德始玄同矣。彼人含其明，則天下不鑠矣；人含其聰，則天下不累矣；人含其知，則天下不惑矣；人含其德，則天下不僻矣。彼曾、史、楊、墨、師曠、工倕、離朱者，皆外立其德而以爚亂天下者也，法之所無用也。

「非所以」：不可以。「絕聖棄知」的「絕、棄」均指不刻意崇尚，並非字面之斷絕、拋棄；「聖、知」即聖智。「擿」：擲，投棄。「擿玉毀珠」的「擿、毀」均指不刻意崇尚，並非字面之拋棄、毀滅。「焚符破璽」的「焚、破」均指不執著，並非字面之滅絕。「朴鄙」指樸素天真，「朴」：樸。「掊斗折衡」的「掊、折」均指不執著，並非字面之擊破、折斷。「斗」：古代量物之多少的量器。「衡」：古代秤物之輕重的器具，秤錘為權，秤梁為衡。「殫」：盡。「殫殘」指不刻意崇尚，並非字面之全毀。「擢亂」：攪亂。「鑠絕」：燒斷。「擢亂六律，鑠絕竽瑟，塞瞽曠之耳」的「擢亂、鑠絕、塞」均指不刻意崇尚，並非字面之攪亂、燒斷、阻塞。「六律」：古代樂音十二律中的六個陽聲律。「竽瑟」都是樂器，「竽」的形狀近似笙，「瑟」是琴之一種。「瞽曠」即師曠，精通音律，已見於〈駢拇篇〉。「含」：

有。「滅文章，散五采，膠離朱之目」的「滅、散、膠」均指不刻意崇尚，並非字面之消滅、解散、黏著。「文章」指紋彩。「離朱」：黃帝時的明目人，已見於〈駢拇篇〉。「攦」：折斷。「毀絕鉤繩而棄規矩，攦工倕之指」的「毀絕、棄、攦」均指不刻意崇尚，並非字面之毀滅、拋棄、折斷。「工倕」：堯之時，具有巧藝者。「指」：手指，在此為手藝。「削曾、史之行，鉗楊、墨之口，攘棄仁義」的「削、鉗、攘棄」均指不刻意崇尚，並非字面之削滅、閉塞、拋棄；「曾、史、楊、墨」指曾參、史鰍、楊朱、墨翟，已見於〈駢拇篇〉。「德」指與生俱有的自然天性。「玄同」指齊同平等。「不鑠」：不壞、不亂。「不累」：無憂患。「僻」：邪，指扭曲。「爚亂」指攪亂。「法之所無用」的「法」指正道，「無用」指不取。

所以說：「魚不可離開水淵，治國的利器不可向人炫示。」聖人是治理天下的利器，不可以明示於天下。所以不刻意崇尚聖人的聰明智巧，大盜才會止息；不刻意崇尚珠玉，小盜就不會出現；不執著符璽信物，民眾就樸素天真；不執著斗衡，民眾就不會爭執；不刻意崇尚天下的聖智法規，才可以與民眾談論大道。不刻意崇尚六律、竽瑟之樂器、師曠的耳力，天下人才可擁有自己的聽覺之聰；不刻意崇尚紋彩、五色、離朱的眼力，天下人才可擁有自己的視覺之明；不刻意崇尚鉤繩規矩、工倕的手藝，天下人才可擁有自己的靈巧。所以說：「最靈巧的看似樸拙。」不刻意崇尚曾參、史鰍的行為，不刻意崇尚楊朱、墨翟的口才，不刻意崇尚額外標舉的仁義，那麼天下民眾與生俱有的自然天性之德，就會齊同平等。民眾都擁有自己的目明，天下就不壞不亂；民眾都擁有自己的耳聰，天下就無憂患；民眾都擁有自己的智力，天下就沒有疑惑；民眾都擁有飽滿完整的天性之德，天下就沒有邪僻扭曲之行。

像曾參、史鰍、楊朱、墨翟、師曠、工倕、離朱等人，都是過度地向外炫耀天性之德的能力，用來擾亂天下，這是正道所不取的。

「魚不可脫於淵，國之利器不可以示人」，見於《老子・三十六章》。該章記載：「將欲歙之，必固張之；將欲弱之，必固強之；將欲廢之，必固興之；將欲奪之，必固與之。是謂微明。……魚不可脫於淵，國之利器不可以示人。」章文中的「歙」指收縮、收束。「固」：定。「與」指給予。「利器」指微明的道理。「示」有二意：（一）炫示，（二）出示。

章文敘述：想要收縮、收束它，那麼必定先使它擴張；想要削弱它，那麼必定先使它強盛；想要毀廢它，那麼必定先使它興盛；想要奪走它的所有，那麼必定先給予它。這稱做「微明」，雖然隱微但卻明顯的道理。……魚不可離開水淵。治國的利器，不可向人炫示或出示。

關於章文的義理，如果僅觀文字表面，不免以為由「張、強、興、與」著手，陷對方於「歙、弱、廢、奪」之境，是權謀陰險之術。然而若以自然法則做為觀察基準，則知以上敘述指出物極必反的物理法則：「張、強、興、與」發展至極，必向反面變化，轉換為「歙、弱、廢、奪」。亦即互為對照的「張及歙」、「強及弱」、「興及廢」、「與及奪」是無從切割的整體，通而為一。然而常識經常忽略上述物極必反的法則，執著「張、強、興、與」，排斥「歙、弱、廢、奪」；殊不知常識喜愛的「張、強、興、與」，都將轉變為「歙、弱、廢、奪」。換言之，老子和盤托出，指出常識未留意的物極必反之另一面，並非以權謀出發的陰險之策，而只不過是陳述事實罷了。

「微明」指出物極必反的物理法則，十分鮮明的就在生活之中，但世人卻通常忽略之，宛若此理隱微不可見。老子再舉例「魚與水」是不可切割的整體，一如前述之「張及歙」、「強及弱」、「興及廢」、「與及奪」。

「利器」指「微明」，也就是物極必反的道理。它之所以是利器，乃因世人總是忽略物極必反的法則，僅僅留意喜愛的「張、強、興、與」的一面，未留意「張、強、興、與」物極必反的另一面（歙、弱、廢、奪），所以若持物極必反的法則而用之，則殺傷力甚大，故不可炫示之。

由此則知，莊子在本篇藉著《老子．三十六章》，指出「聖人與大盜」一如「魚與水」具有不可切割的整體性，也一併指出「聖人」引發物極必反的「大盜」相應而生。換言之，聖人即為利器，由於人們通常僅留意「聖人」的一面，未留意「聖人」物極必反的另一面（大盜），因此將受到重創。故記載「彼聖人者，天下之利器也，非所以明天下也。」亦即這三句敘述，再次揭示聖人對天下，雖有光明面（利），也有晦暗面（害），亦即明暗並存，利害參半。

另外，《老子．十九章》「絕聖棄智，民利百倍；絕巧棄利，盜賊無有。」莊子在此簡約為「絕聖棄知，大盜乃止。」

由「絕聖棄知，大盜乃止」至「毀絕鉤繩而棄規矩，攦工倕之指，而天下始人有其巧矣」的敘述，如果僅觀文字表面，似乎是滅絕聖知、珠玉、符璽、斗衡、聖法、六律、竽瑟、文章、五采、鉤繩、規矩；但是在此平心思考「聖知、珠玉……鉤繩、規矩」，都是人們生活的一部分，對於人們的生活也具有輔助的功能，並非萬惡的淵藪；只不過人們如果過度崇尚與執著，則將使行為產生偏差與錯誤。換言之，錯誤並非源於「聖知、珠玉……鉤繩、規矩」，而是來自人們的執著。故知莊子的記載並非排斥「聖知、珠玉……鉤繩、規矩」，而是提醒讀者不可過度執著。

「削曾、史之行」至「而天下之德始玄同矣」，指出不刻意崇尚某些人的特定行為、口才、額外標舉的仁義，人人回返與生俱有的自然天性，亦即回返本就涵藏仁義的天性之「德」，那麼人人都齊同平等，沒有高下之分。

「彼曾、史、楊、墨、師曠、工倕、離朱者，皆外立其德而以爚亂天下者也」，舉例曾參、史鰍、楊朱、墨翟等人，運用仁愛、言辯、耳聰、手巧、目明，引發大眾的仿效追逐，以至於未能依循大道順應自然的無為準則，未能「當為則為，不當為則不為」，故記載「法之所無用（不取）也」。由此則知「彼曾、史、楊、墨」至「法之所無用也」的意涵不在字面，不是排斥曾參等人，而是揭示大眾過度執著之不當。

子獨不知至德之世乎？昔者容成氏、大庭氏、伯皇氏、中央氏、栗陸氏、驪畜氏、軒轅氏、赫胥氏、尊盧氏、祝融氏、伏犧氏、神農氏，當是時也，民結繩而用之，甘其食，美其服，樂其俗，安其居，鄰國相望，雞狗之音相聞，民至老死而不相往來。若此之時，則至治已。今遂至使民延頸舉踵曰：「某所有賢者。」贏糧而趣之，則內棄其親而外去其主之事，足跡接乎諸侯之境，車軌結乎千里之外。則是上好知之過也。

「獨」：何，疑問詞。「至德之世」指人們與生俱有的自然天性之德，淳厚飽滿，未受折損。「容成氏」至「神農氏」：共十二氏，均為傳說中的上古帝王。「踵」：腳跟。「贏」：擔，指背負。「趣」：趨，快步走。「結」指交錯。「好知」指崇尚智巧。

你難道不知至德的時代，從前容成氏、大庭氏、伯皇氏、中央氏、栗陸氏、驪畜氏、軒轅氏、赫胥氏、尊盧氏、祝融氏、伏犧氏、神農氏的上古帝王，在那個時代，人們以結繩來記事，覺得食物甘甜，服裝美好，對習俗感到滿意，居處安適，與鄰近的其它國家，可相互看見彼此，雞鳴狗吠的聲音也都互相聽得到，人民生活直到老死，卻不執著於相互來往。像這樣的時代，就是真正的至治太平。現在卻讓民眾伸長脖子踮起腳跟說：「某地有賢能之人。」於是攜帶糧食投奔而去，因此對內遺棄了自己的雙親，對外拋棄了主要的事物（例如：自我安頓），足跡接連地出入諸侯國的國境，車軌往來交錯於千里之外。這都是上位者過度崇尚智巧的過失。

由「民結繩而用之」至「民至老死而不相往來」，見於《老子．八十章》。其中「甘其食」至「安其居」，揭示人們對於生活中的一切，非但不抱怨，而且感到滿意；之所以如此，必然是生活諸事皆安頓平穩，亦即業已實踐自我安頓，也就不執著必定須與他人往來。換言之，「不相往來」的意涵不在字面，不是不往來，而是如同〈大宗師篇〉「泉涸，魚相與處於陸，相呴以濕，相濡以沫，不如相忘於江湖。」亦即自我安頓恰如其分，如同魚存活於水中，那麼如果有往來的同伴，則是「受而喜之，忘而復之」（〈大宗師篇〉），歡喜地接受往來，但卻「忘」而不加以執著。簡言之，生命自我安頓則無欠缺匱乏之感，也就不至於有過度偏頗的執著。但是如果未能自我安頓，也未了解聖人對天下利害參半，過度執著聖人與聖智之法，則為「今遂至使民延頸舉踵」至「則是上好知之過也」。

另外，「不相往來」也可由以下二個面向來了解：（一）本書多次說明，由不割裂的渾全大道觀之，互為對照的狀態具有不可切割的整體性，故知「不相往來」未曾遠離互為對照的「相互往來」。例如，在「相望、相聞、不相往來」的敘述中，業已埋藏「相互與不相互」同存並在的整體性義理。亦即「不相往來」指向：立足「相互往來與不相互往來」的整體既不固定在「相互往來」，也不固定在「不相互往來」；也就是以整體待命，適時調整。或許老子、莊子藉此指出民眾「相互往來」，卻如同「不相互往來」一般單純安祥。畢竟人與人之間的相處不易，常生糾葛是非；所以如果相互往來，卻如同不相互往來，不生糾葛是非，而是單純平和，誠然為最高境界的至德之世。

（二）至德之世的民眾秉持大道的智慧，明瞭萬物並存於天地之間，本是無從切割的整體。亦即自己與他人，本國與它國都是不可切割的整體，並無「人、我」之別，因此雖然與他人往來相處，但是不分彼此，一如與自己相處，而不認為是與他人相往來，故記載「不相往來」。

以上關於「不相往來」的說明，與學者們的通常解釋不盡相同。這是因為本書並不停留在文字表面，而是依循大道無所執著的本質以及渾全不割裂的整體性，進行闡釋。試想：如果僅僅停留在看似封閉、窄狹的文字字面，那麼，豈不是與老子、莊子胸懷整體的生命智慧，大相扞格？因此，以上說明是否悖離抑或相應於老子、莊子義理，即留予讀者思考。

上誠好知而無道，則天下大亂矣。何以知其然邪？夫弓弩畢弋機變之知多，則鳥亂於上矣；鉤餌罔罟罾笱之知多，則魚亂於水矣；削格羅落罝罘之知多，則獸亂於澤矣；知詐漸毒頡滑堅白解垢同異之變多，則俗惑於辯矣。故天下每每大亂，罪在於好知。故天下皆知求其所不知，而莫知求其所以知者；皆知非其所不善，而莫知非其所以善者，是以大亂。故上悖日月之明，下爍山川之精，中墮四時之施；惴耎之蟲，肖翹之物，莫不失其性。甚矣夫！好知之亂天下也！自三代以下者是已，舍夫種種之民，而悅夫役役之佞，釋夫恬淡無為，而悅夫啍啍之意，啍啍已亂天下矣！

「誠」：如果。「弩」：有機關的弓。「畢」：鳥網。「弋」指射獵。「機變」指機關。「罔罟」：網。「罾」：魚網。「笱」：捕魚的竹簍。「削格、羅落」：捕獸的木柵、羅網。「罝罘」：捕兔網。「知詐」指智巧。「漸毒」：欺詐。「頡滑」指機巧，狡黠。「堅白」指名家的堅白論。「解垢」指詭辭。「同異之變」的「變」：辯。「每每」有二意：（一）昏昏，指亂；（二）頻頻。「所以知」指與生俱有的自然天性之德；此為敦煌唐寫本，至於其它通行本則為「所已知」。「所以善」指一己的好惡；此為敦煌唐寫本、明代正統道藏成玄英疏本，至於其它通行本則為「所已善」。「悖」：蔽。「爍」：銷毀。「墮」：破壞。「施」：運行。「惴耎」：無足蟲。「肖翹」：微小的飛蟲。「舍」：捨。「種種」：淳厚。「役役」：狡黠。「佞」：巧言善辯。「釋」：捨。「恬淡」指安靜。「無為」指順應自然。

「哼哼」有二意：（一）多言，（二）以智巧教人。

上位者如果過度崇尚智巧，而不回返於道，天下就會大亂。怎麼了解是這樣呢？弓箭、鳥網、機關的智巧過多，鳥在空中就會被擾亂。釣餌、魚網、魚簍的智巧過多，魚在水中就會被擾亂。木柵、捕獸網、兔網的智巧過多，野獸在山澤中就會被擾亂。智巧、欺詐、狡黠、堅白、詭辯、同異的論辯過多，世俗大眾在各種論辯中就會感到疑惑。因此天下昏昏（頻頻）大亂，罪過就在於過度崇尚智巧。所以天下人都只知追求他所不知的，卻不知探求與生俱有的天性之德；都只知批評他所認為不好的，卻不知批評一已的好惡，因此天下大亂。所以，遮蔽了在上的日月光明，銷毀了在下的山川精華，破壞了在中的四季運行；無足的爬蟲，微小的飛蟲，無不失去了與生俱有的自然天性。實在是太嚴重了，過度崇尚智巧而擾亂天下啊！自從夏、商、周三代以來都是如此，捨去淳厚的民眾，而欣賞狡黠之人的巧言善辯；捨去安靜地順應自然，而欣賞多言地以智巧教人。多言地以智巧教人，已經擾亂天下了！

莊子舉例，由於人們過度使用智巧，令鳥、魚、獸類都受到驚擾；然而攪擾並不僅止於此，人類也因為過度崇尚智巧，而深陷疑惑。

有鑑於初生的嬰兒本是無知，受親人的照顧與啟發，逐漸成長，經由學習進而知曉生活事務。由此即可了解，經由學習而「知」，是人類的天賦能力。換言之，與生俱有的自然天性之德，本就涵藏「知」的能力。那麼「天下皆知求其所不知，而莫知求其所以知者」，就是指出人們向外追逐不知，卻不回返「所以知」的本源，也就是不回返天性之德，以致失落了「德」。

〈齊物論篇〉、〈大宗師篇〉均曾說明：以「天地之運作」為觀察基準，則知所有存在都不違逆天地運作的法則（例如：地球自轉），也就是「無物不然，無物不可」（〈齊物論篇〉），亦即萬有並存於天地之間，本無好、壞、善、不善可言，而是沒有對立、沒有對待、無待、和諧的整體。只不過人們都以自我為中心，強硬指稱喜愛的狀態為「好、善」，反之則為「壞、不善」，遂衍生數之不盡的「好與壞」、「善與不善」之對立，遮蔽大道的整體性，割裂無待、和諧的生命本質。由此即可了解，「皆知非其所不善，而莫知非其所以善者」，揭示人們批評不善，卻未能察覺「善與不善」源於一己之好惡，未能了解天地之間本無「善與不善」可言。

綜言之，「天下皆知求其所不知而莫知求其所以知者，皆知非其所不善而莫知非其所以善者」，指出人們失落了天性之德，大道的整體性也遭到遮蔽，因此天下大亂。

「無為」是順應自然，亦即立足不割裂的渾全大道，以整體待命，依循自然天性之德，當為則為，不當為則不為，不刻意追求任何特定狀態，無所執著。由此則知「恬淡無為」，不曾離「道」，也不曾失「德」。然而，與「恬淡無為」相反的「啍啍」，多言地以智巧教人，並不依循順應自然的無為準則，也不順隨整體以及天性之德，失落了大道的整體性，也失落了「德」，故記載「啍啍已亂天下矣」。

學者通常認為本篇既然列在今本《莊子》的「外篇」，而且「聖人生而大盜起」、「掊擊聖人」、「聖人不死，大盜不止」的文字表面，似乎都是語意偏激地鄙薄聖人，因此以為本篇一如〈駢拇篇〉、〈馬蹄篇〉並非莊子自著。不過，基於以上對於本篇義理之說明，可證其主旨不在字面，不是詆毀聖人，而是揭示聖人訂定的法規制度，反為大盜所用，幫助了大盜；亦即聖人以及法規制度都是明暗並存，具有一體兩面的性質，莊子和盤托出，指出常識未留意的另一面；此外，莊子也指出不刻意崇尚智巧，不額外標舉仁義，人人回返本就涵藏仁義的天性之德，不離大道的整體性，則可自我安頓如同至德之世的「至治」。簡言之，本篇舉「聖人與大盜」為例，揭示「道通為一」的整體性，並未遠離莊子全書「道德」之主旨，所以或許不必認為絕非莊子所作。

在宥

如何治理天下，可使人人自我安頓？以仁義禮樂制度規範，約束民眾？抑或依循大道順應自然的無為準則，使民眾不離自然天性之德？

聞在宥天下，不聞治天下也。在之也者，恐天下之淫其性也；宥之也者，恐天下之遷其德也。天下不淫其性，不遷其德，有治天下者哉！昔堯之治天下也，使天下欣欣焉人樂其性，是不恬也；桀之治天下也，使天下瘁瘁焉人苦其性，是不愉也。夫不恬、不愉，非德也。非德也而可長久者，天下無之。人大喜邪？毗於陽；大怒邪？毗於陰。陰陽并毗，四時不至，寒暑之和不成，其反傷人之形乎！使人喜怒失位，居處無常，思慮不自得，中道不成章。於是乎天下始喬詰卓鷙，而後有盜跖、曾、史之行。故舉天下以賞其善者不足，舉天下以罰其惡者不給，故天下之大不足以賞罰。自三代以下者，匈匈焉終以賞罰為事，彼何暇安其性命之情哉！而且悅明邪？是淫於色也；悅聰邪？是淫於聲也；悅仁邪？是亂於德也；悅義邪？是悖於理也；悅禮邪？是相於技也；悅樂邪？是相於淫也；悅聖邪？是相於藝也；悅知邪？是相於疵也。天下將安其性命之情，之八者，存，可也；亡，可也。天下將不安其性命之情，之八者，乃始臠卷傖囊而亂天下也。

而天下乃始尊之惜之。甚矣！天下之惑也！豈直過也而去之邪？乃齋戒以言之，跪坐以進之，鼓歌以儛之。吾若是何哉！故君子不得已而臨蒞天下，莫若無為。無為也而後安其性命之情。故貴以身於為天下，則可以託天下；愛以身於為天下，則可以寄天下。故君子苟能無解其五藏，無擢其聰明；尸居而龍見，淵默而雷聲，神動而天隨，從容無為而萬物炊累焉。吾又何暇治天下哉！

「在宥」：自在寬容，「宥」：寬。「淫其性」指混亂本性。「德」指與生俱有的自然天性。「恬」：靜。「瘁」：憂。「邪」：疑問詞。「毗」指傷害。「并」：都。「不至」指失序。「失位」：失常。「居處」指生活。「無常」：不安定。「中道」指行為。「不成章」指失度。「喬詰」指狡黠。「卓鷙」：行為不平正。「盜跖」：古代的大盜，已見於〈胠篋篇〉。「曾、史」：曾參、史鰌，二人皆以仁孝著稱，已見於〈駢拇篇〉。「不給」：不足。「匈匈焉」指喧擾。「終」：皆。「彼何暇」的「彼」：兼指統治者與民眾，「暇」：時間。「情」：實。「淫於色、淫於聲、相於淫」的「淫」：都指過度耽溺。「義」：宜。「悖」：背離。「相」：助。「技」指繁文縟節。「聖」指精通一藝，超出眾人之上。「藝」：多才。「疵」：訾，指批評。「將安、將不安」的「將」：如。「亡」：無。「臠卷」指糾結。「傖囊」：搶攘，指攪擾。「豈直」：豈只。「跪」：兩膝著地，大腿與腰都伸直。「坐」：兩膝著地，臀部坐在後腳跟上。「鼓」指彈奏樂器。「儛」：舞。「君子」指統治者。「不得已」指順應自然，請參看〈人間世篇〉。「臨蒞」指統治、管理。「無為」指順應自然。「貴以身於為、愛以身於為」的「貴、愛」指重視，「於為」指治理。「解」：放，指放縱。「五藏」：五臟，指肉身的欲望。「擢」：顯耀。「尸居」：安居。「龍見」指如同龍之顯現，「見」：現。「淵默」：沉默安靜。「天隨」：隨天，指順隨自然。「炊累」：聚積，指萬物來歸。「吾又何暇」的「吾」指每一個人（包括統治者）；「暇」：假，即大。

只聽說使天下自在寬和，沒有聽說要管治天下。使人人自在，只怕天下人混亂了本性；寬容人們，只怕天下人改變了與生俱有的自然天性。天下人不混亂本性，不改變天性之德，哪裏還要有管治天下的人呢！從前堯管治天下，使天下人欣喜，以致天性過度偏頗在歡樂，這是使人們不安寧；夏桀管治天下，使天下人憂傷，以致天性過度偏頗在憂苦，這是使人們不愉快。停滯在不安寧、不愉快，都背離了自然天性之德；背離天性之德卻可以長久維持，天下沒有這種事。人過於歡喜呢？會傷害天地的陽氣；過度憤怒呢？會傷害天地的陰氣。陰陽二氣皆受損傷，四時失序，寒暑無法調和，豈不反過來傷害人的形軀嗎！使人喜怒失常，生活不安定，思緒不自在，行為失度，於是天下開始出現狡黠不平正的狀態，而後才有盜跖、曾參、史鰍的行為。這麼一來，即使用盡天下之力也不足以獎賞善行，用盡天下之力也不足以處罰惡行。所以天下之大，卻不足以賞善罰惡。自從三代以來，都在喧嚷著要做到賞善罰惡，他們哪有時間安頓生命的真實呢！再說喜愛目明嗎？卻是過度沉溺於色彩；喜愛耳聰嗎？卻是過度耽溺於聲音；喜好仁愛嗎？卻是擾亂自然天性之德；喜愛義之合宜嗎？卻是背離萬物之天理；喜愛禮儀嗎？卻是助長繁文縟節；喜愛音樂嗎？卻是助長過度耽溺；喜愛精通一藝，超出眾人之上嗎？卻是過度助長技藝；喜愛知嗎？卻是助長對立與排斥的批評。天下人如果都安頓了生命的真實，那麼這八種喜好可有可無。天下人如果都未能安頓生命的真實，那麼這八種喜好就將糾纏攪擾而迷亂天下。可是天下人卻開始尊敬它們、珍惜它們。實在是太嚴重了！天下的迷惑！人們又哪裡是時間過去也就離開這八種喜好呢？還要齋戒來談論，或跪或坐地勸進，彈奏樂器唱歌跳舞來頌讚。我對這些現象又能怎麼辨呢！所以統治者如果不得已（順應自然）而統治天下，最好是順應自然的無為。順應自然的無為才可安頓人們生命的真實。以重視肉身，也就是重視大災難一般的審慎態度，來治理天下，就可將天下交付給他。慎重地安頓血肉之軀，如同處理大災難，以這樣的謹慎來治理天下，就可將天下寄託給他。所以統治者如果能不放縱肉身的欲望，不炫耀聰明，安居卻如龍之顯現，沉默無言卻有言如雷聲震耳，心神舉動都順隨自然，從容無為而萬物自動來歸。我又何須大大的管治天下呢！

在此先看本段敘述所舉堯、桀之例。桀是大眾一致抨擊的對象，那麼本篇記載桀使天下「不愉」，即為相同於大眾的意見。但是大眾都稱讚堯，本篇卻記載堯使天下「不恬（靜）」，試問：莊子為何如此敘述？這是詆毀先賢嗎？

關於此一疑問，可先觀察人們心電圖的波形，必定是有高峰有低谷，有時曲折有時平順。亦即人們的心電圖，從來不是持續上升，也從來不是持續降落，而是上升之後必有降落，降落之後必有上升。由此即可了解，生活狀態如果是不斷向上攀升、或是不斷向下滑落的直線，都不符合生命本質。明瞭於此，則知莊子何以敘述「昔堯之治天下」至「不恬、不愉，非德也」，亦即桀使天下人呆滯在「苦」，固然是偏頗；然而堯使天下人停滯在「樂」，相同地也是偏頗。換言之，無論是停滯在苦或樂之任一隅落，都是偏頗，都背離天性之德依隨大道不拘泥不僵化的特質。故知莊子的敘述並非詆毀先賢，而是和盤托出，指出常識未留意的其它面向。

繼續舉喜怒為例，雖然常識追逐喜，排斥怒，以喜為上，以怒為劣；但是太過於喜、怒，呆滯在固定隅落，背離大道不執著的流動本質，並非〈養生主篇〉「緣督以為經」順中以為常的去極端、取中庸之養生準則，如此將對天地四時以及人類自身都造成傷害。故記載「人大喜邪」至「其反傷人之形乎」。

常識批評盜跖，以之為惡；稱讚曾參、史鰍，以之為善。但是以「天地運作」為觀察基準，則知所有存在無不符合天地運作的法則（例如：地球自轉），亦即「無物不然，無物不可」（〈齊物論篇〉），萬物本無是、非、好、壞可言。同理，人人皆以自然天性存活於天地之間，天性亦無善、惡、好、壞可言，只不過天性中凡事首先考慮自己以及滿足欲望的本能，若不適度節制，必將產生損及他人的舉動；然而，天性不僅僅只有本能，尚包括與生俱有的自覺與思考能力。所以對於損及他人的舉動，與其指責為「惡」而排斥之，不如喚醒行為者的自覺，使其以自覺適時節制不當的舉動。例如：對每一個人（包括君王）自幼便教之以「天地與我並生，而萬物與我為一」（〈齊物論篇〉）的大道整體性，以教育喚醒所有人的自覺，引領每一個人回返大道，明瞭生命在天地萬物的整體中，順隨整體的運作，與所有存在恰如其分的互動，則可享有整體和諧均衡運作的所有好處；亦即以自覺節制本能欲求及行為，尊重他人，愛護自己，以此來安頓自我、發展生命。如果人人自覺、自我安頓，則人際相處和睦，社會安祥。那麼，距離天下太平，也就不遠。

遺憾的是人們未能明瞭於此，對於損害他人的惡行，只是以處罰來嚇阻，雖然另一方面也獎賞善舉，但是賞善罰惡並未使惡行絕跡。換言之，對於惡行的因應良策，不是賞善罰惡，而是正本清源地喚醒所有人的自覺，並順應整體的運作，人人自覺，自我安頓，天下祥和，沒有惡行，也就不需要賞善罰惡，達到沒有對立、沒有對待、無待的理想。

既然「賞罰」不足以使天下太平，那麼「仁義禮樂」等德目，是否足以治天下呢？常識稱讚目明、耳聰，但是目明、耳聰之人不免過度運用其能力，故記載「悅明邪」至「是淫於聲也」。常識稱讚仁愛，然而有愛便不免有不愛，以至於執著所愛，排斥不愛；但是天性之德依循大道不執著的特質，無所執著也無所排斥，故記載「悅仁邪？是亂於德也」。「義」是合宜，然而人們判斷合宜與否的基準，通常都是一己之好惡與利益，鮮少以天地萬物的自然之理做為判斷的依據，故記載「悅義邪？是悖於理也」。常識認為藉著禮儀可以對外適當表達情感，然而極度發展卻不免注重繁文縟節的形式，反而失落了內心自然產生的意念情感，亦即失落了「禮意」（請參看〈大宗師篇〉），故記載「悅禮邪？是相於技也」。音樂雖然可以調節身心，但是無止盡的發展卻不免造成過度耽溺，故記載「悅樂邪？是相於淫也」。「聖」指精通一藝，超出眾人之上，但是雖然超凡，如果極度推崇卻成為誇耀才藝，故記載「悅聖邪？是相於藝也」。「知」雖然使人脫離盲昧，但是基於分別所建立的「知」，不免衍生對立與排斥的批評（請參看〈大宗師篇〉），故記載「悅知邪？是相於疵（批評）

也。」

環顧人間世事無不具有一體兩面的性質，例如：地球受陽光照射，必然是一半為「明」，另一半為「暗」。常識雖然稱讚「明、聰、仁、義、禮、樂、聖、知」八者，但是莊子指出它們並非只有光明面。亦即莊子和盤托出，指出它們都具有「明暗並存」一體兩面的性質。

「天下將安其性命之情」至「亂天下也」，指出如果人人自覺，並且順應整體的運作，業已自我安頓，那麼上述八者不至於動搖人們的生命；反之，若未能自我安頓，上述八者則將惑亂天下。簡言之，莊子舉「明、聰、仁、義」等八項德目為例，揭示它們也不足以使天下太平。

「無為」之所以可能「安其性命之情」，是由於「無為」就是順應自然，也就是順應萬物的自然性質，當為則為，不當為則不為，不是以一己之我見干擾萬物。

「貴以身於為天下」至「則可以寄天下」，與《老子．十三章》之記載相同。在此先看《老子．十三章》亦曾敘述「貴（重視）大患若身」，也就是「貴（重視）身若大患」重視肉身如同重視大災難，將「肉身與大災難」等量齊觀。換言之，世人視血肉之軀為至珍，但老子卻視為大患，這是因為肉身亦有令人尷尬、為難之處，例如：血肉之軀與生俱有諸多欲求，這些欲求必須獲得滿足，生命方可延續。由於這些欲求，常使人不斷的向外追逐，不免造成行為失衡，衍生諸多苦惱，對生命而言誠然是大患。故知肉身雖屬至珍，但亦具有一體兩面的性質，老子和盤托出，指出世人未留意的一體兩面之另一面。簡言之，老子舉肉身為例，揭示「道通為一」（〈齊物論篇〉）的大道整體性。

明瞭老子指出「身」即為大患，那麼也就了解「貴以身、愛以身」即為「貴（重視）以大患、愛（重視）以大患」。故知「貴（重視）以身（大患）於為天下，則可以託天下；愛（重視）以身（大患）於為天下，則可以寄天下」，揭示了解肉身具有一體兩面的性質，也就是明瞭「道通為一」的悟道者，等量齊觀肉身與大災難，秉持如此審慎的態度，即為治理天下的理想人選。

「尸居」是隱，「龍見」是顯，「淵默」是無言，「雷聲」是有言。故知「尸居而龍見，淵默而雷聲」指出雖隱而顯，雖無言而有言。亦即常識認為「隱與顯」、「無言與有言」互斥對立；但是君子融「隱與顯」、「無言與有言」於一懷，也就是立足「隱與顯」、「無言與有言」混融、沒有對立、沒有對待的無待整體，以整體待命，當隱則隱，當顯則顯，當言則言，不當言則不言，無所執著，恰如其分。

綜上說明，人人不離大道的整體性，依循大道順應自然的無為準則，則天下太平，無庸任何人採取任何額外的舉動來管治天下，故記載「神動而天隨」至「吾又何暇治天下哉」。

本段敘述首先指出順應民眾的自然天性之德，人人自我安頓，則天下大治如水到渠成，並不需刻意有為地治理。接著舉例：被大眾稱讚的堯、被大眾批評的桀，都未能順應民眾的自然天性；「賞罰」亦非順應天性，至於特意標舉「仁義禮樂」等德目，卻使民眾遷其德、改其性，也不足以安頓天下。由此而印證：唯有順應自然的無為準則，才是安頓天下的良策。

崔瞿問於老聃曰：「不治天下，安臧人心？」老聃曰：「汝慎無攖人心。

人心排下而進上，上下囚殺，淖約柔乎剛彊，廉劌彫琢，其熱焦火，其寒凝冰，其疾俛仰之間而再撫四海之外。其居也淵而靜，其動也縣而天。僨驕而不可係者，其唯人心乎！昔者黃帝始以仁義攖人之心，堯、舜於是乎股無胈，脛無毛，以養天下之形，愁其五藏以為仁義，矜其血氣以規法度。然猶有不勝也，堯於是放讙兜於崇山，投三苗於三峗，流共工於幽都，此不勝天下也夫！施及三王而天下大駭矣。下有桀、跖，上有曾、史，而儒、墨畢起。於是乎喜怒相疑，愚知相欺，善否相非，誕信相譏，而天下衰矣；大德不同，而性命爛漫矣；天下好知，而百姓求竭矣。於是乎釿鋸制焉，繩墨殺焉，椎鑿決焉。天下脊脊大亂，罪在攖人心。故賢者伏處大山嵁巖之下，而萬乘之君憂慄乎廟堂之上。今世殊死者相枕也，桁楊者相推也，刑戮者相望也，而儒墨乃始離跂攘臂乎桎梏之間。意，甚矣哉！其無愧而不知恥也甚矣！吾未知聖知之不為桁楊椄槢也，仁義之不為桎梏鑿枘也，焉知曾、史之不為桀、跖嚆矢也！故曰『絕聖棄知，而天下大治。』」

「崔瞿」：姓崔，名瞿，不知何許人，或許為杜撰之人名。「安」：何。「臧」：善。「攖」：擾。「進」：競。「囚殺」指憔悴。「淖約」：柔。「彊」：強。「廉」：稜角。「劌」：銳利。「彫」：雕。「疾」：急。「俛仰」指短時間，「俛」：俯。「撫」：臨，指到達。「居」：靜。「縣而天」指遠揚，「縣」：懸。「僨驕」：奔放驕縱，「僨」：奔。

「係」：繫，約束。「唯」：是。「股」：大腿。「胈」：白肉。「脛」指小腿。「五藏」：五臟，指生命。「矜」：苦。「血氣」指心思。「規」：定。「不勝」指不能勝過人心、不能使人人聽命。「放讙兜於崇山」：讙兜與堯同時而為敵，被流放崇山，今湖南省大庸縣西南。「投三苗於三峗」：投是放逐，三苗是堯時的諸侯，人稱饕餮，被驅逐到三峗，今甘肅省敦煌縣南。「流共工於幽都」：共工是官名，堯時的水官，名窮奇，被流放到幽都，今河北省密雲縣境。「施」：延。「三王」：夏、商、周三代開國之君，夏禹、商湯、周武王。「駭」：亂。「下有桀、跖」的「下」：指大眾批評，「桀、跖」：夏桀、盜跖。「上有曾、史」的「上」：指大眾稱讚，「曾、史」：曾參、史鰍。「畢」：都。「愚」指純樸。「否」：鄙，指不善。「誕」：虛假。「大德」指與生俱有的共同自然天性，亦即依隨大道的天性。「不同」指割裂。「爛漫」：散亂。「求竭」：竭求，竭力追求。「釿鋸制、繩墨殺、椎鑿決」：都指刑罰之訂立，「釿鋸」：斧鋸，「繩墨、椎鑿」：古代肉刑之刑具，「制、殺、決」：都指確立、訂立。「脊脊」：亂。「伏處」指隱遁。「嵁巖」：深穴。「萬乘」：古代一車四馬為一乘，萬乘指大國。「慄」：懼。「殊死」：身首異處，指斬刑。「相枕」指堆疊。「桁楊」：古代夾腳與頸的刑具。「戮」：殺。「離跂」：用力之貌。「攘」：舉。「桎梏」：腳鐐手銬，指枷鎖刑具。「意」：噫，感嘆聲。「聖知」：聖智，指聖人的聰明智巧。「椄槢」：鐐銬刑具中用來鎖緊的橫木。「鑿枘」：鑿出枷鎖中用來套住人體的孔洞。「嚆矢」：響箭，指先聲。「絕聖棄知」的「絕、棄」均指不執著，「聖、知」：即聖智。

崔瞿問老聃說：「不治理天下，如何使人心向善？」老聃曰：「你要謹慎，不可驚擾人心。人心排斥卑下而競爭高上，在上下之間擺盪而焦躁憔悴，有時柔弱有時剛強，有時如稜角銳利，有時如雕琢而圓滑不銳利，有時熱切如火，有時冷如寒冰，變化之快速，頃刻之間可以到達四海之外。靜止時如淵之深沉，一旦發動卻遠揚高天。奔放驕縱而不可約束的，就是人心啊！從前黃帝開始用仁義驚擾了人心，堯舜繼承之，勞累得大腿消瘦沒有肉、小腿無毛，來養活天下人的形軀，憂愁不已地推行仁義，勞苦心思來規定法度。然而還是不能使人心聽命，所以堯放逐讙兜到崇山，驅逐三苗到三峗，流放共工到幽都，這就是不能使天下人心聽命的例子。到了三代帝王而天下大亂。出現了大眾批評的夏桀、盜跖，也出現了大眾稱讚的曾參、史鰍，而儒家、墨家也都出現了。於是喜、怒互相猜疑，純樸、智巧相互欺瞞，善與不善互相非議，虛假與誠信互相譏諷，而天下便衰頹了。與生俱有的共同自然天性（依隨大道的天性）被割裂，而生命也散亂了；天下人愛好智巧，百姓竭力追求。於是斧鋸制訂了，繩墨設定了，椎鑿刑具確立了。天下大亂，罪過就在於擾亂人心。所以賢者隱遁高山深穴，而萬乘君王憂懼於朝堂之上。當今之世，身首異處的屍骸堆積，鐐手銬腳的犯人相互推擠，受刑罰殘害的人滿眼都是，而儒家墨家卻開始在枷鎖刑具之間奮力疾呼。唉，太嚴重了！他們不知慚愧又不知羞恥，實在太嚴重了！我不知聖人的聰明智巧不是鐐銬刑具中用來鎖緊的橫木，仁義不是鑿出枷鎖中用來套住人體的孔洞，怎知曾參、史鰍不是夏桀、盜跖的先驅呢！所以說：『不執著聖人的聰明智巧，而天下太平。』」

崔瞿詢問如何使人心向善。老子回答不可驚擾人心，「人心排下而進上」至「其唯人心乎」，指出人心變動不居，無從以外來之固定標準加以約束。隨即舉黃帝、堯、舜以仁義驚動人心，但是讙兜、三苗、共工，就是堯未能以仁義改變人心之例。三代則有夏桀、盜跖以及曾參、史鰍的「惡與善」之對立。

「喜怒相疑」至「誕信相譏」，舉出「喜與怒」、「愚（純樸）與知（智巧）」、「善與否（不善）」、「誕（虛假）與信（誠實）」相互對立，失落了天地萬物本就是沒有對立、沒有對待、無待、和諧的本質。如此之天下大亂，原因就在於以仁義驚擾人心。

但是仁義為何對人心是驚擾呢？本書多次說明，大道通貫天地萬物，是不割裂的渾全整體，至於天地萬物依隨大道，也相同的具有不可切割之整體性。因此立足大道，明瞭人類是萬種物類之一，齊同平等於萬物，依循這項與生俱有的自然天性之「德」，愛護自己，同時尊重所有存在，也就是順隨萬物的天性之「德」，與萬物恰如其分的互動，仁（愛）、義（宜）就已涵融在整體的運作中，並不需要特別標舉。

然而如果未能明瞭上述的整體性，人們的行為也未能依循順應萬物自然本質的準則，反而創設「仁（愛）、義（宜）」之詞，欲引導人們的行為固定於仁義。殊不知這對人們的行為雖有引導的功效，但是額外標舉的「仁（愛）、義（宜）」只是截取大道整體中的局部隅落，如果過度執著則將偏離整體性的均衡運作，亦即行為固定在額外標舉的仁義，也就停滯在整體中的局部隅落，以致更加遮蔽大道的整體性。而且額外標舉的仁義，並未廣及於天地萬有，而是狹隘地僅限於人類之間，追求僅以人類為考量的狹隘「仁（愛）、義（宜）」，卻產生有愛便不免有偏私的流弊；又因為整體性被遮蔽，人們並非以整體的運作來判斷合宜與否，而是以自我為中心進行判斷，遂演變為符合一己的利益就視之為「義（宜）」，亦即產生將利益視為合宜的流弊。

綜言之，額外標舉的「仁（愛）、義（宜）」對人們的行為雖有引導的功能，但卻使大道的整體性更加被遮蔽，而且僅僅追求以人類為考量的狹隘「仁（愛）、義（宜）」，卻產生偏私的流弊，以及將利益視為合宜的流弊。由此即可了解，額外標舉的仁義雖然有「明」的一面，但也有「暗」的另一面。亦即額外標舉的「仁義」具有明暗並存、一體兩面的性質，不足以使人們的相處回返整體性的和諧，也不足以使人類與天地萬有的整體回返均衡狀態，人類仍然停滯在整體性遭受遮蔽的錯誤之中。

那麼應該如何安頓人心呢？如果外來的固定標準是驚擾，那麼是否有內在的性質可供依循呢？有鑑於人類是萬種物類之一，與所有物類共同組成和諧、無待、不可切割的連續性整體，這就是人類與生俱有的自然天性本質。換言之，「整體性」本就涵藏在人類的生命之內，不是由外界所強加於人的標準，所以秉持整體性，一方面將自我安頓在和諧無待的天地萬物之整體中；另一方面，順隨整體之運作，與萬物恰如其分地互動，即為安頓人心的良方。

遺憾的是，治理天下的君王未能覺察：額外標舉的仁義具有明暗並存、一體兩面的性質。推行仁義，遂造成「天下衰」的困境，仍不知安頓人心並使天下和諧的正本清源方法，在於依循天性之「德」，回返大道的整體性；卻等而下之的訂定各種刑法，嚴苛地處罰民眾，以致「天下脊脊大亂」，更加流失了天地萬物整體和諧的本質，縱然萬乘之君也不在不和諧的驚擾之外。故記載「於是乎釿鋸制焉」至「萬乘之君憂慄乎廟堂之上」。

「今世殊死者相枕也」至「其無愧而不知恥也甚矣！」無比沉痛地指出如果過度偏執於

儒家、墨家提倡的仁義，不免導致天下蒼生飽受刑罰凌虐，悲涼之情透出紙背。

「吾未知聖知之不為桁楊椄槢也，仁義之不為桎梏鑿枘也，焉知曾史之不為桀跖嚆矢也！」學者通常認為這三句敘述過度偏激地詆毀聖智仁義；然而它們的意涵是否僅只是字面的詆毀以及偏激呢？回顧〈胠篋篇〉揭示聖人為防備盜賊所訂之「聖、勇、義、知、仁」的德目，反為大盜所用，幫助了大盜；亦即「大盜與聖人」並不是常識所認為的互斥對立，而是相應相生，具有不可切割的整體性。至於聖智訂定的法規，常識認為對天下只有利沒有害；但是人間世事無不具有一體兩面的性質，有光明面就有晦暗面，也就是以聖智之法治理天下，並非只有利，而是利害參半，明暗並存。故知這三句敘述的意涵都不在字面，都不是詆毀聖智仁義，而是和盤托出，指出常識未留意的一體兩面之另一面。

所以「絕聖棄知，而天下大治」，指出不刻意崇尚聖智之法，亦即不離整體性，順隨整體之運作，則天下太平。

本則寓言揭示不宜以外來之固定標準約束人心，而須順應人類與生俱有的自然天性本質，人人不離天地萬物和諧無待的整體性，依隨整體之運作，不僅天下大治，人心亦不受驚擾，祥和而不失本有的安適。

黃帝立為天子十九年，令行天下，聞廣成子在於空同之山，故往見之，曰：「我聞吾子達於至道，敢問至道之精。吾欲取天地之精，以佐五穀，以養民人；吾又欲官陰陽，以遂群生，為之奈何？」廣成子曰：「而所欲問者，

物之質也；而所欲官者，物之殘也。自而治天下，雲氣不待族而雨，草木不待黃而落，日月之光益以荒矣。而佞人之心翦翦者，又奚足以語至道！」黃帝退，捐天下，築特室，席白茅，閒居三月，復往邀之。廣成子南首而臥，黃帝順下風膝行而進，再拜稽首而問曰：「聞吾子達於至道，敢問，治身奈何而可以長久？」廣成子蹷然而起，曰：「善哉問乎！來！吾語汝至道。至道之精，窈窈冥冥；至道之極，昏昏默默。無視無聽，抱神以靜，形將自正。必靜必清，無勞汝形，無搖汝精，乃可以長生。目無所見，耳無所聞，心無所知，汝神將守形，形乃長生。慎汝內，閉汝外，多知為敗。我為汝遂於大明之上矣，至彼至陽之原也；為汝入於窈冥之門矣，至彼至陰之原也。天地有官，陰陽有藏。慎守汝身，物將自壯。我守其一以處其和，故我修身千二百歲矣，吾形未嘗衰。」黃帝再拜稽首曰：「廣成子之謂天矣！」廣成子曰：「來！余語汝。彼其物無窮，而人皆以為有終；彼其物無測，而人皆以為有極。得吾道者，上為皇而下為王；失吾道者，上見光而下為土。今夫百昌皆生於土而反於土，故余將去汝，入無窮之門，以遊無極之野。吾與日月參光，吾與天地為常。當我，緡乎！遠我，昏乎！人其盡死，而我獨存乎！」

「立」指即位、在位。「廣成子」：有學者認為是假託之人名。「空同之山」：有學者認為在涼州北界，或認為是杜撰之山名；此為宋．陳碧虛《莊子闕誤》引張君房本，至於其它通行本則為「空同之上」。「吾子」指廣成子。「佐」：助。「官陰陽、欲官」的「官」：都指掌握。「遂群生」：育群生。「奈何」：如何。「而所欲、自而治、而佞人」的「而」：你。「質」：本。「殘」：末，指細節。「族」：聚。「荒」指不明。「佞」：巧言善辯。「翦翦」：淺狹。「奚」：何。「捐」：棄，指不治理。「特室」指宮殿以外的房舍。「席白茅」：鋪白茅草，以示潔淨。「閒居」指不治理天下。「邀」：要，求。「南首」：南向。「下風」：下方。「膝行」：跪行。「稽首」：叩頭。「治身」指自我安頓。「蹙」：驚而起。「窈窈冥冥、昏昏默默」：深遠暗昧、昏暗而靜默，均指無從以感官進行辨識。「無視無聽」、「目無所見，耳無所聞，心無所知」、「慎汝內，閉汝外」：都指止息形體（耳目感官）與心識對於天地萬物進行切割、分別性認知的運作。「抱神」：形抱神，指形神不相離。「正」指理想、典範。「守」：不離。「為汝」的「為」：助。「遂於」：進於。「至陽之原、至陰之原」：都指道，「原」：源。「有官、有藏」：都指運作。「守汝身」：神守汝身，指形神不相離。「一」兼指道以及整體性。「彼其物」指萬物。「無測」：無盡。「皇」：天。「見光」指一生顯赫。「百昌」：百物。「參光」：同光。「當我」指向我而來。「緡乎、昏乎」均指無心，不進行分別性的認知。「遠我」指離我而去。

黃帝在位擔任天子十九年，政令通行天下，聽說廣成子在空同山上，所以去拜訪，黃帝說：「我聽說先生通達至道，請問至道的精華。我想要汲取天地之精華，用來協助五穀的生長，養育民眾；我又想掌握陰陽，化育萬物，應如何做到？」廣成子說：「你所要詢問的，是萬物的本質；你所要掌握的，是萬物的細節。自從你治理天下，雲氣尚未凝聚就下雨，所以雨水少；草木尚未枯黃就凋落；日月的光輝越來越暗淡，你這種善辯之人的心胸淺狹，又哪裡可以談論至道呢！」黃帝回去後，不治理天下，蓋一間別室，鋪著白茅，閒居不治理天下三個月，再去求教。廣成子朝南躺著，黃帝從下方跪著前進，再拜叩頭請問說：「聽說先生通達至道，請問如何修身自我安頓，才可長久？」廣成子立即起身說：「你問得好！來！我告訴你至道。至道的精華，深遠暗昧；至道的極至，暗而靜。止息耳目感官對於天地萬物進行切割、分別性認知的運作，形抱神（形神不相離）而安靜，形體將自然達到理想。一定要安靜一定要清淨，不勞動你的形體，不動搖你的精神，就可以長生。止息形體（耳目感官）與心識對於天地萬物進行切割、分別性認知的運作，你的精神不離形軀，形軀就可以長生。謹慎止息形體與心識對於天地萬物進行切割、分別性認知的運作，過多分別性的認知將引來衰敗。我幫助你進入大明之上，到達至陽之源；幫助你進入深遠暗昧之門，到達至陰之源。天地各有運作，陰陽各有運作。謹慎而形神不相離，萬物將自然發展壯盛。我不離道的整體性而處身在和諧中，所以我修身一千二百歲了，我的形軀未曾衰老。」黃帝再拜叩頭說：「廣成子可說是與天為一！」廣成子曰：「來！我告訴你。萬物無窮，而人們都以為有終結；萬物無窮盡，而人們都以為有極限。獲得我的道，在上為皇天，在下則為人間的王者；失落我的道，生時顯赫，終歸為一坏土。現在萬物都生於土而復歸於土，所以我將離你而去，進入無窮之門，悠遊無極之野。我與日月同光，我與天地同樣長久。向我而來，無心而不分別！離我遠去，無心而不分別！人都將死去，而我獨存啊！」

黃帝請教廣成子「至道之精」以及如何化育萬物。廣成子指出「至道之精」是物之質（本），化育萬物是物之殘（末）；由後文可知，「至道之精」指向與道同步，以道來治身，達成自我安頓。有鑑於「本末」一體不可分，故知如果立於道，實踐自我安頓之「本」，那麼化育萬物之「末」也就水到而渠成；亦即〈應帝王篇〉「聖人之治也，治外乎？正而後行。」治理天下之前，必須先達到自我安頓之「自正」，也就是先治「內（自己）」，而後即可平順地治「外（天下）」，引導天下萬物也都達到自我安頓之「正」。

但是如果未能立足於「本」，即使致力於「末」，終究只是事倍功半，「雲氣不待族而雨」至「日月之光益以荒」，就是舉例指出黃帝雖然令行天下，但卻造成天地萬物偏離自然運作的狀態。換言之，黃帝失落了自我安頓之「本」，也就未能達成化育萬物之「末」。

黃帝領悟廣成子之言，遂止息化育萬物的意念，不進行管治天下的工作，三個月後，再向廣成子請教。廣成子回答「至道之精」至「昏昏默默」，然而這並不意謂著大道固定在昏暗靜默，而是指出人類無從以感官知覺對大道進行辨識；這是因為大道變動不居，不停滯在任何狀態，所以感官無從對它進行認知。

廣成子繼續說「無視無聽」至「閉汝外」，在這段敘述中，「視、聽、耳、目」指形體感官知覺的運作；「心」指意念、思考，也就是心識的運作。換言之，「無視無聽、目無所見、耳無所聞、心無所知」四句敘述，共同指出止息形體與心識對於天地萬物進行切割、分別性認知的運作，回返天地萬物沒有對立、沒有對待、無待、混融、不可切割的整體性。也就是立足渾全不割裂的大道，「形體與心識」都依隨大道的混融、無待、整體性之運作。亦即這四句相同於〈人間世篇〉「無聽之以耳，無聽之以心」，如同〈齊物論篇〉「吾喪我」，也就是無我。不過「無我」的意涵不在字面，不是「我」消失了，而是在混融整體中，所有存在相連相通，因此說不出什麼是與「物」相對的「我」，也說不出什麼是與「我」相對的「物」，亦即「物我兩忘」。不過「物我兩忘」的意涵也不在字面，不是物、我都消失了，而是「物與我」混融、無待。

「慎汝內，閉汝外」的意涵，近似〈人間世篇〉「徇耳目內通，而外於心知」，也相同於上述的「目無所見，耳無所聞，心無所知」，指向止息形體與心識對於天地萬物進行切割、分別性認知的運作，亦即「無我」。

回顧〈人間世篇〉「無聽之以耳而聽之以心，無聽之以心而聽之以氣；聽止於耳，心止於符；氣也者，虛而待物者也，唯道集虛。」揭示止息形體與心識對於天地萬物進行切割、分別性認知的運作，也就是無我，如同氣之虛，則與道同在。由此可知「無視無聽」至「閉汝外」，指出不執著「我」而適時調整為「無我」，以回返於道。換言之，這段敘述的意涵不在字面，不是絕無任何見聞，不是排斥一切動態，不是成為死寂，而是指向回返渾全不割裂的大道整體性。

如果實踐以上之所述，廣成子則將協助黃帝「遂於大明之上矣，至彼至陽之原也；為汝入於窈冥之門矣，至彼至陰之原也。」關於「大明、至陽、窈冥、至陰」都指道。雖然前文記載「至道之精，窈窈冥冥；至道之極，昏昏默默」，但是併觀「大明、至陽」，則知大道並不固定在昏暗，而是變動不居，通貫「明與暗（冥）」、「陽與陰」，既不呆滯在「明、陽」之一隅，也不停留在「暗（冥）、陰」的一隅。
關於「慎守汝身」，「守汝身」即為神守汝身，也就是形神相守，不離「形與神」的整體性。有鑑於不離整體性，就是依隨大道，亦即立足「至道之精」落實自我安頓，也就是立足於「本」，那麼「末」之「物將自壯」也就水到而渠成。
廣成子自言不離大道的整體性，故記載「我守其一以處其和」。黃帝則說「廣成子之謂天矣！」指出廣成子即為天、自然，但是讀者在此須留意：不是與天「合」一，而是與天「為」一，亦即在本質上就是與天（自然）混融為一，不是與天（自然）切割分離再合拼湊為一。
萬物與生俱有的天性本質就是不斷變動，例如：由「無生」變化為「生」，再變化為「無生」；亦即萬物並不固定在「終」或「始」之任一隅落，而是變動無已，無有窮極，故記載「彼其物無窮」至「而人皆以為有極」。
「吾與天地為常」就是〈齊物論篇〉「天地與我並生，而萬物與我為一」，與天地萬物的渾全整體同存並在，由於整體長存，所以生命亦為「常」（長），無滅失之虞。
「當我、遠我」指出萬物有生有死，雖然「生」看似向我而來，「死」看似離我而去；但是如果明瞭無論生或死，都在「天地與我並生，而萬物與我為一」的整體中，即使死去也不曾離開整體，那麼也就視萬物之來去如一，不進行任何分別。故記載「當我」至「昏乎」。另外，若更進一層言之，由於始終在整體中，所以並無向我而來或離我而去可說，也就沒有「當我、遠我」之可言。
「獨存」是與道同存，也是與天地萬物同在，故知「而我獨存乎」的意涵不在字面，不是獨立於一切之外，而是不離天地萬物無從切割的連續性整體。此外，也可由另一面向來了解：雖然前句敘述「人其盡死」指出人們都將死去；不過，「無動而不變，無時而不移」（〈秋水篇〉），雖然死去但是並非恆常固定於死（無生），而將有再次的聚集組合（生），所以並非僅有廣成子「獨存」，而是萬物皆存。換言之，「而我獨存乎」或許是以疑問語暗示不僅廣成子存在，而是「天地與我並生，而萬物與我為一」的無物不存。

本則寓言揭示：天子不應執著以一己之我見整治天下，而應適時調整為「無我」，達到與道同步的「自正」，依循大道整體之運作，萬物遂有「自壯」之呈現。另外，有學者認為本則寓言不是莊子所作，是後代神仙家之作；不過，基於以上說明，可證其主旨不在字面，並非神仙長生不死，而是揭示與道同步的「天地與我並生，而萬物與我為一」，與天地萬物同存同在。亦即本則寓言並未背離莊子全書之主旨，所以或許不必認為絕非莊子所作。

雲將東遊，過扶搖之枝而適遭鴻蒙。鴻蒙方將拊髀雀躍而遊。雲將見之，倘然止，贄然立，曰：「叟何人邪？叟何為此？」鴻蒙拊髀雀躍不輟，對雲將曰：「遊！」雲將曰：「朕願有問也。」鴻蒙仰而視雲將曰：「吁！」雲將曰：「天氣不和，地氣鬱結，六氣不調，四時不節。今我願合六氣之精以育群生，為之奈何？」鴻蒙拊髀雀躍掉頭曰：「吾弗知！吾弗知！」雲將不得問。又三年，東遊，過有宋之野而適遭鴻蒙。雲將大喜，行趨而進曰：「天忘朕邪？天忘朕邪？」再拜稽首，願聞於鴻蒙。鴻蒙曰：「浮

遊不知所求，猖狂不知所往；遊者鞅掌，以觀無妄。朕又何知！」雲將曰：「朕也自以為猖狂，而民隨予所往；朕也不得已於民，今則民之放也。願聞一言。」鴻蒙曰：「亂天之經，逆物之情，玄天弗成；解獸之群，而鳥皆夜鳴；災及草木，禍及止蟲。噫，治人之過也！」雲將曰：「然則吾奈何？」鴻蒙曰：「噫，毒哉！僊僊乎歸矣！」雲將曰：「吾遇天難，願聞一言。」鴻蒙曰：「噫！心養。汝徒處無為而物自化。墮爾形體，吐爾聰明，倫與物忘；大同乎涬溟，解心釋神，莫然無魂。萬物云云，各復其根，各復其根而不知，渾渾沌沌，終身不離。若彼知之，乃是離之。無問其名，無闚其情，物固自生。」雲將曰：「天降朕以德，示朕以默，躬身求之，乃今也得。」再拜稽首，起辭而行。

「雲將」：雲之主帥。「扶搖」：神木。「適遭」：巧遇。「鴻蒙」：自然元氣。「方將」：正。「拊」：拍。「髀」指腿。「倘然」有二意：（一）驚訝之貌，（二）停止。「贄然立」：站立不動。「叟」：長者之稱。「邪」：疑問詞。「何為此」有二意：（一）為何到此，（二）為何拊髀雀躍。「輟」：止。「朕」：我。「吁」：歎聲。「六氣」：陰陽風雨晦明。「不節」指失序。「奈何」：如何。「不得問」：不得答。「有宋」指宋國。「行趨」：快走。「天忘朕、遇天難、天降朕」的「天」：都是對鴻蒙的尊稱。「稽首」：叩頭。「猖狂」指無心。「鞅掌」指自得。「無妄」指無窮。「於民」的「於」：對，指治理。「放」：依。

「經」指規律。「情」：實。「玄天」指自然。「解」：散。「止蟲」：昆蟲。「噫」：感嘆聲。「毒哉」：苦哉。「僊僊」：仙仙，指輕盈。「心養」：養心。「徒」：但，只。「化」指生長發展。「墮爾形體，吐爾聰明」指止息形體與心識對於天地萬物進行切割、分別性認知的運作，「墮、吐」都指止息，「爾」：你。「聰明」指認知、思考，即心識的運作。「倫與物忘」：入於忘物，「倫」：入。「涬溟」：兼指自然元氣與無際。「解心釋神，莫然無魂」：即〈大宗師篇〉坐忘，指止息分別性的認知。「解、釋」：都指止息。「莫然無魂」指無知，不進行分別性的認知。「云云」：眾多。「而不知」指不使用分別性的認知。「渾渾沌沌」指不割裂的整全。「知之」指使用分別性的認知。「闚」：看，指探究。「固」：本。「自生」指與生俱有的自然性質。「降」：賜。「德」指自然天性。「默」：靜，指順應。「躬」：親自。

雲將往東遊歷，經過扶搖神木的枝梢，恰巧遇到鴻蒙。鴻蒙正拍著腿跳躍著遊玩。雲將看到了，就驚訝的停下來，恭敬地站著說：「老先生是誰啊？老先生為何到此（或為何拍著腿跳躍）呢？」鴻蒙拍著腿跳躍不停，對雲將說：「遊啊！」雲將說：「我想向你請教。」鴻蒙抬頭看著雲將說：「啊！」雲將說：「天之氣不和，地之氣鬱結，六氣不調和，四時失序。現在我希望聚合六氣的精華來養育萬物，應該怎麼做？」鴻蒙拍著腿跳躍轉頭對雲將說：「我不知！我不知！」雲將的詢問未得到回答。又過了三年，向東遊歷，經過宋國的原野而恰巧遇到鴻蒙。雲將高興極了，快步走上前說：「您忘了我嗎？您忘了我嗎？」再拜叩頭，希望鴻蒙給予指教。鴻蒙說：「悠遊自在，不執著所求，無心而不執著前往何處；悠遊之人心意自得，觀覽無窮無際。我又知什麼呢！」雲將說：「我也自以為無心，但是民眾跟著我走；我是不得已才治理民眾，現在民眾卻依賴我！希望得到您的指教。」鴻蒙說：「擾亂自然的常規，違逆萬物的真實，自然的運作無法完成；獸群離散，而鳥卻在夜晚鳴叫；災害波及草木，禍亂殃及昆蟲。唉，這是你治理民眾的過失啊！」雲將說：「那麼我該如何做呢？」鴻蒙說：「唉，真是苦啊！你還是回去吧！」雲將說：「我很不容易才遇到您，希望給我指教。」鴻蒙說：「唉！養心。你只要順應自然而無為，萬物就將自然生長發展。止息你的形體與心識對於天地萬物進行切割、分別性認知的運作，進入忘物之境；與自然元氣混同，止息分別性的認知。萬物眾多，各自回返它們的本根，各自回返它們的本根而不進行分別性的認知。不割裂的整全，終身不離。如果使用分別性的認知，就會離失整體。不須追問它的名稱，不須探究它的實情，萬物本就是以與生俱有的自然性質生長。」雲將說：「您賜給我明瞭自然天性之德的機會，明示我安靜而順應，親身求道，現在總算得到了。」再拜叩頭，起身告辭而去。

雲將首次巧遇鴻蒙，請問如何聚集六氣以改善天地萬物偏離自然運作的現況；鴻蒙以兩句「吾弗知」回答。三年後，再次巧遇而請問。鴻蒙回答「浮遊不知所求，猖狂不知所往」，回顧〈逍遙遊篇〉「乘天地之正，而御六氣之辯，以遊無窮」，揭示「遊」彰顯無待義理，因為與任何存在都沒有對立、沒有對待、無待，才可無所不至，沒有被阻擋之虞。

至於「猖狂」指無心，也就是〈人間世篇〉「心齋」之「虛」。亦即止息形體與心識對於天地萬物進行切割、分別性認知的運作，回返天地萬物沒有對立、沒有對待、無待、混融、不可切割的整體性。也就是立足渾全不割裂的大道，依隨大道的混融、無待、整體性之運作。換言之，鴻蒙的回答指向無待、混融。

雲將自認為就是「猖狂」無待、混融，並且是不得已治理民眾。〈人間世篇〉曾說明「不得已」是順應自然。故知雲將自認為實踐無待、混融以及順應自然，因此再次向鴻蒙請教。鴻蒙卻指出雲將治理民眾的不當過失，導致天地萬物偏離自然運作的狀態；亦即明示雲將並非無待、混融，也並未順應自然。

雲將第三次請問，鴻蒙以「毒哉」之苦楚意涵回應，似乎不願再多做說明。

雲將以難得相遇而提出第四次的請求，鴻蒙回答「心養」也就是養心。回顧〈德充符篇〉援引王叔岷先生指出「心起於分別」，亦即心識運作就是對萬有進行各種分別。那麼，莊子在此敘述的「心養」是否為長養心識的各種分別作用呢？由後文可知「心養」並不是長養心識的分別作用，反而是「解（止息）心」化除心識的各種分別作用，以達到「心齋」之「虛」的無心、不分別。

「墮爾形體，吐爾聰明」的意涵，相同於〈大宗師篇〉「墮枝體，黜聰明」。亦即鴻蒙再次指出：止息形體與心識對於天地萬物進行切割、分別性認知的運作，依隨大道的混融、無待、沒有對待、沒有對立之整體性運作，也就是〈齊物論篇〉「吾喪我」無我。不過「無我」的意涵不在字面，不是「我」消失了，而是在混融整體中，所有存在相連相通，因此說不出什麼是與「物」相對的「我」，也說不出什麼是與「我」相對的「物」，亦即「物我兩忘」。不過「物我兩忘」的意涵也不在字面，不是物、我都消失了，而是「物與我」混融、無待。

換言之，「墮爾形體，吐爾聰明」的意涵不在字面，不是拋棄自我，而是指向物我兩忘，所以隨即記載「倫與物忘」揭示回返物我混融、無待之整體。由於物我混融，與天地萬物是混同之「一」而不是二，因此記載「大同乎涬溟」。

「解心釋神，莫然無魂」的意涵，相同於〈大宗師篇〉「坐忘」（晉．郭象注），也就是「墮枝體，黜聰明，離形去知」，仍然指出止息分別性的認知。

萬物由無生變化為生，再變化為無生，都是「萬物云云，各復其根」。接著記載「各復其根而不知」，有鑑於「知」是分別，「不知」即為不分別生與死，也就是順隨與生俱有的自然天性，不離「生與死」的整體性。若是「知」則有分別，也就不免形成「好、壞」的對立，進而引發執著「生」、排斥「死」，則將遠離「生與死」無待的整體性，故記載「渾渾沌沌」至「乃是離之」。

立足上述之無待、無我、無心、不分別，了解萬物都是順隨與生俱有的自然天性生長發展。由於萬物都是依從自然，與自然是一不是二，所以也就無須再給予一個名稱，無須再進行任何探究，故記載「無問其名」至「物固自生」。

雲將領悟鴻蒙之言，遂感謝鴻蒙揭示自然天性之「德」，以及順應自然的無為準則；不同於首次巧遇時所說「我願合六氣之精以育群生」之有為。

本則寓言揭示：順應自然，與萬物混融為一，順隨萬物由「無生」變化為「生」，再變化為「無生」的自然天性，與變同步，也就是不離於道，萬物則將自化、自生，即為恰如其分的治理天下。

世俗之人，皆喜人之同乎己，而惡人之異於己也。同於己而欲之，異於己而不欲者，以出乎眾為心也。夫以出乎眾為心者，曷常出乎眾哉！因眾以寧，所聞不如眾技眾矣。而欲為人之國者，此攬乎三王之利，而不見其患者也。此以人之國僥倖也，幾何僥倖而不喪人之國乎！其存人之國也，無萬分之一；而喪人之國也，一不成而萬有餘喪矣。悲夫，有土者之不知也！夫有土者，有大物也。有大物者，不可以物物；而不物故能物物。明乎物物者之非物也，豈獨治天下百姓而已哉！出入六合，遊乎九州，獨往獨來，是謂獨有。獨有之人，是謂至貴。

「欲」：喜歡，指接納。「曷常」：何嘗。「因」：順。「因眾、眾技」的「眾」：兼指整體與大眾。「所聞」指自己的所知所能。「眾技眾」的「技」：指所知所能，第二個「眾」：多。「為人之國」：兼指建國與治國，「人之國」指任何國家。「攬」：覽，見。「三王」：夏、商、周三代開國之君。「僥倖」：企圖意外獲得成功或免除不幸。「幾何」：何，疑問詞。「一不成而萬有餘喪」：成不一而喪萬有餘，亦即國家持續存在的一個都沒有，而亡國的比萬還要多。「成」指國家持續存在。「有餘」：多。「有土者」：有國者。「大物」指廣大的土地與民眾。「物物」：主宰物，第一個「物」是動詞，指主宰；第二個「物」是名詞，指萬物。「不物」：不主宰。「非物」：不是物，指道。「豈獨」：豈只。「六合」：天地四方。「九州」：古代分天下為九州，有《禹貢》九州、《爾雅》九州、《周禮》九州，記載各自不同。「獨往、獨來、獨有」的「獨」：都指沒有任何存在與悟道者相對立。

世俗的人們，都喜歡他人與自己相同，而厭惡他人與自己不同。與自己相同的（例如：意見、喜好），就願意接納；與自己不同的（例如：意見、喜好），就不願意接納，卻一心想要超出大眾。一心想要超出大眾的，何嘗超出大眾呢！順隨整體、大眾而安寧，自己的所知所能必定不如整體、大眾的所知所能廣博。想要建國與治國的人，就是只看見三代帝王建國與治國的利益，而沒有見到禍患。這樣建國與治國是憑著僥倖，有多少人是憑著僥倖而不亡國呢！能保住國家的，沒有萬分之一；而任何國家都亡國了，持續存在的一個都沒有，而亡國的比萬還要多啊。悲哀啊，擁有國家的人卻不明白呀！擁有國家的人，擁有廣大萬物。擁有廣大萬物的人，不可以主宰萬物；而不主宰，所以能主宰萬物。明白主宰萬物的不是物而是道，這樣的人豈只是治理天下的民眾而已呢！他可以出入天地四方，悠遊天下九州，無論往或來，都沒有任何存在與他相對立，可稱為獨有。獨有之人，可稱為至貴。

「世俗之人」至「曷常出乎眾哉」，指出人們通常都有的矛盾心態，一方面歡迎與己相同而排斥不同，一方面卻又力求與眾不同。然而這樣的心態，並不足以使自己與眾不同，而且不免與大眾形成對立；針對此一情況，莊子記載「因眾以寧，所聞不如眾技眾矣」，指出整體、大眾的所知所能必定廣博於我一人，所以順隨整體、大眾，不與整體、大眾對立，而是沒有對立、沒有對待、無待。如此，反而是特別地與眾不同，並且因為無待而安寧自在。

接著，舉建國與治國為例，記載「而欲為人之國者，此攬乎三王之利而不見其患者也」，揭示人間世事無不具有一體兩面的性質，例如：地球受陽光照射，必然是一半為「明」，另一半為「暗」；也就是生活中沒有任何一事，只有光明面而無晦暗面。常識稱讚夏、商、周三代開國之君，善於建國與治國；然而有建國與治國之「利」，也就有亡國之「患（害）」，莊子和盤托出，指出常識未留意的一體兩面之另一面。無數的建國與治國者，都自認為與眾不同，不至於亡國，但是最終卻沒有一個不亡國，也就是全都亡國，全都不曾與眾不同。莊子指出這些建國與治國者未能明瞭「明暗並存」一體兩面的性質，都以為自己只有「明」的一面，沒有「暗」的一面，都抱著僥倖的心態，故記載「此以人之國僥倖也」至「有土者之不知也」。

關於「物物」，第一個「物」是動詞，指主宰；第二個「物」是名詞，指萬物。所以「有大物者，不可以物物」，揭示治國者不可以己意主宰萬物，而須依循大道順應自然的無為準則，當為則為，不當為則不為。換言之，「不可以物物」的意涵不在字面，不是絕無任何舉動，而是順隨萬物的自然性質，以「為與不為」的整體待命，無所執著拘泥。

再看「而不物故能物物」，「不物」指不以己意主宰，「物物」之意同上。故知這句敘述指出：不以己意主宰，也就是順應萬物的自然天性，與自然同步，亦即與道同在，故可「物物」。不過，此處記載之「物物」意涵也不在字面，不是宰制萬物，而是順隨萬物的自然性質，所以萬物可被自己所用；由於是順應自然並非控制萬物，因此可進一步描述為「物物而不物物」，亦即與前述「有大物者，不可以物物」相同。

故知「物物者」是自然、是道，而不是某一項存在物，故記載「物物者之非物」。此外，也可由另一面向來了解：宰制萬物即為不宰制，也就是以「宰制與不宰制」的整體待命，當為則為，不當為則不為，依然指向依循大道，順應自然之旨。

明瞭於此，即為與自然同步的悟道者，與天地萬物沒有對立、沒有對待、無待，故與天地萬物同遊同在，因此記載「明乎物物者之非物也」至「遊乎九州」。

有鑑於「獨」指向不與任何存在相對立，故知「獨往獨來」揭示悟道者與天地萬物無待、混融，所以沒有任何存在與悟道者相對立。換言之，「獨往獨來」的意涵不在字面，不是悟道者排斥天地萬物，不是悟道者在天地萬物之外，而是與天地萬物混融為一。

由於悟道者不同於世俗之人，並不「以出乎眾為心」，但卻是與眾不同的「出乎眾」。故記載「是謂獨有」至「是謂至貴」。

本段敘述指出人人都希望與眾不同，然而此一心態造成與他人之對立；並舉建國與治國為例，無數的建國與治國者，都自認為與眾不同，也都不免與大眾對立，因此必然出現「建國、治國而亡國」的一體之兩面。但是順應大眾，宛若不曾「建國與治國」，不但不與大眾對立，也不出現「亡國」的另一面。前者全都不曾與眾不同，後者則是絕無僅有的與眾不同。簡言之，「無待」即為與眾不同的獨有、至貴。

大人之教，若形之於影，聲之於響。有問而應之，盡其所懷，為天下配。處乎無嚮，行乎無方。挈汝適復之撓撓，以遊無端；出入無旁，與日無始。頌論形軀，合乎大同，大同而無己。無己，惡乎得有有！覩有者，昔之君子；覩無者，天地之友。

「大人」指悟道者。「響」：回聲。「盡其所懷」指全都以大道來回應。「盡」：全。「其」指大人，即悟道者。「所懷」：所抱，指道。「為天下配」：與天下合，「為」：與，「配」：合。「處乎」：靜。「無嚮」：無方。「無嚮、無方、無旁」：都指不執著任何固定的方向。「挈」指引導。「汝」指萬物。「適復」：往復，去來。「撓撓」指順隨。「無端」：無極。「旁」：方。「與日」指隨時變化，「日」：時。「無始」指無始無終。「頌論形軀」指生命。「頌論」有二意：（一）貌象、容貌，（二）言談。「大同」：混同，指萬物混同的整體性。「惡乎」：疑問詞。「有有」指有物。「覩」：睹，指明瞭。「覩有」的「有」：指有物有我。「覩無」的「無」：指無物無我。

大人的教導，就像形體之於影子，聲音之於回聲。有問則回應，全都以大道的整體性來回應，故與天下無所不合。靜處，不執著任何固定的方向。行動，也不執著任何方向。引導萬物來去往復都是順隨自然，以遊於無窮；出入都不執著任何方向，隨時變化，無始無終。容貌（或言談）形軀，合於萬物混同的整體性，與萬物混同所以無我。無我，怎麼還會有物！明瞭有物有我，是從前的君子；明瞭無物無我，是天地之友。

有鑑於「形與影」、「聲與回聲」一體不可分，並不是常識認為的互斥對立，而是沒有對立、沒有對待、無待、混融、不可切割的整體。故知「大人之教」至「聲之於響（回聲）」，指出悟道者以「大道」無待的整體性教導眾人。

「有問而應之」，揭示「問與應」亦是一體不可分。換言之，大人秉持「大道」無待的整體性與萬有交接，所以與天下無所不合，故記載「盡其所懷，為（與）天下配（合）。」

「處乎無嚮，行乎無方」，指出無論動靜都不執著任何固定的方向。這是因為大人立足整體性，以萬有的全方位做為方向；故可進一步描述為「無方非無方，無方而全方」，以彰顯大人的整體性。換言之，「無嚮、無方」的意涵不在字面，不是沒有方向，而是無所執著。

關於「挈汝適復之撓撓」，「適復」是往復，也就是往來。本句敘述的意涵，可藉下例來了解，例如：「生」是來，「死」是往，大人引領萬物依隨「生死」不可切割的整體性，無所執著也無所排斥，順應生來死去的變化；亦即與變同步，則無生來死去之可言，而是依隨「變」之無有窮盡，故記載「以遊無端」。

「出入無旁（方）」的意涵，相似於「處乎無嚮，行乎無方」，指出無論出入都不執著任何固定的方向，依然揭示無所執著之旨。

「與日（時）無始」，指出大人與時俱化，亦即具有與大道相同的不執著之流動特質；由於不斷流動變化，所以說不出何處為「始」，那麼也就說不出何處為「終」，亦即無終始之可言。因此可進一步描述為「與日（時）無始無終」，以彰顯大人與變同步的特質。

大人不離天地萬物的整體性，也就是與天地萬物混融，既說不出一個獨立於整體之外的自己，也說不出任何一個獨立於整體之外的存在物，故記載「頌論形軀」至「惡乎得有有」。換言之，「無己」的意涵不在字面，不是自己消失了，而是物我兩忘。不過，「物我兩忘」的意涵也不在字面，不是萬物都消失了，而是立足「物與我」混融、沒有對立、沒有對待、無待的整體。

「覩有」指有物有我，未能物我兩忘。「覩無」指無物無我，也就是物我兩忘、物我混融，亦即「萬物與我為一」（〈齊物論篇〉）。莊子稱之為「天地之友」。

本段敘述指出：悟道者以無待的整體性與人們交接，與變同步，無所執著，與天地萬物混融為一，是天地之友。

賤而不可不任者，物也；卑而不可不因者，民也；匿而不可不為者，事也；麤而不可不陳者，法也；遠而不可不居者，義也；親而不可不廣者，仁也；節而不可不積者，禮也；中而不可不高者，德也；一而不可不易者，道也；神而不可不為者，天也。故聖人觀於天而不助，成於德而不累，出於道而不謀，會於仁而不恃，薄於義而不積，應於禮而不諱，接於事而不辭，齊於法而不亂，恃於民而不輕，因於物而不去。物者莫足為也，而不可不為。不明於天者，不純於德；不通於道者，無自而可；不明於道者，悲夫！何謂道？有天道，有人道。無為而尊者，天道也；有為而累者，人道也。主者，天道也；臣者，人道也。天道之與人道也，相去遠矣，不可不察也。

「任」：順。「因」：順。「匿」指微。「麤」：粗。「陳」：述。「遠」：疏。「居」：據，指憑藉。「義」：宜。「親」：愛。「節而不可不積」的「節」：文，指繁文縟節；「積」：習。「中」：中和。「德」指自然天性。「一」指整體。「易」：變。「神而不可不為」的「不可不為」指必然如此運作。「會」：明瞭。「恃」：依倚。「薄於義而不積」的「薄」：

近；「積」：聚，指停滯。「諱」：忌諱。「辭」：推辭。「齊」：一致，指遵守。「亂」指妄行。「不去」：不棄。「純」：明。「無自而可」指沒有任何一個舉止是可行的。「無為」指順應自然。「相去」：相離、相距。

微賤但不可不順任的，是萬物；卑微但不可不順應的，是民眾；細微但不可不做的，是世事；粗疏但不可不陳述的，是法規；疏遠但不可不憑藉的，是義；親愛而不可不推廣的，是仁；繁文縟節但不可不習的，是禮儀；中和而不可不高的，是天性之德；整體而不可不變的，是大道；神妙而必然如此運作的，是自然。因此聖人觀察自然而不以一己之力協助自然，依隨天性之德遂有成就而不勞累，萬事萬物皆出於道而無庸刻意謀劃，明瞭仁愛而不倚恃，接近於義而不停滯，回應禮儀而不執著忌諱，應接世事而不推辭，遵守法規而不妄行，依隨民眾而不輕賤，順從萬物而不離棄。萬物微賤，似乎不足以為，但不可不為。如果不明瞭自然，不明瞭自然天性之德，不通達大道，沒有任何一個舉止是可行的；不明瞭大道之人，真是可悲啊！什麼叫做道？有自然之道，也有人之道。順應自然而受尊崇的，是自然之道；不順應自然，有為而勞累的，是人之道。自然之道是主，人之道是臣服於自然之道。自然之道與人之道，距離非常遙遠，不可不體察呀。

常識認為「貴與賤」互斥不並存，崇尚「貴」排斥「賤」；殊不知互為對照的「貴與賤」一體不可分，若無「賤」則無「貴」之可言，亦即「貴與賤」是無從切割的整體。由此則知「賤而不可不任者，物也」指出：物雖賤而貴，所以不可不順任。換言之，這二句敘述的意涵不在字面，不是物賤，而是揭示：物具有「貴與賤」同存並在的整體性，所以後文記載「因

（順）於物而不去（棄）」。

「尊與卑」的性質一如「貴與賤」；若無「卑」則無「尊」之可言，亦即互為對照的「尊與卑」也是無從切割的整體。只不過常識誤以為「尊與卑」互斥不並存，崇尚「尊」排斥「卑」，未能明瞭「尊與卑」一體不可分。由此則知「卑而不可不因（順）者，民也」指出：民雖卑而尊，所以不可不順隨。換言之，這二句敘述的意涵不在字面，不是民卑，而是揭示：民具有「尊與卑」同存並在的整體性，所以後文記載「恃（依）於民而不輕（賤）」。

「大與小」的性質一如「貴與賤」、「尊與卑」；若無「小」則無「大」之可言，亦即互為對照的「大與小」也是無從切割的整體。只不過常識誤以為「大與小」互斥不並存，崇尚「大」排斥「小」，未能明瞭「大與小」一體不可分。由此則知「匿（微）而不可不為者，事也」指出：事雖小而大，所以不可不為。換言之，這二句敘述的意涵不在字面，不是事微小，而是揭示：事具有「小與大」同存並在的整體性，所以後文記載「接於事而不辭」。

法規對於大眾雖然具有引導與規範的作用，但是人為訂定的法規，若與天地運作之精準細密併觀，不免顯得粗疏；亦即法規具有明暗並存、一體兩面的性質，所以針對粗疏的晦暗面，記載「麤（粗）而不可不陳者，法也」。另外，針對具有引導與規範作用的光明面，後文則記載「齊於法而不亂」。

回看本篇前文記載「天下將安其性命之情，之八者（明、聰、仁、義、禮、樂、聖、知），存，可也。」指出天下人如果都自我安頓，那麼「明、聰、仁、義、禮、樂、聖、知」八者，雖然都具有明暗並存、一體兩面的性質，但是仍可有所節制地援用；亦即用其光明面，並避免晦暗面的攪擾。

「義」是合宜，然而出於一己認定之合宜，並不必然順應萬物的性質，也就是不免疏遠於自然之理；亦即「義」具有明暗並存、一體兩面的性質。所以針對提醒人們行為合宜的光明面，記載「遠（疏）而不可不居（憑藉）者，義也」。另外，針對遠於自然之理的晦暗面，後文則記載「薄（近）於義而不積（停滯）」，揭示必須反省：不可僅只呆滯於自認為的合宜，而應以整體為念。

「仁」是愛，但是有愛就不免有偏私；亦即「仁」具有明暗並存、一體兩面的性質。所以針對親愛的光明面，記載「親而不可不廣者，仁也」。另外，針對偏私的晦暗面，後文則記載「會（明瞭）於仁而不恃（倚仗）」，揭示適當節制之意。

禮儀雖然可以引導人們適當的對外表達情感，但卻也不免衍生繁文縟節；亦即「禮」具有明暗並存、一體兩面的性質。所以針對適當表達情感的光明面，記載「節（文）而不可不積（習）者，禮也」。另外，針對繁文縟節、各種忌諱的晦暗面，後文則記載「應於禮而不諱（忌諱）」，揭示不執著於諸多忌諱。

「中而不可不高者，德也」，指出與生俱有的自然天性之德，中和持平。然而，天性之德本無「高」或「不高」之可言，故知「不可不高」的意涵不在字面，不是固定於「高」，而是依隨天性之德，順應自然的變化，無所執著也無所排斥，必將有恰如其分的良好成就；並且因為順應自然，不過度強求，故而不累，所以後文記載「成於德而不累」。

大道通貫天地萬物，是無從切割的渾全整體。但是「整體」的意涵不在字面，不是將萬物堆積為一個固定的大倉庫；反之，道以不執著的流動特質，順應萬物的不斷變化，故記載「一而不可不易（變）者，道也」。有鑑於萬物由「無」變化為「有」，並持續發展，都是依隨於道而無庸刻意謀劃，所以後文記載「出於道而不謀」。

「神而不可不為者，天也」，指出自然之運作神妙而恰到好處，所以聖人觀察並順應自然，不以一己之意干擾自然，因此記載「故聖人觀於天而不助」。

「物者莫足為也，而不可不為」，指出物雖微賤，看似不足為；但是物具有「貴與賤」同存並在的整體性，所以仍須為之。另外，莊子在此雖僅敘述「物」，但是前述指出「物、民、事」均具有整體性，因此或許是以「物」概括「物、民、事」；亦即「物、民、事者，莫足為也而不可不為」，也就是「物、民、事」雖看似不足為，但是它們具有「貴與賤」、「尊與卑」、「小與大」同存並在的整體性，所以仍須為之。然而，如何為之方屬恰當？隨後即有解答：「不明於天者，不純（明）於德，不通於道者，無自而可」，揭示人們的行為若不依隨天之自然、德之天性、道之整體性，則無一行得通；反之，則可恰如其分。

天道依循順應自然的無為準則，當為則為，不當為則不為。人道則是執著自我的意念，由於不順應自然而強力推行，所以不免滋生攪擾牽累，縱然短期之內可能強力而為，但是萬事萬物「無動而不變，無時而不移」（〈秋水篇〉）必將流動變化為符合天道自然的狀態，故記載「無為而尊者」至「不可不察也」。另外，莊子記載「天道、人道」，如果僅觀文字表面，二者看似並不相同；但是人們如果依循具有整體性的「天、道、德」，那麼人們的行為將無異於「天道」，亦即「人道」就是「天道」。

有些學者認為本段敘述多處矛盾，也有學者認為參雜法家思想，不合於莊學，故以為不是莊子所作。不過，基於以上說明，可證其主旨不在字面，不是敘述相互矛盾，亦非參雜法家思想，而是揭示「法、義、仁、禮」都具有明暗並存、一體兩面的性質，不足以週全處理具有整體性質的「物、民、事」；但是不離整體並且順應自然的「天、道、德」，則可恰當安頓「物、民、事」。亦即本段敘述並未遠離莊子全書之主旨，所以或許不必認為絕非莊子所作。

天地

君王撫育民眾，在本質上，是否相同於天地覆載萬物？如何治理，可使「天下足、萬物化、百姓定」？為何「通於一而萬事畢」？

天地雖大，其化均也；萬物雖多，其治一也；人卒雖眾，其主君也。君原於德，而成於天。故曰：「玄古之君天下，無為也，天德而已矣。」以道觀言，而天下之君正；以道觀分，而君臣之義明；以道觀能，而天下之官治；以道汎觀，而萬物之應備。故通於天者，道也；順於地者，德也；行於萬物者，義也；上治人者，事也；能有所藝者，技也。技兼於事，事兼於義，義兼於德，德兼於道，道兼於天。故曰：「古之畜天下者，無欲而天下足，無為而萬物化，淵靜而百姓定。」《記》曰：「通於一而萬事畢，無心得而鬼神服。」

「化均」指化育萬物，無所偏私。「治一」指平等而各得其所。「人卒」：人眾。「主君」的「主」：指引導、治理。「原」：本。「德」指與生俱有的自然天性本質。「玄古」：遠古。「無為」指順應自然。「言」指所有的言談。「正」指理想。「分」：分際。「義」：宜。「官治」的「治」指處理事物。「汎」：廣泛。「應備」：供給完備，「應」：供給。

「通於天者」至「義也」：這六句敘述，在現今通行本僅有四句「故通於天地者，德也；行於萬物者，道也」；由於學者都認為宋．陳碧虛《莊子闕誤》引《江南古藏本》的六句敘述方屬正確，所以本書援用六句敘述。「能有所藝」：有所藝能，「藝」：技能。「兼於」：統於，指依隨。「畜」：養。「無欲」指節制欲求。「記」：書名。「通於一」：兼指通於道以及整體性。「畢」：完成。

天地雖然廣大，化育萬有卻是均衡無所偏私；萬物雖然多，卻都平等而各得其所；民眾雖然多，引導他們的卻是君王一人。君王本於德，而成就於自然。所以說：「遠古的君王治理天下，就是順應自然的無為，秉持自然天性之德而已。」以道來觀察所有的言談，天下的君王就可達到理想；以道來觀察分際，君臣各有所宜就清晰了；以道來觀察才能，天下的官員都以其能力處理事物；以道廣泛地來觀察，對萬物的供應都完備無缺。所以通達於天之自然的，是道；依順於地的，是自然天性之德；運行於萬物之中的，是義（宜）；上位者治理民眾，是事；有所藝能的，是技能。技能依隨於事，事依隨於義（宜），義（宜）依隨於天性之德，天性之德依隨於道，道依隨於天之自然。所以說：「古代養育天下之人，節制欲求而天下富足；依循順應自然的無為準則，而萬物自然生長發展；如深淵之安靜，而百姓自然安定。」《記》書說：「通達於道的整體性，萬事都可完成；無心而不執著於獲得，鬼神都會服從。」

「天地雖大」至「其主君也」，並列天地、萬物、君、民，揭示君王撫育民眾的性質，恰若天地覆載萬物；既然天地無所偏私，那麼君王亦應效法之。

「君原（本）於德，而成於天」二句敘述，如果併觀後文「德兼（依隨）於道」，則知「原（本）於德」即為「原（本）於道」；另外，後文記載「道兼（依隨）於天」，因此「原（本）於道」也就可以「成於天（自然）」。亦即這二句敘述指出，君王本於大道順應自然的無為準則，當為則為，不當為則不為，順應而不干擾民眾，因此人人都順性發展，恰如其分，君與民都不離與生俱有的自然天性之德。故敘述「玄古之君天下」至「天德而已矣」。

君王如果以道來觀察所有的言談，則不至於採納違逆大道的言論，而是採納依隨大道順應自然的言論，做為治國的基準，那麼也就將有理想的表現，故記載「以道觀言，而天下之君正。」

關於「君臣」，人人皆知：若無「臣」則無「君」，有「臣」方有「君」。換言之，互為對照的「君與臣」是無從切割的整體。亦即以渾全不割裂的大道觀之，「君臣」一體不可分，但仍各有所宜，故記載「以道觀分（際），而君臣之義（宜）明。」由此則知，這二句敘述的意涵不在字面，不是君臣可以切割分立，而是指出君臣一體，但又各有所宜。

此外，也可由另一面向來了解：君臣一體是「無分際」，各有所宜是「有分際」；亦即觀察完整的全貌，則知君臣為「無分際而有分際，有分際非有分際」。換言之，以道觀君臣，則不呆滯「有分際」也不呆滯「無分際」，而是隨機因應，適時調整，這就是「君臣之義（宜）明」。

人人都有與生俱來的專長與能力（用），但是專長與能力（用），則是人人各自不同，例如：有人在園藝領域有能（用），但在音樂領域則是無能（無用）；有人在音樂領域有能

（用），但在體育領域則是無能（無用）。亦即以道的整體性觀之，人人都是「有能（用）與無能（無用）」同存並在。因此順隨百官有能（用）的一面，每位官員都可發揮能（用），故記載「以道觀能，而天下之官治。」

再看「以道汎觀，而萬物之應（供給）備」，試問：莊子為何如此記載？答案就在篇首：「天地雖大，其化均也；萬物雖多，其治一也。」亦即萬有都受到天地無所偏私的化育，也都平等而各得其所，所以是「以道汎觀，而萬物之應備」。

「通於天者，道也」至「能有所藝者，技也」，先指出天、道、德、義、事、技；「技兼於事」至「道兼於天」，則指出「技、事、義、德、道、天」皆通貫為一，皆依隨自然。換言之，雖然語言文字賦予它們不同之「名」，但並不表示它們毫無關連；反之，它們不是六項不相干的狀態，而是「一」。

關於「無欲」，〈馬蹄篇〉曾說明人類的血肉之軀，與生俱有諸多基本欲求，這些欲求必須獲得滿足，生命方可延續，否則生命將難以維持；故知「無欲」的意涵不在字面，不是消滅欲求，而是本於自覺適度節制。

再看「淵靜」，有鑑於深淵內必有水之流動，不是始終靜止不動的一灘死水；故知「淵靜」的意涵也不在字面，不是恆常靜止，而是靜不離動，涵藏「靜與動」的整體性。

由此則知，君王「無欲」適度節制欲求，「無為」順應自然、當為則為、不當為則不為，「淵靜」以靜與動的整體待命、或靜或動、恰如其分，遂有「天下足、萬物化、百姓定」的結果。故記載「古之畜天下者」至「淵靜而百姓定」，揭示君、民、萬物共同組成天下之整體，具有一體不可分的緊密關連性；君王的行為與萬物、民眾的回應，也相同地具有一體不可分的性質。亦即種瓜得瓜，種豆得豆；「行為與結果」相應而生，是不可切割的一體之兩面。

試問：為何「通於一而萬事畢」？答案就在前文敘述的「技兼於事」至「道兼於天」，亦即依隨大道通貫萬物萬事的整體性，也就是通貫「技、事、義、德、道、天」，那麼焉有不可處理之事？

「無心」就是〈人間世篇〉「心齋」之「虛」，止息形體（感官）與心（心識）對於天地萬物進行切割、分別性認知的運作，回返天地萬物沒有對立、沒有對待、無待、混融、不可切割的整體性，也就是立足渾全不割裂的大道，依隨大道的混融、無待、整體性之運作；如同〈齊物論篇〉「吾喪我」，也就是「無我」。不過「無我」的意涵不在字面，不是「我」消失了，而是在混融整體中，所有存在相連相通，因此說不出什麼是與「物」相對的「我」，也說不出什麼是與「我」相對的「物」，亦即「物我兩忘」。不過「物我兩忘」的意涵也不在字面，不是物、我都消失了，而是「物與我」混融，沒有對立、沒有對待、無待，也就是「萬物與我為一」（〈齊物論篇〉）。因為不離於萬物，所以可「得」萬物（例如：鬼神），故記載「鬼神服」，至於〈人間世篇〉則記載「鬼神將來舍（依附）」。

本段敘述揭示：君王治理民眾，應效法天地之無所偏私，依循大道的整體性，秉持順應自然的無為準則，當為則為，不當為則不為，可使「天下足、萬物化、百姓定」，也就是「通於一而萬事畢」。

夫子曰：「夫道，覆載萬物者也，洋洋乎大哉！君子不可以不刳心焉。無為為之之謂天，無為言之之謂德，愛人利物之謂仁，不同同之之謂大，行不崖異之謂寬，有萬不同之謂富。故執德之謂紀，德成之謂立，循於道之謂備，不以物挫志之謂完。君子明於此十者，則韜乎其事心之大也，沛乎其為萬物逝也。若然者，藏金於山，藏珠於淵，不利貨財，不近貴富；不樂壽，不哀夭；不榮通，不醜窮；不拘一世之利以為己私分，不以王天下為己處顯，顯則明。萬物一府，死生同狀。」

「夫子」：學者認為或指老子、或孔子。「洋洋乎」指廣大。「刳心」指去除對於自我意念的執著，「刳」：去。「德」指自然天性。「利物」指愛護照顧萬物。「崖異」指特異。「有萬不同」指兼容並蓄。「德成」：德和，「成」：和。「立」：成。「循」：順。「挫」：折。「韜」：寬。「事心」：立心。「沛」：多。「逝」指歸往。「醜」：恥。「拘」：急。「私分」：私有。「處顯」指彰顯。「顯則明」的「明」：指炫耀。

先生說：「大道覆蓋而且承載萬物，多麼浩瀚廣大啊！君子不可以不去除對於自我意念的執著。行為依循順應自然的無為準則，稱為天；言談依循順應自然的無為準則，稱為德；愛護人們照顧萬物，稱為仁；明瞭不同即為同，稱為大；行為不執著於特異，稱為寬；包容各種不同，稱為富。秉持自然天性之德，稱為綱紀；天性之德和諧，稱為立；順隨於道，稱為備；與萬物和諧混融，所以無物可挫折他的心志，稱為完。君子明瞭這十項，心胸將寬闊廣大，萬物將歸往之。像這樣的人，將金藏於山，將珠藏於深淵，不執著於財貨的利益，不執著於接近貴富；不執著於長壽之樂，不呆滯於夭折之悲哀；不執著於通達之光榮，不以窮困為恥辱。不急切抓取舉世的利益佔為己有，不以稱王天下來彰顯自我，彰顯就是炫耀。萬物是不可切割的整體，死生是無從切割的一體之兩面。」

「刳心」指除去對於自我意念的執著，也就是無心；亦即〈人間世篇〉「心齋」之「虛」的無心、不分別，止息對於萬有進行分別的心識作用。

君子無心而順隨於道，首先是行止依循順應自然的無為準則，當為則為，不當為則不為，同步於天之自然。故記載「無為為之之謂天」。

言談亦是依循順應自然的無為法則，當言則言，不當言則不言，以「言與不言」的整體待命，不離自然天性之德。故記載「無為言之之謂德」。

明瞭萬物同存並在，都是渾全大道不可切割之整體中的一環，人類既然是萬種物類之一，那麼理當愛護尊重所有存在，不僅只是愛護人類而已，故記載「愛人利物之謂仁」。

明瞭萬物的形貌雖然各自不同，但都齊同平等，並無高、下之別，因此心量廣大無垠。故記載「不同同之之謂大」。

如果僅觀「行不崖異（特異）」的文字表面，似乎是行為「從眾」；但是君子依隨變動不居的大道，那麼豈有可能始終固定在「從眾」？〈秋水篇〉記載「行殊乎俗」，指出悟道者的行為並不從眾；在此併觀兩篇之記載，則知悟道者隨機因應，適時調整，不呆滯在「不特異、從眾」或「特異、不從眾」的任一隅落。換言之，「行不崖異」的意涵不在字面，不是固定在「不特異、從眾」之一隅，故可進一步描述為「行崖異而不崖異之謂寬」，以彰顯君子無所執著之寬闊。

有鑑於大道通貫天地萬物，所以君子依隨於道，也就與天地萬物同存同在，生命完備充實，故記載「循於道之謂備」。

得道的君子立足「萬物與我為一」（〈齊物論篇〉）的整體性，與萬物和諧混融，所以也就無物屈挫他的心志，故記載「不以物挫志」。

大眾追逐財貨利益，竭力親近富貴；但是莊子卻反轉為「不利貨財，不近貴富。」然而它們的意涵，是否就是字面的遠離財貨富貴呢？試想，君子依隨變動不居的大道，也就是與道同步變化，那麼焉有可能始終固定在任何隅落？由此則知「不利貨財，不近貴富」的意涵不在字面，不是固定在「遠離」，故可進一步描述為「利而不利貨財，近而不近貴富」，以彰顯君子順應自然，無所執著也無所排斥的特質。

大眾以長壽為樂，以夭折為悲哀；但是莊子卻反轉為「不樂壽，不哀夭。」然而它們的意涵，是否就是字面的不哀不樂呢？〈養生主篇〉「哀樂不能入」揭示悟道者不是木石無感於生活中的一切，不是沒有任何情緒，而是雖有情緒起落，但可適時調整，出離波動而回復平穩。由此則知「不樂壽，不哀夭」的意涵，不僅止於字面，不是無哀無樂，而是對於長壽雖感到「樂」，但不執著之；面對夭折雖然「哀」，但不呆滯於哀，而可適時調整以回復持平。

大眾都執著通達，以之為榮；也都排斥窮困，以之為恥。但是君子無所執著也無所排斥，因此不同於大眾，雖然通達但不炫耀，雖然窮困但不以為恥。故記載「不榮通，不醜窮。」

君子明瞭天地萬物共同組成不可切割的連續性整體，故記載「萬物一府」；也明瞭萬物都由「無生」變化為「生」，再變化為「死」，雖然「生與死」的形貌不同，但在本質上是無從切割的一體之兩面，所以觀看完整的全貌，則將見「不同」也見「同」，故記載「死生同狀」。另外，也可敘述為「死生不同而同狀」，以彰顯「生與死」通而為一的整體性。

本段敘述揭示：止息心識的分別作用，如同〈人間世篇〉「心齋」之「虛」的無心，順隨渾全不割裂的大道，則有「天、德、仁、大、寬、富、紀、立、備、完」的生命內涵，萬物自然歸往而賓服。

夫子曰：「夫道，淵乎其居也，漻乎其清也。金石不得，無以鳴。故金石有聲，不考不鳴。萬物孰能定之！夫王德之人，素逝而恥通於事，立之本原而知通於神，故其德廣。其心之出，有物採之。故形非道不生，生非德不明。存形窮生，立德明道，非王德者邪！蕩蕩乎！忽然出，勃然動，而萬物從之乎！此謂王德之人。視乎冥冥，聽乎無聲。冥冥之中，獨見曉焉；無聲之中，獨聞和焉。故深之又深，而能物焉；神之又神，而能精焉。故其與萬物接也，至無而供其求，時騁而要其宿，大小長短脩遠。」

「夫子」：或指老子、或孔子。「居」：靜。「漻」：清。「金石」：鐘磬。「考」：叩。「王德」：盛德，「王」：旺、盛。「素逝」：順任真樸而往，「素」：真，「逝」：往。

「恥」指不執著。「本原」指道。「知」：智慧。「神」指道的運作。「德」指自然天性。「出」指展現、運作。「有物採之」：由於他人求之，「有」：由，「物」：人，「採」：求。「非道、非德」的「非」：都指無。「窮生」：盡其天年。「非王德」的「非」：豈非。「邪」：疑問詞。「蕩蕩」：廣大。「勃」：興起。「冥冥」：暗。「曉」：明。「和」：和聲。「能物、能精」的「能」：有，「精」：細微。「其與萬物接」的「其」：指道，「接」：交。「其求、其宿」的「其」：都指萬物。「時騁」指隨時變動，「騁」：馬快跑。「要其宿」：會其歸，指萬物的歸宿。「脩」：修，指久長。

先生說：「道如深淵之安靜，清徹。鐘磬不得道，無從發出聲響。所以鐘磬有聲，但是不叩不鳴。萬物誰能恆常固定啊！盛德之人，行為順任真樸而不執著於各種事物，立足於道，而智慧與道的運作相通，所以他的天性之德廣大。他的心思運作，是由於人們有所求的觸動。因此有形之物沒有道則不出生，出生了，但若沒有自然天性之德，就不彰顯。保存形體盡其天年，秉持自然天性之德，彰顯大道，不就是盛德之人嗎！浩大呀！忽然出現，並有動作，而萬物都跟從他呀！這就稱為盛德之人。看它是一片昏暗，聽起來則是無聲。昏暗之中，特別地見到明亮；無聲之中，特別地聽到和聲。深而又深，其中有物；神妙又神妙，其中有精微的存在物。因此，道與萬物交接，雖然至極虛無但卻可供應萬物的需求，隨時變動卻成為萬物的歸宿，大小、長短皆可運作，以至於久遠。」

關於「淵」，有鑑於深淵內必有水之流動，不是始終靜止不動的一灘死水；故知「淵乎其居（靜）也」的意涵不在字面，不是大道恆常靜止，而是靜不離動，涵藏「靜與動」的整體性。亦即大道變動不居，並非始終呆滯在「靜」，而將變化為「動」。

接著，舉金石為例：若不被敲擊，則無聲響；若被敲擊，則發出聲響；一旦敲擊停止，則歸為無聲。換言之，金石由由「無聲」變化為「有聲」，再變化為「無聲」，就是道的呈顯，故記載「金石不得」至「不考不鳴」。

然而不僅金石有聲響的變化，萬物也都是由「無」變化為「有」，再變化為「無」，並不恆常固定在任一狀態，故記載「萬物孰能定之」。換言之，就在萬物不斷流動變化的歷程中，即可察見大道真實存在。

「恥通於事」的意涵，相近於〈逍遙遊篇〉「孰弊弊焉以天下為事」，該篇曾說明，天下大治並不來自某一特定人物之經營，而是人人以自覺安頓生命達到理想狀態，那麼也就無庸任何人勞苦處理天下事物。由此則知「素逝而恥通於事」指出盛德之人順任真樸，以此自我安頓，並且帶領天下人們都如此之自我安頓，故不汲汲營營於事物。

之所以記載「其心之出，有（由）物（人）採（求）之。」是因為盛德之人依隨大道順應自然的無為準則，當為則為，不當為則不為。亦即人們若有所求，則予以回應；人們若無所求，則保持靜默，恰若「金石有聲，不考不鳴。」

大道以流動的本質，順應萬物由「無生」變化為「有生」，萬物出生即具有各自不同的自然天性，以彰顯其存在，所以記載「故形非道不生，生非德不明。」

盛德之人的天性之德，飽滿充實，並且依循自然，與道同步，不僅相同於「淵乎其居也」的安靜，也相同地不呆滯於「靜」，而有活潑動態，故記載「忽然出」至「而萬物從之乎」。

「視乎冥冥，聽乎無聲」，敘述大道暗冥無聲，但是隨即記載「冥冥之中」至「獨聞和焉」，揭示大道並不排斥明亮以及有聲。換言之，大道通貫「暗與明」、「無聲與有聲」。

再看「故其與萬物接也，至無而供其求」，試問：何以至無之道卻可供應萬物之需？答案就在前句敘述「故深之又深，而能（有）物焉；神之又神，而能（有）精焉」，亦即道之「無」不是常識所認為與「有」對立者；反之，道之「無」不曾遠離「有」，而是「無與有」混融為一，所以可供應萬物之需。

道以不執著的流動特質，順應萬物由「無生」變化為「有生」，再變化為「無生」。所以也可了解為：萬物出入皆依道而行，以道為歸宿，故記載「時騁而要其宿」。

對於「大小長短」，常識執著「大、長」，排斥「小、短」。然而，道無所執著也無所排斥，通貫「大與小」、「長與短」，不僅在「大、長」可以運作，在「小、短」也可運作，所以「脩遠」而久。

本段敘述藉著「動與靜」、「無聲與有聲」、「暗與明」、「無與有」、「大與小」、「長與短」等眾多舉例，揭示大道具有不執著的流動特質，以及渾全不割裂的整體性。

黃帝遊乎赤水之北，登乎崑崙之丘而南望，還歸，遺其玄珠。使知索之而不得，使離朱索之而不得，使喫詬索之而不得也。乃使象罔，象罔得之。黃帝曰：「異哉！象罔乃可以得之乎？」

「赤水」：水名，在崑崙山下。「還」：旋，指短時間。「玄珠」指道。「知」指善於分別之人。「索」：尋找。「離朱」：黃帝時的明目人，百里察毫末，已見於〈駢拇篇〉。「喫詬」指多力之人。「象罔」指無心之人。

黃帝遊覽於赤水的北面，登上崑崙山向南眺望，不久要回去時，遺失了玄珠。派知去找，沒有找到；派離朱去找，沒有找到；派喫詬去找，沒有找到。於是派象罔去找，象罔找到了。黃帝曰：「奇特呀！象罔才可以找到呀？」

象罔「無心」，也就是〈人間世篇〉「心齋」之「虛」的無心，對於萬有不進行分別性的認知，因此說不出什麼是「我」，也說不出什麼是「物」。立足「物與我」混融為一的整體，物（例如：玄珠）即是我，我即為物（玄珠）。換言之，象罔與尋找的目標（玄珠）是「一」不是「二」，象罔就是目標（玄珠），本於如此的生命狀態，自然可得玄珠。

至於「知」善於分別，以分別性的認知切割整體，以致物我對立，也就未能與物混融；「離朱」雖然目明、「喫詬」雖然多力，但也都未能與物混融，與尋找的目標（玄珠）是「二」不是「一」，因此不得玄珠。

本則寓言揭示：如同〈人間世篇〉「心齋」之「虛」的無心，與天地萬物混融為一，不離於整體，也就不失大道。

堯之師曰許由，許由之師曰齧缺，齧缺之師曰王倪，王倪之師曰被衣。堯問於許由曰：「齧缺可以配天乎？吾藉王倪以要之。」許由曰：「殆哉圾

乎天下！齧缺之為人也，聰明叡知，給數以敏，其性過人，而又乃以人受天。彼審乎禁過，而不知過之所由生。與之配天乎？彼且乘人而無天。方且本身而異形，方且尊知而火馳，方且為緒使，方且為物絯，方且四顧而物應，方且應眾宜，方且與物化而未始有恆。夫何足以配天乎？雖然，有族，有祖，可以為眾父，而不可以為眾父父。治，亂之率也，北面之禍也，南面之賊也。」

「許由」：已見於〈逍遙遊篇〉。「齧缺、王倪」：已見於〈齊物論篇〉。「被衣」：即〈應帝王篇〉的蒲衣子。「配天」指擔任天子。「配」：為，指擔任。「藉」：因。「要」：邀。「殆、圾」：都是危險。「給數以敏」指機警敏捷，「給」：捷，「數」：速，「以」：而。「又乃」：又且。「以人受天」：認為人稟受天之自然，「以」：認為。「審」：知。「禁過」：禁阻過失。「乘」：依憑。「無天」：失自然，「無」：失。「方且」：將。「本身而異形」：本於己而區分人我。「尊知」的「知」：指分別性的認知。「火馳」指背道而馳。「為緒使」：被事所役使，「緒」：事。「為物絯」：被物所拘束，「絯」：約束。「物應」：應物。「應眾宜」：應和眾人之合宜。「未始有恆」指不僵化。「眾父」：眾人之父，指民眾的長官。「眾父父」：眾父之父，指天子。「率」：先。「北面」指臣子。「南面」指君王。「賊」：害。

堯的老師是許由，許由的老師是齧缺，齧缺的老師是王倪，王倪的老師是被衣。堯問許由說：「齧缺可以擔任天子嗎？我想透過王倪來邀請他。」許由說：「這要危害天下了！齧缺的為人，聰明睿智，機警敏捷，天性過人，又且認為人稟受天之自然。他僅知禁阻過失，卻不知過失從何而來。讓他擔任天子嗎？他將依憑人事而摒棄自然，他將本於自身而區隔人我，將尊崇分別性的認知，背離大道的整體性而奔馳，將被事所役使，將被物所拘束，將四方應物，將應和眾人之合宜，將隨物變動而不僵化。他哪有資格擔任天子呢？雖然如此，有族人的聚集，就有一族的宗主，他可以擔任民眾的長官，而不可以擔任天下之主。治理是動亂的先導，是臣子的災禍，是君主的禍害。」

堯請教許由，可否請齧缺擔任天子?許由回答將危害天下，因為齧缺雖聰敏，但有過失。在此先看齧缺聰敏過人，「又乃以人受天」了解人稟受天之自然；「方且四顧而物應」至「方且與物化而未始有恆」，則是與人、與物都和諧，而且不僵化拘泥。但是「尊知而火馳」揭示齧缺的過失源於用「知」，亦即運用分別性的認知。

〈養生主篇〉曾說明「知」建立在分別的基礎上，基於分別所建立的「知」，使人們脫離盲昧，對人們的生活具有輔助的功能。然而人間世事無不具有一體兩面的性質，例如：地球受陽光照射，必然是一半為「明」，另一半為「暗」。同理，人們的生活中，沒有任何一事只具光明面而無晦暗面。如果「尊知而火馳」無所節制的使用分別性的認知，也就是無止盡的進行切割與分別，以至於「乘人而無天」依憑人事而摒棄自然，失落天人不二的整體性；又不免「本身而異形」本於自身而區隔人我，失落物我為一的整體性。由於失落渾全大道的整體性，未能依循大道順應自然的無為準則，未能「當為則為，不當為則不為」，因此「為緒使、為物絯」，被事、被物所拘束。

換言之，本則寓言敘述因為用「知」而偏離大道的整體性，就是指出「知」明暗並存，具有一體兩面的性質。亦即莊子和盤托出，揭示人們未留意的一體兩面之另一面。

但是莊子為何記載齧缺「不可以為眾父父」，但卻「可以為眾父」？這是因為分別之知具有明暗並存、一體兩面的性質。既然有明亮面，自可善加運用，但為避免晦暗面的過度攪擾，則須有所節制；亦即仍然可運用分別之知，但應適當節制。由此可知，「可以為眾父，而不可以為眾父父」的意涵不在字面，不是「可以擔任部分民眾的長官，不可以擔任所有民眾的長官」，而是揭示：使用分別之知，必須保持警覺，適時節制。

另外，在此平心思考：分別之「知」誠然是人們生活中的一部分，使人們脫離盲昧，對人們的生活也具有輔助的功能；只不過極度執著運用而不予節制，則產生偏離大道整體性的錯誤。亦即錯誤並非源於「知」，而是來自人們的執著。故可了解莊子的記載並非排斥「知」，而是提醒讀者不宜執著。

〈在宥篇〉「欲為（治）人之國者，此攬乎三王之利而不見其患者也。」揭示「治國與亡國」一體不可分，亦即治國具有明暗並存、一體兩面的性質；本篇則是藉著「治，亂之率（先）也」，指出「治與亂」一體不可分，再次揭示治理具有明暗並存、一體兩面的性質，呼應〈在宥篇〉的記載。

本則寓言舉「知」為例，揭示世事都具有明暗並存的性質，因此不必因晦暗面而將之全盤否定。例如：明瞭「知」一體兩面的性質，所以在善用其光明面的同時，有所節制，以避免晦暗面的攪擾；亦即依循順應自然的無為準則，當為則為，不當為則不為。

堯觀乎華，華封人曰：「嘻，聖人！請祝聖人，使聖人壽。」堯曰：「辭。」「使聖人富。」堯曰：「辭。」「使聖人多男子。」堯曰：「辭。」封人曰：「壽，富，多男子，人之所欲也。汝獨不欲，何邪？」堯曰：「多男子則多懼，富則多事，壽則多辱。是三者，非所以養德也，故辭。」封人曰：「始也我以汝為聖人邪，今然君子也。天生萬民，必授之職，多男子而授之職，則何懼之有？富而使人分之，則何事之有？夫聖人，鶉居而鷇食，鳥行而無彰。天下有道，則與物皆昌；天下無道，則脩德就閒。千歲厭世，去而上僊，乘彼白雲，至於帝鄉。三患莫至，身常無殃，則何辱之有？」封人去之，堯隨之，曰：「請問。」封人曰：「退已！」

「華」：地名，今陝西省華縣。「封人」：駐守邊境之人。「嘻」：歎詞。「辭」：謝絕。「邪」：疑問詞。「德」指自然天性。「鶉居而鷇食」指居住與飲食都儉薄。「彰」：跡。「昌」：盛。「就閒」指閒居。「厭」：饜，指飽足。「僊」：仙。「帝鄉」指天地之鄉。「退」：去。

堯到華地遊覽，在華地駐守邊境之人說：「啊，聖人！請接受我對聖人的祝福，祝聖人長壽。」堯說：「不。」「祝聖人富有。」堯說：「不。」「祝聖人多生男孩。」堯說：「不。」

守邊境之人說：「長壽，富有，多生男孩，是大家都想要的，你卻不想要，為什麼呢？」堯說：「多生男孩就多憂懼，富有就多事，長壽就多屈辱。這三項，都不能涵養自然天性之德，所以我推辭。」守邊境之人說：「起初我以為你是聖人，現在才知你只是君子。天地生養萬民，一定會授予職務，多生男孩就多授予職務，又有什麼好憂懼的？富有就讓他人分享，又有什麼多事呢？聖人，隨遇而安，飲食簡單，如鳥飛行而無跡。天下有道，就與萬物一同昌盛發展；天下無道，就在閒居中修養天性。存活千年，飽足於人世，去而上仙但卻不離人間，乘著白雲，來到天地之鄉。沒有多懼、多事、多辱三患，生命沒有災殃，又有什麼屈辱呢？」守邊境之人離去，堯跟在後面，說：「還想請教你。」守邊境之人說：「回去吧！」

環顧人間世事，無不具有一體兩面的性質。例如：地球受陽光之照射，必然是一半為「明」，另一半為「暗」；同理，人們的生活中，沒有任何一事，只有光明面而無晦暗面。大眾認為「多男子」子嗣眾多是喜，「富」則生活豪華，長壽則享有更多榮耀；然而人生有喜就有懼，擁有榮耀但也不免有屈辱，必然是「喜懼」同存、「榮辱」並在。所以堯指出「多男子」雖然是喜但也引發多懼，「富」雖有豪華生活但也事務繁重，長壽者較非長壽者雖然多榮但也承受多辱。亦即大眾喜愛「壽、富、男子」，稱讚它們明亮的一面；但是堯指出它們引發「多懼、多事、多辱」，亦即它們都是明暗並存。簡言之，「壽、富、男子」具有一體兩面的性質，莊子在此和盤托出，指出常識未留意的一體兩面之另一面。

守邊境之人進一步指出：「壽、富、男子」雖然具有一體兩面的性質，但是仍可本於自覺適當調整，也就是不占有把持、不執著，則可避免晦暗面的攪擾。

關於「千歲厭世，去而上僊，乘彼白雲，至於帝鄉」，有學者認為是後世的神仙之說，並非莊子所作。然而回顧〈齊物論篇〉「乘雲氣，騎日月，而遊乎四海之外。」指出至人與天地萬物混融為一，故可順隨雲氣、日、月的變化，在天地之間往來自如，無所阻隔；另外〈在宥篇〉「我守其一以處其和，故我修身千二百歲矣，吾形未嘗衰。」揭示與道同步，則與天地萬物同存同在，亦即〈齊物論篇〉「天地與我並生，而萬物與我為一」。由此則知「千歲厭世」至「至於帝鄉」的意涵不在字面，不是神仙遠離天地萬物，而是悟道者不離天地，並且與萬物混融為一。

本則寓言揭示：世事都具有「明暗並存」一體兩面的性質，所以不可因為晦暗面遂將之全盤否定，否則將無任何一事具有存在的價值。如果有以上的了解，在善於運用光明面的同時，不過度執著，適時節制，也就不至於深陷晦暗面的困擾。另外，有學者認為本則寓言是後代神仙家的敘述，不是莊子所作；不過，基於以上說明，可證其主旨不在字面，並非神仙長生，而是揭示人間世事都具有一體兩面的整體性。常識僅見表象，但是悟道者穿過表象，洞見隱藏在表象之內、尚未顯現的其它面向。亦即本則寓言並未背離莊子全書揭示的整體性，所以或許不必認為絕非莊子所作。

堯治天下，伯成子高立為諸侯。堯授舜，舜授禹，伯成子高辭為諸侯而耕。禹往見之，則耕在野。禹趨就下風，立而問焉，曰：「昔堯治天下，吾子立為諸侯。堯授舜，舜授予，而吾子辭為諸侯而耕，敢問，其故何也？」

子高曰：「昔堯治天下，不賞而民勸，不罰而民畏。今子賞罰而民且不仁，德自此衰，刑自此立，後世之亂自此始矣！夫子闔行邪？無落吾事！」俋俋乎耕而不顧。

「伯成子高」：不知何許人，或為杜撰之人名。「辭」：去。「趨」：快步走，表示恭敬。「下風」：下方。「吾子」指伯成子高。「予」：我。「勸」指上進。「德」指自然天性。「闔」：何不。「邪」：疑問詞。「落」：廢，指耽誤。「俋俋乎」：耕地之貌。「顧」：看。

堯治理天下，伯成子高被封為諸侯。堯將天子之職傳給舜，舜將天子之職傳給禹，伯成子高辭去諸侯之職而去耕田。禹去拜訪他時，他正在田野耕作。禹快步走到下方，站好而請問說：「從前堯治理天下，你被封為諸侯。堯將天子之職傳給舜，舜將天子之職傳給我，而你辭去諸侯來耕田。請問是什麼緣故呢？」子高說：「從前堯治理天下，不行賞而民眾自動上進，不處罰而民眾敬畏不敢為惡。現在你施行賞罰，而民眾卻不仁愛，自然天性之德從此衰頹，刑罰從此興立，後世的禍亂從此開始了！先生為什麼不走開呢？不要耽誤了我的耕作！」說完就低頭耕田，不再看禹。

大道是不割裂的整全，天地萬物並存其中，不僅是無從切割的整體，而且也都未曾暫離大道的整體性，因此人們理當依循大道順應自然的無為前提，當為則為，不當為則不為。換言之，如果人人都對整體有清晰的自覺，順隨整體之運作，與萬事萬物恰如其分的互動；並且以自覺節制本能欲求及行為，尊重他人，愛護自己，以此來安頓自我。人人自覺、自我安頓，人際相處和諧，社會安祥，則無賞罰的必要，也就是「不賞而民勸，不罰而民畏」的理想。

至於賞罰則是訂定外在的規範以約束人們的行為，殊不知此舉不如喚醒生命內在的自覺，使人們不離整全大道，行為順隨整體之運作，而無庸完全倚賴外在的規範。故記載「今子賞罰而民且不仁」至「後世之亂自此始矣」。

本則寓言揭示：引導民眾不離大道的整體性，並且依循順應自然的無為準則，以此來自我安頓，與萬事萬物恰如其分的互動，使整體和諧運作的本質總在良性循環狀態，則天下大治而無庸施行賞罰。

泰初有無，無有無名。一之所起，有一而未形。物得以生謂之德；未形者有分，且然無間謂之命；留動而生物，物成生理謂之形；形體保神，各有儀則謂之性。性脩反德，德至同於初。同乃虛，虛乃大。合喙鳴；喙鳴合，與天地為合。其合緡緡，若愚若昏，是謂玄德，同乎大順。

「泰初」：最初的起始，「泰」：太，「初」：始。「有無、無有、一」：都指無與有混融的狀態。「起」指呈現。「有一」的「有」：指呈現。「未形」：無形，指不固定在任何形貌。「德」指自然天性。「分」：分際。「且」：徂，往。「無間」：無間隙。「留」有二意：(一)流，(二)靜。「理」：紋理。「保」：守。「儀則」：法則。「脩」：修養，指不離。「反」：返。「合喙」：上下口唇相合，指整體性；「合」指整體性，「喙」：口。

「緡緡」有二意：（一）合，指整體性；（二）昏暗，指無從以感官知覺進行辨識。「愚、昏」：都指純樸以及順應自然，「昏」：即為愚。「玄」：深遠。「大順」指順應自然。

最初的起始是無與有混融的狀態，無與有混融的狀態沒有名稱。無與有混融的狀態呈現了，呈現無與有混融的狀態但並不固定在任何形貌。萬物獲得無與有混融的性質而生，稱為德。萬物沒有固定的形貌，雖然看似有分際，但是往來無間隙，稱為命。流動，或靜與動混融而產生了萬物，萬物生成各有其紋理，稱為形。形體守神，各有法則，稱為性。修養不離天性而且回返德，至德混同於泰初。混同於泰初就是虛，虛則是廣大。如同上下口唇相合以發出聲響；口發出聲響就是上下口唇相合，明瞭於此，就與天地為整體。不離整體性，或整體看似昏暗，無從以感官知覺進行辨識；貼合自然之愚，無從以感官知覺進行辨識，稱為玄德，混同於順應自然。

「泰初有無，無有無名」的「有無、無有」都指無與有同存並在，混融為一。由此可知，這二句敘述揭示最初的起始是從無至有，亦即「無與有」通而為一。換言之，這是舉「無、有」為例，揭示「道通為一」（〈齊物論篇〉）的大道整體性。因為對於「無與有」通而為一的整體性，既不能只說是有，也不能只說是無，無從給予名稱，故記載「無名」。另外，在此亦可一併了解：泰初即為「無與有」混融、沒有對立、沒有對待、無待，亦即泰初涵藏混融、無待之整體義理。

「一之所起，有一而未形」的「一」仍然是指無與有混融的狀態。之所以記載它「未形」，可藉下例來了解：萬物由「無生」變化為「生」，但並不恆常固定在「生」，而將再次變化為「無生」；也就是由「無」變化為「有」，再變化為「無」，並不固定在任何形貌狀態，而是不斷變動。由此則知，「未形」的意涵不在字面，不是沒有形體，而是變動不居，沒有固定形貌。

「物得以生謂之德」，指出萬物都是獲得上述「無與有」混融、無待的整體性而出生，莊子稱之為「德」。故知「德」涵藏「無與有」混融的整體意涵。

「未形者有分，且（往）然無間謂之命」，可藉下例來了解：土壤長出青菜，土壤中的成份便被青菜吸收；蝸牛啃食青菜，青菜便進入蝸牛體內；蝸牛死去，蝸殼與蝸肉融入土壤中，土壤中的玫瑰花種子吸收土壤的養分而長出玫瑰花。由常識看來，土壤、青菜、蝸牛、玫瑰花的形貌不同，分際鮮明；但是由天地的運作來看，它們都是萬物不可切割的連續性整體之一環，都在整體的運作中相互往來。換言之，萬物如同食物鏈一般地自然流通，雖然看似有分際，但是並無不可跨越的間隔，也就是「無分際」，莊子稱之為「命」。故知「命」涵藏「有分際與無分際」混融的整體意涵。另外，在此也可明瞭：莊子何以記載萬物為「未形者」，因為萬物誠然沒有固定形貌，而都在整體的自然變動中，不斷聚散組合、流轉變化。

「留動而生物，物成生理謂之形」，關於「留」有二意：（一）多數學者認為「留」是流，那麼這二句敘述指出萬物由「無」流動為「有」，萬物出生後，呈現不同的紋理，也就是萬物的形體。（二）唐．成玄英疏：「留，靜也」，如果依循此意，那麼「留動而生物」指出萬物都來自「靜與動」混融，亦即萬物都是從沒有生命跡象的寂靜，變化而呈現有生命跡象的活潑動態。換言之，「動與靜」沒有對立、沒有對待、無待，混融為一，遂有萬物出生，莊子稱之為「形」。故知「形」涵藏「無與有」、「靜與動」混融的整體意涵。

「形體保神，各有儀則謂之性」，指出萬物的形體守神而不離，亦即「神與形」具有不可切割的整體性，萬物也都各有其法則，莊子稱之為「性」。故知「性」是「形與神」混融為一，涵藏混融的整體意涵。

「性脩反德，德至同於初」，關於「脩」即為不離；故知「性脩反德」就是不離「性」——「神與形」不可切割的整體性，秉持「德」——「無與有」混融的整體性，以此而混同於泰初。

「同乃虛」指出混同於泰初之「虛（無）」。然而前述曾說明，泰初是「無與有」混融、無待。故知同於泰初，即是同於泰初之「虛（無）」與「實（有）」混融。換言之，「虛」的意涵不在字面，不是空虛無一物，不是常識認為與「實」互相排斥者，而是「虛」不離「實」，「虛實」是一不是二。

由於「虛」不離「實」，並不呆滯在「虛」，而流動變化為「實」；不僅在「虛」可運作，在「實」也可運作，寬廣而無所阻滯，故記載「虛乃大」。

「喙」是口，無論人類或蟲魚鳥獸之口，都有上下口唇；然而雖有上下，但卻是不可切割的整體，唯有上下口唇相互配合，才可發出聲響。故知「合喙鳴」與「喙鳴合」，是舉喙為例，揭示整體性。

由「喙」之口唇相互搭配的整體性，即可了解形軀各個部位相互搭配的整體性，進而明瞭自我與天地萬物的整體性，故記載「與天地為合」。不過，讀者須留意「合」之義理，不是切割為二再拼湊為一，而是本就為一，本就是渾然天成的整體。

關於「緡緡」有二意：（一）合，指整體性；（二）昏暗，由於在昏暗的環境中，人類的視覺不能發揮功能，所以是指無從以感官知覺進行辨識。故知「其合緡緡」指出不離整體，或指人類無從以感官知覺對整體性進行認知。

再看「愚、昏」，可藉下例來了解：大眾認為聰明就是提出自己的意見，並且以智巧彰顯不同於眾；至於順隨整體的運作，沒有自己的意見，也不謀求在整體中顯現任何獨特性，則是愚笨。殊不知順隨整體運作之「愚、昏」，最貼合自然，最為恰到好處。由此則可明瞭「愚、昏」的意涵不在字面，不是常識之愚笨，而是順應自然。

「其合緡緡」至「同乎大順」，指出不離整體性，並且順隨整體的自然運作，則具有深遠而非淺薄的玄德，大順於自然，與自然同步。

本段敘述揭示「泰初」最初的起始，即為「無與有」混融的整體，萬物都源於此，也都具有相同於泰初的性質，例如：萬物的「德、命、形、性」都與泰初相同，具有混融的整體性。萬物都不離整體，也都具有深遠的玄德。

夫子問於老聃曰：「有人治道若相放，可不可，然不然。辯者有言曰：『離堅白，若縣寓。』若是則可謂聖人乎？」老聃曰：「是胥易技係勞形怵心者也。執狸之狗成思，猨狙之便自山林來。丘，予告若，而所不能聞與而所不能言。凡有首有趾無心無耳者眾，有形者與無形無狀而皆存者盡無。

其動，止也；其死，生也；其廢，起也。此又非其所以也，有治在人。忘乎物，忘乎天，其名為忘己。忘己之人，是之謂入於天。」

「夫子」：孔子。「治道」：修習道術。「放」：逆。「離堅白」：將白色石頭的堅硬與白色兩種不同的性質，予以分離。「縣」指時間。「寓」指空間。「胥易技係」指小吏治事，被能力所侷限。「胥」：小吏。「易」：治。「技」指能力。「係」：繫，指侷限。「怵」：驚懼，指攪擾。「狸」：狸貓。「成思」：學者認為應是「成累」，指被繫縛之累。「猨狙」：猨猴。「便」：捷。「丘」：孔子之名。「予告若」的「予」：我，「若」：你。「而所」的「而」：你。「無形無狀」指道。「止」：靜。「非其所以」：非道所為，「其」指道，「以」：為。「有治在人」：有為的是人，指人們以一己的意念與好惡而採取行動，「治」：為。

孔子請問老聃說：「有人修習道術而與大眾相背逆，將不可的說成可，將不是的說成是。善辯的人還說：『分離白色石頭的堅是堅、白是白，如同時間、空間之相異。』這樣的人可稱為聖人嗎？」老聃說：「這種人是小吏治事，被能力所侷限，形體勞累，心神攪擾。會捉狸貓的狗，被人們抓來用繩子綁住，猨猴因為敏捷，被人們由山林中抓來。孔丘，我要告訴你，你無法聽到也無法說出的道理。有頭有腳但是無心無耳的人很多，有形體的人而能與無形無狀的道並存的，卻一個都沒有。萬物由動而靜止，由死而生，由衰落而興起，這都不是道所為，有為的是人。忘物而又忘天，這叫做忘己。忘己之人，可稱為與天同步。」

在此先看「胥易技係」至「猿狙之便自山林來」，指出修習道術而與大眾相逆之人，如果自認登峰造極，不再持續提昇生命內涵，則將被自己的能力所困，勞擾身心；老聃並且舉有能力的狗與猴為例，暗示此人也如同這些動物，將不免被自己的能力困限。

再看「可不可，然不然」，如果僅觀文字表面，似乎與〈齊物論篇〉記載「是不是，然不然」相仿，那麼老子為何認為這是「胥易技係」被自己所困呢？本書多次說明，莊子以天地運作的法則為立足點，明瞭萬物無不符合天地之運作（例如：地球自轉），亦即「無物不然，無物不可」（〈齊物論篇〉），萬物本是和諧並存之整體，本無是、非可言。只不過人們以自我為中心，強硬指稱喜愛的狀態為「是」，反之則為「非」。換言之，若不標舉「是」，則無是、非之可言，一旦標舉，則是、非必然同時凸顯，如影隨形，任一方皆不獨自成立，必定與另一方相依相倚。亦即天地之間本為「無是無非」，但是人們強硬指稱之，卻不知一旦指稱，那麼所指稱之「是、非」就具有不可切割的整體性。簡言之，莊子「是不是，然不然」，立足天地運作之法則、萬物的整體，並且揭示人們強硬指稱的「是、非」具有不可切割的整體性。

至於本篇記載修習道術而與大眾相逆之人，並非以「天地運作之法則、萬物的整體」為立足點，反而就是以自我為中心，指稱「此」為「是」，又指稱在「此」之外者為「非」，誤以為天地間有「是、非」之互斥對立。亦即切割整體，如同後文「離堅白，若縣寓」未能觀察完整全貌，僅抓取局部的片段做為論點。

回顧〈齊物論篇〉曾說明，「白石」兼具堅硬與白色雙重性質，前者由觸覺得知，後者由視覺得知。「離堅白」是將白色石頭的堅硬與顏色兩種不同的性質，予以分離；但是人人皆知，這兩項性質雖然不同，但卻同存於白石，具有一體不可分的整體性。亦即兩項不同的性質同存同在，因此觀察完整的全貌，即應「同與不同」併見。然而「離堅白」分離堅硬與白色，則是只見「不同」而不見「同」，未能觀察完整的全貌，失落了整體性。

另外，環顧人們的生活，「縣（時間）」與「寓（空間）」共同組成人們生活的環境，無從切割。換言之，「時間、空間」雖然不同，但是共存共在人們生活的環境中，具有一體不可分的整體性，亦即「時間、空間」同存同在，這是人們生活環境的真實。因此觀察人們生活環境的完整全貌，即可「同與不同」併見。

由此則知，辯者「離堅白，若縣寓」，分離堅硬與白色兩種性質，宛若時間、空間之相異，即為只見「不同」而不見「同」，失落了整體性。因此老子指出他們都停留在局部的隅落，有如「胥易技係」被自己所困。

「其動」至「起也」，指出萬物由「動（生）」變化為「靜（死）」，然而並非恆常固定於此，將再變化為「生」；但是依舊不恆常固定於此，將再變化為「廢（衰落）」；但是依然不恆常固定於此，將再變化為「起（興盛）」。亦即舉例說明萬物變化無已。之所以如此，是因為萬物本就具有不斷流動變化的自然性質，亦即「無動而不變，無時而不移」（〈秋水篇〉）。換言之，萬物呈現各種狀態，變動無已，遂有道的呈顯，但是並非道使萬物呈現各種狀態，故記載「此又非其（道）所以（為）也」。至於「有治（為）在人」指出有為的是人們，並不順應自然，執著一己之意念與好惡而採取行動。殊不知順應自然，如同無形無狀的大道，則須放下執著，故記載「忘乎物」至「其名為忘己」。

另外，〈逍遙遊篇〉、〈大宗師篇〉均曾說明「忘我」的意涵不在字面，不是僅僅忘我，而是說不出什麼是「我」，也說不出麼是「物」，亦即物我兩忘；然而「物我兩忘」的意涵也不在字面，不是物與我都消失了，而是立足「物與我」混融、沒有對立、沒有對待、無待的整體。換言之，「忘乎物，忘乎天，其名為忘己」，指向與天地萬物混融的整體性。以此，行為不再執著一己之意念與好惡，而是順應整體之自然運作，故記載「忘己之人，是之謂入於天。」

在此併觀「忘乎天」與「是之謂入於天」，則可明瞭「忘乎天」的意涵不在字面，不是拋棄、遠離天之自然，而是與天混融，說不出什麼是「天」，也說不出麼是「我」；亦即不離於天，與天是「一」不是二，故記載「是之謂入於天。」

回顧「有形者與無形無狀而皆存者盡無」指出有形的存在不可能與道同步；然而寓言結束時敘述「忘物、忘天、忘己」之人，「入於天」與自然同步，也就是與道同在。由此可知，莊子運用流動的卮言，翻轉前句敘述「有形者與無形無狀而皆存者盡無」，揭示：並非「盡無」，例如「忘物、忘天、忘己」的有形之人，就是與「無形無狀」的大道同存並在。

本則寓言揭示：修道而與大眾相逆，非但不是聖人，且使生命受困。反之，如同大道之順應自然，不與大眾相逆，而是沒有對立、沒有對待、無待。無所執著也無所排斥，忘我而與天地萬物混融為一，不離於天之自然，則與無形無狀的大道同存並在，不失為理想之修道。

將閭葂見季徹曰：「魯君謂葂也曰：『請受教。』辭，不獲命，既已告矣，未知中否，請嘗薦之。吾謂魯君曰：『必服恭儉，拔出公忠之屬而無阿私，民孰敢不輯！』」季徹局局然笑曰：「若夫子之言，於帝王之德，猶螳蜋之怒臂以當車軼，則必不勝任矣。且若是，則其自為處，危其觀臺，多物將往，投迹者眾。」蔣閭葂覤覤然驚曰：「葂也汒若於夫子之所言矣。雖然，願先生之言其風也。」季徹曰：「大聖之治天下也，搖蕩民心，使之成教易俗。舉滅其賊心而皆進其獨志，若性之自為，而民不知其所由然。若然者，豈兄堯、舜之教民，溟涬然弟之哉？欲同乎德而心居矣。」

「將閭葂、季徹」：一人姓將閭，名葂；一人姓季，名徹；但不知此二人為何許人。「受」：授，給予。「不獲命」指未獲得國君同意。「薦」：陳述。「服」：實行。「屬」：類。「阿私」：偏私。「孰」：誰。「輯」：和。「局局」：大笑之貌。「怒」：努。「車軼」：車轍，指車輪。「自為處」指自處。「觀臺」指高位。「多物」：多人。「投迹」指顯露恭儉公忠的形迹。「覤覤」：驚懼。「汒若」：茫然。「風」：凡，概略。「搖蕩」指順任。「舉」：皆。「賊心」指智巧、投迹之心。「獨志」：自得之志。「兄」指推崇。「溟涬」指無知。「弟之」指跟隨之；亦即以堯舜為兄，以己為弟，跟隨在後。「同乎德」的「德」指自然天性。「居」：安定。

將閭葂見季徹說：「魯國的國君對我說：『請指教。』我推辭了，他不同意。我只好告訴他了，不知說的對不對，我試著說給你聽聽。我對魯君說：『一定要做到恭敬節儉，選拔公正忠誠的人而沒有偏私，民眾誰敢不和睦呢！』」季徹笑著說：「像先生之所說，對於帝王的德行操守，如同螳蜋奮力舉臂以抵擋車輪，必定不能勝任啊！並且若果真如你所說的去做，則是自處於危險的高位，許多人們將歸附他，其中很多只是徒然顯露恭儉公忠的形迹而已。」蔣閭葂驚訝地說：「我對先生的話感到茫然不解！不過，還是希望先生概略地說說其中的道理。」季徹說：「大聖治理天下，是順任民心，以此來成就教化，改易習俗，除去智巧、投迹之心，而促成他們自得之志、自我安頓。如同天性就是如此，而民眾卻不知為何如此。像這樣，怎麼會以堯、舜為兄，推崇他們的教化，無知茫然而自以為弟，跟隨在後呢？聖人是要民眾不離自然天性之德，而心安定啊！」

大眾如果聽聞將閭葂對魯君所說的「恭儉公忠」，都將認為是正確的治國之策；然而，季徹首先指出魯君沒有如此之德行操守，無法落實。接著指出縱然魯君實踐「恭儉公忠」，卻反而將使其身處危殆的高位。試問：其中緣由何在？答案就在後文「多物將往，投迹者眾」，亦即許多歸附之人只是徒具恭儉公忠的形迹，而不具有實質的內涵；以此，非但難以達成治國之目標，又將被矯飾所蒙蔽，以致危及魯君之高位。

關於「獨志」的自得之志，也就是「心意自得」（〈讓王篇〉）。然而，如何才可心意自得呢？試想：唯有自我安頓，生命平穩妥當，方才可能心意自得。故知「獨志」指向自我安頓。回顧〈逍遙遊篇〉曾說明，天下大治並不來自某一特定人物之經營，而是人人以自覺安頓生命。例如：對整體有清晰的自覺，覺察生命在天地萬物的整體中，理當順隨整體的運作；並且同時以自覺節制本能欲求及行為，尊重他人，愛護自己，那麼「恭儉公忠」就涵藏在整體的運作中，人們皆可恰如其分的發展生命，以此來安頓自我。如果人人自覺、自我安頓，則人際相處和諧，社會安祥，達成治國之理想，而無庸額外標舉「恭儉公忠」。本則寓言所記載「大聖之治天下也」至「皆進其獨志」，就是揭示相同之義理。

人人本於自覺，依隨與生俱有的自然天性之德，也順應天地萬物整體之自然運作，故記載「若性之自為，而民不知其所由然。」不過，在此可進一步描述為「民不知其所由然而知其自然」，以彰顯順應自然之義理。

「欲同乎德而心居矣」再次指出：聖人引領民眾不離自然天性之德，以此來安定身心，安頓生命。

本則寓言揭示：治國如果額外標舉特定標的（例如：恭儉公忠），不免引來徒具形迹之人的矯飾與蒙蔽，並不能達成治國之目標。反之，依隨大道整體性的運作，順任民眾的自然天性，引導人人自覺、自我安頓，那麼大眾安居樂業，國家社會和睦太平的理想，也就水到渠成。

子貢南遊於楚，反於晉，過漢陰，見一丈人方將為圃畦，鑿隧而入井，抱甕而出灌，搰搰然用力甚多而見功寡。子貢曰：「有械於此，一日浸百畦，用力甚寡而見功多，夫子不欲乎？」為圃者仰而視之曰：「奈何？」曰：「鑿木為機，後重前輕，挈水若抽，數如泆湯，其名為槔。」為圃者忿然

作色而笑曰：「吾聞之吾師：『有機械者必有機事，有機事者必有機心。機心存於胷中，則純白不備；純白不備，則神生不定；神生不定者，道之所不載也。』吾非不知，羞而不為也。」子貢瞞然慙，俯而不對。有間，為圃者曰：「子奚為者邪？」曰：「孔丘之徒也。」為圃者曰：「子非夫博學以擬聖，於于以蓋眾，獨弦哀歌以賣名聲於天下者乎？汝方將忘汝神氣，墮汝形骸，而庶幾乎！而身之不能治，而何暇治天下乎！子往矣，無乏吾事。」子貢卑陬失色，頊頊然不自得，行三十里而後愈。其弟子曰：「向之人何為者邪？夫子何故見之變容失色，終日不自反邪？」曰：「始吾以為天下一人耳，不知復有夫人也。吾聞之夫子，事求可，功求成，用力少，見功多者，聖人之道。今徒不然。執道者德全，德全者形全，形全者神全。神全者，聖人之道也。託生與民並行，而不知其所之，汒乎淳備哉！功利機巧必忘夫人之心。若夫人者，非其志不之，非其心不為。雖以天下譽之，得其所謂，謷然不顧；以天下非之，失其所謂，儻然不受。天下之非譽，無益損焉，是謂全德之人哉！我之謂風波之民。」反於魯，以告孔子。孔子曰：「彼假脩渾沌氏之術者也。識其一不知其二；治其內而不治其外。夫明白入素，無為復朴，體性抱神，以遊世俗之間者，汝將固驚邪？且渾沌氏之術，予與汝何足以識之哉！」

「楚」：約為現今湖北省一帶。「晉」：約為現今山西省一帶。「漢陰」：漢水的南面，水南為陰。「丈人」：長者之稱。「方將為圃畦」的「方將」：正，種菜之園為圃，種稻之田為畦，此處的圃畦均為動詞，指種菜種稻。「隧」：地道。「搰搰然」：灌水聲。「見功」：呈現的功效，「見」：現，「功」：效。「械」：機器。「浸」：灌溉。「夫子不欲乎」的「夫子」：指丈人。「奈何」：如何。「挈」：提。「抽」：引。「數」：速。「泆湯」：熱湯沸溢。「槔」：桔槔，水井上汲水的工具。「吾師」：有學者認為是指老子。「機事、機心」的「機」指機巧。「胷」：胸。「純白」指整體性。「神生」指心神與天性，「生」：性。「載」：乘，指同步。「羞」：恥。「瞞然」：驚愕之貌。「慙」：慚。「有間」指短時間。「奚」：何。「邪」：疑問詞。「孔丘之徒」：孔子的弟子。「子非」的「子」：指孔子。「於于」：浮誇之貌。「蓋」：超越。「獨弦哀歌」指自彈自唱。「賣」指換取。「方將忘汝神氣」的「方將」：應當。「忘汝神氣，墮汝形骸」指止息心識與形體對於天地萬物進行切割、分別性認知的運作，「忘、墮」都指止息，「汝」指孔子。「神氣」指認知、思考，即心識的運作。「庶幾」指接近於道。「而身」的「而」：指孔子。「而何暇」的「而」：又。「子往」的「子」：指子貢。「乏」：廢，指耽誤。「卑陬」：愧懼之貌。「頊頊然」指悵然自失。「愈」：回復。「向」：剛才。「夫子何故」的「夫子」：指子貢。「終日」：良久。「不自反」：不回復。「一人」指孔子。「復有」：又有。「夫人」：此人，指丈人。「聞之夫子」的「夫子」：指孔子。「今徒不然」：今卻不然。「德」指自然天性。「託生」：寄生。「汒乎」指廣大。「淳」：厚。「忘」指不存在。「得其所謂、失其所謂」的「得、失」：

指增長、減損，亦即推崇、貶抑。「所謂」：所是，「謂」：是。「謷」：傲。「儻然」：不動意。「風波之民」指容易被擾動之人。「魯」：約為現今山東省一帶。「假脩」指未能全面修習，「假」指不完整，「脩」：修習。「渾沌氏」指不割裂的整體，已見於〈應帝王篇〉。「素」：未染色的原絲，指原初的整體性。「無為」指順應自然。「復朴」的「復」：回返。「朴」：樸，未切割的原木，指整體性。「體性抱神」有二意：（一）體悟天性與精神不相離，（二）形體、天性、精神不相離。「抱」：守而不離。「固」：胡，何。「予與汝」：我與你。

子貢前往南方的楚國遊歷，返回晉國時，經過漢水南岸，看見一位老人在菜園工作，挖鑿一條地道到井邊，抱著甕裝水來灌溉，用了很多的力氣可是功效微小。子貢說：「現在有一種機器，每日可以灌溉一百個菜園，用力很少而效果很大，老先生不要用嗎？」種菜老人仰頭看著他說：「如何做到的呢？」：子貢說：「削鑿木頭做成機器，後方重，前方輕，提水如同抽引，快速如同熱湯湧沸，名叫桔槔。」種菜老人面色憤怒而譏笑的說：「我聽我的老師說：『使用機械之人一定會用機巧行事，用機巧行事之人一定有機巧功利之心。機巧功利之心存在胸中則不能保全整體性；不能保全整體性，則心神與天性都不安定；心神與天性都不安定之人，不能與道同步。』我不是不知使用機械，而是覺得羞愧所以不使用。」子貢驚愕又慚愧，低頭不答。過了一會兒，種菜老人說：「你是做什麼的？」子貢說：「我是孔丘的弟子。」種菜老人說：「你（孔丘）不就是以博學比擬聖人，以浮誇超越群眾，自彈自唱哀嘆不已走遍天下以換取名聲之人嗎？你（孔丘）應當止息心識與形體對於天地萬物進行切割、分別性認知的運作，差不多就接近道了！你（孔丘）連自身都不能修持，又哪裡有時間去治理天下呢！你（子貢）去吧，不要耽誤我的農事。」子貢愧懼失色，悵然若失而不自在，走了三十里的路才恢復過來。子貢的弟子說：「剛才那個人是做什麼的？先生為何見了他就臉色改變，良久不能恢復呢？」子貢說：「起初我以為天下只有孔子是獨一無二的，不知還有這樣的人。我聽老師說過，事情求可行，功效求成果，用的力氣少而功效多的，就是聖人之道。現在卻明白不是這樣。秉持大道之人天性完整，自然天性完整之人形體健全，形體健全之人精神完足。精神完足就是聖人之道。寄託此生與民眾同行而不執著所往，廣大又淳厚完備！功利機巧一定不會在這種人的心中。像這樣的人，不是他的志向不追求，不是他的心願不去做。縱然以全天下來稱讚他，推崇他所說的是，他也傲然不顧；縱然以全天下來指責他，貶抑他所說的是，也漠然不受。天下的毀譽，對他沒有任何增減，這才是全德之人！我卻是隨著風波起伏之人。」回到魯國，向孔子報告這件事情。孔子說：「這是修習渾沌氏的道術，但不全面之人。只知其一，不知其二；只修養內在，而沒有治外之事功。但是如果心神明白而不離原初的整體性，無為地順應自然，以回返整體性。體悟天性與精神不相離的整體性（或形體、天性、精神不相離）；悠遊世俗之間的人，你怎麼會受到驚擾呢？而且渾沌氏的道術，我與你又怎麼能了解呢！」

常識稱讚機械可迅速完成工作，效率較人工高出許多；然而人間世事，無不具有一體兩面的性質。例如：地球受陽光之照射，必然是一半為「明」，另一半為「暗」；同理，人們的生活中，沒有任何一事，只有光明面而無晦暗面。「有機械者必有機事」至「道之所不載也」，就是指出機械引發功利機巧之心，並非只有「明」的一面，而是明暗並存。換言之，莊子並非排斥機械，而是和盤托出，指出常識未留意的一體兩面之另一面。

關於「純白」，在此先看「白」。有鑑於紅、藍、綠三原色光，經過適當的混合，則呈現白光，故知「白」並不僅只是單一之色，而可能是三原色混融。換言之，「白」具有三原色混融的整體意涵。

再看「純」，雖然學者通常都認為「純」是淨，不過「純」也可能是指整體性。回顧〈齊物論篇〉記載聖人「參萬歲而一成純，萬物盡然，而以是相蘊。」揭示聖人等同千載萬歲古今的各種不同，而為純而不雜的「一」，亦即聖人明瞭萬物都是沒有分別的「純、一」，也都是在「純、一」的整體中。由此則知「純」蘊藏整體的意涵。綜合以上說明，可知「純白」的意涵不在字面，不僅只是淨白，而是指向整體性。

由於「純白不備」，失落了整體性，以致不能同步於渾全不割裂的大道，故記載「道之所不載也」。

「忘汝神氣，墮汝形骸」的意涵，近似於〈大宗師篇〉「墮枝體，黜聰明」。亦即止息心識與形體對於天地萬物進行切割、分別性認知的運作，回返天地萬物沒有對立、沒有對待、無待、混融、不可切割的整體性。也就是立足渾全不割裂的大道，依隨大道的混融、無待、整體性之運作。以此，則與整全大道同步，故記載「而庶幾乎」。

子貢對弟子敘述兩項看似不同的聖人之道，一是孔子所言「事求可，功求成，用力少，見功多者，聖人之道。」一是子貢所言「執道者德全，德全者形全，形全者神全。神全者，聖人之道也。」子貢並且認為前者錯誤，後者才屬正確。然而併觀二者的義理，一是治外之事功，一是治內之修身，並不相悖。換言之，前者並非子貢所認為的錯誤；反之，唯有兩者皆備，內外兼顧，才可稱為無所闕漏的聖人之道。亦即無論呆滯在內或外之任一隅落，都是未能內外兼備的錯誤。回顧丈人所述「有機械者必有機事」至「道之所不載也」，指出偏滯在治外之事功，是一項錯誤；但是丈人排斥治外之事功，停滯在治內之修身，仍然是偏頗，並非無所闕漏的聖人之道，故後文孔子說「彼假脩渾沌氏之術者也」。

子貢敘述「若夫人者，非其志不之」至「是謂全德之人哉」，認為丈人全德，但是由後文孔子之言可知，丈人並非全德。晉．郭象注：「此（丈人）宋榮子之徒，未足以為全德。」指出丈人類似〈逍遙遊篇〉「舉世而譽之而不加勸，舉世而非之而不加沮」的宋榮子，仍然與大眾對立，未能達到沒有對立、沒有對待、無待、混融、和諧的狀態。

〈應帝王篇〉記載「渾沌」蘊涵渾全不割裂的整體義理，故知本篇之「渾沌氏」就是指不割裂的整全。

孔子聽聞子貢描述丈人，隨即指出丈人「治其內，而不治其外」，這就是「識其一，不知其二」，雖然修身以治內，但無治外之事功，並不具備無所闕漏的聖人之道。換言之，雖然修習渾沌氏不割裂的整全道術，但僅修習局部、片面，所以稱丈人「假脩渾沌氏之術」。

至於完整地修習渾沌氏不割裂的整全道術，則是「明白入素，無為復朴，體性抱神」。關於「素」是未染色的原絲，「朴」是未切割的原木，均指向原初之整體性。

再看「體性抱神」，「抱」是守而不離，所以這句敘述的意涵可能為：（一）體悟天性與精神不相離，（二）形體、天性、精神不相離。無論是哪一項意涵，這句敘述的義理都指向：不可切割的整體性。由此則知「明白入素」至「體性抱神」，揭示修習渾沌氏的道術者，始終不離整體性。

由於始終不離整體性，所以與大眾混同，生命寬廣淳厚，也就是「託生與民並行，而不知其所之，汒乎淳備哉。」不立異於大眾，也不驚擾旁人，因此旁人也就無從將他由大眾的整體中切割出來，無從對他特別地予以辨識。故記載「汝將固（何）驚邪」。

寓言之末，孔子說「渾沌之術，予與汝何足以識之哉」；但是回顧前述「彼假脩渾沌氏之術」至「汝將固（何）驚邪」，可證孔子清晰了解渾沌不割裂的道術，而非不了解。因此，併觀寓言之初，丈人雖批評孔子「於于以蓋眾，獨弦哀歌以賣名聲於天下」，但是寓言之終，揭示孔子全盤明瞭渾沌之道術，即為莊子運用流動之卮言對孔子進行書寫，也就是宋．蘇軾所指出：莊子對於孔子的書寫是「陽擠而陰助之」。

本則寓言揭示：渾沌氏不割裂的整全道術，不僅修身以治內，也有治外之事功；由於內外兼備，故為知其一，且知其二，不失整體性的聖人之道。立身行事與眾混同，對旁人它物皆不驚擾，呈現無待、混融、和諧的生命氣質。

諄芒將東之大壑，適遇苑風於東海之濱。苑風曰：「子將奚之？」曰：「將之大壑。」曰：「奚為焉？」曰：「夫大壑之為物也，注焉而不滿，酌焉

而不竭。吾將遊焉！」苑風曰：「夫子無意于橫目之民乎？願聞聖治。」諄芒曰：「聖治乎？官施而不失其宜，拔舉而不失其能，畢見其情事而行其所為，行言自為而天下化，手撓顧指，四方之民莫不俱至，此之謂聖治。」「願聞德人。」曰：「德人者，居無思，行無慮，不藏是非美惡。四海之內共利之之為悅，共給之之為安。怊乎若嬰兒之失其母也，儻乎若行而失其道也。財用有餘，而不知其所自來；飲食取足，而不知其所從，此謂德人之容。」「願聞神人。」曰：「上神乘光，與形滅亡，此謂照曠。致命盡情，天地樂而萬事銷亡，萬物復情，此之謂混冥。」

「諄芒、苑風」：皆為寓託之人名。「東之、奚之、將之」的「之」：都是往。「大壑」：大海。「適遇」：巧遇。「奚」：何。「為物」指存在。「注」：灌注。「酌」：取。「橫目之民」指人，因為人之目橫生於面容上，故有此敘述。「施」指任用。「畢見」：觀察完整全貌，「畢」：全。「行其所為」指依循順應自然的無為準則，當為則為，不當為則不為。「行言自為」：言行依隨自然。「化」指生長發展。「手撓」：招手，「撓」：動、招。「顧指」：以目示意。「德」指自然天性。「惡」：醜。「之為悅、之為安」的「之」：他，指德人。「怊」：悵然。「儻乎」：茫然。「有餘」指豐足。「自來」：由來，「自」：由。「從」：來。「容」：狀。「乘」：順。「與形滅亡」：其形滅亡，指不見形跡；「與」：其。「照曠」：照明，「曠」：明。「致命盡情」：盡命盡性，指盡其性命；「致」：盡，

「情」：性。「萬事銷亡」指順應萬事萬物由有而無的變化。「復情」：返真歸根。「混冥」指混融的整體性。

諄芒往東去大海，在東海岸邊巧遇苑風。苑風說：「你要去哪裡？」諄芒說：「要去大海。」苑風說：「去做什麼呢？」諄芒說：「大海這個存在，灌注而不滿溢，酌取而不枯竭，我想去遊歷！」苑風說：「先生不關心民眾嗎？我想請教什麼是聖人之治。」諄芒說：「聖人之治嗎？任用官職不失合宜，拔舉人才各盡其能，觀察事情的完整全貌，當為則為，不當為則不為，言行依隨自然而天下萬物也就順利生長發展。這時只要招招手，以目示意，四方民眾沒有不依附的，這就稱為聖人之治。」苑風說：「請教什麼是德人。」諄芒說：「德人，安居時不執著於固定思維，行動時不執著於固定謀略，胸中沒有是非美醜的分別。四海之內人人共利，他就喜悅；人人都供給共享，他就心安。悵悵然如同嬰兒失去了母親，茫茫然如同行走而迷途或失去了大道。財用豐足而不知從何而來，飲食充足而不知由何而來，這就稱為德人的容態。」苑風說：「請教什麼是神人。」諄芒說：「至極的神人順隨光，不見形跡，稱為照明。盡其性命，與天地同樂，順應萬事萬物由有而無的變化，引領萬物都返真歸根，這就稱為混融的整體性。」

關於「注焉而不滿，酌焉而不竭」，〈齊物論篇〉也曾記載，該篇曾說明「不滿、不竭」的意涵不在字面，不是始終不變的固定狀態，而是既不固定於「滿」，也不固定於「竭」。亦即雖因不斷被灌注而似乎傾向「滿」，但又因不斷被酌取而變化為「不滿」；雖因不斷被酌取而似乎傾向「竭」，但又因被不斷灌注而變化為「不竭」。簡言之，這二句敘述指出海水變動不居的本質。

「行其所為」指出聖人依循順應自然的無為準則，當為則為，不當為則不為，輔助而非干擾民眾，那麼民眾也就依隨自然天性發展生命，故記載「官施而不失其宜」至「此之謂聖治」。

「居無思，行無慮」，指出自然天性完足之德人，秉持大道不執著的特質，無論安居或行動，思慮皆無所執著，而是隨機因應，與變同步。換言之，「居無思，行無慮」的意涵不在字面，不是消滅思慮，而是無所執著。

本書曾多次說明，以天地運作的法則為觀察基準，則知萬物無不符合天地之運作（例如：地球自轉），亦即「無物不然，無物不可」（〈齊物論篇〉），萬物本是和諧並存之整體，本無「是、非、美、惡（醜）」之可言，也都齊同平等。只不過人類以自我為中心，強硬指稱喜愛的狀態為「是、美」，反之則為「非、惡（醜）」，不僅遮蔽萬物齊同平等的真實，更且衍生數之不盡的對立。至於德人了解「是、非、美、惡（醜）」只是人類以自我意念所假設的區隔，實則萬有並無「是、非、美、惡（醜）」之分，故記載其胸中「不藏是非美惡（醜）」。

「四海之內共利之之為悅，共給之之為安」，指出德人喜悅安適。不過，後文「怊乎若嬰兒之失其母也」敘述德人之憂；至於「儻乎若行而失其道也」，學者通常認為「失其道」是迷途，但也可能是指失落了道。試問：德人是悟道者，為何卻憂傷、迷途、甚至失落道呢？

關於此項疑問，可參看《老子・十五章》：「古之善為士者，微妙玄通，深不可識。夫唯不可識，故強為之容……混兮其若濁，孰能濁以靜之徐清？孰能安以久動之徐生？」有道之士的生命內涵深不可測，不過老子仍然勉強予以描述，而且指出悟道者有時也不免如同混濁之水，並不清澈安靜。這是因為悟道者也是有血有肉之人，在生活中受到周身事物的激盪，不免有混亂激動之時，但可逐漸安靜下來，遂由混濁而逐漸清澈。換言之，悟道者的智慧在於適時調整，回返恰到好處的狀態。

以此則知，「四海之內共利之之為悅」至「儻乎若行而失其道也」四句敘述，指出德人雖然憂傷、迷途、甚至失落道，但是並不呆滯於此，而可適時調整，以回返大道，並呈現喜悅與安適的狀態。恰如「注焉而不滿，酌焉而不竭」變動不居的大海，不固定、不僵化。

至於「財用有餘、飲食取足」則是因為「四海之內共利之、共給之」，所以莊子雖記載「不知其所自（由）來、不知其所從」，但在此可以進一步描述為「不知而知其所自（由）來、不知而知其所從」。

「上神乘（順）光」，指出神人順隨光，亦即「神人與光」沒有對立、沒有對待、無待，混融為一。有鑑於「光」無形體，但有照明的特質，故記載「與（其）形滅亡，此謂照曠。」

神人盡其性命所具有的「照曠」之「明」的特質，順隨萬事萬物，由「無」而「有」，再變化為「無」，也就是不離大道混融的整體性，故記載「致命盡情」至「此之謂混冥」。

本則寓言揭示：受大海吸引的諄芒，生命內涵與海相應，明瞭聖人順應自然而不是以一己之見治理民眾；德人無所執著，不落入是非的糾葛中，雖有憂傷、迷途、失道之時，但可適時調整，回返大道，所以生命喜悅安適；神人與光混融，順隨天地萬物，不離大道混融的整體性。

門無鬼與赤張滿稽觀於武王之師，赤張滿稽曰：「不及有虞氏乎！故罹此患也。」門無鬼曰：「天下均治，而有虞氏治之邪？其亂而後治之與？」赤張滿稽曰：「天下均治之為願，而何計以有虞氏為！有虞氏之藥瘍也，禿而施髢，病而求醫。孝子操藥以脩慈父，其色燋然，聖人羞之。至德之世，不尚賢，不使能，上如標枝，民如野鹿。端正而不知以為義，相愛而不知以為仁，實而不知以為忠，當而不知以為信，蠢動而相使，不以為賜。是故行而無迹，事而無傳。」

「門無鬼與赤張滿稽」：一人姓門，名無鬼；一人姓赤張，名滿稽；均為寓託之人名。「武王」：周武王。「師」：軍隊。「有虞氏」：舜。「罹」：遭。「均」：平。「而有虞氏治之邪」的「而」：抑或，「邪」：疑問詞。「其亂而後治之與」的「其」：抑或；「與」：歟，疑問詞。「之為願」：已如願，指符合心願。「何計」指何需。「藥」：治療。「瘍」：頭瘡。「施」指裝設。「髢」：假髮。「操」：拿。「脩」：進。「燋然」：憔悴。「羞」：慚愧。「不尚賢」：不刻意崇尚賢才。「不使能」：不刻意任用有能之人，「使」：任用。「標枝」：高枝。「義」：宜。「當」：應，指言行相符應。「蠢」：動。「蠢動」：行動，不是現代用語所指的愚蠢行為。「相使」：相助。「賜」：恩惠。「行而無迹，事而無傳」的

「而」：遂。

門無鬼與赤張滿稽觀看周武王討伐商紂的軍隊，赤張滿稽說：「不如舜啊！所以遭遇這干戈之患。」門無鬼說：「是天下本就太平，抑或舜治理呢？還是天下混亂之後，舜才去治理呢？」赤張滿稽說：「天下太平就符合大家的心願了，還需要舜去做什麼呢！舜治理天下如同治療頭瘡，禿了才裝假髮，病了才求醫。就如孝子拿藥給慈父治病，即使已經勞累得面色憔悴，聖人還是為他感到慚愧。至德的時代，不刻意崇尚賢才，不刻意任用有能之人，君上如同高枝，民眾如同野鹿。行為端正合宜而不知這是義，相親相愛而不知這是仁，誠實而不知這是忠，言行相符而不知這是信，行動都是相助，卻不以為是恩惠。所以行為沒有留下行迹，事迹也沒有流傳後世。

《老子．六十四章》「治之於未亂」，揭示在禍亂未發生之前，而不是禍亂劇烈發作後，再行治理。本則寓言「有虞氏之藥瘍也」至「聖人羞之」，敘述舜治理天下一如疾病發作後，方才治病，那麼舜治理天下，縱然如同孝子殷切治療慈父之疾病，勞累至面容憔悴，悟道聖人仍然不以為是理想之治。換言之，孝親的理想是使父親不生病，而不是生病後再進行治療；同理可推，理想之治是引導民眾將生命安頓於大道中，人人依隨大道整體性之和諧流暢的運作，那麼也就不須舜之辛勞治理。

聖人立身禍亂未發生的至德之世，「不尚賢，不使能」是因為人人皆有與生俱來的不同專長，所以國君不刻意標舉某些特定能力是「賢、能」，可使民眾各自適性發展，而非追逐某些特定才能。換言之，「不尚賢，不使能」的意涵不在字面，不是棄絕賢、能，而是無所執著。

關於「上如標枝，民如野鹿」，如果僅觀文字表面，這二句敘述似乎是國君高高在上而民眾如動物之狂野。但是莊子之意果真如此嗎？只須參看後文記載，至德之世的民眾都顯現仁義忠信之舉止，並不野蠻狂亂。由此則知這二句敘述的意涵不在字面，而是指出至德之世的國君不干擾民眾，並且順任民眾依隨天性發展，所以民眾自然顯現仁義忠信。

「端正而不知以為義」至「不以為賜（恩惠）」，指出至德之世的民眾自然顯現仁義忠信賜（恩惠）。試問：其原因何在？

本書多次說明，大道通貫天地萬物，是不割裂的渾全整體，至於天地萬物也相同的具有不可切割之整體性；因此依循大道並且順隨萬物的自然天性，與萬物恰如其分的互動，雖無仁義可說，但仁義卻自然涵融在大道整體的運作中，並不需要特別標舉。至於「忠、信、賜（恩惠）」豈可能在大道整體的運作之外呢？亦即「忠、信、賜（恩惠）」與「仁、義」相同，也是本就涵藏在大道整體的運作中。綜言之，仁義忠信賜（恩惠）本就是大道整體運作的一部分，本就涵融在自然天性中。

由此則知：至德之世的民眾，立足大道的整體性，依隨天性而生活，言行舉止也就自然顯現仁義忠信賜（恩惠），並且不以為奇，不認為必須大書特書以流傳後世，故記載「事而無傳」。

本則寓言揭示：如果人人將生命安頓在大道的整體中，行止依隨自然天性，那麼仁義忠信賜（恩惠）就是生活中的一部分。如此，則為人人如願的天下太平，由於不發生禍亂，也就不需任何人勞瘁心神來治理天下，更遑論發動戰爭以除去暴虐之統治。

孝子不諛其親，忠臣不諂其君，臣子之盛也。親之所言而然，所行而善，則世俗謂之不肖子；君之所言而然，所行而善，則世俗謂之不肖臣。而未知此其必然邪？世俗之所謂然而然之，所謂善而善之，則不謂之導諛之人也。然則俗故嚴於親而尊於君邪？謂己導人，則勃然作色；謂己諛人，則怫然作色。而終身導人也，終身諛人也，合譬飾辭聚眾也，是終始本末不相坐。垂衣裳，設采色，動容貌，以媚一世，而不自謂導諛，與夫人之為徒，通是非，而不自謂眾人，愚之至也。知其愚者，非大愚也；知其惑者，非大惑也。大惑者，終身不解；大愚者，終身不靈。三人行而一人惑，所適者猶可致也，惑者少也；二人惑則勞而不至，惑者勝也。而今也以天下惑，予雖有祈嚮，不可得也。不亦悲乎！大聲不入於里耳，折楊、皇華，則嗑然而笑。是故高言不止於眾人之心；至言不出，俗言勝也。以二垂踵惑，而所適不得矣。而今也以天下惑，予雖有祈嚮，其庸可得邪！知其不可得也而強之，又一惑也！故莫若釋之而不推。不推，誰其比憂！厲之人，夜半生其子，遽取火而視之，汲汲然唯恐其似己也。

「諛、諂」：均為奉承、獻媚。「親」：雙親。「邪」：疑問詞。「導諛」：諂諛。「俗故嚴於」的「故」：固、必定，「嚴」：敬。「謂己」：說自己。「勃然、怫然」：均為憤怒。「合譬飾辭」：譬喻修辭。「終始本末不相坐」指前後不一致，「坐」：守。「垂衣裳」指長長的衣裳。「夫人」：此人。「為徒」：為伍，「徒」：類。「通是非」：同是同非。「其愚、其惑」的「其」：自己。「靈」：曉，明白。「適」：往。「致」：至。「勝」：多。「予雖有祈嚮」的「予」：我，「有」：為，「祈嚮」：擔任嚮導向旁人指出路徑。「大聲」：雅樂。「里」：俚，俗。「折楊、皇華」：巷歌俚曲，指通俗歌曲。「嗑」：笑聲。「止」：留。「至言」：至理之言。「不出」：不彰顯。「二垂」：二方、二人，指前文「三人行而二人惑」的二人。「踵」：鍾，指聚、停留。「庸」：何。「強」：勉強。「釋」：放。「推」：推薦。「比」：與。「厲」：癩病，指醜。「遽」：急。「汲汲然」：惶惶然。

孝子不阿諛自己的父母，忠臣不諂媚自己的國君，這是臣與子最好的表現。如果對父母所言都認為正確，父母所行都認為美善，世俗就稱他是不肖子。如果對國君所言都認為正確，國君所行都認為美善，世俗就稱他是不肖臣。但不知這果真是正確的嗎？對世俗所說的正確都認為正確，所說的美善都認為美善，卻不被稱為諂諛之人。那麼世俗必定比父母更可敬，比國君更可尊嗎？聽見他人說自己為諂媚之人，就臉色憤怒；聽見他人說自己為阿諛之人，也是臉色憤怒。然而終身諂媚他人，終身阿諛他人，運用譬喻、修飾辭語以招攬群眾，則是前後不一致的表現。穿著長長的衣裳，服裝設計了華麗色彩，顯現可以打動他人的容貌，以此討好舉世之人，而不認為自己是諂媚阿諛，與這種人為伍，一起同是同非的批評，而不認為自己是大眾之一，真是愚昧之至啊。了解自己愚昧的，不是大愚；了解自己有迷惑的，不是大惑。大惑之人，終身不能解惑；大愚之人，終身不能明白。三人同行而其中一人迷惑，所要去的地方仍然可以到達，因為迷惑的人少；如果其中二人迷惑，那麼再怎麼辛勞都不能到達目的地，因為迷惑的人多啊。現在卻是天下人都迷惑，我即使擔任嚮導指出方向，也不能幫助人們到達目的地。這不是很悲哀嗎！高雅的音樂不被俚俗之耳欣賞，但是折楊、皇華這樣的俚俗歌曲，卻使人們歡喜而笑。所以高深的言談不在大眾的心中停留；至理之言不彰顯，俚俗之言卻充斥天下。三人中有兩人迷惑，使得所要去的地方到不了。現在卻是天下都迷惑，我即使擔任嚮導指出方向，又怎麼能到達呢！了解不能到達卻還勉強去做，這又是一項迷惑啊！所以不如放手，不再推薦。不再推薦，誰會與我一同憂愁呢！醜人半夜生子，急著取火來看，惶惶然唯恐嬰兒的長相與自己相似啊。

莊子先舉例：阿諛諂媚父母、國君，則被冠上不肖子、不肖臣之名；由此反襯阿諛諂媚世俗，卻不被稱為阿諛諂媚之矛盾。

被稱為阿諛諂媚，便嗔怒不已之人，卻又終身阿諛諂媚世俗，針對如此前後矛盾的狀態，莊子記載「是終始本末不相坐」。

「與夫人之為徒」至「愚之至也」，指出與阿諛諂媚之人一同追隨世俗所說的是、非，未能了解萬物本是和諧並存的整體，未能了解萬物無不符合天地之運作（例如：地球自轉），未能了解「無物不然，無物不可」（〈齊物論篇〉），本無是、非可言。如此之失落整體性，即為愚、惑。

「而今也以天下惑，予雖有祈嚮，不可得也」，敘述天下大惑，失落了整體性，且不自覺；縱然莊子擔任嚮導指出回返大道整體的方向，也難以引領大眾達到此目標。

莊子全書揭示大道的整體性，就是在此敘述的「高言、至言」，但卻不敵阿諛諂媚、強硬指稱是非的俗言。故再次沉痛記載「而今也以天下惑，予雖有祈嚮，其庸可得邪！」「知其不可得也而強之」至「誰其比憂」，指出如果知其不可為而強行為之，只是徒增憂惑，故不再向天下推薦回返大道的整體性，也就無人與莊子同憂。換言之，僅莊子一人憂傷天下失落了大道的整體性，此外，既然無人有此自覺，也就無人感到憂傷。

最終舉「厲（醜）人生子」為例，指出厲（醜）人尚有憂懼，但是天下人失落了大道的整體性，卻不知憂懼，誠然是前文敘述的「大愚、大惑」。

本段敘述揭示：華麗鋪陳的阿諛諂媚之詞、強硬指稱是非的俗言，在天下流播。但是莊子誠懇推薦「回返天地萬物之整體性」，世人卻不理會，莊子為此而憂傷沉痛。

百年之木，破為犧樽，青黃而文之；其斷在溝中。比犧樽於溝中之斷，則美惡有間矣，其於失性一也。跖與曾、史，行義有間矣，然其失性均也。且夫失性有五：一曰五色亂目，使目不明；二曰五聲亂耳，使耳不聰；三曰五臭薰鼻，困惾中顙；四曰五味濁口，使口厲爽；五曰趣舍滑心，使性飛揚。此五者，皆生之害也。而楊墨乃始離跂自以為得，非吾所謂得也。夫得者困，可以為得乎？則鳩鴞之在於籠也，亦可以為得矣。且夫趣舍聲色以柴其內，皮弁鷸冠搢笏紳脩以約其外，內支盈於柴柵，外重纆繳，睆

睆然在纆繳之中而自以為得，則是罪人交臂歷指，而虎豹在於囊檻，亦可以為得矣。

「破」：劈開。「犧樽」：祭祀用的酒器。「文」：紋。「惡」：醜。「有間」：有別。「跖」：盜跖，春秋時的大盜，已見於〈胠篋篇〉。「曾、史」：曾參、史鰍，二人皆以仁孝著稱，已見於〈駢拇篇〉。「義」：宜。「五色」：青、黃、赤、白、黑。「五聲」：宮、商、角、徵、羽。「五臭」：羶、薰、香、鯹、腐，「臭」指氣味。「困惾」指鼻塞。「顙」：額頭，此處是指鼻竇在額頭部位的區域。「五味」：酸、辛、甘、苦、鹹。「厲爽」：病傷。「趣舍滑心」的「趣舍」：取捨，指執著與排斥。「滑」：亂。「飛揚」指失落。「生之害」：損害天性，「生」：天性。「楊、墨」：楊朱、墨翟，已見於〈駢拇篇〉。「離跂」指自異於眾。「鳩鴞」：斑鳩鳥。「趣舍聲色」的「趣舍」：指追逐。「柴其內」指塞在心中，「柴」：塞。「皮弁」：以皮革製成之帽冠。「鷸冠」：以鷸鳥的翠羽所裝飾之冠。「搢笏紳脩」：古代朝服之飾，「搢」：插，「笏」：古代官員朝會時，手中所持可以記事的狹長板子或玉珪。「紳」：古代官員束腰的大帶。「脩」：長裙。「支」：塞。「盈」：滿。「柴柵」：柵欄。「纆繳」：繩。「睆睆然」：睜大眼睛看。「交臂」：反縛。「歷指」：夾指之刑具。「囊檻」：籠。

百年之樹，被劈開來做成犧樽酒器，以青色、黃色畫上花紋，剩餘的斷木被丟棄在山溝中。犧樽酒器與丟在山溝中的斷木相比，美醜有別，但是喪失渾然一體的天性，卻是一樣的。

盜跖與曾參、史鰍，行為的合宜雖有差別，但是喪失天性，卻是一樣的。喪失天性有五種情況：一是過度的五色而亂目，使眼睛看不清楚；二是過度的五聲而亂耳，使耳朵聽不明白；三是過度的五種氣味而薰鼻，使人鼻塞；四是過度的五味而濁口，使人味覺受損傷；五是執著、排斥而心緒迷亂，使人失落天性。這五種，都是天性的禍害。楊朱、墨翟立異於眾，自以為有所得，這不是我所說的得。若以為有所得卻反而受困，這可以算是得嗎？那麼鳩鴞鳥在鳥籠中，也可以稱為得了。再者，讓追逐聲色的念頭塞在心中，讓皮帽、羽冠、玉珪、大帶、長裙禮服的裝飾拘束外形。心中塞滿柵欄，外在是重重繩索的束縛，眼睜睜看著就在繩索之中卻自以為有所得，那麼犯人雙手被反綁、夾住十指，虎豹被關在籠子裏，也可以稱為有所得了！

莊子先舉例：木材無論製成犧樽酒器或被丟棄山溝，都失落了未切割之前的整體性；而後敘述盜跖與曾參、史鰍也都失落了自然天性。

「盜跖」是春秋時的大盜，盜取人們的財物，誠然失落了與整體和諧共存的自然天性。至於曾參、史鰍，〈駢拇篇〉記載「枝於仁者，擢德塞性以收名聲，使天下簧鼓以奉不及之法非乎？而曾、史是已。」指出曾參、史鰍推行額外標舉的仁愛，堵塞自然天性，用以獲取名聲，使天下喧囂地奉行偏離大道整體性的準則。該篇曾說明，莊子之所以如此記載，是因為仁愛本就是天地萬物整體運作的一部分，本就涵藏在自然天性中，並不需要特別標舉。但是如果未能明瞭天地萬物的整體性，人們的行為也未能順隨自然天性，反而創設「仁（愛）」之詞，欲引導人們的行為固定於仁愛。殊不知這對人們的行為雖有引導的功效，但是額外標舉的「仁（愛）」只是截取大道整體中的局部隅落，如果過度執著則將偏離整體性的均衡運作，亦即行為固定在額外標舉的仁愛，也就停滯在整體中的局部隅落，以致更加遮蔽大道的整體性。而且額外標舉的仁愛，並未廣及於天地萬有，而是狹隘地僅限於人類之間，追求僅以人類為考量的狹隘「仁（愛）」，卻產生有愛便不免有偏私的流弊。

由此即可了解，額外標舉的仁愛雖然有「明」（引導人們行為）的一面，但也有「暗」（產生偏私流弊）的另一面。亦即額外標舉的「仁（愛）」具有明暗並存、一體兩面的性質，不足以使人們的相處回返整體性的和諧，也不足以使人類與天地萬有的整體回返均衡狀態，人類仍然停滯在整體性遭受遮蔽的錯誤之中。

綜言之，莊子舉盜跖、曾參、史鰍為例，揭示回返大道的整體性，則可如同前則「門無鬼」寓言所指至德之世，人人不失天性而自然呈現仁義忠信之理想行止。

接著敘述喪失天性的五種情況，第五種「趣舍滑心」指出人們基於一己之好惡，遂有執著與排斥，衍生無止盡的好、壞、是、非之對立，以至於遺忘萬物本是和諧並存的整體，本無好、壞、是、非可言，也因此而失落了與萬物和諧共處的自然天性。

而後敘述楊朱、墨翟，回顧〈駢拇篇〉記載「駢於辯者，纍瓦結繩竄句，遊心於堅白同異之間，而敝跬譽無用之言非乎？而楊、墨是已。」指出楊朱、墨翟過度使用辯才，堆疊言詞，穿鑿文句，在堅白與同異的論述間打轉，耗用心力稱譽那些無用之言。本篇則記載「楊墨乃始離跂自以為得，非吾所謂得也。」指出楊朱、墨翟為自己的辯才與眾不同而得意，但是莊子不以為得。換言之，莊子是以「大道的整體性」為「得」。

「夫得者困」至「虎豹在於囊檻，亦可以為得矣。」指出未能立足大道的整體性，停滯在局部隅落而自以為得之人，都是自困，不是自得。

本段敘述揭示；莊子之「得」是不離大道的整體性，立足天地萬物無從切割的整體，亦即「天地與我並生，而萬物與我為一」（〈齊物論篇〉）則無所不得。反之，失落了大道的整體性，則無自得之可言。

天道

天道運行，是否停滯在固定的隅落？無為之「虛與靜」，是否排斥「實與動」？以無為治國，何以將呈現天和、人和、天樂、人樂？

天道運而無所積，故萬物成；帝道運而無所積，故天下歸；聖道運而無所積，故海內服。明於天，通於聖，六通四辟於帝王之德者，其自為也，昧然無不靜者矣。聖人之靜也，非曰靜也善，故靜也；萬物無足以鐃心者，故靜也。水靜則明燭鬚眉，平准，大匠取法焉。水靜猶明，而況精神！聖人之心靜乎！天地之鑑也，萬物之鏡也。夫虛靜、恬淡、寂寞、無為者，天地之平而道德之至。故帝王聖人休焉。休則虛，虛則實，實則備矣。虛則靜，靜則動，動則得矣。靜則無為，無為也則任事者責矣。無為則俞俞，俞俞者憂患不能處，年壽長矣。夫虛靜、恬淡、寂寞、無為者，萬物之本也。明此以南鄉，堯之為君也；明此以北面，舜之為臣也。以此處上，帝王天子之德也；以此處下，玄聖素王之道也。以此退居而閒游江海，山林之士服；以此進為而撫世，則功大名顯而天下一也。靜而聖，動而王，無為也而尊，樸素而天下莫能與之爭美。夫明白於天地之德者，此之謂大本大宗，與天和者也。所以均調天下，與人和者也。與人和者，謂之人樂；與天和者，謂之天樂。莊子曰：「吾師乎，吾師乎！𩐋萬物而不為戾，澤及萬世而不為仁，長於上古而不為壽，覆載天地刻彫眾形而不為巧，此之謂天樂。故曰：『知天樂者，其生也天行，其死也物化，靜而與陰同德，動而與陽同波。』故知天樂者，無天怨，無人非，無物累，無鬼責。故曰：『其動也天，其靜也地，一心定而王天下；其鬼不祟，其魂不疲，一心定而萬物服。』言以虛靜推於天地，通於萬物，此之謂天樂。天樂者，聖人之心，以畜天下也。」

「積」：滯。「六」：六合，指空間之上、下、四方。「四辟」指時間之四季順暢。「德」指自然天性。「自為」：自處。「昧然」：暗，指內斂不炫耀。「鐃」：撓，亂。「燭」：照。「平准」：平；「准」即準，平；此為明代正統道藏成玄英疏本，至於其它通行本則為「平中準」。「鑑」：鏡。「虛靜、恬淡、寂寞」：均指無為，即順應自然。「道德之至」：道德之實，「至」指實質。「休」：止。「備」：完備；此為宋．陳碧虛《莊子闕誤》引江南古藏本，至於其它通行本則為「倫」。「俞俞」：喜。「不能處」的「處」：居，指停留。「南鄉」：南向，指南面為王。「北面」：稱臣。「玄」指深遠。「素王」：有帝王之德而無帝王之位。「撫」：安。「樸素」指整體性，「樸」：未切割的原木，「素」：未染色的原絲。「均調」：平順，「均」：平，「調」：順。「吾師」指道。「𩐋」：碎，指毀壞。「戾」：虐。「彫」：雕。「天行」：行動順應自然。「化」：變。「同德」指性質相同。

「波」：流動。「鬼」：人死為鬼。「一心定」：心定於一，「一」指整體性。「王天下」的「王」：安定，平治。「祟」：禍。「畜」：養。

天道的運行無所滯留，所以萬物生成；帝王之道的運行無所滯留，所以天下來歸；聖人之道的運行無所滯留，所以海內賓服。明白於天道，與聖道相通，暢達於空間時間的帝王之德，他自處時，內斂無不靜呀！聖人的靜，並非說靜是好事所以才靜；萬物不足以擾亂心神，所以靜。水靜止時，可以清楚照見鬍鬚眉毛，水平，可以讓大匠取法。水靜，尚有明的特質，更何況是精神！聖人之心靜，是天地之明鏡，萬物之明鏡。虛靜、恬淡、寂寞、無為，是天地的平準，是道德的實質。所以帝王、聖人止息於無為。止息於無為就是虛，虛就是實，實就是完備。虛就是靜，靜就是動，動則獲得整體。靜就是無為，無為則使擔任事務之人各盡其責。無為就是喜悅，喜悅則憂患不能停留在他的生命中，年壽長久。虛靜、恬淡、寂寞、無為，是萬物的本源。明白這個道理來南面為王，就是堯這樣的君王；明白這個道理來北面稱臣，就是舜這樣的臣子。以這個道理來居於上位，是帝王天子的自然天性；以這個道理居於下位，是玄聖素王的準則。以這個道理退居而閒游江海，山林中的隱士也會欽服；以這個道理進而安撫世界，則可功名大顯，使天下回返整體性。靜則為聖，動則為王，無為則受尊崇，雖然樸素而天下沒有人可以與他比美。明白天地的自然本性，這就稱為大本大宗，與天和諧。可以平順天下，與人和諧。與人和諧，稱為人樂；與天和諧，稱為天樂。莊子說：「我的老師啊！我的老師啊！毀壞萬物卻不是暴戾，恩澤廣被萬代卻不是仁愛，比上古年長卻不是長壽，覆天載地、雕塑眾生卻不工巧，這就稱為天樂。所以說：『了解天樂的人，存活時行動順應自然，死去則與萬物一同變化，靜止時與陰性質相同，行動時與陽同步流動。』所以了解天樂的人，沒有天的怨怒，沒有人們的非難，沒有萬物的牽累，沒有鬼的責備。所以說：『他活動時如同天，安靜時如同地，心定於一而平治天下；在他的治理下，死去的鬼不作祟，活著的人魂靈不疲困，心定於一而萬物賓服。』這是說，將虛靜推廣至天地，與萬物相通，這就稱為天樂。天樂，就是聖人的無為之心，養育天下。」

「天道運而無所積」至「海內服」，指出大道以不執著的特質，順應萬物的生長發展；至於帝道、聖道，都是依循大道，無所執著，當為則為，不當為則不為，因此天下歸、海內服。

「明於天」至「昧然無不靜者矣」，指出依隨天道、聖道的帝王天性之德，雖然具有與道相同的流動特質，與廣闊的時間、空間相通，但也具有「靜」的本質。

「虛靜、恬淡、寂寞、無為」，都指向順應自然的無為。至於「無為」的意涵不在字面，不是什麼都不做，而是當為則為，不當為則不為。

天地並不干擾而是順應萬物的自然性質，也就是依循無為準則。大道通貫天地萬物，是其性質使然，亦即大道就是順應自然性質，以無為準則而存在。「德」是萬物與生俱有的天性，例如：動物可走動、植物不能走動，試想萬物之所以有其天性，是其性質使然，亦即「德」就是順應自然性質，以無為準則而存在。故記載「虛靜、恬淡、寂寞、無為者，天地之平而道德之至（實）。」

後文記載「虛靜、恬淡、寂寞、無為者，萬物之本也。」也是指出萬物之所以如此存在，是其性質使然，亦即萬物就是順應自然性質，以無為準則而存在。

「帝王聖人休焉，休則虛，虛則實，實則備矣」，指出帝王、聖人都依循無為之「虛」；不過，「無為」是當為則為，不當為則不為，以「為與不為」的整體待命；所以並不呆滯在「虛」，而是隨機因應，適時流動變化為「實」。換言之，無為立足「虛與實」混融、沒有對立、沒有對待、無待的整體，不僅在「虛」可運作，在「實」也可運作，具有完備的「虛與實」之整體性。

「實則備矣」之後，莊子立即敘述「虛則靜」，就是暗示：無為並不固定在「實」，而將再次流動為「虛」。

「虛則靜，靜則動，動則得矣」的意涵，與上文「休則虛，虛則實，實則備矣」相近，亦即指出：無為並不呆滯在「靜」，而將適時調整為「動」。換言之，無為就是立足「靜與動」混融為一的整體，不論「動」或「靜」皆可運作自如，故獲得「靜與動」的整體性。

「靜則無為，無為也則任事者責矣。」再次彰顯：無為不是什麼都不做，而是順應自然，當為則為，不當為則不為，所以任事之人皆善盡其責。

「明此以南鄉」至「則功大名顯而天下一也」，指出依循順應自然的無為準則，不論南面稱王、北面稱臣、處上、處下、或退、或進，都有令人讚嘆的理想表現。

「靜而聖，動而王」，雖然看似僅以「靜」敘述聖人、以「動」敘述帝王；不過，聖人、帝王既然都是依循順應自然的無為準則，也就與無為相同，都具有「靜與動」的整體性。所以可進一步描述為「靜而動，聖；動而靜，王」。

聖人、帝王都依循無為，具有「虛與實」、「靜與動」的整體性，無所偏滯，故受尊崇；

雖然樸素，但不離天地萬物整體之大美。故記載「無為也而尊，樸素而天下莫能與之爭美。」「夫明白於天地之德者」至「謂之天樂」，指出明瞭天地的自然性質，就是依循順應自然的無為準則，亦即掌握最主要的根本，不僅與天和，也與人和，與天地萬物無不和；不僅人樂、天樂，也是天地萬物無不樂。

「䪢（碎）萬物而不為戾」至「覆載天地刻彫眾形而不為巧」四句，〈大宗師篇〉曾記載極為近似的敘述。

關於「䪢（碎）萬物」的暴戾，可由下例來了解：萬物在天地間生存，並非恆常固定於「生」之一面，也有「死滅毀壞」的另一面。亦即天地的運作，具有「生與滅」一體兩面的性質；只不過常識特別強調「生」，莊子則是和盤托出，指出常識忽略的一體兩面之另一面「死」，故記載「䪢（碎）萬物」。然而隨即翻轉為「不為戾」，這是因為萬物雖由「生」變化為「死（無生）」，但是並非恆定於「無生」，而將再次變化為「生」，故記載「不為戾」。由此則知，「䪢（碎）萬物而不為戾」（戾而不戾）揭示大道順應萬物「無動而不變，無時而不移」（〈秋水篇〉）不斷變動的性質，既不固定在「戾」，也不固定在「不戾」，而是變動不居。

「澤及萬世」的仁愛，仍可由前述之例來了解：萬物由「無生」變化為「生」，這是「澤及萬世」的仁愛。但是莊子又立即翻轉為「不為仁」，這是因為萬物並非恆定於「生」，而將再次變化為「無生」，也就是「䪢（碎）萬物」不仁愛、戾的另一面，故記載「澤及萬世而不為仁」（仁而不仁）。換言之，大道順應萬物不斷變動的自然性質，既不固定在「仁」，也不固定在「不仁」，而是遷流無已。

有以上的了解，則知「澤及萬世而不為仁」即為「仁而不仁，不戾而戾」，恰為「𩐈（碎）萬物而不為戾」（戾而不戾）的反轉敘述。簡言之，「𩐈（碎）萬物而不為戾，澤及萬世而不為仁」的意涵就是「戾而不戾，不戾而戾」，也可描述為「不仁而仁，仁而不仁」，依然彰顯大道流動變化，不固定在「不戾」（仁），也不固定在「戾」（不仁）。

「長於上古」就是長壽，但是莊子依然翻轉為「不為壽」。換言之，「長於上古而不為壽」就是壽而不壽，亦即大道通貫「壽與不壽」。「壽與不壽」相連相通，就是大道的呈現。此外，也可由另一面向描述大道「壽而不壽，不壽非不壽」，依然彰顯大道遷流不已，無所固定的特質。

「覆載天地刻彫眾形」當然是工巧非常，但是莊子立即翻轉為「不為巧」。換言之，「覆載天地刻彫眾形而不為巧」揭示大道巧而不巧，其意涵可由下例來了解：萬物由「無生」變化為「生」，呈現各有其巧妙的形貌，然而並非道使萬物呈現巧妙形貌，而是道順應萬物的自然性質。另外，針對大道「巧而不巧」的意涵，也可進一步描述為「巧與不巧，通而為一」，也相同的彰顯大道變動無已的特質。

綜言之，「𩐈萬物而不為戾」至「覆載天地刻彫眾形而不為巧」四句敘述，舉戾、仁、壽、巧為例，指出大道遷流不定，通貫「戾與不戾」、「仁與不仁」、「壽與不壽」、「巧與不巧」，也就是「道通為一」（〈齊物論篇〉），這即為天樂。簡言之，這四句敘述揭示：與變同步，不離於道，就是天樂。

「其生也天行」至「動而與陽同波」，指出天樂就是不離「生與死」、「靜與動」、「陰與陽」的整體性。換言之，天樂立足「生與死」、「靜與動」、「陰與陽」混融的整體，無所執著也無所排斥；亦即與道同步，依循順應自然的無為準則，當為則為，不當為則不為，行止恰如其分，所以與天地萬物（例如：鬼）沒有對立、沒有對待、無待、和諧、混融，所以王天下、萬物服。因此記載「故知天樂者，無天怨」至「一心定而萬物服」。

另外，讀者須留意「無物累」並非與萬物隔絕，而是與萬物混融為一；由於物即我，我即物，所以沒有牽累可言。

「虛靜」是指順應自然的無為。故知「言以虛靜推於天地」至「以畜天下也」六句敘述，指出在天地間推行順應自然的無為準則，就是與萬物和諧的天樂，是聖人養育天下的立足點。

本段敘述揭示：治理天下，依循順應自然的無為準則，秉持「虛與實」、「靜與動」的整體性，當為則為，不當為則不為，與天地萬物混融為一，則呈現天和、人和，天地萬物無不和；不僅人樂、天樂，也是天地萬物無不樂的太平盛世。

夫帝王之德，以天地為宗，以道德為主，以無為為常。無為也，則用天下而有餘；有為也，則為天下用而不足。故古之人貴夫無為也。上無為也，下亦無為也，是下與上同德；下與上同德則不臣。下有為也，上亦有為也，是上與下同道；上與下同道則不主。上必無為而用天下，下必有為為天下

用，此不易之道也。故古之王天下者，知雖落天地，不自慮也；辯雖彫萬物，不自說也；能雖窮海內，不自為也。天不產而萬物化，地不長而萬物育，帝王無為而天下功。故曰：莫神於天，莫富於地，莫大於帝王。故曰：帝王之德配天地。此乘天地，馳萬物，而用人群之道也。本在於上，末在於下；要在於主，詳在於臣。三軍五兵之運，德之末也；賞罰利害，五刑之辟，教之末也；禮法度數，形名比詳，治之末也；鐘鼓之音，羽旄之容，樂之末也；哭泣衰絰，隆殺之服，哀之末也。此五末者，須精神之運，心術之動，然後從之者也。末學者，古人有之，而非所以先也。君先而臣從，父先而子從，兄先而弟從，長先而少從，男先而女從，夫先而婦從。夫尊卑先後，天地之行也，故聖人取象焉。天尊地卑，神明之位也；春夏先，秋冬後，四時之序也；萬物化作，萌區有狀，盛衰之殺，變化之流也。夫天地至神，而有尊卑先後之序，而況人道乎！宗廟尚親，朝廷尚尊，鄉黨尚齒，行事尚賢，大道之序也。語道而非其序者，非其道也。語道而非其道者，安取道！是故古之明大道者，先明天而道德次之，道德已明而仁義次之，仁義已明而分守次之，分守已明而形名次之，形名已明而因任次之，因任已明而原省次之，原省已明而是非次之，是非已明而賞罰次之，賞罰已明而愚知處宜，貴賤履位，仁賢不肖襲情，必分其能，必由其名。以此事上，以此畜下，以此治物，以此修身，知謀不用，必歸其天。此之謂太

平，治之至也。故書曰：「有形有名。」形名者，古人有之，而非所以先也。古之語大道者，五變而形名可舉，九變而賞罰可言也。驟而語形名，不知其本也；驟而語賞罰，不知其始也。倒道而言，迕道而說者，人之所治也，安能治人！驟而語形名賞罰，此有知治之具，非知治之道。可用於天下，不足以用天下，此之謂辯士，一曲之人也。禮法數度，形名比詳，古人有之，此下之所以事上，非上之所以畜下也。

「道德」的「德」：指自然天性。「無為」指君上當為則為，不當為則不為，不執著固定的行為。「有為」指臣下依職責，行為固定於處理其職務。「用天下」：治理天下。「有餘」：有餘裕。「為天下用」：被天下用。「同德」：性質相同。「不臣」：不合臣道。「同道」：走相同的路，指行為相同。「不主」：不合君道。「不易之道」：不變的治國道理。「落」：周，涵蓋。「慮」指謀劃。「辯」：言。「彫」：周偏。「窮」：盡。「天下功」：天下成。「配」：匹配。「乘」：順。「馳」指同步。「末」指細節。「三軍」：古代諸侯統領三軍。「五兵之運」：弓、殳、矛、戈、戟，五種兵器的使用；「運」：用。「德之末」的「德」：恩惠。「五刑」：劓、墨、刖、宮、大辟，五種刑法。「辟」：法。「度數」：制度。「形名」：循名責實，「形」：實。「比詳」：詳察。「羽旄之容」：鳥羽獸毛之舞動，「容」：動。「衰絰」：居喪之服。「隆殺之服」：斬衰、齊衰、大功、小功、緦麻，五種親疏有別的喪服。「精神、心術」：精神、心志，都依隨於本（道）。「所以先」指根本。「取象」：取法。「神明之位」的「神明」指天地，「位」：序列。「作」指出生。「萌區有狀」：萌牙之初就有區分，各有不同的狀態。「盛衰之殺」的「殺」：差異。「鄉黨」：鄉里。「齒」指年齡。「非其序」：不依從整體性的次序。「安取」：何得。「分守」：各守其分際。「因任」：順任。「原省」：省察。「是非」指恰當與不恰當。「處宜」：各得其宜。「履位」：各就其位。「襲情」：各依其實，「情」：實。「畜」：養。「驟」：突然。「迕」：逆。「人之所治」：被人治理。「安能」：何能。「用於天下」：被天下用。「一曲」：一隅。

帝王的天性之德，是以天地的自然為根本，以道、德為主軸，以順應自然的無為做準則。秉持無為，治理天下而有餘裕；有為，被天下所用還唯恐做得不夠。所以古人推崇無為。如果君上無為，臣下也無為，就是下與上性質相同；下與上性質相同，則不合臣道。如果臣下有為，君上也有為，是上與下行為相同；上與下行為相同，則不合君道。君上必定要以無為來治理天下，臣下必定要以有為來被天下所用，這是不變的治國道理。所以古代治理天下的人，智力雖然涵蓋天地，但不執著於自己謀劃；言談雖然遍及萬物，但不執著於自己述說；能力雖然窮盡海內，但不執著於自己去做。天不執著生產而萬物生長發展，地不執著長養而萬物繁衍，帝王不執著固定的行為而天下成功。所以說：沒有比天更神奇的，沒有比地更富有的，沒有比帝王更大的。所以說：帝王之德與天地相匹配。這是順隨天地，與萬物同步，而治理人群的法則。本在上源，末在下端。君主之道簡要，臣子之道詳盡。三軍與五種兵器的使用，是德惠的末端細節；賞罰利害，五種刑法，是教化的細節末端；禮法制度，循名責實的詳察，是治理的細節末端；鐘鼓樂音，鳥羽獸毛的舞動，是歡樂的細節末端；哭泣與披麻帶孝，穿上親疏有別的喪服，是哀悼的細節末端。這五種細節末端行為，必須依精神而運用，依心志而運用，然後從事這五種行為。這種細節末端之學，古人早就有了，但不以為是根本。君在先而臣跟從，父在先而子跟從，兄在先而弟跟從，長在先而少跟從，男在先而女跟從，夫在先而婦跟從。有尊卑先後，是天地運行的方式，所以聖人取法於此。天尊地卑，是天地的序列；春夏先，秋冬後，是四時的順序；萬物變化出生，在萌牙之初就有區分，各有不同的狀態，也有盛衰的差異，變化的流動。天地是最神奇的存在，有尊卑先後的整體性順序，何況是人道呢！宗廟推崇血親，朝廷推崇位尊，鄉里推崇年長，做事推崇賢能，這是大道整體性的次序。談論道而不依從整體性的次序，那就不是道。談論道卻又不是道，如何得道呢！所以古代闡明大道的人，先闡明天之自然，而道、德次之；道、德闡明了，而仁、義次之；仁、義闡明了，而各守其分際次之；各守其分際闡明了，而循名責實次之；循名責實闡明了，而順任其處理次之；順任其處理闡明了，而省察次之；省察闡明了，而恰當與否次之；恰當與否闡明了，而賞罰次之；賞罰闡明了，而愚智各得其宜，貴賤各就其位，仁賢與不肖之人，各依其實，區分能力而任事，由其名責其實。以這個準則來侍奉君主，養育民眾，治理萬物，修養自身，不執著使用智謀，則回歸天之自然。這稱為太平，是治理的最高呈現。所以古書說：「有形有名。」循名責實的形名，古人早就有了，但不以為是根本。古代談論大道的人，經過五次演變才可舉出循名責實的形名，經過九次演變才可說到賞罰。突然間說到循名責實的形名，是不知根本；突然間說到賞罰，是不知起始。將道倒過來說，違逆道而說的人，是被他人治理，如何能治理他人！突然間說到循名責實的形名、賞罰，這是只知治理的工具，不知治理的整體性原則。可被天下所用，不足以治理天下，這稱為辯士，停滯在一隅之人。禮法制度，循名責實的詳察，古人早就有了，這是臣下用以侍奉君上，不是君上用以畜養臣下的準則。

「無為」指君上統領群臣，不執著固定的行為，而是順應自然，當為則為，不當為則不為，以「為與不為」的整體待命。因此，以「無為」治理天下則有餘裕。「有為」在此並無貶義，而是指臣下依職責，行為固定於處理其職務。「君上無為」與「臣下有為」相互搭配，混融為一；亦即具有大道的整體性，則國治民安。故記載「無為也，則用天下而有餘」至「下必有為為天下用」。

「知雖落天地」至「不自為也」六句敘述，在此先看「辯雖彫（周）萬物，不自說也」，這二句敘述即為「辯而不說」，與〈齊物論篇〉「大辯不言」相同。回顧該篇曾說明，「辯」是「言」，「大辯」即「大言」，但是「大辯不言」指出大辯並不固定於「言」，而適時調整為「不言」。故知「辯雖彫（周）萬物，不自說也」，也是不呆滯在「言說」而適時調整為「不說」。換言之，「不自說」的意涵不在字面，並非絕不言說，而是不執著言說，以「說與不說」的整體待命。由此即可了解，古之王天下者具有「說與不說」的整體性。

再看「能雖窮（盡）海內」即是有能有為，但是莊子立即翻轉為「不自為」，也就是「為而不為」，不固定在「為」而調整至「不為」。亦即「不自為」的意涵不在字面，並非排斥「為」，而是不執著「為」，在「為與不為」的整體中往來自如。簡言之，「不自為」與「無為」相同，也具有「為與不為」的整體性。

「知雖落（周）天地」即為有知有思慮，但是莊子立即翻轉為「不自慮」，也就是「慮而不慮」，不固定在「慮」而調整為「不慮」。亦即「不自慮」的意涵不在字面，不是排斥「慮」，而是不執著「慮」，在「慮與不慮」的整體中靈活流動。由此亦可了解：古之王天下者具有「慮與不慮」的整體性。

此外，也可由另一面向來了解：由於「有為」之臣下，各依職責處理職務，因此君上「無為」，也就無庸執著「慮（思）、說、為」，故記載「知雖落天地」至「不自為也」。

「三軍五兵之運」至「哀之末也」，揭示：德（惪）、教、治、樂、哀，都是渾全大道整體運作的一部分。亦即這五項之「本」都是道，人們在生活中表現這五項的細微末節，都是依隨精神、心術（志）。至於精神、心術（志）都不離大道的整體性，那麼從事這五項之「末」，依然不失大道之「本」。

雖然常識認為「先與後」、「尊與卑」有高低位階的分別，但是以不割裂的渾全大道觀之，若無「後、卑」則無「先、尊」，亦即「先與後」、「尊與卑」具有不可切割的整體性。故知「君先而臣從」至「春夏先，秋冬後，四時之序也」指出：君臣、父子、兄弟、長少、男女、夫婦、尊卑、先後、天地、春夏秋冬，都具有一體不可分的整體性，並非文字表面的高低位階對立，讀者須留意之，不可被文字所框限。

「末學者，古人有之」至「大道之序也」，揭示天地、四時、萬物都呈現尊卑先後之序的整體性，聖人取法之，使人們的生活也有尊卑先後之序的整體性。然而讀者在此必須留意：人們生活中的尊卑先後，並非「不自然」，反之，它們是自然，是大眾在生活中自然發展出來的相處方式，也是大眾生活順暢運作的一部分，無庸消滅，也不可能消滅。如果了解生活中必然有尊卑先後，也同時明瞭任何尊卑先後的存在，都是組成天地萬物無從切割的連續性整體之一環，存在的本質皆相同，而且是齊同平等；亦即雖有尊卑先後，但是存在的本質並無差異，那麼即為了解完整的全貌，了解尊卑先後之序的整體性。

「古之明大道者，先明天而道德次之」至「是非已明而賞罰次之」，列出：天、道德、仁義、分守、形名、因任、原省、是非、賞罰，揭示「天」（自然）是這一系列演變之本源，統領「道德」以至於「賞罰」。因此，人們雖有「仁義」以至「賞罰」之種種行為，但是如果秉持大道的整體性，依循天性之德，則不失「天」（自然）之「本」，故記載「必歸其天」。

另外，關於「知謀不用」，與〈應帝王篇〉「無為謀府，無為知主」相同。該篇曾說明，大眾行事不以順應自然為前提，而是以一己的意念進行謀劃，也就是「為謀府」；炫耀知，排斥不知，也就是「為知主」。然而，無待智者立足渾全不割裂的大道，了解互為對照的「謀與不謀」、「知與不知」是沒有對立、沒有對待、無待、不可切割的整體，因此不同於大眾，不執著「謀、知」，而是順隨自然，故而「不謀」，也謙虛地承認有所「不知」。由此則可了解，本篇敘述「知謀不用」不是排斥知、謀，而是不執著知、謀，隨機因應，適時調整。

有鑑於形名（循名責實）、賞罰，都本於「天」（自然），也都是大道整體運作的一部分；所以談論形名（循名責實）、賞罰，如果不離於「天」（自然）以及道的整體性，則是

「本末」兼備，可以平治天下。否則，若只言形名（循名責實）、賞罰，卻失落了「天」（自然）以及道的整體性，就是「倒道而言，迕道而說」，只有「末」而失落了「本」，故記載「知治之具，非知治之道」，也就難以平治天下。

本段敘述揭示：治理天下應「君上無為、臣下有為」相互搭配，混融為一，並且以「天」之自然為前提，秉持道的整體性，不離天性之德，依循順應自然的無為準則。有學者認為本段敘述為法家思想，違逆莊子主旨，不是莊子所作。不過，基於以上說明，可證其主旨並非贊同法家思想，而是指出提倡形名（循名責實）、賞罰的辯士，未能以「天」（自然）為本，也未能回返道的整體性，徒有「末」而無「本」，不足以治理天下。簡言之，本段敘述並未遠離莊子全書之主旨，所以或許不必認為絕非莊子所作。

昔者舜問於堯曰：「天王之用心何如？」堯曰：「吾不敖無告，不廢窮民，苦死者，嘉孺子而哀婦人，此吾所以用心已。」舜曰：「美則美矣，而未大也。」堯曰：「然則何如？」舜曰：「天德而出寧，日月照而四時行，若晝夜之有經，雲行而雨施矣！」堯曰：「膠膠擾擾乎！子，天之合也；我，人之合也。」夫天地者，古之所大也，而黃帝、堯、舜之所共美也。故古之王天下者，奚為哉？天地而已矣！

「天王」：天子。「敖」：傲，輕慢。「無告」指鰥寡孤獨。「廢」：棄。「苦」：悲憫。「嘉」：愛。「孺子」：兒童。「哀」：憐。「用心已」：用心也。「德」：恩惠。「出寧」：學者認為出是錯字，正確應為「土」字，「土寧」指地平。「經」：常。「施」：散布，指落下。「膠膠擾擾」：攪擾。「王天下」：治理天下。「奚為」：何如。

從前舜問堯說：「天子的用心是如何呢？」堯說：「我不輕慢孤苦無依的人，不捨棄窮困的人，悲憫死者，愛護兒童，同情婦女，這就是我的用心所在。」舜說：「好固然是好，但是不夠廣大。」堯說：「那麼應該如何做呢？」舜說：「天有德惠而大地安寧，日月照耀而四時運行，如同晝夜之有常，雲飄而雨落！」堯說：「我擾擾多事啊！你是與天之自然相合；我是與人相合。」天地是自古以來最廣大的存在，黃帝、堯、舜都一致地讚美。所以自古以來治理天下的人，要像什麼呢？就是要像天地啊！

堯自言擔任天子不輕忽孤苦的民眾，舜以「天德（惠）而出（土）寧」至「雲行而雨施矣」四句敘述，對堯提出建議。

這四句敘述，舉「天地、日月、四時、晝夜、雲雨」為例，揭示立足渾全大道，則可明瞭萬物是無從切割的連續性整體，萬物也都各依自然本質而存在；至於人類則是萬種物類之一，也以與生俱有的天性本質存在於整體之內，是整體的一環。因此治理天下，在重視民眾的同時，如果擴大眼界胸懷不離天地萬物，順隨萬物的自然本質，將無人無物不可安頓，那麼「人之合」就是「天之合」。

至於舜之所以如此建議，答案就在本篇篇首記載的「明白於天地之德者，此之謂大本大宗，與天和者也，所以均調天下，與人和者也。與人和者，謂之人樂；與天和者，謂之天樂。」

簡言之，明瞭天地萬物的整體性，並且依循之，就是掌握大本大宗，不僅與天和，也與人和，與天地萬物無不和；不僅人樂、天樂，也是天地萬物無不樂。

聽聞舜的建議後，堯自謙僅符合人事，指舜與天之自然同步。

本則寓言揭示：治理天下，誠然應該重視民眾，但是如果眼界不離天地萬物的整體性，胸懷如天地之廣大，行事順隨萬物的自然性質，那麼治理天下的王者即如同黃帝、堯、舜共同稱美的天地。

孔子西藏書於周室，子路謀曰：「由聞周之徵藏史有老聃者，免而歸居，夫子欲藏書，則試往因焉。」孔子曰：「善。」往見老聃，而老聃不許，於是繙十二經以說。老聃中其說，曰：「大謾，願聞其要。」孔子曰：「要在仁義。」老聃曰：「請問：仁義，人之性邪？」孔子曰：「然，君子不仁則不成，不義則不生。仁義，真人之性也，又將奚為矣？」老聃曰：「請問：何謂仁義？」孔子曰：「中心物愷，兼愛無私，此仁義之情也。」老聃曰：「意，幾乎後言！夫兼愛，不亦迂乎！無私焉，乃私也。夫子若欲使天下無失其牧乎？則天地固有常矣，日月固有明矣，星辰固有列矣，禽獸固有群矣，樹木固有立矣。夫子亦放德而行，循道而趨，已至矣；又何偈偈乎揭仁義，若擊鼓而求亡子焉？意，夫子亂人之性也！」

「藏書」：藏其所著之書。「周室」：周天子的朝廷，現今河南洛陽一帶。「子路」：姓仲，名由，字子路，孔子的弟子。「由」：子路自稱其名。「徵藏史」：掌管儲藏典籍的史官。「免」指引退。「夫子」指孔子。「因焉」：就之，指請求協助。「繙」：聚。「十二經」：學者的說解不一，在此或許指《詩》、《書》、《禮》、《樂》、《易》、《春秋》，又加六緯，合為十二經。「中」：中斷。「大謾」：太冗長。「要」：主旨。「邪」：疑問詞。「奚」：何。「物愷」：易愷，指和樂。「情」：實。「意」：噫，感嘆聲。「幾乎」：危殆。「迂」：迂闊。「牧」：養。「立」：站。「放」：依。「德」指自然天性。「偈偈乎」：用力之貌。「揭」：舉。「亡」：逃。

孔子想將所著之書，儲藏在周王室，子路建議說：「我聽說周王室的典藏官，有一位名叫老聃之人，引退回家了，先生要藏書，可以請他協助。」孔子說：「好。」孔子去拜訪老聃，而老聃不同意他這麼做，於是孔子引述十二經來解說。老聃打斷他的敘述，說：「太冗長了，我想聽要旨。」孔子說：「要旨在仁義。」老聃說：「請問：仁義是人的本性嗎？」孔子說：「是的，君子不仁就不能成為君子，不義就不能生存。仁義，確實是人的本性，此外，還有什麼呢？」老聃說：「請問：什麼是仁義？」孔子說：「中心和樂，兼愛無私，這是仁義的真實。」老聃說：「唉，危殆啊，你後面所說的話！談兼愛，不是太迂闊了！而且無私，就是有私。先生想使天下人不失去安養嗎？且看天地本就有常軌，日月本就有光明，星辰本就有序列，禽獸本就是群居，樹木本就是站立。先生依循天性之德而行，遵循道而前進，就是最好的了！又何必拼命提倡仁義，好像敲著鼓去追趕逃跑的人呢？唉，先生擾亂了人的本性啊。」

常識認為「無私與私」互斥不並存，但是由渾全不割裂的大道觀之，互為對照的「無私與私」是不可切割的整體。亦即若無「私」，則無「無私」之可言；一旦提出「無私」，那麼「私」必定相伴相隨，不曾須與相離。換言之，「無私與私」並不是常識認為的互斥不並存，而是共存共在。所以老子敘述「無私焉，乃私也。」

「天地固有常矣」至「樹木固有立矣」，舉天地、日月、星辰、禽獸、樹木為例，指出天地萬物均以其自然本質存在，不曾額外標舉仁義；那麼人類是否需要額外標舉仁義呢？

關於「仁（愛）、義（宜）」，〈齊物論篇〉、〈大宗師篇〉均曾說明，大道通貫天地萬物，是不割裂的渾全整體，至於天地萬物依隨大道，也相同的具有不可切割之整體性。因此立足大道，明瞭人類是萬種物類之一，齊同平等於萬物，依循這項與生俱有的自然天性之「德」，愛護自己，同時尊重所有存在，也就是順隨萬物的天性之「德」，與萬物恰如其分的互動，仁（愛）、義（宜）就已涵融在整體的運作中，並不需要特別標舉。亦即仁義本就是大道整體的一部分，本就涵藏在自然天性中。

但是如果未能明瞭上述的整體性，人們的行為也未能依循順應萬物自然本質的準則，反而創設「仁（愛）、義（宜）」之詞，欲引導人們的行為固定於仁義。殊不知這對人們的行為雖有引導的功效，但是額外標舉的「仁（愛）、義（宜）」只是截取大道整體中的局部隅落，如果過度執著則將偏離整體性的均衡運作，亦即行為固定在額外標舉的仁義，也就停滯在整體中的局部隅落，以致更加遮蔽大道的整體性。而且額外標舉的仁義，並未廣及於天地萬有，而是狹隘地僅限於人類之間，追求僅以人類為考量的狹隘「仁（愛）、義（宜）」，卻產生有愛便不免有偏私的流弊；又因為整體性被遮蔽，人們並非以整體的運作來判斷合宜與否，而是以自我為中心進行判斷，遂演變為符合一己的利益就視之為「義（宜）」，亦即產生將利益視為合宜的流弊。

綜言之，額外標舉的「仁（愛）、義（宜）」對人們的行為雖有引導的功能，但卻使大道的整體性更加被遮蔽，而且僅僅追求以人類為考量的狹隘「仁（愛）、義（宜）」，卻產生偏私的流弊，以及將利益視為合宜的流弊。由此即可了解，額外標舉的仁義雖然有「明」的一面，但也有「暗」的另一面。亦即額外標舉的「仁義」具有明暗並存、一體兩面的性質，不足以使人們的相處回返整體性的和諧，也不足以使人類與天地萬有的整體回返均衡狀態，人類仍然停滯在整體性遭受遮蔽的錯誤之中。

明瞭於此，則知刻意標舉的仁義，對於本就涵藏仁義的天性之「德」，即為額外增添，偏離生命的真實。

由此則知，寓言之初孔子欲西藏書於周室，而老子不許。就是因為仁義是天地萬物整體運作中的一部分，本就涵藏在自然天性中，並不需要以經書額外標舉。換言之，「若欲使天下無失其牧（養）」，應喚醒每一個人對整體的清晰自覺，立足大道的整體性，與天地萬物沒有對立、沒有對待、無待、混融、和諧，依循大道順應萬物天性之「德」的前提，與萬物恰如其分的互動。故記載「放（依）德而行，循道而趨，已至矣。」

本則寓言揭示：仁義是天地萬物整體運作的一部分，本就涵藏在自然天性中；至於經書特別提倡的仁義，對於本就涵藏仁義的天性之「德」，即為額外增添，偏離生命的真實。所以如欲達到「中心物愷（和樂）」，應回返本篇篇首記載的「明白於天地之德者，此之謂大本大宗，與天和者也，所以均調天下，與人和者也；與人和者，謂之人樂；與天和者，謂之天樂。」

士成綺見老子而問曰：「吾聞夫子聖人也，吾固不辭遠道而來願見，百舍重趼而不敢息。今吾觀子，非聖人也。鼠壤有餘蔬，而棄妹，不仁也。生熟不盡於前，而積斂無崖。」老子漠然不應。士成綺明日復見，曰：「昔者吾有刺於子，今吾心正郤矣，何故也？」老子曰：「夫巧知神聖之人，吾自以為脫焉。昔者子呼我牛也而謂之牛，呼我馬也而謂之馬，苟有其實，人與之名而弗受，再受其殃。吾服也恆服，吾非以服有服。」士成綺鴈行避影，履行遂進而問：「修身若何？」老子曰：「而容崖然，而目衝然，而顙頯然，而口闞然，而狀義然，似繫馬而止也。動而持，發也機，察而審，知巧而覩於泰，凡以為不信。邊境有人焉，其名為竊。」

「士成綺」：姓士，字成綺，不知何許人。「願」：欲。「百舍」指旅途百日。「重趼」指走遠路以致腳跟長出厚皮。「趼」：繭，腳跟厚皮。「鼠壤」：鼠穴，指牆邊或地面之凹處。「餘」：多。「蔬」：糧，指穀物。「棄妹」：不惜物而棄滅之。「妹」：末，滅。「生熟」指生熟食物。「盡」：窮。「積斂無崖」：聚斂無已。「漠然」：無聲。「刺」：譏刺。「正」：則。「郤」：隙，空。「脫」：免。「苟」：如。「殃」：咎，指過失。「服」：行。「以服有服」：用此行為而有此行為，指有心而為；「以」：用。「鴈行避影」指側身行走，謙卑恭敬之貌。「履行」：一步接一步。「遂」：進。「而容、而目、而顙、而口、而狀」的「而」：都是你。「崖然」：容態高傲之貌。「衝然」：鼓目凸視之貌。「顙」：額。「頯然」：厚，指高亢。「闞然」：張口欲辯。「義然」：巍峨高大之貌，「義」：峨。「止」：停。「動而持」：欲動而勉強控制，「持」：控制。「發也機」：發動猛速，如同機關射出飛箭。「察而審」：察事甚詳，「審」：詳。「知巧」：智巧。「覩」：外顯。「泰」：驕泰。「凡」：皆。「不信」：不實，指矯揉。「信」：實。

士成綺見到老子問說：「我聽說先生是聖人，我不辭路途遙遠而想來見您，旅途百日腳跟長出厚繭也不敢休息。現在我看見您，並不是聖人。地面凹處有餘糧，不知惜物而棄滅之，這是不仁！生熟食物堆在面前，還要聚斂無已。」老子沒有回應。士成綺第二天再來見老子說：「昨日我譏刺您，今天我感覺心空空的，這是什麼原故呢？」老子說：「我自認為已經不是巧智神聖這種人了。昨日你叫我是牛，我就稱為牛，叫我是馬，我就稱為馬。如果真有其實，他人給我一個相符的名稱，而我不接受，就是雙重的過失。我的行為就是向來恆常之行為，不是有心這麼做。」士成綺恭敬的側身行走，一步接一步向前而問說：「如何修身？」老子說：「你的容態高傲，你的眼睛鼓目凸出，你的額頭高亢，你張口欲辯，你的身形巍峨高大，好似被繫住的奔馬，雖然停下但是心在奔馳。想動又勉強抑制，發動猛速，如同機關射出飛箭，察事甚詳，有智巧而外露驕泰之色，這些都是矯揉造作。邊境有這樣的人，他的名字是竊賊。」

在此先看老子自言「夫巧知神聖之人，吾自以為脫焉。」亦即不自認為是巧智神聖。所以士成綺雖稱老子「非聖人」，但是老子並不認為遭受詆毀。

大眾都認為人類在天地之間，優越於其它物類；但是「昔者子呼我牛也而謂之牛，呼我馬也而謂之馬」，揭示老子自認為與牛、馬沒有分別。換言之，老子明瞭人類是萬種物類之一，不認為人類與任何物類（例如：牛、馬）有高低之別；亦即立足「萬物與我為一」（〈齊物論篇〉）的整體，了解「物與我」齊同平等、沒有對立、沒有對待、無待。也就是〈人間世篇〉「氣也者，虛而待物者也，唯道集虛。」亦即老子如同氣之「虛」，如同大道，對任何物類或事態，無不包容接納，無一排斥。因此也就對士成綺的譏諷並未做任何反擊，而是包容。

再看士成綺「鼠壤有餘蔬」至「積斂無崖」的評論，這些評論就是老子後續指出的「察而審」察事甚詳，但是這些評論是否屬實呢？有鑑於老子自言「吾服（行）也恆服（行），吾非以服（行）有服（行）」，指出行動並非出於有心有為，而是順應自然。那麼「鼠壤（地凹處）有餘蔬（糧）」，或許即為「吾服（行）也恆服（行）」的順應自然，亦即老子平日或許就是將糧食置放在地凹處，所以「鼠壤（地凹處）有餘蔬」就不必然是「棄妹（滅）」，也不必然是「不仁」不惜物。

回顧〈天地篇〉「四海之內共利之之謂悅，共給之之為安……財用有餘而不知其所自來，飲食取足而不知其所從。」揭示悟道者與天地萬物沒有對立、沒有對待、無待，由於共利、共給，所以財用與飲食豐足，不曾匱乏。由此則知，本則寓言中，胸懷大道整體智慧的老子，之所以食物充足「生熟不盡於前」，並非「積斂無崖」，而是與天地萬物無待、共利、共給之故。

聽聞老子的敘述後，士成綺明瞭老子無待、順應自然的生命氣質，自知失言，遂再請問如何修身。

老子的回答，由「而容崖然」至「凡以為不信」，指出士成綺矯揉以自我彰顯，這不是修身而是竊取名聲。換言之，修身應去除矯揉炫耀，回返「萬物與我為一」的整體性。

本則寓言揭示：被推崇為聖人的老子，指出修身就是回返「萬物與我為一」的整體性，順應自然，無所排斥，明瞭與任何物類都沒有高低之別，那麼也就不再自認為是聖人。

老子曰：「夫道，於大不終，於小不遺，故萬物備。廣廣乎其無不容也，淵乎其不可測也。形德仁義，神之末也，非至人孰能定之！夫至人有世，不亦大乎，而不足以為之累；天下奮棅，而不與之偕；審乎無假，而不與利遷。極物之真，能守其本。故外天地，遺萬物，而神未嘗有所困也。通乎道，合乎德，退仁義，賓禮樂，至人之心有所定矣。」

「終」：窮。「不遺」：不失。「萬物備」兼具二意：（一）萬物都在道之內，（二）

道內在於萬物。「廣廣乎」兼具二意：（一）廣大，（二）虛曠之貌。「淵」：深。「形德」指罰、賞，「形」：刑、罰，「德」：恩惠、賞。「世」：天下。「奮棅」：矜權，指矜誇權力。「棅」：權。「偕」：同。「審乎」：確實了解。「無假」：不假，即真實，指變。「不與利遷」：〈德充符篇〉記載「不與物遷」，有鑑於「利」亦是「物」，因此本篇以「物」來進行說明。「本」兼指天之自然與道的整體性。「外天地，遺萬物」的「外、遺」：都是忘。「合乎德」的「德」指自然天性。「賓」：擯。

老子說：「道，再大的存在也不能窮盡它，再小的存在也不會失去它，所以萬物都在道之內，道也內在於萬物。廣大虛曠啊，無所不容；淵深啊，不可測量。罰、賞、仁、義，是心神運作的細微末節，如果不是至人，誰能夠使它們安定！至人擁有天下，這不是很大嗎？但卻不足以成為他的負擔；天下人矜誇權力，他卻不與大眾相同；確實了解真實就是不斷地改變，故而不隨萬物的變遷而改變，他究極萬物的真實，能持守本源。所以忘天地，忘萬物，心神未嘗有困頓。通達於道，秉持自然天性之德，辭退仁義，擯棄禮樂，至人之心有所安定啊！」

「於大不終」，再大的存在也不能窮盡道，指出道比大更大，道是至大。「於小不遺」，再小的存在也不會失去道，指出道比小更小，道是至小。但是常識認為「大與小」互斥不並存，所以必定不同意道是「至大至小」。然而常識的觀察是否正確呢？

試想，有「大」才有「小」之可言，無「大」則無「小」之可說，亦即「大與小」相依不相離，一體不可分。那麼「至大與至小」亦然，有「至大」方有「至小」之可言，無「至大」則無「至小」之可說，「至大與至小」也是相依而不離。換言之，「於大不終，於小不遺」揭示：「至大與至小」相連相通，就是道的呈顯。亦即「至大與至小」並不互斥而是同存同在，例如：道涵容萬物，無物大於它，它是「至大」；然而它總是順應萬物的天性本質，並不提出自己的意見，所以宛若並不存在，因此無物小於它，它是「至小」。因此，可稱道為「至大」，也可稱為「至小」。然而讀者不可誤會道固定在「至大」或「至小」，反之，道由「至大」流動為「至小」，又由「至小」流動為「至大」，無所固定，遷流不已。

「萬物備」兼具二意：（一）道涵容萬物，萬物都在道之內；（二）道以不執著的流動本質，順應萬物的生長發展，不離萬物，也內在於萬物，例如：萬物都具有大道變動不居的特質，並不呆滯在任何隅落。換言之，「萬物備」揭示：「道與物」混融為一，沒有對立、沒有對待、無待。

「廣廣乎其無不容也」，「廣廣」是廣大虛曠，指出道是「虛」；但是莊子立即翻轉，以「無不容」指出道並非頑空而是涵容萬物的「實」。換言之，「廣廣乎其無不容也」揭示：「虛與實」相連相通，即為道的呈顯，道是「虛與實」混融為一的整體。

「淵」是水深，由於人類的視覺無法到達極深之水中，不知其內情況如何，所以藉由「淵」描述道，揭示人們無從藉由感官對道進行認知。故記載「淵乎其不可測也」。

「形（刑）德（賞）仁義」至「非至人孰能定之」，指出悟道的至人，也就是本篇前文敘述「古之明大道者，先明天而道德次之，道德已明而仁義次之，仁義已明而分守次之，分守已明而形名次之，形名已明而因任次之，因任已明而原省次之，原省已明而是非次之，是非已明而賞罰次之，賞罰已明而愚知處宜。」亦即至人了解：「天」（自然）是「仁義」以至「賞罰」的本源，立足於「本」，將「仁義」以至「賞罰」的諸多措施（末），都安定於順應天之自然，也就是「本末」兼顧，具有大道的整體性。

「夫至人有世」至「天下奮棅而不與之偕」，指出至人立足「天地與我並生，而萬物與我為一」（〈齊物論篇〉）的整體，雖然擁有天下萬物，但總是與道同步，依循順應自然的無為準則，當為則為，不當為則不為，故而無累，而且不同於大眾，不矜誇權力。

關於「審乎無假而不與利（物）遷」，曾記載於〈德充符篇〉，雖然學者通常認為「無假」是無所假借；但是「無假」也有不假、真實之意。試想：天地之中，一切皆不斷地改變，然而什麼是真實，始終不變呢？深信人人都將回答「變」是恆常不變的真實。試想，大道具有變動不居的特質，遷流不已，無所終窮，故知「無假」不變的真實，指向不斷變動的大道。換言之，至人了解不斷變動的大道就是生命的真實，所以與道同步變化，也就不因萬物的遷流而有所變遷，因為他就是變的本身，所以任何變化對他而言，都是不曾改變。故記載「審乎無假而不與利（物）遷」。

「極物之真，能守其本」指出至人了解萬物的真實就是不斷變化，因此「守其本」而不變，「本」兼指天之自然與道的整體性，亦即至人不離於自然、不離於道，與變動不居的大道同步變化，因此是恆常不變的「守其本」。

「外天地，遺萬物」的意涵不在字面，不是遠離天地萬物，而是忘天地萬物。不過，「忘天地萬物」的意涵也不在字面，不是遺忘一切卻仍記住自我。試想：「我」不在天地萬物之外，而在天地萬物之內，因此「忘天地萬物」即為忘我也忘物，亦即物我兩忘。不過「物我兩忘」的意涵也不在字面，不是「物與我」都消失了，而是說不出什麼是「物」，也說不出什麼是「我」，亦即回返物我混融為一的整體，也就是回返「物與我」沒有對立、沒有對待、無待、和諧的整體，故記載「神未嘗有所困也」。

環顧人間世事，無不具有一體兩面的性質。例如：地球受陽光之照射，必然是一半為「明」，另一半為「暗」；同理，人們的生活中，沒有任何一事，只有光明面而無晦暗面。〈齊物論篇〉、〈大宗師篇〉均曾說明，仁義禮樂是人們生活的一部分，對於人們的生活也具有輔助的功能，但是追求「仁（愛）、義（宜）」，卻產生有愛便不免有偏私的流弊，也產生將利益視為「義」（宜）的流弊；至於「禮、樂」的各種儀式規範，若竭力追求，則「禮」衍生繁文縟節的流弊，「樂」衍生縱情逸樂的流弊。亦即仁義禮樂並非只有「明」的一面，而是明暗並存。故記載「通乎道，合乎德，退仁義，賓禮樂，至人之心有所定矣」，指出回返道的整體性，不離無待和諧的天性之德，這就是至人之心的安定之處。

本段敘述揭示：「至大與至小」相連相通，就是道的呈現。道不固定在大，也不固定在小，與萬物混融為一，雖「虛」而「實」，人們無從以感官知覺對它進行認知。至人具有與道相同的特質，與變同步，與天地萬物混融為一，至人之心就是定於道的整體性，以及自然天性之德。

世之所貴道者，書也。書不過語，語有貴也。語之所貴者，意也，意有所隨。

意之所隨者，不可以言傳也，而世因貴言傳書。世雖貴之哉，猶不足貴也，為其貴非其貴也。故視而可見者，形與色也；聽而可聞者，名與聲也。悲夫！世人以形色名聲為足以得彼之情。夫形色名聲果不足以得彼之情，則知者不言，言者不知，而世豈識之哉！桓公讀書於堂上，輪扁斲輪於堂下，釋椎鑿而上，問桓公曰：「敢問公之所讀者何言邪？」公曰：「聖人之言也。」曰：「聖人在乎？」公曰：「已死矣。」曰：「然則君之所讀者，古人之糟魄已夫！」桓公曰：「寡人讀書，輪人安得議乎！有說則可，無說則死。」輪扁曰：「臣也以臣之事觀之。斲輪，徐則甘而不固，疾則苦而不入，不徐不疾，得之於手而應於心，口不能言，有數存焉於其間。臣不能以喻臣之子，臣之子亦不能受之於臣，是以行年七十而老斲輪。古之人與其不可傳也死矣，然則君之所讀者，古人之糟魄已夫！」

「貴」：推崇。「書」指書籍文字。「隨」：依。「彼之情」的「彼」：道，「情」：實。「果」：實。「桓公」：齊桓公。「輪扁」：斲輪的工匠，名扁。「斲輪」：雕斫車輪。「釋」：放。「邪」：疑問詞。「糟魄」：糟粕，即酒渣。「寡人」：古代國君的自稱。「安」：何。「徐」：緩。「甘」指滑。「疾」：急。「苦」指澀。「數」：術。「老」：年老。

世人看重推崇的道，記載於書籍中。書籍之文字記載的不過就是語言，語言有它的可貴之處。語言的可貴之處，就是意涵，意涵有所依隨。意涵所依隨的，卻不可以語言來傳達，然而世人因為看重語言才傳寫書籍文字。世人雖看重書籍文字，但卻不足以為貴，因為人們認為可貴的並不是真正可貴的。因為眼睛可以看見的，是形狀與顏色；耳朵可以聽聞的，是名稱與聲響。可悲啊！世人以為由形狀、顏色、名稱、聲響就可以掌握道的真實。但是形狀、顏色、名稱、聲響實在不足以掌握道的真實，了解道的智者，不執著言談；言說之人，不必然了解道，而世人又怎能辨識呢！齊桓公在大廳堂上讀書，輪扁在堂下斫車輪，輪扁放下椎鑿，上堂去問桓公說：「請問大人所讀的是什麼言論？」桓公說：「聖人的言論。」輪扁說：「聖人還活著嗎？」桓公說：「已經死了。」輪扁說：「那麼大人所讀的，是古人的糟粕罷了！」桓公說：「寡人讀書，做車輪的人怎麼可以議論！說得出理由還可以，說不出理由就要處死。」輪扁說：「我從我所做的事來看。做車輪，下手慢了就鬆滑而不牢固，下手快了就滯澀而難入，必須不慢不快，手中獲得這個技術而意念也與之相應，但卻有口不能言，有奧妙的技術存於其間。我不能傳授給我的兒子，我的兒子也不能由我這裡繼承，所以我七十歲，年老了還在做輪子。古人與他不可傳授的心得都消失了，所以君上所讀的，是古人的糟粕罷了！」

書籍之文字記錄語言，語言傳達意涵，意涵依隨道的整體性。然而道的整體性，卻難以藉由語言文字表述。例如〈齊物論篇〉曾說明，大道通貫天地萬物，是不割裂的渾全整體，至於天地萬物也相同的具有不可切割之整體性。然而人類以語言文字創設許多不同的「名稱」來稱呼萬有，這就不免使大眾產生一種錯覺，誤以為不同的名稱也就表示「萬有」可以切割分立。實則，人類賦予萬有不同的名稱，只是方便指稱，並不表示萬有可以切割分立，萬有都是天地不可切割的連續性整體之一環。例如〈逍遙遊篇〉曾說明，「天地」相依不離，是不可切割的整體，並不因為人類創設「天」與「地」兩個不同的名稱遂可切割分立。又例如：植物、動物都必須存活在空氣中，「植物、動物與空氣」是無從切割的整體，並不因為人類創設「植物」、「動物」、「空氣」這三項不同之「名」，便使「植物、動物與空氣」可以切割分立。

由此則知，世人看重語言文字，但是莊子指出語言文字不足以為貴，因為語言文字難以傳達最為可貴的大道整體性。

另外，〈齊物論篇〉曾說明，語言文字不等於「真實」。例如我們發出「火」的讀音，或在紙張寫下「火」的文字符號，但是並沒有「真實」的「火」，由我們的口中或由紙張中冒了出來。故知語言文字不等於「真實」，語言文字僅僅指向「真實」。至於人類雖然創設語言文字以指向「真實」，然而「真實」從未停止改變，語言文字卻只是一項固定、並不隨著「真實」同步改變的媒介而已。例如「粉紅玫瑰」的敘述，雖使人們了解這朵玫瑰花的色澤，但是「真實」的粉紅玫瑰，並非永遠停駐在此色澤，它必將變化為凋萎枯敗，不再具有此一色澤。故知從未停止改變的「真實」，與語言文字並不密合；也就是語言文字不等於「真實」。

又例如，莊子的前段敘述「夫道，於大不終，於小不遺，故萬物備，廣廣乎其無不容也」，揭示道通貫「至大與至小」、「虛與實」，是渾全不割裂的整體，而且「道與物」也具有混融為一的整體性，但是此一意涵並不在文字表面。故知語言文字難以傳達最為可貴的大道整體性。

人類的視覺可見形、色、文字；聽覺可聞名、聲、語言。但是道遍在萬物，沒有固定的形、色、聲；又因為它不斷變化，無從以語言文字指稱，所以它「無名」，至於「道」的名稱，則是老子、莊子勉強給予的指稱罷了。由此則知，人們無從以形、色、名、聲辨識大道。至於本篇前段敘述「淵乎其不可測也」，也揭示人類無從藉由耳目感官對大道進行認知。

由以上之說明，則可了解莊子何以寫下「世之所貴道者，書也」至「夫形色名聲果不足以得彼之情」。

「知者不言」揭示悟道者明瞭語言文字的侷限性，所以並不多言多語。然而這並不表示完全不使用語言文字，試想：莊子著書就是以語言文字說明「道」；所以不可因文字字面，便誤以為是完全不使用語言文字，而是應當如同莊子一般，恰如其分的言說。

「言者不知」揭示：由於介紹「道」的意涵，必須使用語言文字；因此，言說之人或許了解「道」，但也或許不了解「道」，故為不必然了解「道」。在此亦不可因文字字面，便誤以為言說之人必定不了解「道」；否則，莊子亦是以語言文字說明「道」，然而莊子豈是不了解「道」的意涵？只不過大眾難以辨識言說之人是否果真了解「道」，故記載「而世豈識之哉」。

輪扁敘述「古之人與其不可傳也死矣」，但這並不意謂著「道」絕不可傳，例如〈大宗師篇〉記載「可傳而不可受」，也就是〈齊物論篇〉曾說明，語言文字雖然不等於「真實」，僅僅指向「真實」，有其侷限性；但是讀者如果見聞語言文字，便自行由語言文字跳躍至「真實」，則可明白發言者所揭示的「真實」。因此發言者必須有上述的了解，並且運用足以激盪讀者在見聞語言文字時，由語言文字跳躍至「真實」的敘述方式，例如〈寓言篇〉「言無言」的敘述方式（請參看〈寓言篇〉），那麼即可超越語言文字的侷限性。換言之，讀者一旦由語言文字跳躍至「真實」，明瞭發言者所揭示的「真實」，那麼語言文字也就不僅僅只是古人的糟粕，而是通往「道」的絕佳引領。

本段敘述先指出：語言文字難以傳達道的整體性，隨後以齊桓公與輪扁的寓言指出語言文字是糟粕。但是讀者必須留意「道」並非絕不可傳，例如：莊子就是運用足以激盪讀者在見聞語言文字時，由語言文字跳躍至「真實」的敘述方式，進而使讀者明瞭「真實」，只不過大眾不易追隨罷了！

天運

天地日月風雲、萬事萬物、森羅萬象，之所以如此呈現，是它們的性質使然嗎？人類是否可能改變萬物萬象？抑或必須順應萬物萬象的性質？

「天其運乎？地其處乎？日月其爭於所乎？孰主張是？孰維綱是？孰居無事推而行是？意者其有機緘而不得已邪？意者其運轉而不能自止邪？雲者為雨乎？雨者為雲乎？孰隆弛是？孰居無事淫樂而勸是？風起北方，一西一東，有上彷徨，孰噓吸是？孰居無事而披拂是？敢問何故？」巫咸袑曰：「來，吾語汝。天有六極五常，帝王順之則治，逆之則凶。九洛之事，治成德備，監照下土，天下載之，此謂上皇。」

「運」：轉。「處」：靜止。「爭於所」：爭位，指日月都在空中運行。「主張」：主宰。「維綱」：維繫。「推而行」：而推行。「意者」：或者，疑問詞。「機」指發動的機關。「緘」：引。「邪」：疑問詞。「隆弛」指降施雲雨，「隆」：降，「弛」：施。「淫」指高興。「勸是」：勸勉，指助長。「一西一東」的「一」：或。「有上」：在上。「彷徨」指吹拂。「噓吸」：呼吸。「披拂」：扇動。「巫咸袑」：假設之人物。「天有六極」的「天」：自然。「六極」：六合，指上、下、四方。「五常」：五行，指金、木、水、火、土。「九洛之事」：九州聚落之事。「德」：恩惠。「監」：照。「載」：戴，指擁戴。

「天在運轉嗎？地是靜止的嗎？日月在空中相互爭位嗎？誰主宰這些？誰維繫這些？誰閒居無事而推動這些？或者有機關引導而不得不如此？或者它們自行運轉而不能停止嗎？雲是為了降下雨（或雲是雨）嗎？雨是為了成為雲（或雨是雲）嗎？誰降施雲雨？誰閒居無事高興而樂於做這些事？風從北方吹起，或往西或往東，在上空吹拂，是誰呼吸嗎？誰閒居無事而扇動起風？請問是什麼緣故？」巫咸祒說：「來，我告訴你。自然有上、下、四方的六極，金、木、水、火、土的五常，帝王順應這些就能天下大治，違逆就有禍亂。九州聚落之事，治理有成，德惠完備，光輝照耀人間，天下民眾擁戴，這稱為上皇之治。」

本段敘述未記載提問者是何許人，或許代表在天地間存活而對天地中的一切有疑問之人。提問者詢問：「天、地、日、月、雲、雨、風」的運作與存在狀態。巫咸祒看似並未針對提問予以回答，而是敘述「天（自然）有六極五常」。試想：人類身處的環境中，有上、下、四方的六極，金、木、水、火、土的五常。無疑地，這就是此環境的性質使然，也就是此環境的自然。由此則知，「天、地、日、月、雲、雨、風」之所以如此呈現，是其性質使然，也就是它們的自然。

「帝王順之則治」至「此謂上皇」，指出順應天地萬物（包含民眾）的自然性質，以治理天下的帝王，可使天下太平。

本則寓言舉「天、地、日、月、雲、雨、風」為例，指出它們呈現的狀態就是它們的自然；一如人類存活的環境呈現六極、五常的自然。人類如果順隨環境的自然狀態，則可安頓生命；帝王若順應天地萬物的自然性質，則可使天下大治。

商大宰蕩問仁於莊子。莊子曰：「虎狼，仁也。」曰：「何謂也？」莊子曰：「父子相親，何為不仁！」曰：「請問至仁。」莊子曰：「至仁無親。」大宰曰：「蕩聞之，無親則不愛，不愛則不孝。謂至仁不孝，可乎？」莊子曰：「不然。夫至仁尚矣，孝固不足以言之。此非過孝之言也，不及孝之言也。夫南行者至於郢，北面而不見冥山，是何也？則去之遠也。故曰：以敬孝易，以愛孝難；以愛孝易，而忘親難；忘親易，使親忘我難；使親忘我易，兼忘天下難；兼忘天下易，使天下兼忘我難。夫德遺堯、舜而不為也，利澤施於萬世，天下莫知也，豈直太息而言仁、孝乎哉！夫孝、悌、仁、義、忠、信、貞、廉，此皆自勉以役其德者也，不足多也。故曰：至貴，國爵并焉；至富，國財并焉；至願，名譽并焉。是以道不渝。」

「商」指宋國，由於周朝封商代後裔於宋，所以商指宋國。「大宰蕩」：大宰是官職，字蕩。「仁」：愛。「相親、無親」的「親」：愛。「尚」：上，高。「孝」：善事父母，例如恭敬、服從。「此非」的「此」：指仁愛。「郢」：楚國國都，在今湖北省江陵縣。「冥山」：在北極之山。「去」：距離。「忘」指混融、無待。「忘親、親忘」的「親」：雙親。「德」指自然天性。「遺」：忘。「利澤」：恩澤。「直」：當。「太息而言」：嗟嘆自誇。

「悌」：善事兄弟。「貞」：堅定。「勉」：勉強。「役」：勞役。「多」指稱許。「并」：屏棄，指不執著。「願」：顯。「渝」：變。

宋國的大宰蕩向莊子請教什麼是仁。莊子說：「虎狼就是仁。」大宰說：「怎麼說呢？」莊子說：「虎狼父子相互親愛，怎麼不是仁！」大宰說：「請問至仁。」莊子說：「至仁無所偏愛。」大宰說：「我聽說，不親就沒有愛，沒有愛就不孝。說至仁是不孝，可以嗎？」莊子說：「不是的。至仁是最高的，孝還不足以說明它。你所說的仁愛並沒有超過孝，還稱不上是孝。向南行走到郢都，向北就看不見冥山，這是為什麼呢？就是距離太遙遠了。所以說：以恭敬來行孝容易，以愛來行孝難；以愛來行孝容易，行孝而與雙親混融無待難；行孝，與雙親混融無待容易，使雙親與我混融無待難；行孝，使雙親與我混融無待容易，我與天下人都混融無待難；我與天下人都混融無待容易，使天下人都與我混融無待難。秉持自然天性之德，忘記了堯舜，也不做堯舜的仁孝之舉，恩澤及於萬世而天下不知，哪裡還要讚嘆自誇仁孝呢！孝、悌、仁、義、忠、信、貞、廉，都是人們勉強努力去做，卻使天性被勞役，不值得稱許。所以說，最尊貴的人，不執著國家的爵位；最富足的人，不執著國家的財貨；最顯榮的人，不執著名譽。因此大道恆常不變。」

莊子先對大宰敘述虎狼父子互相親愛，就是仁。接著再指出「至仁無親」，關於這句敘述，與〈齊物論篇〉「大仁不仁」同義。

有鑑於「仁」是愛，然而有愛便不免有偏私，所以對全體沒有偏私的「無親」無愛，恰如對全體完全同等的一視同仁，也就是全體皆愛的至仁大愛。因此「無親」即為「至仁」，是沒有任何偏私的大愛。換言之，「無親」的意涵不在字面，不是冷漠疏離，而是一視同仁，大公無私，無所偏愛。

不過，大宰未能明瞭「至仁」的大公無私義理，誤以為「至仁無親」就是文字表面的無親無愛，遂與不孝連結，以「至仁不孝」質疑莊子「至仁無親」的敘述。

莊子舉「南行者至於郢，北面而不見冥山」為例，指出大宰的理解與大公無私的「至仁」義理，相去甚遠。接著敘述可由孝敬父母，持續進行自我提昇。

以愛心善事父母，比恭敬地善事父母的難度高，故記載「以敬孝易，以愛孝難」。

「忘親」的意涵不在字面，不是忘記父母，而是「我與父母」混融為一，是沒有對立、沒有對待的無待整體，說不出什麼是我，也說不出什麼是父母，這比以愛心善事父母的難度高，故記載「以愛孝易，以忘親難」。

「使親忘我」是引導父母也實踐沒有對立、沒有對待、無待，使父母立足「父母與子女」混融為一的無待整體。這是子女實踐「忘親」的無待之後，再引導父母也實踐無待，由於比「忘親」的難度更高，故記載「忘親易，使親忘我難」。

「兼忘天下」的意涵不在字面，不是忘記天下人們，而是「我與天下人」混融為一，是無待的整體，說不出什麼是我，也說不出什麼是天下人們。亦即實踐無待，不僅止於「父母與子女」，而且擴展至天下人；由於實踐無待的範疇更為擴大，比「使親忘我」的難度更高，故記載「使親忘我易，兼忘天下難」。

「使天下兼忘我」是引導天下人們也實踐無待，達成「天下人與我為一」的無待整體性。

這是自己實踐「兼忘天下」的無待之後，再引導天下人們也實踐無待，由於比「兼忘天下」的難度更高，故記載「兼忘天下易，使天下兼忘我難」。

簡言之，莊子指出由孝敬父母持續自我提昇，以至於回返天下為一的整體性，是仁孝的真諦，亦即我與父母與天下為「一」。以此，雖未特別標舉堯舜的仁孝之行，但是天下不曾遠離大道的整體性，也都遵循大道順應萬物天性之「德」的前提，與所有存在恰如其分的互動，那麼仁孝也就涵藏在整體的運作中，並不需要特別標舉。故記載「夫德遺堯舜而不為也」至「豈直太息而言仁孝乎哉」。由此也可同時了解：因為我與天下人是「一」不是二，我就是天下人，天下人就是我，我與天下人不可切割，所以天下人也就無從對我進行分別性的認知，故記載「天下莫知」。

回顧自〈齊物論篇〉以來，本書多次說明，人們標舉的德目，例如：仁義忠信，本就是渾全大道整體運作中的一部分，本就涵藏在自然天性之「德」中；因此依隨大道整體性的運作，雖未特別標舉這些德目，但是它們都已涵藏在整體中。本則寓言在仁義忠信之外，另舉出「孝悌貞廉」，有鑑於「孝悌貞廉」與仁義忠信的性質相同，都是人們標舉的德目；故知莊子揭示這八項德目，本就是渾全大道整體運作的一部分，本就涵藏在天性之「德」中，並不需要特別標舉。但是如果未能明瞭上述大道的整體性，人們的行為也未能順隨天性之德，而是刻意標舉這些德目，欲引導人們的行為固定於此。殊不知這對人們的行為雖有引導的功效，但是固定在這些德目，也就停滯在整體中的局部隅落，不僅偏離大道的整體性，也失落大道不執著的流動特質；而且強制天性之德停滯在這些局部隅落，也就未能依隨大道整體之運作，未能與萬物恰如其分的互動，使天性之德受到不當的役使。綜言之，這些德目並非只有「明」的一面，而是明暗並存，具有一體兩面的性質，不足以使人們的相處回返大道整體性的和諧與無待狀態，故記載「夫孝悌仁義」至「不足多也」。

大眾都追逐富貴顯耀；然而莊子敘述「至貴」至「名譽并（屏棄）焉」，指出無待智者無所執著，因此不同於大眾，不追逐富貴顯耀。然而，這是否意謂著排斥富貴顯耀呢？試想：無待智者具有與大道相同的不執著特質，依循順應自然的無為準則，當為則為，不當為則不為。所以對於富貴顯耀，若是合宜則取，若不合宜則不取，隨機因應，適時調整，無所執著也無所排斥。由此則知，這六句敘述的意涵不在字面，不是排斥富貴顯耀，而是不執著。至於「至貴、至富、至願（顯）」或許就是指實踐仁孝之真諦，與天下人混融為一的智者。

「道不渝」指出道不變。有鑑於天地之中，一切皆不斷地改變，不過「變」卻是不曾改變的恆常法則；所以「道」就是因為不斷改變，因此是恆常不變。簡言之，道不斷地改變，所以是「不渝」不變。實踐仁孝真諦的「至貴、至富、至願（顯）」智者，就是依隨變動不居的大道，所以國爵、國財、名譽皆「并（屏棄）」而不執著。

本則寓言揭示：實踐仁孝的真諦，回返天下為「一」的整體性。如果人人踐履，也都遵循大道整體性的運作，那麼無庸特別標舉孝悌仁義的德目，天下也將呈現和諧、無待之理想。

北門成問於黃帝曰：「帝張咸池之樂於洞庭之野，吾始聞之懼，復聞之怠，卒聞之而惑，蕩蕩默默，乃不自得。」帝曰：「汝殆其然哉！吾奏之以人，

徼之以天，行之以禮義，建之以太清。四時迭起，萬物循生；一盛一衰，文武倫經；一清一濁，陰陽調和，流光其聲；蟄蟲始作，吾驚之以雷霆；其卒無尾，其始無首；一死一生，一僨一起，所常無窮，而一不可待。汝故懼也。吾又奏之以陰陽之和，燭之以日月之明。其聲能短能長，能柔能剛，變化齊一，不主故常；在谷滿谷，在阬滿阬；塗郤守神，以物為量。其聲揮綽，其名高明。是故鬼神守其幽，日月星辰行其紀，吾止之於有窮，流之於無止。子欲慮之而不能知也，望之而不能見也，逐之而不能及也，儻然立於四虛之道，倚於槁梧而吟。目知窮乎所欲見，力屈乎所欲逐，吾既不及已夫！形充空虛，乃至委蛇。汝委蛇，故怠。吾又奏之以無怠之聲，調之以自然之命，故若混逐叢生，林樂而無形，布揮而不曳，幽昏而無聲。動於無方，居於窈冥，或謂之死，或謂之生；或謂之實，或謂之榮。行流散徙，不主常聲。世疑之，稽於聖人。聖也者，達於情而遂於命也。天機不張而五官皆備，此之謂天樂，無言而心悅。故有焱氏為之頌曰：『聽之不聞其聲，視之不見其形，充滿天地，苞裹六極。』汝欲聽之而無接焉，而故惑也。樂也者，始於懼，懼故祟；吾又次之以怠，怠故遁；卒之於惑，惑故愚；愚故道，道可載而與之俱也。」

「北門成」：姓北門，名成，黃帝之臣。「張」：奏。「咸池」：古代樂章名稱。「洞庭之野」指天地之間。「懼」：驚。「怠」：懈，指放鬆。「卒」：終。「惑」指忘我，亦即困惑於說不出什麼是我，也說不出什麼是物。「蕩蕩默默」指形體與心識對於天地萬物進行切割、分別性認知的運作都止息。「不自得」指〈大宗師篇〉坐忘，即忘我；「自得」不是現代用語的喜悅自在之意。「殆其然」指幾近道，「殆」：近。「徽」：順。「太清」指天道。「迭」：更迭。「一盛一衰、一清一濁、一死一生、一僨一起」的「一」：或。「文、武」指春生、秋滅，亦即春文秋武的生殺之理。「倫經」：經綸，指分合。「流光」：流廣。「蟄蟲」：藏伏土中之蟲。「僨」：仆，指低音。「起」指高音。「一不可待」的「一」：皆。「燭」：照。「變化齊一」指與變同步。「不主故常、不主常聲」：都指不固定。「阬」：坑。「塗」：塞，指補足。「郤」：隙，指耳目鼻口的空隙。「守神」：形守神，指形不離神。「量」：準則。「揮綽」：發揚寬裕。「名」：節奏。「紀」：規律。「慮」：思考。「儻然」指悵然。「窮乎」：窮盡。「屈乎」：窮盡。「吾既不及」：王叔岷先生認為「吾」是錯字，正確應為「子」，指北門成。「委蛇」：順隨變化。「自然之命」指自然。「混逐叢生」指五音繁會。「林樂」：繁會之樂。「布揮」指音樂展開飛揚。「不曳」：不滯。「無方」：無固定方向。「窈」：深遠。「冥」：暗。「榮」：華，花。「散徙」：散放。「稽」：問。「達於情」：通達天性。「遂於命」：達於自然。「天機不張」：天機不外散，指保有自然；「天機」指自然。「五官」有二意：(一)耳、目、鼻、口、心，(二)耳、目、鼻、口、身。「有焱氏」：神農氏。「苞裹」：包裹。「六極」指上、下、四方。「接」：聽。「而故惑」的「而」：你。「祟」：禍患。「遁」：隱。「愚」指不進行分別性的認知。「載」：乘。

北門成問黃帝說：「您在天地間演奏咸池樂章，我開始聽時感到驚訝，繼續聽卻感到放鬆，最終聽完時卻是忘我了，形體與心識對於天地萬物進行切割、分別性認知的運作都止息，忘我了。」黃帝說：「你這樣就幾近於道了！我以人做為演奏基礎，順隨著自然，以禮義來進行，樹立太清天道。四時相繼而起，萬物循序生長。或盛或衰，生滅分合。或清或濁，陰陽調和，樂聲廣為流播。蟄蟲才剛要甦醒，我以雷霆之聲驚醒牠們。樂聲結束時沒有終點，開始時沒有起點。或無聲或有聲，或低音或高音，總是變化無窮，都無可預期（期待）。所以你感到驚訝。我又以陰陽調和來演奏，如同以日月之明來燭照。樂聲可短可長，可柔可剛，與變同步，不固定呆滯。樂聲來到山谷就盈滿山谷，來到深坑就盈滿深坑。補足耳目鼻口的空隙，形不離神，以順任萬物為準則。樂聲悠揚展開，節奏高而明朗。所以鬼神安於幽冥，日月星辰依它們的規律運行。我的樂聲停在有窮之處，流動於無止之境。你想要思考卻不能知，想看卻看不見，想追卻趕不上。悵然地站在四方皆虛的路上，倚靠著槁木而吟唱。你的目光、智力窮盡在你所想看見的，氣力窮盡在你所想追逐的，你已經趕不上了！形體充實而又空虛，乃至於順隨變化。你順隨變化，所以覺得放鬆。我又以無怠之聲來演奏，以自然來調和。所以樂聲繁會，樂聲豐繁而不著形跡，音樂展開飛揚而不呆滯，幽冥昏默而歸於寂靜。流動而沒有固定的方向，靜止如同在深遠昏暗之中，或以為是靜而無聲，或以為是動而有聲；或以為是果實，或以為是花朵。流播散放，沒有固定的聲調。世人疑惑，請問於聖人。所謂聖，就是通達天性也通達自然。天機不外散而五官功能完備，這稱為天樂，無須言語而感到喜悅自在。所以神農氏稱頌說：『聽不見它的聲音，看不見它的形貌，但它充滿天地，包裹上、下、四方之六極。』你想聽卻無法聽聞，所以你疑惑而忘我。這樣的音樂，開始時令人感到驚訝，驚訝如同有禍患；我又演奏使人放鬆的音樂，放鬆所以驚訝退去；最後再使人忘我，忘我如同愚而不進行分別性的認知；愚而不進行分別性的認知，就好像道，這樣才可以與道並存同行啊。」

北門成向黃帝敘述，聽聞咸池初奏的感受是「懼（驚）」；二奏是「怠（放鬆）」；三奏是「惑（忘我）」，並且以「蕩蕩默默，乃不自得」描述惑（忘我）。

在此先看「不自得」，晉．郭象注：「不自得，坐忘之謂也。」亦即指向〈大宗師篇〉「墮枝體，黜聰明，離形去知」、「坐忘」之忘我。不過「忘我」的意涵不在字面，不是將自己忘了，而是說不出什麼是我，也說不出什麼是物，亦即物我兩忘，不同於未聽樂音以前的物我有別，故以「惑（忘我）」描述之。簡言之，形體與心識對於萬有進行分別性認知的運作都止息。由此則知「蕩蕩」的意涵相同於〈大宗師篇〉記載的「墮枝體、離形」，指形體感官對於天地萬物進行切割、分別性認知的運作都止息；「默默」的意涵相同於〈大宗師篇〉記載的「黜聰明、去知」，指心識對於天地萬物進行切割、分別性認知的運作都止息。所以「惑」的意涵不在字面，不是疑惑而是指向「忘我」。因此黃帝以「汝殆其然哉」敘述北門成幾近於道。

接著，針對三奏，黃帝一一進行說明。初奏，先應之以人事，順之以天理自然。「四時迭起，萬物循生」指樂音生機活潑，但是隨即變化為「一盛一衰」，亦即生機活潑之盛，流動為衰。「文武倫經」指樂音在生、滅、分、合中流轉。樂聲雖然流動不已，但不失和諧，故記載「一清一濁，陰陽調和」。和諧中又變化出驚人之聲，故記載「蟄蟲始作，吾驚之以雷霆。」

關於「其卒無尾，其始無首」，「卒」是終，「始」即為首；所以「其卒無尾，其始無首」就是「其尾無尾，其首無首」，亦即樂音雖然似乎已到尾聲，但是並不就此呆滯在結束，而是再次變化發展出下一段的樂音；不過，雖然發展出下一段的樂音，但卻也並不停滯在此段樂音之首，而將繼續流動變化。簡言之，樂音既不固定在尾，也不停留在首，故記載「無尾、無首」，以此揭示樂音具有流動性。

「一死一生」至「汝故懼（驚）也」，指樂音由無聲變化為有聲，由低音變化為高音，變動不居，無可預期，所以北門成感到驚訝。

二奏：「吾又奏之以陰陽之和」至「不主故常」，指出樂音和諧明亮，具有「短與長」、「柔與剛」的整體性，而且流動不呆滯。「在谷滿谷，在阬滿阬」，指樂音使「谷、阬」由虛而實，進而揭示樂音由「虛」流動為「實」，具有「虛與實」的整體性。「塗郤守神」指樂音補足耳目鼻口之孔隙，使形不離神，神形是「一」不是二。

「鬼神守其幽，日月星辰行其紀」，指樂音使天地萬物（例如：鬼神、日月星辰）不失其宜。試問：為何如此？這是因為莊子在此藉音樂譬喻大道，揭示大道的整體性，使天地萬物各得其宜。

「吾止之於有窮，流之於無止」，指樂音有行有止，不拘一格。

「子欲慮之而不能知也」至「力屈乎所欲逐」，指出北門成無從以耳目感官或智力追趕樂音，因此放下追趕樂音的意念，反而「形充」形體為樂音所充滿，成為「實」，但又流動為「虛」，也就是「形充空虛」，以至於順隨樂音的流動變化。因此初聞樂音之驚訝消退而感到放鬆，故記載「汝委蛇，故怠（放鬆）。」

三奏：「吾又奏之以無怠之聲」，使北門成不停滯在「怠」，唐·成玄英疏：「以無遣怠」，指出三奏是由「怠（放鬆）」進入「無」，也就是忘我。「調之以自然之命」指樂音順應自然。「故若混逐叢生」至「布揮而不曳」，指樂音豐繁，不滯留任何隅落，隨即以「幽昏而無聲」指出樂音由豐繁變化為無聲。無聲之後，樂音再起，故記載「動於無方」。「無方」指沒有固定的方向，那麼顯然任何方向都是方向，故可進一步描述為「無方非無方，無方而全方」，以彰顯樂音的整體性。「動於無方」之後，隨即以「居於窈冥」指樂音靜止無聲，也就是由「動、有聲」變化為「靜、無聲」。「或謂之死」至「不主常聲」，指樂音具有「無聲與有聲」、「實與榮（花）」的整體性以及變化的流動性。

世人對樂音之變動不居，有所疑問，請教於聖人。通達天性與自然的聖人，認為如此之樂音就是自然的「天樂」，無庸借用言語，即可令人心悅。

關於「聽之不聞其聲，視之不見其形」，讀者或許將提出疑問：樂音誠然是無形不可見，但是並非無聲不可聞，那麼莊子何以敘述「聽之不聞其聲」呢？前述曾說明，三奏的「無怠之聲」使北門成忘我，亦即「蕩蕩默默，乃不自得」，形體與心識對於萬有進行分別性認知的運作都止息，以至於忘我，說不出什麼是我，也說不出什麼是物，也就是物我兩忘。不過，「物我兩忘」的意涵不在字面，不是忘記所有存在，而是物我混融。亦即「我與萬物（例如：

樂音）」沒有對立、沒有對待、無待，是不可切割的整體，也就是與樂音混融，是「一」不是二。換言之，聽者（例如：北門成）就是樂音，樂音即為聽者（例如：北門成）。那麼，焉有可能額外地聽聞樂音的聲響呢？所以記載「汝欲聽之而無接焉，而（你）故惑也。」

「樂也者，始於懼（驚）」至「道可載而與之俱也」，記載黃帝綜述咸池樂音，初奏使聽者「懼（驚）」，二奏使聽者「怠（放鬆）」，三奏使聽者「惑（忘我）」，離形去知，形體與心識對於萬有進行分別性認知的運作都止息。「惑（忘我）」說不出什麼是我，也說不出什麼是物，因此不同於大眾，不再對萬物進行分別性的認知，如同不使用智力之「愚」，但卻不曾遠離渾全大道的整體性。

本則寓言藉著「盛與衰」、「清與濁」、「長與短」、「柔與剛」等眾多舉例，揭示音樂具有整體性、流動性；進而以此譬喻渾全不割裂的大道所具有的整體性，以及變動不居的特質。

孔子西遊於衛，顏淵問師金曰：「以夫子之行為奚如？」師金曰：「惜乎，而夫子其窮哉！」顏淵曰：「何也？」師金曰：「夫芻狗之未陳也，盛以篋衍，巾以文繡，尸祝齋戒以將之。及其已陳也，行者踐其首脊，蘇者取而爨之而已。將復取而盛以篋衍，巾以文繡，遊居寢臥其下，彼不得夢，必且數眯焉。今而夫子，亦取先王已陳芻狗，取弟子遊居寢臥其下，故伐樹於宋，削跡於衛，窮於商、周，是非其夢邪？圍於陳蔡之間，七日不火

食，死生相與鄰，是非其眯邪？夫水行莫如用舟，而陸行莫如用車，以舟之可行於水也，而求推之於陸，則沒世不行尋常。古、今非水、陸與？周、魯非舟、車與？今蘄行周於魯，是猶推舟於陸也，勞而無功，身必有殃。彼未知夫無方之傳，應物而不窮者也。且子獨不見夫桔槔者乎？引之則俯，舍之則仰。彼，人之所引，非引人也，故俯仰而不得罪於人。故夫三皇五帝之禮義法度，不矜於同而矜於治。故譬三皇五帝之禮義法度，其猶柤梨橘柚邪！其味相反而皆可於口。故禮義法度者，應時而變者也。今取猨狙而衣以周公之服，彼必齕齧挽裂，盡去而後慊。觀古今之異，猶猨狙之異乎周公也。故西施病心而矉其里，其里之醜人見而美之，歸亦捧心而矉其里，其里之富人見之，堅閉門而不出；貧人見之，挈妻子而去之走。彼知美矉而不知矉之所以美。惜乎，而夫子其窮哉！」

「衛」：衛國，現今河北省南部、河南省北部一帶，已見於〈人間世篇〉。「師金」：魯國太師，名金。「夫子」：老師，指孔子。「奚」：何。「而夫子」的「而」：你。「窮」：困。「芻狗」：古人將綠草紮成狗的形狀，祭祀時做為祭物，祭祀後，則棄置。「未陳、已陳」的「陳」：陳列，指舉行祭祀。「篋衍」：竹箱。「巾以文繡」：蓋著紋繡的巾帕。「尸祝」：舉行祭祀時的工作人員。「尸」有二意：（一）主祭者；（二）祭祀時沉默不語，象徵神降臨於此人。「祝」：向神祈福祝禱之人。「將之」：送之。「蘇者」：樵夫。「爨」：

炊。「遊居」：外出及家居。「眯」指惡夢。「取弟子」的「取」：聚。「伐樹於宋」：孔子周遊到宋國時，在一株大樹下對弟子講習禮學，宋國的司馬桓魋前來，欲殺孔子，並將大樹砍倒，孔子隨即帶弟子逃退；這是因為桓魋行事奢侈，曾為自己造一個石槨，三年仍未完功，可是工匠都病倒了，孔子曾嚴厲批評此事，遂結怨於桓魋。「削跡於衛」：孔子到衛國時，衛靈公對他有戒心，派遣公孫余假監視他，所以不得不離開衛國，行經匡地（此地被衛靈公驅逐的貴族公孫戌所佔據），被誤認為是陽虎，由於陽虎曾帶兵擾亂匡地，因此匡人圍困了孔子五天，孔子被放出來時，佔據匡地的公孫戌還警告他不可再來衛國。「窮於商周」的「商」指宋國，約河南省東部一帶；「周」指周天子的朝廷，約河南洛陽一帶。「是非其夢、是非其眯」的「是」：此。「邪」：疑問詞。「圍於陳蔡之間」：孔子離開宋國後，來到陳國，由於陳國局勢混亂，所以欲前往楚國，路經陳國、蔡國之間的負涵（現今河南省信陽縣），正逢吳國與楚國交戰，遂遭亂兵圍住，攜帶的糧食罄盡，後來派子貢與楚軍交涉，方才解圍。「沒世」：終身。「尋常」指短距離，八尺為尋，一丈六尺為常。「水陸與、舟車與」的「與」：歟，疑問詞。「蘄」：祈，求。「無方」指不執著任何固定的方位。「傳」：轉。「不窮」指不受困。「獨不見」的「獨」：何。「桔槔」：水井上汲水的器具。「三皇」：有二說，一指天皇、地皇、人皇；一指燧人氏、伏羲氏、神農氏。「五帝」：歷來說法不一，或指黃帝、顓頊、帝嚳、堯、舜，或指伏羲、神農、黃帝、少皞、顓頊。「矜」：尚，貴。「柤」：山柤，似梨而酸。「可於口」：或指可吃，或指好吃。「猨狙」：猿猴。「衣」：穿。「周公」：姓姬，名旦，周武王之弟，周成王之叔；武王死，成王年幼，周公攝政，改定官制，創制禮法，周朝文物，因而大備。「齕齧」：咬。「挽」：拉扯。「慊」：快。「西施」：越國美女。「矉」：顰，蹙額，皺眉。「挈」：帶。「走」：跑。

孔子由魯國向西遊歷，到了衛國，顏淵請教太師金說：「你認為我老師的遊歷如何呢？」太師金說：「可惜了，你的老師將陷入困境！」顏淵說：「為什麼？」太師金說：「芻狗在祭祀舉行以前，用竹筐盛著，蓋著刺繡的巾帕，尸祝必須齋戒而後接送它。等到祭祀過後，路人踩踏它的頭與背，樵夫將它撿去當柴燒罷了。若有人再將它收集起來，用竹筐盛著，蓋著刺繡的巾帕，外出及家居睡臥都在它旁邊，那麼這個人如果不作夢就算了，否則一定惡夢不斷。現在你的老師，也是拿著先王已經使用過的芻狗，聚集弟子起居睡臥在它旁邊，所以他在宋國的樹下講學，樹就被砍倒；在衛國被禁止居留；在商地、周地都陷入困境，這不就是他作的夢嗎？他在陳國、蔡國之間被圍困，七天不能升火煮飯，瀕臨死亡邊緣，這不就是他的惡夢嗎？在水上行進沒有比船更好的了，在陸地行進沒有比車更好的了，以為船在水上可以行進，就將船推到陸地上，那麼終身也走不遠。古和今不就像水和陸地的不同嗎？周和魯不就像船和車的不同嗎？現在希望將周朝的制度推行到魯國，這就像把船推到陸地上，徒勞而無功，而且自己一定會有災難。他不明瞭必須不執著任何固定方位的隨時轉變，才可應接萬物而不遭受困頓。再說，你難道沒見過抽水的桔槔嗎？拉它，它就向下俯；放開它，它就向上仰。它是被人所拉，而不是拉住人，所以俯仰都不得罪人。因此三皇五帝的禮義法度，不貴於相同而貴於能治理天下。因此要比喻三皇五帝的禮義法度，就如同山柤、水梨、橘子、柚子一樣！滋味全然不同但都可吃也都好吃。所以禮義法度，是隨著時間而改變的。現在讓猨猴穿上周公的衣服，牠一定咬破撕裂，全部除去才高興。看看古和今的不同，就如同猿猴不同於周公一樣。所以，西施因為心痛而在村里中皺起眉頭，鄰里的醜人看到了覺得很美，回去後也在村里中捧著心皺起眉頭，村里的富人看見，緊閉著門不出來；窮人看見，帶著妻子兒女而跑走。醜人只知皺眉很美，卻不知皺眉為什麼美。可惜啊，你的老師將陷入困境！」

本則寓言首先舉芻狗為例，敘述祭祀舉行之前或之後，它所受到的待遇大不相同。以此揭示：芻狗的意涵並不固定，而將隨著時事發生變化，也就是〈秋水篇〉「無動而不變，無時而不移」。因此不宜以固定的行為模式對待芻狗，否則不免產生困擾。隨即指出孔子「伐樹於宋、削跡於衛、圍於陳蔡之間」的經歷，就是執著業已不合時宜的周朝禮法制度，未能適時變通，故而遭遇困頓。

又舉例，船行於水，固然合宜；但若因此誤以為船可通行於任何區域，執著的將船推行於陸地，則是一項錯誤。由此揭示「合宜」並不固定，也將隨著時事而發生變化。所以必須依隨時事的變化，進行適當的調整，這就是「無方」不執著任何固定的方位，而是以全方位待命，適時轉變，也才可能常保合宜「應物而不窮」。

接著再舉「桔槔」汲水為例，由於順應變化而無所執著，所以不受責難。由此暗示：孔子未能不執著的「與時俱化，而無肯專為」（〈山木篇〉），故而多受責難。

又舉柤梨橘柚為例，它們都可口而受大眾的喜愛，正如不同的帝王運用不同的制度，只要能治理天下，都將受到歡迎，因此無庸執著舊有的制度，而須順隨情勢，亦即「應時而變」。

再舉猨狙、周公為例，指出未能順隨猨狙天性，執著的為牠穿上人類的服裝，不僅不受歡迎，而且引發破壞與怨怒。由此揭示：欲使行止合宜，除了考量時事的變遷，也須視對象的自然天性而適當調整；亦即依循順應自然的無為前提，當為則為，不當為則不為。

最後舉例，西施顰眉與醜人效顰，敘述醜人未能明瞭一己的自然天性不同於西施，卻執著地做出與西施相同的舉動，背離順應自然的無為準則，徒然使他人走避，無人樂意親近之。

寓言之末與寓言之首相同，再次記載「惜乎，而夫子其窮哉」，可見對於孔子遭遇困境之惋惜與感慨。

本則寓言揭示：天地萬物「無動而不變，無時而不移」，因此不宜以固定的行為模式處理不同的事務，必須適時調整改變。不過，改變不僅須考量時、事，也須兼顧自然天性；亦即依循順應自然的無為準則，當為則為，不當為則不為，以「為與不為」的整體待命，無所執著。

孔子行年五十有一而不聞道，乃南之沛見老聃。老聃曰：「子來乎！吾聞子，北方之賢者也，子亦得道乎？」孔子曰：「未得也。」老子曰：「子惡乎求之哉？」曰：「吾求之於度數，五年而未得也。」老子曰：「子又惡乎求之哉？」曰：「吾求之於陰陽，十有二年而未得也。」老子曰：「然，使道而可獻，則人莫不獻之於其君；使道而可進，則人莫不進之於其親；使道而可以告人，則人莫不告其兄弟；使道而可以與人，則人莫不與其子

孫。然而不可者，無他也。中無主而不止，外無正而不行。由中出者，不受於外，聖人不出。由外入者，無主於中，聖人不隱。名，公器也，不可多取。仁義，先王之蘧廬也，止可以一宿而不可久處，覯而多責。古之至人，假道於仁，託宿於義，以遊逍遙之墟；食於苟簡之田，立於不貸之圃。逍遙，無為也；苟簡，易養也；不貸，無出也。古者謂是采真之遊。以富為是者，不能讓祿；以顯為是者，不能讓名；親權者，不能與人柄。操之則慄，舍之則悲，而一無所鑒，以闚其所不休者，是天之戮民也。怨、恩、取、與、諫、教、生、殺八者，正之器也，唯循大變無所湮者為能用之。故曰，正者，正也。其心以為不然者，天門弗開矣。」

「五十有一」：五十一歲，「有」：又。「沛」：江蘇省沛縣。「惡乎」：何。「度數」指典章制度。「十有二年」：十二年。「與人、與其子」的「與」：給予。「主」指領受道的內在特質。「不止」：行，指不停留。「無正」：無主，指沒有領受道的內在特質；「正」：主。「不行」：止，即不出，指不出示道。「不受」：不被領受。「不出」：不出示道。「不隱」：不藏，即不止，指不停留。「蘧廬」：旅社。「止可以」的「止」：只。「覯」：見，指形跡彰顯。「假道」：借路。「託宿」：寄宿。「逍遙之墟」指大道的整體性，「墟」：境。「苟簡」：簡略。「貸」：施予。「圃」：種菜之園。「無為」指順應自然。「無出」：不出示道。「采真之遊」：得道之行，「真」指道。「為是」的「是」：正確，指目標。「柄」：權。「操」：持。「慄」：懼。「一無所鑒」：全無所識，「鑒」：識。「闚」：看。「不休」：不止。「戮」：刑罰。「怨、恩、取、與、諫、教、生、殺」：怨敵必救、恩惠須償還、分內可自取、分外則給予他人、臣子諫上、君父教下、順春日而生、隨素秋而殺。「器」指方法。「循」：順。「大變」：大化，指道。「湮」：塞、滯。「天門」指道。

孔子五十一歲了，還沒有悟道，於是往南到沛地去拜見老聃。老聃說：「你來了呀！我聽說你是北方的賢人，你得道了嗎？」孔子說：「還沒有得道。」老子說：「你如何求道的呢？」孔子說：「我從典章制度中求道，經過五年而沒有得道。」老子說：「然後，你又如何求道的呢？」孔子說：「我從陰陽的變化中求道，經過十二年而沒有得道。」老子說：「是呀，假使道可以獻給他人，那麼人臣無不將之獻給君王；假使道可以進奉，那麼人們無不將之進奉給雙親；假使道可以告訴他人，那麼人們無不將之告訴兄弟；假使道可以給予他人，那麼人們無不將之給予子孫。然而這是不可能的，原因無它，就是心中沒有領受道的內在特質，那麼給予的道也不會停留。外人沒有領受道的內在特質，那麼得道者並不出示道。由心中悟出的道，如果不被領受於外，聖人則不出示道。由外而來的道，如果心中沒有領受的內在特質，聖人也不能使道藏留於其心。名聲是天下共有之物，不可多取。仁義是先王的旅社，只可以住一晚而不可久留，形跡彰顯則引來許多責難。古代的至人，只是向仁借路，向義借宿，如此則可悠遊大道之整體，取食於簡略之田，立身於不施予道的園圃。逍遙就是順應自然的無為；簡略，就容易養活；不施予道，就是不出示道。古人稱這是采真之遊的得道之行。

以財富為目標之人，不能將利祿讓給他人；以顯耀為目標之人，不能將名聲讓給他人；熱中權力之人，不能將權柄給予他人。他們抓住這些（因為害怕失去）就有憂懼，放開了又感到悲傷，全無所識，眼睛只是看著追逐不休的目標，這是自然所懲罰的人。怨、恩、取、與、諫、教、生、殺，這八項是導正民眾的方法，只有依循大道的變化而無所滯留的人，能用這八項方法治理民眾。所以說只有自正的人，才能正人。如果內心以為不是如此，那麼大道不為他開啟。」

孔子拜見老聃，老聃主動詢問是否得道？孔子回答追隨典章制度、陰陽變化，都未得道。「使道而可獻」至「聖人不隱」，指出道的意涵難以告知他人，而且必須考量所將告知的對象，是否具有領受道的內在特質，也就是本則寓言記載之「主」。「由外入者，無主於中，聖人不隱」，這三句敘述是說明「中無主而不止」。「由中出者，不受於外，聖人不出」，這三句敘述是說明「外無正（主）而不行」。

回顧前則「商大宰蕩問仁於莊子」寓言，揭示由仁孝向上提昇，可回返渾全不割裂的大道整體性。試想，仁義與仁孝的性質相同，雖然是人們標舉的德目，但也都是大道整體運作的一部分；所以仁義也可如同仁孝，也可提昇回返大道的整體性。由此則知，仁義並非不具價值與意義；只不過如果始終停滯在仁義，則是固定在大道整體的局部隅落，將失落大道的整體性；而且執著於追求「仁（愛）、義（宜）」，不免產生有愛便有偏私的流弊，也產生將利益視為「義」（宜）的流弊。故記載「仁義，先王之蘧廬也，止可以一宿而不可久處。」「古之至人」至「以遊逍遙之墟」，指出至人由仁義向上提昇，回返大道的整體性。

「食於苟簡之田」指出至人飲食簡略；但是有鑑於〈天地篇〉記載「四海之內共利之之謂悅，共給之之為安」，故知得道的至人與萬物同在，也與四海共利、共給，雖然飲食簡略，但卻無所匱乏，安然自適。

「不貸」指出不將大道的意涵告知他人。那麼這是吝惜嗎？試想：道的意涵既然難以告知他人，那麼，難以告知他人就是道的自然性質。因此，順隨道的自然性質，並不勉強也不執著於告知他人，這正是不離於道的恰當行止，故記載「立於不貸之圃」至「古者謂是采真之遊」。不過，讀者不可誤以為悟道者恆常不將道的意涵告知他人，例如：本則寓言中老聃向孔子敘述大道義理，就是「貸」。由此則知莊子雖記載「立於不貸之圃」，但卻是立於「貸與不貸」之整體，以整體待命，可貸則貸，不可貸則不貸。換言之，「立於不貸之圃」可進一步描述為「立於貸與不貸之圃」，以彰顯悟道者順應自然無所執著的特質。同理，「不貸，無出」也可進一步描述為「不貸而貸，無出非無出」，也相同地彰顯悟道者秉持順應自然的無為準則，當為則為，不當為則不為，可告知則告知，不可告知則不告知，亦即無所執著。

崇尚「富、顯（耀）、權」之人，不將業已掌握的「祿、名、柄（權）」給予旁人，誠然是吝惜，他們不同於「不貸」的至人。至人並非吝嗇，而是順應道的自然性質，所以雖然不執著將道的意涵告知他人，卻是逍遙的采真之遊；至於崇尚「富、顯（耀）、權」之人，「所（追逐）不休者」並不僅僅是權力富貴，而是追逐其所執著的目標，也就是執著於追逐，因此他們是「天之戮民」。

「怨恩取與諫教生殺」至「正者，正也」，指出只有遵循大道不執著的流動特質，將自我安頓在大道的整體性之中，先達到自我安頓的「自正」，而後才可運用八項方法，引導民眾也都達到自我安頓之「正」，也就是都將生命安頓在大道的整體性之中；如同〈德充符篇〉記載「唯舜獨也正，幸能正生，以正眾生。」

「其心以為不然者，天門弗開矣」，指出不同意「正者，正也」，未能將自我安頓在大道的整體性之中，未能遵循大道不執著的流動特質，則無從領受道，這就是「中無主」不具有領受道的內在特質之人。那麼，得道的聖人不向他出示道，也無法使道藏於其心中，亦即前文記載「中無主而不止」以及「由外入者，無主於中，聖人不隱。」另外，可一併明瞭：得道的至人無從將道給予「中無主」之人，所以至人即為「立於不貸之圃，逍遙，無為也。」

本則寓言揭示：得道者不執著將大道的意涵告知他人，並非吝惜，而是道的性質使然。不過，得道者並非恆常不告知他人，例如：本則寓言中的老聃，仍然告知孔子，可由仁義向上提昇，將自我安頓在大道的整體性之中；亦即暗示孔子並非不具有領受道的內在特質，不是「中無主」。

孔子見老聃而語仁義，老聃曰：「夫播穅眯目，則天地四方易位矣；蚊虻噆膚，則通昔不寐矣。夫仁義憯然乃憤吾心，亂莫大焉。吾子使天下無失其朴，吾子亦放風而動，總德而立矣。又奚傑然若負建鼓而求亡子者邪？夫鵠不日浴而白，烏不日黔而黑。黑白之朴，不足以為辯；名譽之觀，不足以為廣。泉涸，魚相與處於陸，相呴以濕，相濡以沫，不若相忘於江湖。」

「播」：簸，揚米去糠。「糠」：穀皮。「眯」：物入眼中。「蚊虻」：蚊蟲。「噆」：咬。「通昔」：一整夜，「昔」：夜。「憯」：慘，毒害。「憒」：憒，亂。「吾子」指孔子。「無失其朴」的「朴」：樸，未切割的原木，指整體性。「放」：依。「風」指自然。「總德」：專一己德，「總」：一，「德」指自然天性。「奚」：何。「傑然」：用力之貌。「負」：打。「建鼓」：大鼓。「亡子」：逃跑之人。「邪」：疑問詞。「鵠」：天鵝。「黔」：染黑。「黑白之朴」的「朴」：指自然天性。「辯」：論辯優劣。「相與」：相互親近。「呴」：吹。「濡」：濕。

孔子拜訪老聃，談論仁義。老聃說：「飛揚的米糠掉入眼睛，天地四方看起來都變了方位；蚊蟲叮咬皮膚，讓人整夜不能入睡。仁義毒害擾亂我的心，沒有比它更大的混亂了。你如果使天下不失去真樸的整體性，你也依隨自然而行動，專一地依循天性之德而立身，又何必費力地如同打著大鼓去追逃跑的人呢？白天鵝不是每天洗澡，而是自然潔白；烏鴉不是每天染黑，而是自然地黑。黑白是天生的，不足以論辯誰優誰劣；仁義的名聲是表象，不足以為大。泉水乾涸，魚群一同困在陸地上，相互吹氣來溼潤對方，相互吐沫來潤澤對方，卻不如在江湖中相互忘記對方。」

孔子見老聃而談論仁義。老聃先舉「播糠眯目、蚊虻噆膚」為例，敘述微小之物也可造成生命的混亂，然後指出仁義造成更大的混亂。

關於「仁（愛）、義（宜）」，〈齊物論篇〉、〈大宗師篇〉均曾說明，大道通貫天地萬物，是不割裂的渾全整體，至於天地萬物也相同的具有不可切割之整體性。因此依循大道並且順隨萬物的自然天性之「德」，與萬物恰如其分的互動，仁（愛）、義（宜）就已涵融在整體的運作中，並不需要特別標舉。亦即仁義本就是大道整體的一部分，本就涵藏在自然天性中。

但是如果未能明瞭上述的整體性，人們的行為也未能依循順應萬物自然本質的準則，反而創設「仁（愛）、義（宜）」之詞，欲引導人們的行為固定於仁義。殊不知這對人們的行為雖有引導的功效，但是額外標舉的「仁（愛）、義（宜）」只是截取大道整體中的局部隅落，如果過度執著則將偏離整體性的均衡運作，亦即行為固定在額外標舉的仁義，也就停滯在整體中的局部隅落，以致更加遮蔽大道的整體性。而且額外標舉的仁義，並未廣及於天地萬有，而是狹隘地僅限於人類之間，追求僅以人類為考量的狹隘「仁（愛）、義（宜）」，卻產生有愛便不免有偏私的流弊；又因為整體性被遮蔽，人們並非以整體的運作來判斷合宜與否，而是以自我為中心進行判斷，遂演變為符合一己的利益就視之為「義（宜）」，亦即產生將利益視為合宜的流弊。

綜言之，額外標舉的「仁（愛）、義（宜）」對人們的行為雖有引導的功能，但卻使大道的整體性更加被遮蔽，而且僅僅追求以人類為考量的狹隘「仁（愛）、義（宜）」，卻產生偏私的流弊，以及將利益視為合宜的流弊。由此即可了解，額外標舉的仁義雖然有「明」的一面，但也有「暗」的另一面。亦即額外標舉的「仁義」具有明暗並存、一體兩面的性質，不足以使人們的相處回返整體性的和諧，也不足以使人類與天地萬有的整體回返均衡狀態，人類仍然停滯在整體性遭受遮蔽的錯誤、混亂之中。

明瞭於此，如欲撥亂反正，則是回返大道的整體性，順隨萬物的天性之德，恰如其分的互動，以整體為念，行仁義之實，而不存行仁義之念，照顧整體的同時，也一併照顧了自己。因此記載「吾子使天下無失其朴」至「總德而立矣」。

「夫鵠不日浴而白」至「不足以為廣」，舉例鵠白、烏黑是牠們與生俱有的自然天性，並無優劣可說，而是齊同平等；進而指出仁義的名聲，由外添加，並非天性，不足以自誇。由此揭示：回返萬物皆平等的天性之德，無庸額外標舉仁義之名聲。

「泉涸」至「不若相忘於江湖」，也記載於〈大宗師篇〉，該篇曾說明這段敘述揭示：相親相愛不如人人將生命自我安頓，亦即將生命安頓在大道的整體性之中，而不只是執著於相親相愛。至於本則寓言記載這段敘述，則是揭示：人們立身於大道的整體性之中，就如魚生活在水量豐沛的江湖，是恰如其分的自我安頓；然而人們如果失落了大道的整體性，就如魚失去水，此時即使標舉仁義，也只是如同失去水的魚，雖然「相呴以濕，相濡以沫」，但並不足以解除生命的痛苦，也不足以安頓生命。

本則寓言揭示：仁義具有明暗並存、一體兩面的性質，不免造成生命的混亂，撥亂反正的方法則是回返大道的整體性，順隨自然天性之德，與萬物恰如其分的互動，雖未特別標舉仁義，但仁義卻自然涵融在整體的運作中。

孔子見老聃歸，三日不談。弟子問曰：「夫子見老聃，亦將何規哉？」孔子曰：「吾乃今於是乎見龍！龍，合而成體，散而成章，乘乎雲氣而養乎

陰陽，予口張而不能嗋，予又何規老聃哉！」子貢曰：「然則人固有尸居而龍見，雷聲而淵默，發動如天地者乎？賜亦可得而觀乎？」遂以孔子聲見老聃，老聃方將倨堂而應，微曰：「予年運而往矣，子將何以戒我乎？」子貢曰：「夫三王五帝之治天下不同，其係聲名一也。而先生獨以為非聖人，如何哉？」老聃曰：「小子少進。子何以謂不同？」對曰：「堯授舜，舜授禹，禹用力而湯用兵，文王順紂而不敢逆，武王逆紂而不肯順，故曰不同。」老聃曰：「小子少進。余語汝三皇五帝之治天下。黃帝之治天下，使民心一，民有其親死不哭，而民不非也。堯之治天下，使民心親，民有為其親殺其殺，而民不非也。舜之治天下，使民心競，民孕婦十月生子，子生五月而能言，不至乎孩而始誰，則人始有夭矣。禹之治天下，使民心變，人有心而兵有順，殺盜非殺，人自為種而天下耳，是以天下大駭，儒墨皆起。其作始有倫，而今乎婦，女何言哉！余語汝，三皇五帝之治天下，名曰治之，而亂莫甚焉。三皇之知，上悖日月之明，下睽山川之精，中墮四時之施。其知憯於蠆蠆之尾，鮮規之獸莫得安其性命之情者，而猶自以為聖人，不可恥乎！其無恥也？」子貢蹵蹵然立不安。

「亦將」：曾經表達，「亦」：已經，「將」：傳達。「規」：導正，規勸。「章」：文采。「乘」：順。「養」：翔。「陰陽」指自然。「嗋」：合。「固」：何，疑問詞。「尸居」：安居。「龍見」指如同龍之顯現。「淵默」：沉默安靜。「賜」：子貢自稱，子貢姓端木，名賜，字子貢。「可得」：可以能夠，「得」：能夠。「聲見」的「聲」：指名義。「方將」：正。「倨」：踞，據物而坐。「微」：輕聲。「年運而往」指年邁。「戒」：誠。「三王五帝」：即三皇五帝，已見於前則「孔子西遊於衛」寓言。「係聲名」：名聲相繼，「係」：繼。「小子」：年輕人。「心一」：心淳一。「其親」的「親」：雙親。「不非」：不非議。「民心親」的「親」：愛。「殺其殺」：學者認為傳鈔有誤，正確應是「殺其服」，指親疏有別的喪服，「殺」指差別。「不至乎孩而始誰」：不到三個月就開始區分人我；「孩」指笑，小兒三月而笑；「誰」指區分人我。「人有心」：人各有心機。「兵有順」：兵各有理。「種」：類。「耳」：然。「駭」：驚。「其作」指堯、舜、禹的治理，「作」指措施、治理。「倫」：序。「婦」：負，違。「女」：汝，你。「悖」：背離。「睽」：乖，亂。「墮」：破壞。「施」：行。「憯」：慘，毒害。「蠆蠆」：皆為蠍，尾部有毒針。「鮮規之獸」：微小之獸或蟲。「情」：實。「蹵蹵然」：慚愧不安。

孔子見老聃回來之後，三天不說話。弟子問說：「老師去見老聃，曾經表達什麼規勸嗎？」孔子說：「我現在終於見到龍了！龍，混融而為整體，散而成為文采錦繡，順著雲氣而翱翔自然，我張開了口而不能合攏，我又有什麼可以規勸老聃的呢？」子貢說：「那麼，果真有人安居卻又如龍之顯現，有言如雷聲震耳卻又沉默無言，發動如同天地無所不在嗎？我也可以去看他嗎？」於是他以孔子的名義去拜訪老聃。老聃正坐在大堂上接待他，老聃輕聲說：「我年紀老邁了，你有什麼指教嗎？」子貢說：「三王五帝治理天下固然不同，但是他們聲名相繼則是一樣的。只有先生認為他們不是聖人，為什麼呢？」老聃說：「年輕人，上前一點！你為何說他們不同呢？」子貢說：「堯讓位給舜，舜讓位給禹。禹用力治水而商湯用兵討伐夏桀，周文王順從商紂而不敢違逆，周武王違逆商紂而不肯順從，所以說他們不同。」老聃說：「年輕人，上前一點，我告訴你三皇五帝怎樣治理天下。黃帝治理天下，使民心淳一，有人雙親死去而不哭，但是大家並不非議。堯治理天下，使民心相親愛，有人為了孝親而訂定親疏有別的喪服，但是大家並不非議。舜治理天下，使民心競爭，孕婦十個月生產，嬰兒生下五個月就能說話，不到三個月就開始區分人我，於是人間才開始出現夭折短命。禹治理天下，使民心變異，人各有心機而認為用兵有理，殺盜賊不算殺人，人各自為類而天下皆然。因此天下人大為驚慌，儒墨興起。堯、舜、禹的治理開始時還有秩序，現在卻都違背了，你能說什麼！我告訴你，三皇五帝治理天下，名義上是治理，但是沒有比這更混亂的了。三皇的心智，背離了在上的日月光明，擾亂了在下的山川精華，破壞了在中的四季運行。他們的心智比蠍子的尾部還惡毒，微小的動物都不能安頓性命的真實，卻還自以為是聖人，不可恥嗎！還是無恥呢？」子貢慚愧得站立不安。

孔子舉「龍，合而成體，散而成章」為例，揭示老聃由「合」流動變化為「散」，亦即立足「合與散」混融、沒有對立、沒有對待、無待、不可切割的整體。換言之，「龍，合而成體，散而成章」的意涵不在字面，而是指出老聃與大道相同，具有渾全不割裂的整體性，以及不執著的流動特質。

本則寓言敘述老聃「尸居而龍見，雷聲而淵默」，〈在宥篇〉記載君子「尸居而龍見，淵默而雷聲」，雖然文句略為不同，但是義理相同，均揭示悟道者立足「隱與顯」、「無言與有言」混融、沒有對立、沒有對待的無待整體。亦即以整體待命，當隱則隱，當顯則顯，當言則言，不當言則不言，無所執著，恰如其分。簡言之，這是再次揭示老聃懷抱與大道相同的整體性。

關於「親死不哭」，讀者或許認為大悖於人情；但是由渾全不割裂的大道觀之，「生與死」本是無從切割的一體之兩面。故知「親死不哭」即為明瞭「生死」一體不可分，由於視「死」如「生」，所以親死不哭。至於「親死不哭而民不非」，彰顯人人都立足大道的整體性，都了解「生死」一體，因此對於親死不哭之人並無非議。簡言之，老聃舉「親死不哭而民不非」為例，指出黃帝之時，人人不離大道的整體性，由此可知「使民心一」，不僅指民心淳一，也兼指不離整體性。

回顧「商大宰蕩問仁於莊子」寓言，以「至仁無親」揭示：互為對照的「親與無親」沒有對立、沒有對待、無待的整體性。但是堯「使民心親（愛）」，有愛便不免有偏私，所以出現「為其親（雙親）殺其服」的親疏有別之待遇，亦即並非「至仁無親」，也就是未能立足大道「無待」的整體性。換言之，整體性開始流失，不過「為其親殺其服而民不非」指出整體性雖然開始流失，但是人們並不互相非議排斥。

有鑑於立足大道的整體性，即為「萬物與我為一」（〈齊物論篇〉），亦即「我與物（例如：他人）」是沒有對立、沒有對待、無待、和諧的整體。然而舜之時，未滿三個月的嬰兒就開始區分人我，亦即人們開始執著於「我」，也就不免排斥他人，所以「民心競（爭）」

而非無待、和諧的狀態。由於產生執著與排斥的相互對立，違逆大道的和諧整體性，所以出現夭折現象。不過，讀者在此不可誤以為夭折開始於舜之時，而須了解莊子是舉例說明，指出治理天下如果偏離大道的整體性，則衍生背離自然運作的不理想狀態（例如：夭折）。

禹之時，「兵有順（理），殺盜非殺」，敘述人們使用武力互相殘殺，亦即「民心變（異）」，更加背離「萬物與我為一」的無待與和諧。

以上由「民心一、親、競、變」，指出人們本是立足大道的整體性，然而整體性開始流失之後，逐漸失落「萬物與我為一」的無待與和諧，以至於「天下大駭」，故記載「三皇五帝之治天下，名曰治之」至「莫得安其性命之情」。

本則寓言揭示人間世事無不具有一體兩面的性質，例如：地球受陽光照射，必然是一半為「明」，另一半為「暗」；也就是生活中沒有任何一事，只有光明面而無晦暗面。常識稱讚堯、舜、禹，善於治國；但是立足大道的整體性，觀察「治與亂」完整的全貌，則知治國有利就有弊，亦即〈天地篇〉記載「治，亂之率（先導）」，莊子和盤托出，指出常識未留意的一體兩面之另一面。簡言之，本則寓言的意涵不在字面，不是詆毀三皇五帝，而是指出「治」具有一體兩面的性質。

孔子謂老聃曰：「丘治《詩》、《書》、《禮》、《樂》、《易》、《春秋》六經，自以為久矣，孰知其故矣，以奸者七十二君，論先王之道，而明周、召之迹，一君無所鉤用。甚矣夫，人之難說也！道之難明邪！」老子曰：

「幸矣，子之不遇治世之君也！夫六經，先王之陳迹也，豈其所以迹哉！今子之所言，猶迹也。夫迹，履之所出，而迹豈履哉！夫白鶂之相視，眸子不運而風化；蟲，雄鳴於上風，雌應於下風而風化。類自為雌雄，故風化。性不可易，命不可變，時不可止，道不可壅。苟得於道，無自而不可；失焉者，無自而可。」孔子不出三月，復見，曰：「丘得之矣。烏鵲孺，魚傅沫，細要者化，有弟而兄啼。久矣夫，丘不與化為人！不與化為人，安能化人。」老子曰：「可，丘得之矣。」

「丘」：孔子名丘，在此是孔子自稱。「孰知其故」的「孰」：熟，「故」：詁，指字詞的意義。「奸」：干，求。「先王之道、道之難明」的「道」：都指古代帝王治國的道理。「周、召之迹」的「周、召」：周公、召公，輔佐周成王的功臣；「迹」指功績。「鉤」：引。「邪」：疑問詞。「陳」：舊。「所以跡」指本源。「履」：鞋。「白鶂」：水鳥。「眸子不運」：定睛注視，「運」：轉。「風化」：不交配而產子。「類」指鶂、蟲。「自為」：自有。「性」指天性。「命」指自然本質。「壅」：塞。「苟」：如。「自」：從。「孺」指孵化而生。「傅沫」指以口沫相親而生子。「細要者化」的「細要」：指蜂，「要」：腰，「化」指交配。「與化為人」的「化」：指變。「為人」的「人」：偶，指和諧、同步。「安」：何。「化人」：教化他人。

孔子對老聃說：「我研究《詩》、《書》、《禮》、《樂》、《易》、《春秋》六經，自以為很久了，熟知其中字詞的意義，拿這些內容求見七十二位國君，講述先王治國的道理，闡明周公、召公的功績，竟然沒有一位國君願意採用。真是太難了！是這些人難以說服，還是治國道理難以闡明呢？」老子說：「真是幸運呀，你沒有遇到治世的國君！你所說的六經，是先王陳舊的足迹，哪裡是足迹的根源啊！現在你所說的，就像是足迹。足迹，是鞋子踩出來的，而足迹哪算是鞋子呢！白鶂雌雄相視，定睛注目即可受孕；蟲子，雄蟲在上風處鳴叫，雌蟲在下風處應和，即可受孕。鶂與蟲自然有雌雄，所以可受孕生育。天性不可改易，自然本質不可改變，時間不可停留，大道不可壅塞。如果得道，無論從哪兒走都可通；失去道，無論從哪兒走都不可通。」孔子三個月不出門，再去拜見老子說：「我懂得了。烏鴉喜鵲孵化而生；魚以口沫相親而生子；蜂類交尾而變化生子；弟弟由無變化為有而出生，哥哥遂由受寵變化為失寵而啼哭。已經很久了，我沒有與變同步！不與變同步，如何能教化他人。」老子說：「可以，孔丘得道了！」

孔子對眾多國君不採納自己推薦的六經、先王之道，表示不滿；老子卻認為是幸運。讀者對此必定感到不解，老子隨即敘述：孔子向國君推薦的六經只是「迹」，而不是「迹」所源出的本源。接著舉白鶂、蟲為例，鶂眸相視、蟲鳴相應，即可受孕生子；揭示受孕生子是「迹」，相視之眼神、相應之鳴叫聲，則是「迹」的本源。亦即掌握本源——眼神、鳴叫聲，即可受孕生子，結出果實。換言之，如欲國君採納建言，如同受孕生子，結出果實，必須掌握六經所源出的本源。然而六經的本源何在呢？

〈天下篇〉敘述「古之所謂道術者，果惡乎在？曰：無乎不在……其在於《詩》、《書》、

《禮》、《樂》者，鄒魯之士、搢紳先生多能明之。《詩》以道志，《書》以道事，《禮》以道行，《樂》以道和，《易》以道陰陽，《春秋》以道名分。其數散於天下而設於中國者，百家之學時或稱而道之。」這段敘述記載：古代所說的道術，究竟在哪裡？回答為：無所不在……存在於《詩》、《書》、《禮》、《樂》的，儒家的學者、官吏士紳多半可以明白，《詩》用以表達心志，《書》用以記錄政事，《禮》用以引導行為，《樂》用以調和生命，《易》用以通達陰陽，《春秋》用以界定名分，這些本數（本原）散布天下，施行於中國，百家的學說時常稱述。

由以上〈天下篇〉的敘述可知，無所不在的整體性就是六經的本源。亦即六經的文字記載是「迹」，本源則是無形不可見的整全大道。然而，整體性的大道沒有形跡，如同鶂相視的眼神、蟲相應的鳴叫聲；那麼應如何了解或掌握呢？

〈秋水篇〉「無動而不變，無時而不移」，揭示萬物具有不斷變動的自然性質，大道以不執著的特質，順應萬物的變化發展，遷流不已；也就是萬物的變動，即為道的呈顯。所以與變同步，就是不離於道。

「性不可易，命不可變」，指出天性與自然本質不可改變，進而揭示：順隨萬物不斷變動的天性本質，不執著六經之「迹」（文字記載），而是秉持六經所源出的整體性大道，即為「得於道，無自而不可」。反之，未能立足六經所源出的大道，只是執著六經之「迹」（文字記載），則是「失焉（道）者，無自而可」，不被任何國君採納。

孔子三個月後，了解鳥、魚、蜂、人，都是由「無」變化為「有」，這就是道的呈顯，所以順隨萬物的變化，與變同步，就是與道同在。如此，即為立足六經所源出的本源，而無庸執著六經之迹（文字記載），也才可能化人（例如：引導國君）。故記載「久矣夫，丘不與化為人，不與化為人，安能化人。」

本則寓言揭示：六經源自渾全不割裂的大道，掌握整體性就是掌握六經的本源，而不再只是執著六經之迹（文字記載），則「無自而不可」。至於大道雖無形迹，然而萬物的變動即為道的呈顯，因此順隨萬物的變化，與變同步，就是與道同在，這是治世、化人的立足點。

刻意

「刻意」而高抑或「不刻意」而高，是悟道的聖人？聖人秉持純素之道，然而不雜之「純素」是否排斥自己以外的所有存在呢？

刻意尚行，離世異俗，高論怨誹，為亢而已矣；此山谷之士，非世之人，枯槁赴淵者之所好也。語仁義忠信，恭儉推讓，為修而已矣；此平世之士，教誨之人，遊居學者之所好也。語大功，立大名，禮君臣，正上下，為治而已矣；此朝廷之士，尊主強國之人，致功并兼者之所好也。就藪澤，處閒曠，釣魚閒處，無為而已矣；此江海之士，避世之人，閒暇者之所好也。吹呴呼吸，吐故納新，熊經鳥申，為壽而已矣；此導引之士，養形之人，彭祖壽考者之所好也。若夫不刻意而高，無仁義而修，無功名而治，無江海而閒，不導引而壽，無不忘也，無不有也，澹然無極而眾美從之，此天地之道，聖人之德也。故曰：夫恬淡寂寞，虛無無為，此天地之平而道德之質也。故曰，聖人休焉，休則平易矣，平易則恬淡矣。平易恬淡，則憂患不能入，邪氣不能襲，故其德全而神不虧。故曰：聖人之生也天行，其死也物化；靜而與陰同德，動而與陽同波；不為福先，不為禍始；感而後應，迫而後動，不得已而後起。去知與故，循天之理。故無天災，無物累，無人非，無鬼責。其生若浮，其死若休。不思慮，不豫謀。光矣而不耀，信矣而不期。其寢不夢，其覺無憂。其神純粹，其魂不罷。虛無恬惔，乃合天德。故曰：悲樂者，德之邪；喜怒者，道之過；好惡者，德之失。故心不憂樂，德之至也；一而不變，靜之至也；無所於忤，虛之至也；不與物交，淡之至也；無所於逆，粹之至也。故曰：形勞而不休則弊，精用而不已則勞，勞則竭。水之性，不雜則清，莫動則平；鬱閉而不流，亦不能清，天德之象也。故曰：純粹而不雜，靜一而不變，淡而無為，動而以天行，此養神之道也。夫有干、越之劍者，柙而藏之，不敢用也，寶之至也。精神四達並流，無所不極，上際於天，下蟠於地，化育萬物，不可為象，其名為同帝。純素之道，唯神是守；守而勿失，與神為一；一之精通，合於天倫。野語有之曰：「眾人重利，廉士重名，賢人尚志，聖人貴精。」故素也者，謂其無所與雜也；純也者，謂其不虧其神也。能體純素，謂之真人。

「刻意」：特意或砥勵心志。「尚」：高。「異俗」：離俗。「怨誹」：非議人世。「亢」：高。「非世」：誹世，議論是非。「赴淵」指犧牲性命。「遊居學者」指在各地講學之人。「致功」：成就功業。「并兼」：兼併他國。「就藪澤」的「就」：近，「藪」：大澤。「閒曠」指曠野。「無為而已矣」有二意：（一）學者認為有錯誤，正確應是「為無而已矣」指逃世，「無」指逃；（二）指什麼都不做。「呴」：吹。「熊經」的「經」：直立。「申」：伸。「導引」指導引氣息，以養形軀。「彭祖」：傳說中活了八百歲的長壽者，已見於〈逍遙遊篇〉。「壽考」：長壽，「考」：老。「澹然」：淡泊。「聖人之德」：聖人的天性。「恬淡、寂寞、虛無、無為」：均指無為，即順應自然。「質」：實。「聖人休焉，休則平易矣」：此句為宋・陳碧虛《莊子闕誤》引張君房本，至於其它通行本則為「聖人休休焉，則平易矣」；「休」：止。「德全」指自然天性完足。「天行」指行為順應自然。「物化」指與萬物一同變化。「同德」指性質相同。「同波」指同步，「波」：動。「不為福先，不為禍始」指無禍無福，不落入禍、福之任一隅落。「感」：動。「迫」：近。「不得已」指順應自然。「知與故」：分別性的認知與巧故，「故」指巧故、詐偽。「循」：順。「豫」：預。「期」：必，指執著。「粹」：純。「罷」：疲。「恬惔」：即恬淡。「德之邪」指違背自然天性。「道之過」指偏離大道。「一而不變，靜之至」、「靜一而不變」的「一」：兼指專一與整體性，「不變」指變，「靜」指動靜的整體性。「弊」：疲困。「鬱閉」：閉塞。「天德之象」：自然現象。「干、越」指吳、越二國。「劒」：劍。「柙」：匣，櫝。「並流」的「流」：通。「極」：至。「際」：接。「蟠」：周遍。「不可為象」：無跡象。「純素」：一，指整體性。「素」：未染色的原絲。「唯神是守」：唯守神，指形神相守。「守」：不離。「天倫」：天道，並非當代用語所指的父母子女之人倫相處。「貴精」的「精」：純、一，指道的整體性。「體」：行。

特意或砥勵心志使行為高尚，離世離俗，高談對於世事的不滿，只是追求高於他人而已；這是山林隱士，是議論是非的人，是形容枯槁、不畏犧牲的人所喜好的。陳述仁義忠信，恭儉辭讓，只是追求修身而已；這是太平時代的士子，是從事教誨之人，是在各地講學的人所喜好的。談論大功，建立大名，樹立君臣禮儀，匡正上下關係，只是追求治國而已；這是朝廷之士，是尊主強國的人，是成就功業、兼併敵國的人所喜好的。親近山澤，棲身曠野，釣魚閒居，只是追求逃世（或什麼都不做）而已；這是江海之士，是逃避世間的人，是閒暇隱居的人所喜好的。吹氣呼吸，吐出濁氣吸入新氣，像熊一樣直立，像鳥一樣伸展，只是追求長壽而已；這是導引氣息，以養形軀之士，是養形之人，是像彭祖、長壽的人所喜好的。若有不執著特意（或不執著砥勵心志）而能高尚，不執著追求仁義而能修身，不執著建立功名而能治國，不執著隱居江海而能閒適，不執著練習導引而能長壽，無所不忘，無所不有，淡泊至極卻有眾多美善跟從著他，這是天地之道，聖人的自然天性。所以說，恬淡、寂寞、虛無、無為，是天地的平準，是道德的實質。所以說，聖人休止於此，休止於此也就平易，平易就是恬淡無為。平易恬淡無為，所以憂患不能進入，邪氣不能侵襲，因此自然天性完足而心神沒有虧損。所以說，聖人存活時行動順應自然，死去則與萬物一同變化，靜止時與陰性質相同，行動時與陽同步流動。無禍無福，不落入禍、福之任一隅落。有所觸動而後回應，事物接近了而後行動，順應自然而後興起。不執著分別性的認知與巧故詐偽，順隨自然之理。所以沒有自然的災禍，沒有萬物的牽累，沒有人們的非難，沒有鬼的責備。存活時如同浮遊，死亡如同休息。不執著思慮，不執著預謀。光亮而不耀眼，守信而不執著。睡著了不作夢，醒來後不憂慮。心神純粹無雜質，魂靈不疲倦。虛無恬惔無為，貼合自然之德。所以說，呆滯在悲樂是違背自然天性；呆滯在喜怒是偏離大道；呆滯在好惡是流失了自然天性。所以心神不呆滯在憂樂，是自然天性的極至；專一而不離整體性，不變地與變同步，是靜的極至；無所牴觸，是虛的極至；與物交接如同與自己相處，並不認為是與物交接，是淡泊的極至；無所違逆，是純粹的極至。所以說：形體勞累而不休息就會困頓，使用精力而不停止就會疲勞，疲勞就會枯竭。水的性質是不混雜就會清澈，不擾動就是水平；但是閉塞不流通，也不能常保清澈，這是自然現象。所以說：純粹而不混雜，靜一而與變同步，淡泊而無為，行動順應自然，這是養神之道。就像擁有吳國、越國的寶劍，收藏在劍匣中，不敢輕易使用，因為是最珍貴的寶物。精神通達各方，無所不至，上接於天，下及於地，化育萬物，不見跡象，它的名稱是同帝。秉持整體性的大道，就是形體與精神相守。相守而不失，形體與精神就是一。精通於一的整體性，就是貼合於天道。俗語說：「大眾看重利益，廉潔的人看重名聲，賢能的人崇尚志節，聖人看重大道的整體性。」所以素的意涵，是說它不雜；純的意涵，是說精神不折損。能實踐純素，稱為真人。

本篇首先指出追求「亢（高）、修（身）、治（國）、無（逃世）、壽」之人，在世間都有與他們各自相應的群眾。

至於不特意追求而自然呈現「高、修（身）、治（國）、閒、壽」之人，則是「無不忘也」忘我也忘物，亦即物我兩忘。不過「物我兩忘」的意涵不在字面，不是「物與我」都消失了，而是說不出什麼是「物」，也說不出什麼是「我」，亦即回返物我混融為一的整體。以此，無往而非我，無物不是我，也就是「天地與我並生，而萬物與我為一」（〈齊物論篇〉），故記載「無不有也」。此外，也可由另一面向來了解：有鑑於「忘」則為「無」，那麼「無不忘也」也就是一切皆「無」；然而莊子立即翻轉為「無不有也」，也就是由「無」流動為「有」，並不呆滯固定，而是立足「無與有」混融、沒有對立、沒有對待、無待的整體。故可稱之為「雖無而有，無而非無」。換言之，他具有與大道相同的不割裂之整體性，以及不執著的流動特質。

「澹然無極而眾美從之」指出不刻意追求之人，雖然淡泊至極，但卻總有美善追隨之。由此即知，雖然僅觀文字表面，莊子並未記載他在世間是否有相應者；不過，既然「無不有也、眾美從之」，那麼當然也就不乏與他相應的追隨者。

「此天地之道，聖人之德也」，指出他與大道同質，涵藏聖人與生俱有的自然天性之德。換言之，不刻意追求之人就是得道的聖人，他與刻意追求之人，雖然都有追隨者，但他才是得道者。

「恬淡寂寞，虛無無為，此天地之平而道德之質也」三句敘述，也記載於〈天道篇〉。本篇雖記載「虛無」，而該篇記載「虛靜」，但是意涵相同。由於「恬淡、寂寞、虛無、無為」共同指向：順應自然的無為，故知這三句敘述揭示「天、地、道、德」都是順應自然，也就是依循無為準則。

聖人立身處事以順應自然的無為準則做前提，當為則為，不當為則不為，行事平穩，恰到好處，故記載「聖人休焉」至「故其德全而神不虧」。

「聖人之生也天行」至「動而與陽同波」，這四句敘述也記載於〈天道篇〉，該篇曾說明這段敘述指出：不離「生與死」、「靜與動」、「陰與陽」的整體性。換言之，聖人融「生與死」、「靜與動」、「陰與陽」於一身，無所執著也無所排斥。

聖人明瞭人生際遇變動不居，恰如日夜遷流無已。試想：「日夜」是不可切割的連續性整體，在本質上並無禍福可言，亦即無從說「日」是福或是禍，也無從說「夜」是禍或是福，而是無禍無福。同理，變動不居的人生際遇，呈顯各種起起落落的狀態，所有狀態共同組成生命的完整全貌，它們是不可切割的連續性整體，在本質上也如同「日夜」，並無禍福可言，而是無禍無福。遺憾的是，人們未能了解於此，卻以一己之利益為基準，強硬指稱符合一己利益的狀態為福，反之則為禍。但是聖人不同於大眾，明瞭變動不居的人生際遇，沒有福可言，也沒有禍可說，在本質上就是無禍無福。

所以，雖然大眾爭先求福，唯恐落後；但是聖人依隨大道，順應自然，因此不同於大眾，並不爭先求福，故記載「不為福先」。又由於聖人依循順應自然的無為準則，當為則為，不當為則不為，恰如其分地與萬物互動，因此不落入「禍」之隅落，故記載「不為禍始」。綜上說明，可知「不為福先，不為禍始」的意涵不在字面，不是果真有禍福，而是指向不離大道的整體性，順應自然，則無禍無福。

「感而後應，迫而後動」，均指出事物接近而有所觸動，聖人則予以回應。亦即這二句敘述均為後文「不豫（預）謀」之意，也就是順應自然。

關於「不得已」，回顧〈人間世篇〉、〈大宗師篇〉均曾說明「不得已」即為不得不然、必然、自然，也就是「不得已」的意涵不在字面，不是無奈，而是順應自然。換言之，「感而後應，迫而後動，不得已而後起」三句敘述的意涵不在字面，不是無奈勉強地應付事物，而是指向順應自然。

「無天災」至「無鬼責」，這四句敘述也記載於〈天道篇〉，該篇曾說明這段敘述指出：依循無為準則，行止恰如其分，所以與天地萬物（包括：鬼）沒有對立、沒有對待、無待、和諧。

聖人明瞭「生死」一體不可分，「生」必將流動變化為「死」，因此不同於大眾，不執著生，也不排斥死，故記載「其生若浮，其死若休。」

「不思慮，不豫（預）謀」的意涵不在字面，不是絕不思慮、謀劃，而是依循順應自然的無為準則，不執著於提出自己的思慮與謀劃。

「光矣而不耀」，是將「光」之明亮內斂為「不耀（不光）」。換言之，聖人立足「光與不光」混融、沒有對立、沒有對待、無待的整體。

「信矣而不期」，指出聖人守信用但不執著，亦即與變同步，適時調整，以使行止恰到好處，不至於如同〈盜跖篇〉記載「尾生與女子期於梁下，女子不來，水至不去，抱梁柱而死。」換言之，本句敘述仍然不離「當為則為，不當為則不為」的無為準則。

「其寢不夢，其覺無憂」，也記載於〈大宗師篇〉，該篇曾說明這二句敘述的意涵不在字面。有鑑於「夢與不夢」同存並在睡眠中，因此觀察整全之睡眠狀態，既見「夢」亦見「不夢」，故可言「有夢」，亦可言「不夢」；無論其如何描述，均不離「夢與不夢」並存的整體性。故知「其寢不夢」不是絕不作夢，而是指向「夢與不夢」共存，以此而揭示「道通為一」（〈齊物論篇〉）的大道整體性，也一併彰顯悟道者不固定在「夢」或「不夢」之任一隅落。「無憂」不是絕無憂慮，而是雖有憂慮，但可順隨自然以安頓之，遂轉為無憂，揭示悟道者不固定在「憂」之隅落，具有與大道相同的流動特質。

由於不固定在任何隅落，神魂不拘泥僵化，也就沒有呆滯的疲倦。以上是聖人依循無為準則，呈現貼合於天性之德的生命氣質。故記載「其神純粹」至「乃合天德」。

「悲樂者」至「德之失」，指出呆滯在「悲樂、喜怒、好惡」的固定隅落，都是背離大道不執著的流動本質，並非〈養生主篇〉「緣督以為經」順中以為常的去極端、取中庸之養生準則，也失落天性之德依循大道不拘泥不僵化的特質。

如果僅觀「心不憂樂」的文字表面，相同於〈養生主篇〉「哀樂不能入」；但是〈養生主篇〉曾說明「哀樂不能入」的意涵不在字面，並非如同木石無感於變化，亦非絕無情緒的波動，而是雖有哀樂之情，但是可藉由大道的整體性思考，出離情緒波動。亦即胸懷大道的整體智慧，則不呆滯在「哀樂入」於胸中的一隅，而是適時出離，成為「哀樂不能入」的持平。

由此則知「心不憂樂」的意涵也不在字面，不是絕無情緒波動，而是雖有憂樂之情，但是可依隨大道不執著的流動特質，適時調整，不呆滯在「憂」或「樂」之任一隅落，而呈現「心不憂樂」的持平。在此也可一併明瞭，上文「悲樂者」至「德之失」的意涵也不在字面，並非情緒起伏就是背離道、德，而是呆滯在固定隅落，未能適時調整，則為背離道、德。

〈秋水篇〉「無動而不變，無時而不移」，揭示天地之中一切都在改變，然而「變」卻是恆常不變，亦即「變」就是不變。故知「一而不變」的「不變」就是指變，「一而不變」

揭示專一地與「變」同步，亦即自身就是「變」；另外，也可了解為：專一地依隨大道變動不居的特質。

至於「靜之至」，是因為自身就是變，因此與任何變動都是沒有對立、沒有對待、無待，所以也就不認為有任何變動，而是「靜」。由此則知「靜」並不排斥動，不是常識認為與「動」互斥對立者，而是立足「動與靜」混融、沒有對立、沒有對待、無待的整體。換言之，「一而不變，靜之至也」的意涵不在字面，不是始終固定在不變，也不是排斥動，而是具有「動與靜」的整體性。

聖人依循順應自然的無為準則，當為則為，不當為則不為，行止恰到好處，故記載「無所於忤」。由於順應自然，不執著於提出一己之好惡或意念，故記載「虛之至」。

有鑑於聖人依隨大道通貫萬物的整體性，與萬物混融為一，亦即「物」就是「我」，「我」就是「物」；因此與物交接恰如與自己相處，並不認為是與物交接，故記載「不與物交，淡之至也」。換言之，「不與物交，淡之至也」的意涵不在字面，不是與物隔離，而是與物混融，揭示「萬物與我為一」（〈齊物論篇〉）的整體性。

由以上說明，可了解聖人秉持大道的整體性，也依循順應自然的無為準則，當為則為，不當為則不為，行止恰到好處，所以「無所於逆」；由於與萬物混融，是純粹不雜的「一」，故記載「粹之至也」。換言之，「無所於逆，粹之至也」仍然揭示聖人的整體性。

「形勞而不休則弊」至「勞則竭」，舉形體為例，指出行為呆滯在固定隅落，未能依隨大道不執著的流動特質，則呈現「弊、勞、竭」。

「水之性」至「亦不能清」，舉水為例，指出清澈的水並非始終固定在不流動的狀態，例如「鬱閉而不流」的靜止水域，容易出現優養化，那麼也就不再清澈。換言之，水順應地形之自然，時而靜止，時而流動，無所呆滯，所以呈現水清。「天德之象」指出上述人類形體以及水的二項舉例，是隨處可見、人人皆知的自然現象。

「純粹而不雜」至「此養神之道也」，綜合上文「一而不變，靜之至也；不與物交，淡之至也；無所於逆，粹之至也」的義理，揭示立足大道的整體性，依隨大道不執著的流動特質，與變同步，秉持順應自然的無為準則，是養神的良方。

運用上述養神的良方，則精神如「干（吳）、越」之寶劍，雖然無堅不摧，但不輕易使用。精神一如大道，無所不包，無所不至，順應萬物的變化發展，卻無形跡，如同天帝。故記載「夫有干、越之劍」至「其名為同帝」。

聖人之「形」不離「神」，亦即「形與神」是一不是二，是不可切割的整體，由此可知聖人具有與大道相同的整體性，故記載「純素之道」至「合於天倫（天道）」。

聖人「貴精」，不同於眾人、廉士、賢人。由於「精」即為純、一，也就是不雜的「純素之道」，故知「貴精」即為「貴道」，揭示聖人依隨大道的整體性。

如果僅觀「素也者，謂其無所與雜也」的文字表面，似乎是排斥其它存在。然而，是否果真如此呢？前文有「純素之道」一語，亦即以「純素」描述大道；有鑑於大道通貫萬物，無所執著也無所排斥，故知「純、素」均非排斥它物，而是與大道相同，也具有與萬物混融的性質。換言之，聖人之「純、素」是「萬物與我為一」，物即我，我即物，所以是「一」

而不雜。

聖人與物交接，如同與自己相處，故精神不損。所以記載「純也者，謂其不虧其神也。」「能體純素，謂之真人」，揭示如果明瞭「純、素」的意涵都不在字面，不是排斥而是混融的整體性，並且實踐於行為中，這就是莊子推崇的真人。

本篇指出不刻意而高，立足渾全不割裂的大道，依循順應自然的無為準則，順隨大道不執著的流動特質，不呆滯在固定隅落，不離大道的整體性，即為聖人、真人。不過，學者通常認為本篇文義淺露，不是莊子自著；然而，基於以上對於本篇義理之說明，可證其意涵並不在於字面，而是揭示聖人秉持大道以立身處世。簡言之，本篇的義理並不膚淺，而且並未偏離莊子全書「道德」之主旨，所以或許不必認為絕非莊子所作。

繕性

如何修持，可使天性回返原初的和諧與無待？執著俗學與俗思，抑或依循大道的整體性以及順應自然的無為準則？

繕性於俗學，以求復其初；滑欲於俗思，以求致其明，謂之蔽蒙之民。古之治道者，以恬養知。智生而無以知為也，謂之以知養恬。知與恬交相養，而和、理出其性。夫德，和也；道，理也。德無不容，仁也；道無不理，義也；義明而物親，忠也；中純實而反乎情，樂也；信行容體而順乎文，禮也。禮樂偏行，則天下亂矣。彼正而蒙己德，德則不冒，冒則物必失其性也。古之人，在混芒之中，與一世而得澹漠焉。當是時也，陰陽和靜，鬼神不擾，四時得節，萬物不傷，群生不夭，人雖有知，無所用之，此之謂至一。當是時也，莫之為而常自然。逮德下衰，及燧人、伏羲始為天下，是故順而不一。德又下衰，及神農、黃帝始為天下，是故安而不順。德又下衰，及唐、虞始為天下，興治化之流，澆淳散朴，離道以善，險德以行，然後去性而從於心。心與心識，知而不足以定天下，然後附之以文，益之以博。文滅質，博溺心，然後民始惑亂，無以反其性情而復其初。由是觀之，世喪道矣，道喪世矣，世與道交相喪也。道之人何由興乎世，世亦何由興乎道哉！道無以興乎世，世無以興乎道，雖聖人不在山林之中，其德隱矣。隱，故不自隱。古之所謂隱士者，非伏其身而弗見也，非閉其言而不出也，非藏其知而不發也，時命大謬也。當時命而大行乎天下，則反一無迹；不當時命而大窮乎天下，則深根寧極而待，此存身之道也。古之存身者，不以辯飾知，不以知窮天下，不以知窮德，危然處其所而反其性，己又何為哉！道固不小行，德固不小識。小識傷德，小行傷道，故曰：正己而已矣。樂全之謂得志。古之所謂得志者，非軒冕之謂也，謂其無以益其樂而已矣。今之所謂得志者，軒冕之謂也。軒冕在身，非性命也，物之儻來寄也。寄之，其來不可圉，其去不可止。故不為軒冕肆志，不為窮約趨俗，其樂彼與此同，故無憂而已矣。今寄去則不樂，由是觀之，雖樂未嘗不荒也。故曰：喪己於物，失性於俗者，謂之倒置之民。

「繕」：治。「滑」：治。「致」：得。「蔽蒙」的「蒙」有二意：（一）遮蔽；（二）受，指領受的自然天性。「恬」：靜。「知」指分別性的認知。「智生而無以知為」指雖有分別性的認知但不執著使用，智即知；此句為宋．陳碧虛《莊子闕誤》引張君房本，至於其它通行本則為「生而無以知為」。「出其」：生於。「德」指自然天性。「理」指理路。「義」：宜。「物親」的「物」：人。「中純實而反乎情」的「中」：忠，「反」：返，「情」兼指天性、真實。「信行容體」指行為表現。「順乎文」的「文」指儀節。「偏」：偏。「彼正而蒙己德」的「彼」指治道者，「正」指不失道德，「蒙」指領受，「己」：其。「冒」：亂。「混芒」指不割裂之整全。「澹漠」指無為。「逮」：及至。「衰」：落。「燧人」：燧人氏，上古帝王，教導民眾熟食之法。「伏羲」：伏羲氏，約公元前三十三世紀擔任天子職位，已見於〈人間世篇〉。「始為」：始治，「為」：治。「不一」的「一」：混同。「神農」：神農氏，上古帝王，製作農具，教導民眾務農，嚐百草以療疾病。「安」：定。「唐、虞」：唐堯、虞舜。「澆淳散朴」：澆薄淳厚離散樸質，「澆」：薄，「淳」：厚。「朴」：樸，未切割的原木，指整體。「離道以善」的「善」：為，治。「險」：傷。「去性而從於心」：去自然之性，從分別之心。「心與心識」的「識」：織，指交織相鬥。「以文、以博」的「文、博」兼指俗學與俗思。「質」：實。「弗見」：不現，「見」：現。「當」：遭遇。「時命」指時機。「謬」：差錯。「反一無迹」：回返至一而無行迹。「深根寧極」指深藏內斂。「辯」：言。「窮天下、窮德」的「窮」：困。「危然」：獨立之貌。「小行」指局部運行。「小識」指局部的見識。「軒冕」指高官，「軒」：高車，「冕」：高帽。「儻來」：意外忽然而來。「圉」：禦，抵擋。「止」：留。「肆」：放縱。「窮約」：窮困。「彼與此」指軒冕與窮約。「荒」：亂。「俗」指俗學、俗思。「倒置」：本末顛倒。

用世俗的學習來修治天性，以求回復原初本性；用世俗的想法來修治欲念，以求達到清明狀態，稱為蔽塞（或遮蔽了領受的自然天性）之人。古代修道的人，以恬靜涵養知。雖有知卻不執著使用，稱為以知養恬靜。知與恬靜互相涵養，而和諧之理就由天性中產生。自然天性之德，就是和諧；道，就是理。天性之德無不包容，就是仁愛；順隨於道，走出的通路無不合理，就是義之合宜；義之合宜鮮明，人們前來親附，就是忠；忠實純樸而回返真實天性，就是樂；表現於舉止而順隨儀節，就是禮。只依賴禮樂的推行，天下就混亂了。修道的人自正（不失道德），領受天性之德，不失天性之德就不會混亂。混亂了，必定是人們失落自己的天性。古時候的人，在不割裂的混芒整全之中，舉世之人都是澹漠無為。在那時候，陰陽調和寧靜，鬼神無所侵擾，四時合乎節序，萬物不互相傷損，眾生不夭折，人雖有知，但不執著使用，這稱為至一。在那時候，並不刻意有為而總是順應自然。等到天性之德向下滑落，就有燧人氏、伏羲氏開始治理天下，只能順應眾生而不能混同為一。天性之德又向下滑落，到了神農氏、黃帝開始治理天下，只能安定天下但是不能順應眾生。天性之德再向下滑落，到了唐堯、虞舜開始治理天下，大興教化，使人心由淳厚樸質變成澆薄，離道而治理，行為傷害了天性之德，然後失去了自然天性，而跟從分別之心。心與心交織相鬥，分別性的認知不足以安定天下，然後再添加文飾，加上博學。文飾遮蔽了真實，博學陷溺了心神，然後民眾開始覺得疑惑混亂，無法回返生命的真實、回復原初。由此看來，世間失落了道，道失落了世間，世間與道互相失落了。得道之人如何在世間興起，世間又如何振興道呢！道無從在世間振興，世間也無從振興道，即使聖人不隱藏在山林之中，他的自然天性之德也隱藏了。隱藏，但隨著時機而調整為不隱藏。古代所說的隱士，不是伏匿身軀而不出現，不是閉塞言談而不說話，不是隱藏智慧而不顯露，而是時機不當。遇時機可大行於天下，則回返混同之一而無行迹；不遇時機而大困於天下，則深藏內斂而等待，這是安立生命的方法。古代安立生命的人，不以言論來裝飾分別性的認知，不以分別性的認知困累天下，不以分別性的認知困擾天性之德，獨立自處而回返天性，自己又要做什麼呢！道不僅只運行在局部的區域，德不僅只有局部的識見。只有局部的識見，損傷了德；只運行在局部的區域，損傷了道。所以說，端正自己而已。以整體為樂稱做得志。古代所說的得志，不是說高官厚祿，而是說不能再增加他的喜悅了。現在所說的得志，只是說高官厚祿。高官厚祿加在身上，不是性命的真實，只是外物偶然來寄託。寄託之物，它來時不能抵擋，它去時留不住。所以不因為高官厚祿而放縱心志，不因為窮困而趨向世俗，認為高官厚祿與窮困是一樣的，所以無憂啊！現在的人們卻是寄託的高官厚祿離去了就不快樂。由此看來，即使是快樂（因為害怕失去），心中未嘗不慌亂。所以說：因為外物而失落了自己，因為俗學、俗思而失落了天性，稱為本末倒置之人。

本篇記載的「俗學、俗思」，可藉《老子．四十八章》「為學日益，為道日損」加以說明。大眾通常認為「學」就是增益，亦即使用加法，例如：學習以增加知識、增廣見聞，然而這雖使人們脫離盲昧，卻也增長文飾造作，甚至是智巧詐偽，而且不免誘發情欲，所知愈多，欲求愈多，遂因多知多欲而增加更多攪擾。由此可明瞭「知」具有一體兩面的性質，並非只有明亮面，而是明暗並存。換言之，「俗學」就是使用加法，「俗思」亦然，大眾總是貪婪地向外抓取，以為對生命有利，即使是雞肋也不放手，殊不知如此造成負荷過重，反而對生命弊多而利少。故知執著「俗學、俗思」的加法，不足以使生命「復其初、致其明」，故記載「繕性於俗學」至「蔽蒙之民」。

關於「俗學、俗思」的加法，在此平心思考，則知它們誠然是大眾生活中的一部分，對大眾的生活也具有輔助的功能，並非一無可取之處；只不過人們如果過度執著，則將使行為產生偏差與錯誤。換言之，錯誤並非源於「俗學、俗思」的加法，而是來自人們的執著。故知本篇關於「俗學、俗思」的記載，並非排斥而是提醒讀者不宜執著。

治道之人不同於大眾，雖然學習「俗學、俗思」的加法，增添了「知」，但不執著用「知」而是秉持大道順應自然的無為準則，當為則為，不當為則不為，當加則加，當減則減，恰到好處，故記載「以恬（靜）養知」。

「智生而無以知為也」的意涵，近似於「以恬（靜）養知」，依舊指出治道者雖有知但不執著於使用；然而這並不意謂治道者沒有任何行為舉動，而是仍然依隨無為準則，當為則為，不當為則不為，故記載「謂之以知養恬（靜）」。這就是「知與恬交相養」，天性中的和、理也就自然呈現。

「夫德，和也」，指出自然天性之德就是和諧，和諧就是天性之德。「德無不容，仁也」，指出和諧的天性之德無不包容，就是仁愛。

「道，理也」，揭示出於天性的「理」就是道。有鑑於道總是順應萬物的自然性質，所以由道走出的通路無不合理，無不合宜，故記載「道無不理，義（宜）也」。「義明而物親」至「信行容體而順乎文，禮也」，記載忠、樂、禮之彰顯。換言之，「仁、義、忠、樂、禮」源於道德，也就是源於天性；亦即道德是「本」，仁、義、忠、樂、禮是「末」。

由此則知，推行禮樂的理想狀態是不離道德之「本」，亦即末不離本，本末兼顧；反之，如果失落了道德之「本」，僅有禮樂之「末」，則不免因為流失本末兼顧的整體性，而產生混亂。故記載「禮樂徧（偏）行，則天下亂矣。」

「彼正而蒙己德」，指出治道者不離道德之「本」，不失其天性之德，故而不亂，所以記載「德則不冒（亂）」。「冒（亂）則物必失其性也」指出大眾失落道德之「本」，也就失落了天性，遂陷入混亂。

「古之人，在混芒之中，與一世而得澹漠焉」，揭示古人立足大道不割裂的整體性，舉止則是依隨大道順應自然的無為準則。

由於萬有（包括鬼神）沒有對立、沒有對待、無待、和諧，故記載「鬼神不擾」。在和諧中，萬物不互相傷害，眾生皆存活至自然之年壽，故記載「萬物不傷，群生不夭。」

如果僅觀「人雖有知，無所用之」的文字表面，似乎是不用智力，但這是否意謂著絕不使用呢？回顧〈齊物論篇〉「不用而寓諸庸」，該篇曾說明其意涵是「不用與用」相通為一，不可切割；而且本篇前文也記載「以恬養知、以知養恬、知與恬交相養」，由此可了解「人雖有知，無所用之」，並非絕不使用，而仍有使用之時。亦即古之人，依循順應自然的無為準則，當為則為，不當為則不為；因此，所具備的智力，亦是當用則用，不當用則不用。換言之，「無所用之」的意涵不在字面，不是絕不使用，而是順應自然，不執著於使用。「莫之為而常自然」與「無所用之」相仿，其意涵也不在字面，不是沒有任何行為，而是順應自然，當為則為，不當為則不為，無所執著。

莊子敘述這是「至一」，但是自然天性之德向下滑落，「至一」的整體性也隨之流失，演變為僅能維持在「順」的狀態。此後，天性之德又向下滑落，「順」亦失落，成為僅能維持在「安」（定）的狀態。此後，天性之德再向下滑落，離道傷德，然後人們的舉止不是以「至一」的整體性為前提，而是以區分「利與害、好與壞、高與下」的分別之心為前提，人們割裂整體，使用分別性的認知，陷入分別之心相互糾葛的勾心鬥角狀態，分別性的認知不能安定天下，亦即「安」（定）也失落了。然後，不是回返「至一」與「無為」，卻反而是增加「文、博」，也就是前文敘述的「俗學、俗思」，執著於使用加法，未能依循順應自然的無為準則，未能當加則加、當減則減，然後人們深陷混亂，無從回返生命原初「至一」的整體性。

「世喪道矣」至「世無以興乎道」，沉重地指出大道與世間相互失落，因此聖人即使處身群眾之中，但是難以推廣「至一」的整體性，宛若天性之德也隱而不明，故記載「雖聖人不在山林之中，其德隱矣。」不過，莊子立即翻轉為「隱，故不自隱」，揭示聖人雖隱但隨著時機而調整為不隱。亦即〈在宥篇〉記載「尸居而龍見，淵默而雷聲」，揭示悟道者立足「隱與顯」、「無言與有言」混融、沒有對立、沒有對待的無待整體。亦即以整體待命，當隱則隱，當顯則顯，當言則言，不當言則不言，無所執著，恰如其分。另外，在此亦可一併了解，「隱，故不自隱」是莊子運用「卮言」流動而不呆滯一隅的筆法，對聖人進行書寫。（關於「卮言」，請參見〈寓言篇〉）

有鑑於聖人並非始終呆滯在「隱」的固定隅落，所以後文記載「古之所謂隱士者」至「非藏其知而不發也」。

「當時命而大行乎天下」，也印證聖人不固定在「隱」，並將由隱而顯。不過，莊子卻又立即翻轉為「反一無迹」的隱而不顯，這是因為聖人大行於天下，引領天下萬物回返「至一」，那麼天地萬物都在不割裂的渾全整體中，沒有對立、沒有對待、無待，亦即聖人與天地萬物混融為一，所以並不特別彰顯聖人的行迹，故為隱而不顯的「反一無迹」。換言之，「當時命而大行乎天下，反一無迹」是莊子再次運用「卮言」流動而不呆滯一隅的筆法，對聖人進行書寫。

古之存身者「危然」獨立的義理，相同於《老子．二十五章》「獨立而不改」，該章之「獨立」是指沒有任何存在物與大道相對立，這是因為大道通貫萬物，沒有任何一物在大道之外，因此無物與它對立。至於古之存身者，則是懷抱道的整體智慧，與天地萬物混融為「一」而不是二，因此沒有任何一項存在物與他相對立；同時也因為他明瞭整體，所以不使用分別性的認知切割整體，而是秉持天性之德，依循大道順應自然的無為準則，當為則為，不當為則不為，故記載「古之存身者」至「己又何為哉」。由此則知，「危然（獨立）處其所」的意涵不在字面，不是遠離天下，不是與天下隔離，而是立足「天地與我並生，而萬物與我為一」（〈齊物論篇〉）的渾全整體。

大道不離天地萬物，無所不至，無所不在，並不僅只呆滯在局部隅落；與生俱有的自然天性之德，依從大道，所以德之識見亦不呆滯在任何隅落。因此不離大道的整體性，則不至於停留在小行、小識的局部隅落，不失生命之正，這就是「正己」。故記載「道固不小行」至「正己而已矣」。

如果僅觀「古之所謂得志者，非軒冕之謂也，謂其無以益其樂而已矣」的文字表面，似乎是排斥軒冕，不以軒冕為得志、為樂。然而秉持大道無所執著也無所排斥的莊子，是否果真排斥軒冕呢？答案就在後文「軒冕在身」至「其來不可圉，其去不可止。」軒冕並非自然天性，只是外物偶然來寄託，由於來之時不可擋，所以也就無庸排斥；去之時留不住，所以也就無庸執著。這就是「不為軒冕肆志，不為窮約趨俗，其樂彼與此同，故無憂而已矣！」

換言之，「古之所謂得志者，非軒冕之謂也」的意涵不在字面，不是排斥軒冕，而是無所執著也無所排斥。由此也可一併了解「無憂」並非排斥軒冕遂無憂，而是無所執著故而無憂。反觀大眾執著軒冕，有軒冕之時雖然樂，但是害怕失去，故記載「雖樂，未嘗不荒（亂）」，亦即有憂而非無憂。

此外，也可由另一面向來了解：聖人明瞭「軒冕與窮約」是人生的機緣，也就是〈德充符篇〉「死生、存亡、窮達、貧富……是事之變，命之行也。」亦即人生際遇的「窮與達」、「貧與富」，並不是常識認為的互斥對立；反之，它們本就是無從切割的連續性整體，只不過在流動變化的歷程中，呈顯各種面向罷了。聖人有以上的了解，因此視「窮與達（軒冕）」不二，所以記載「樂彼與此同，故無憂而已矣。」

「失性於俗」指出因為俗學、俗思而失落了天性，莊子稱為「倒置之民」，也同時是前文敘述的「蔽蒙之民」。不過，雖然倒置、蔽蒙，但是只須對整體性有自覺，自我提昇以回返大道不割裂的整全，並且依循順應自然的無為準則，仍然可以改變「世與道交相喪」，成為「知與恬交相養」，不失「至一」的整體性。

本篇揭示：執著「俗學、俗思」的加法，不足以使天性回復原初的本來面目；唯有回返整全不割裂的大道，依循順應自然的無為準則，可使生命不離「萬物與我為一」（〈齊物論篇〉）的整體性，不失天性原初的無待與和諧。另外，學者通常認為本篇文義膚淺，不是莊子自著；然而，基於以上對於本篇義理之說明，可證其意涵並不在於字面，不僅多所闡明「一」的整體性，也運用「卮言」流動而不呆滯一隅的筆法，進行書寫。簡言之，本篇的義理並不膚淺，亦未遠離莊子全書「道德」之主旨，所以或許不必認為絕非莊子所作。

國家圖書館出版品預行編目資料

莊子：讓你順逆皆逍遙（上下冊不分售）王小滕著. -- 初版. -- 臺北市：商周出版：英屬蓋曼群島商家庭傳媒股份有限公司城邦分公司發行，2023.08
冊；　公分
ISBN 978-626-318-686-6（平裝）
1. CST：莊子　2. CST：注釋
121.331　　112006534

莊子：讓你順逆皆逍遙（上下冊不分售）（上冊）

作　　者／王小滕
責任編輯／王拂嫣

版　　權／林易萱、吳亭儀
行銷業務／林秀津、周佑潔
總　編　輯／程鳳儀
總　經　理／彭之琬
事業群總經理／黃淑貞
發　行　人／何飛鵬

法律顧問／元禾法律事務所　王子文律師
出　　版／商周出版
台北市 104 民生東路二段 141 號 9 樓
電話：(02) 2500-7008 傳真：(02) 2500-7759
E-mail：bwp.service@cite.com.tw
發　　行／英屬蓋曼群島商家庭傳媒股份有限公司城邦分公司
台北市中山區民生東路二段 141 號 2 樓
書虫客服服務專線：(02)2500-7718．(02)2500-7719
24 小時傳真服務：(02)2500-1990．(02)2500-1991
服務時間：週一至週五 09:30-12:00．13:30-17:00
郵撥帳號：19863813　　戶名：書虫股份有限公司
讀者服務信箱 E-mail：service@readingclub.com.tw
城邦讀書花園：www.cite.com.tw
香港發行所／城邦（香港）出版集團有限公司
香港灣仔駱克道 193 號東超商業中心 1 樓
Email： hkcite@biznetvigator.com
電話：(852)2508-6231　　傳真：(852)2578-9337
馬新發行所／城邦 (馬新) 出版集團　【Cite (M) Sdn. Bhd.】
41, Jalan Radin Anum, Bandar Baru Sri Petaling,
57000 Kuala Lumpur, Malaysia
電話：(603)90578822　　傳真：(603)90576622
Email：service@cite.my

封面設計／徐璽工作室
電腦排版／唯翔工作室
印　　刷／韋懋印刷事業有限公司
總　經　銷／聯合發行股份有限公司　電話：(02)2917-8022　傳真：(02)2911-0053
地址：新北市 231 新店區寶橋路 235 巷 6 弄 6 號 2 樓

■ 2023 年 8 月 17 日初版　　Printed in Taiwan

定價／ 1200 元（上下冊不分售）
ISBN 978-626-318-686-6